大修館

観るまえに読む

スポ ール

202 PORTS

目次

PAN
16

JAPAN
12
SoftBank

7

エピソードから考える ボールゲームの戦術・作戦・戦略

戦術とは……「相手との駆け引きに応じた局面打開策」

　ゲームには，対処の仕方によってその後の展開の優劣が決まる大小さまざまな局面がある。また，その局面を有利に乗り切るためにどのような技能を発揮するかの方法論がある。さらに，実際の状況では相手との駆け引きにおいて，その場面で行うべき行動や使用する技術が選択される。例えば，サッカーでボールを前に運ぶ局面においてボールをもらうためにサポートに入る動きがそうであり，ディフェンスが破られそうな局面で味方のカバーに入る動きがそうである。また，得点を狙う局面でディフェンスのポジションや動きに応じてパスやシュートを選択することがそうである。このような，相手との駆け引きに応じた局面打開に必要な定石（物事を処理する上で，一般に最善とされる方法や手順）を「戦術」と呼ぶ。

エピソード　ロスタイムの悲劇

　1993年10月28日。サッカーW杯・アメリカ大会予選での日本最終戦はカタールの首都ドーハで行われた。この試合，日本がイラクを2─1でリードしたまま，時間が過ぎていった。このままいけば日本のW杯本大会初出場が決定するところであった。

　しかし，後半45分を過ぎたところで，イラクのコーナーキック。このコーナーキックからのボールが短くつながれ，イラク選手がゴール前にクロスを上げた。そのボールに合わせたヘディングシュートは，そのまま日本ゴールに入った。それは，日本の本大会初出場の夢がついえてしまった瞬間であった。同時に，北朝鮮に3─0で勝利したにもかかわらず，日本リードの知らせを受けてフィールド上にうずくまっていた韓国チームが，本大会出場を決めた瞬間でもあった。

Q ＊サッカーで，1点をリードしてロスタイムに突入した際の相手のコーナーキック。あなたならこの場面でどのように対応するであろうか。

表　戦術に関連する要素の比較

	競技種目	得　点	駆け引き（戦術）の焦点	得点の対象となるエリア	攻撃時のボール操作に関する制約	身体接触
ゴール型（侵入型）	バスケットボール	特定エリアにボールを運ぶ	相手ゴールにボールをいかに運び込むか	相手ゴール（閉じられた空間）	ボールを手に持って走れない	あり
	ハンドボール					
	サッカー				ボールを手で扱えない	
	ラグビー			相手コートの特定エリア（幅広い空間）	ボールを前に投げられない	
ネット型	バレーボール	地面にボールが落ちる	ネットをはさんだ相手コート上にボールをいかに落とすか	相手コート（全体）	3回以内に返球	なし
	テニス				1回で返球	
	ソフトテニス					
	卓球					
	バドミントン					
野球型（守備・走塁型）	ソフトボール	進塁	進塁できる場所にいかにボールを運ぶか	ベース	一定回数以内にボールを打つ	なし

作戦とは……「チームの合意に基づいた戦い方の指針」

　習得した戦術や技術を，試合を通してうまく発揮することができれば，あるいは反対に相手がうまく発揮できないようにできれば，ゲームを有利に展開できるであろう。そのためには，チームの合意に基づいた戦い方の指針が必要になる。例えば，コート上のどこに攻撃の起点やスペースをつくるのか，どの場所で誰が攻めるのか…といったことである。このような，試合を通しての，あるいは特定の時間枠での，チームの合意に基づいた戦い方の指針を「作戦」と呼ぶ。

エピソード　5打席連続敬遠

1992年8月16日。当時，甲子園大会屈指の好カードと言われた石川県代表星稜高校と高知県代表明徳義塾高校の試合で，明徳義塾高校は松井秀喜選手を有する星稜高校を3対2で下した。

当時の松井選手は大会随一の強打者と言われ，また星稜は初戦で新潟の長岡向陵高校に11対0の大差で勝利していた。そのため，明徳義塾の監督は，試合前日に松井選手を敬遠することを決定。投手には次打者（5番）に関する情報を念入りにチェックさせ，5番打者と勝負する作戦を立て試合に臨んだと言う。そして，作戦通りに松井選手を敬遠し，5番打者を抑え込むことに成功し，勝利を導いた。

【松井選手の全打席の簡単な状況】

第一打席：2死3塁（1回，0対0）
第二打席：1死2，3塁（3回，2対0で明徳義塾高校リード）
第三打席：1死2塁（5回，3対1で明徳義塾高校リード）
第四打席：2死ランナー無し（7回，3対2で明徳義塾高校リード）
第五打席：2死3塁（9回，3対2で明徳義塾高校リード）

Q ＊実際の試合では，敬遠はどのような状況で行われるのであろうか。どのような条件が設定されたときに，5打席連続敬遠という作戦が導き出されるのであろうか。あるいは，10名監督がいて同じ状況に置かれたとき，果たして何名の監督が5連続敬遠を選択するであろうか。

戦略とは……「大会全体を見通した長期的展望」

何試合も勝ち抜いていかなければならないトーナメントや何週間あるいは何ヶ月にもわたって試合が行われるリーグ戦やシーズン制の競技では，チームのピークをどこに持っていくのか，そのためにいつ，どのような準備を行うのかなどを検討することがその後の順位を決める重要な鍵となる。このような，大会全体を見通した展望，あるいはシーズンを乗り切るために策定された長期的な展望を「戦略」と言う。この「戦略」を決定することによって，個々の試合における戦い方などを具体化することが可能になる。

エピソード　優勝候補はなぜ負けた？

1954年サッカーW杯・スイス大会。この大会では，当時の国際大会で無敵を誇り，過去4年間負け無しのハンガリーが優勝「本命」との呼び声が高かった。しかし，予選リーグでそのハンガリーに大敗したにもかかわらず，再び対戦した決勝で辛勝した西ドイツが優勝をものにした。この西ドイツ優勝は，大会の乗り切り方次第で試合結果が大きく分かれることを示唆している。

西ドイツはハンガリーとの第一戦では，その試合で勝たなくても決勝リーグに進出できると見るや，大幅に主力メンバーを休ませ試合に臨み，3−8で大敗した。この西ドイツチームの戦いぶりは，西ドイツサポーターからはまったく支持が得られなかった。しかし，メンバーを落とすことで，例えば手の内を隠すことができたとか，レギュラー陣の体力を温存できたといった解釈ができるかもしれない（西ドイツのヘルベルガー監督が何をもくろんでいたかは明らかにされていない）。そして，西ドイツを大差で破ったハンガリーは，決勝トーナメントの準々決勝でブラジル，準決勝ではウルグアイと，決勝に勝ち残るまでに強豪国と対戦しなければならなかった。また，実際，その試合内容は壮絶を極め，後の語りぐさにまでなったほどである。反対に，予選リーグを2位で通過した西ドイツは楽々と決勝にまで進むことができたと言う。

その結果，決勝では，ハンガリーは西ドイツに2−3で敗れ，当然とみられていた優勝を逃してしまった。

Q ＊大会の大きさや期間，さらにはその重要度によって，個々の試合における戦い方はどのように変化するのであろうか。いろいろな条件を想定してシミュレーションしてみよう。

競技会の組み合わせを知ろう

私たちの身近で行われている競技スポーツでは，いろいろな形式で優勝者(チーム)を決定している。それらをまとめてみると，次の４つの方式に分けることができる。

1.トーナメント(勝ち上がり)方式

勝ち上がり方式で優勝者(チーム)を決める方式である。全試合数は，全参加者(チーム)数：nから1を引いた数になる(n−1)。組み合わせにはシード法を採用することが多く，また敗者復活戦やコンソレーションマッチなど，いろいろなバリエーションがある。

例　高校野球，サッカー天皇杯，柔道ほか

❶基本形

勝者のみ勝ち上がり，敗者は復活しない。必要に応じ，3位，4位を決定する3位決定戦を行う。

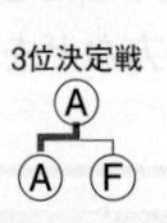

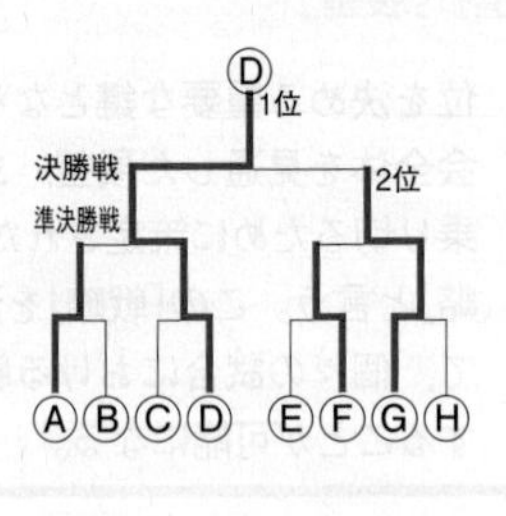

❷シード方式

実力やそれまでの成績によって，強い選手(チーム)をあらかじめ別々の組みに配置し，強い選手(チーム)同士が最初から対戦しないように組み合わせる。

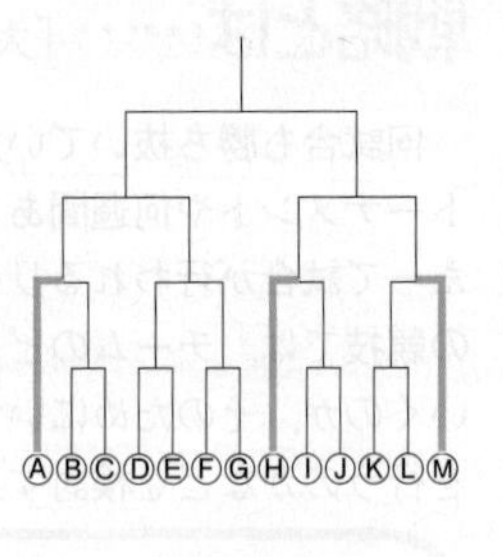

❸敗者復活戦方式

予選や早い段階で敗退した選手(チーム)に再びチャンスを与える。

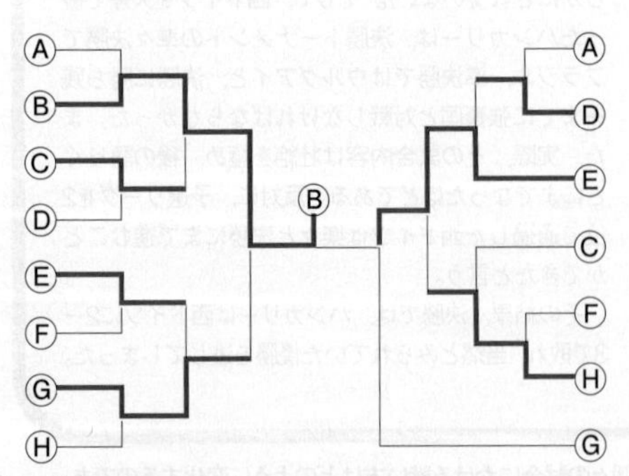

❹コンソレーションマッチ

1回戦に敗退した選手(チーム)が，もう一度試合する機会を与えられる。さらに，リコンソレーションマッチとして，1回戦敗退選手(チーム)と2回戦敗退選手(チーム)を対象に行うこともでき，また参加選手(チーム)が少なくても各3回ずつ試合を行うことができる。

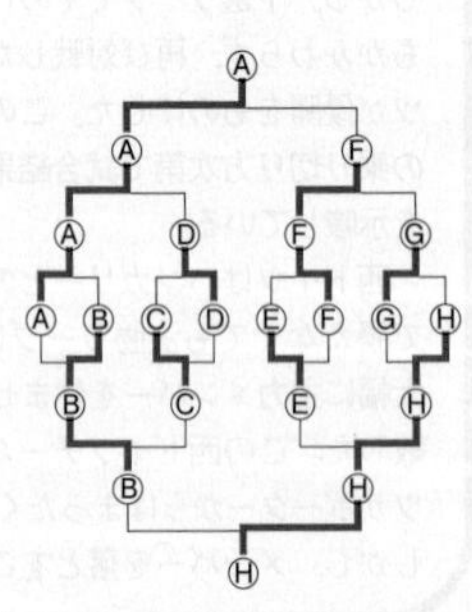

2.リーグ戦(総当たり)方式

競技会の参加選手(チーム)が，すべての参加選手(チーム)と試合を行う。順位は，勝率(参加選手[チーム]が勝った試合数を，行った試合数で割り，100を乗じた値)の高い順で決める。同率であれば勝ち数の多い方，同じ勝ち数ならば得失点が高い方が勝者となる。

	A	B	C	D	E	F	勝ち	負け	引分	勝率	順位
A	＼	○	○	○	×	○	4	1	0	80	2位
B	×	＼	×	○	×	×	1	4	0	20	←
C	×	○	＼	×	×	△	1	3	1	20	←
D	×	×	○	＼	×	○	2	3	0	40	3位
E	○	○	○	○	＼	○	5	0	0	100	1位
F	×	○	△	×	×	＼	1	3	1	20	←

順位は得失点差で決定

・○勝ち，×負け，△引き分け

$$試合数=\frac{n(n-1)}{2}$$

n＝参加選手(チーム)数

$$勝率=\frac{勝利の数}{試合数}\times100$$

例　サッカーＪリーグ，ほか

3.トーナメントリーグ戦方式

まず選手(チーム)をいくつかのグループに分け，それぞれでリーグ戦を行う。各グループの成績上位者(チーム)のみでトーナメント方式で競技を行い，順位を決める。

例　サッカー全日本ユース[U-18]選手権大会，サッカーW杯，WBC(野球)ほか

[Aグループ]

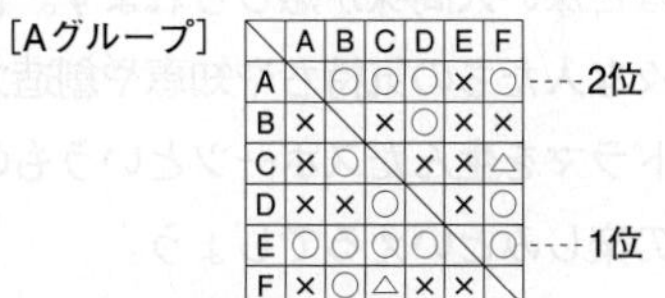

	A	B	C	D	E	F	
A	＼	○	○	○	×	○	----2位
B	×	＼	×	○	×	×	
C	×	○	＼	×	×	△	
D	×	×	○	＼	×	○	
E	○	○	○	○	＼	○	----1位
F	×	○	△	×	×	＼	

[Bグループ]

	G	H	I	J	K	L	
G	＼	×	○	△	×	×	
H	○	＼	○	○	○	×	----2位
I	×	×	＼	×	○	×	
J	△	×	○	＼	○	×	
K	○	×	×	×	＼	×	
L	○	○	○	○	○	＼	----1位

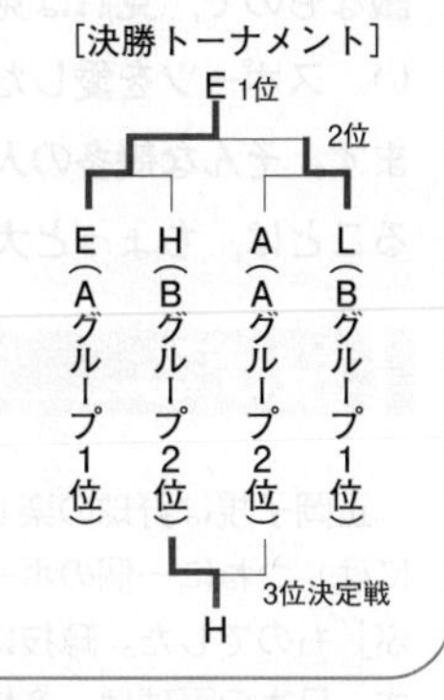

4.予選決勝方式

選手(チーム)が同時に競い合い，その記録(タイムや距離)や得点で順位を決める。

例　陸上競技，水泳競技，体操競技，スケート競技，スキー競技，ほか

●予選

[第1ヒート]
- A
- B
- C　3着
- D　2着
- E　1着
- F
- G
- H

[第2ヒート]
- I
- J
- K　1着
- L
- M　3着
- N　2着
- O
- P

[第3ヒート]
- Q
- R　1着
- S　3着
- T　2着
- U
- V
- W
- X

●決勝

各ヒートの1着，2着と3着で最速のタイムの選手2名

- S
- T
- K
- E　1着…1位
- R
- D
- N
- C

スポーツミュージアムへの招待
SPORTS MUSEUM

ミュージアムを楽しむ6つのヒント

スポーツミュージアムはとても楽しいところです。見知らぬ人に初めて会う時のように，気分がどきどきします。広義のスポーツミュージアムは日本全国で大小200ヶ所以上ありますが，意外にその存在は知られていません。あらかじめ十分に下調べをして行くもよし，偶然訪れた場所で見つけたミュージアムに気まぐれで入るのもよし。ささやかな冒険気分でミュージアムに入ると，こんどは視覚と知識の冒険です。たかがボール１つでも，不思議なもので，見れば見るほど深い人間味が感じられます。作った人の思い，使った人の思い。スポーツを愛した様々な人たちの気持ちや知恵や創造力に，じかにふれることができます。そんな幾多の人間ドラマを生んだスポーツというものについて静かに思いを巡らせることは，ちょっと大人の楽しみといえるでしょう。

投げる

正岡子規は野球の楽しさを「その方法複雑にして変化多きこと」と表現しました。「変化」の中心には，つねに一個のボールありました。人類最古の遊具であるボールは，なによりも「投げて遊ぶ」ものでした。球技にはいろいろあるのに，日本語で「投球」といえば，もっぱら野球用語です。日本の野球は，多様な人たちの支持を得ています。ミュージアムでは，それこそ子どもからお年寄りまで，幅広い年齢層の方々が楽しむことができます。歴代名選手が使用したボールやバットの黒ずんだ汚れがとても印象的で，野球にかけた情熱を実感できるでしょう。

●野球殿堂博物館

野球の歴史にまつわるさまざまな資料を数多く展示している野球専門の博物館。草創期の野球の歴史から，現在のプロ野球や日本代表，それに高校野球や社会人野球まで，野球文化の厚みを実感できる。また，野球・スポーツ関係書を集めた日本有数の図書室もある。

所在地：〒112-0004　東京都文京区後楽1-3-61
東京ドーム21ゲート右
電話：03-3811-3600
交通：JR総武中央線「水道橋駅」西口より徒歩5分
URL：https://baseball-museum.or.jp

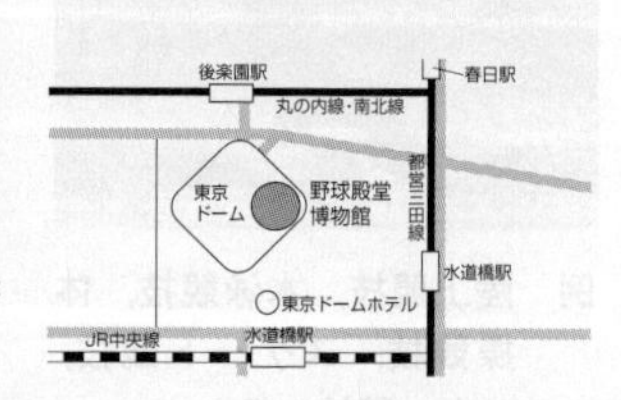

●軟式野球資料室

軟式野球，ソフトテニス，ソフトボールなどのボール製造で知られるナガセケンコーの軟式野球専門博物館。元全日本軟式野球連盟理事長・船津國夫氏が戦前戦後を通じ収集した軟式野球にまつわる様々な資料を数多く展示している。

所在地：〒131-0031　東京都墨田区墨田2-36-10
電話：03-3614-3501
交通：東武スカイツリーライン「鐘ヶ淵駅」より徒歩5分

蹴る

手を使わず，あえて不器用な足でボールを操る遊びは，すでに古代の中国やギリシアで行われていました。いまや世界最大の娯楽であるサッカーも，なぜか足のスポーツです。日本ではフットボールを「足球」と直訳せず，「蹴球」と意訳しましたが，この球技の本質をうまく表現しています。日本サッカーミュージアムでは，日本サッカーの現在が体感でき，ワールドカップの感動がよみがえります。他方で日本には蹴鞠の伝統があります。蹴鞠を実際に見る機会はまれですが，蹴鞠美術館に行けば，いつでも蹴鞠の歴史や文化にふれることができます。

○日本サッカーミュージアム

サッカーの歴史や2002FIFAワールドカップにまつわる様々な資料を数多く展示しているサッカー専門の博物館。歴代の日本代表ユニフォームやトロフィーや記念品なども展示されている。また日韓W杯の感動が再び目の前に再現される大型映像装置による「ヴァーチャルスタジアム」もある。〈休館中〉

所在地：〒113-8311　東京都文京区本郷3-10-15JFAハウス
電話：050-2018-1990
交通：JR総武中央線・丸ノ内線「御茶ノ水駅」，千代田線「新御茶ノ水駅」より徒歩7分
URL：https://www.jfa.jp/football_museum/
※ 2023年2月6日～休館

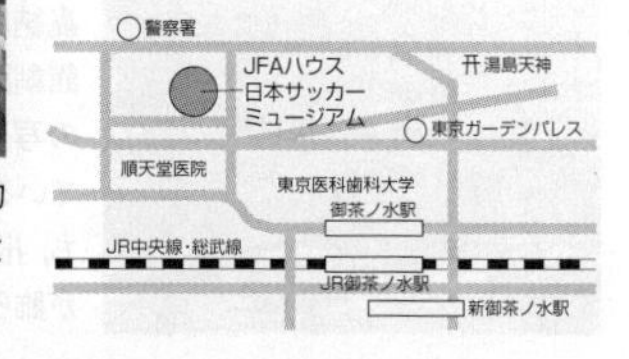

○蹴鞠美術館

館長の井沢篤巳さんが自宅の土蔵で見つけた蹴鞠に用いられた鞠や鴨沓（鴨のくちばしに似た形状）など様々な資料を展示した蹴鞠専門の博物館。蹴鞠は消耗品のために，現在あまり多く残っていない。なお，国際サッカー連盟（FIFA）は，中国の蹴鞠をサッカーの起源の一つとして認定している。

所在地：〒386-1545　長野県上田市越戸533
電話：0268-31-3468
交通：JR・しなの鉄道「上田駅」にて上田電鉄に乗換え，「別所温泉駅」から徒歩10分
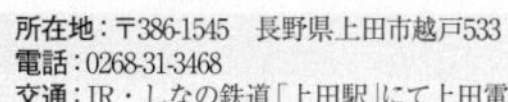
※事前電話による完全予約制

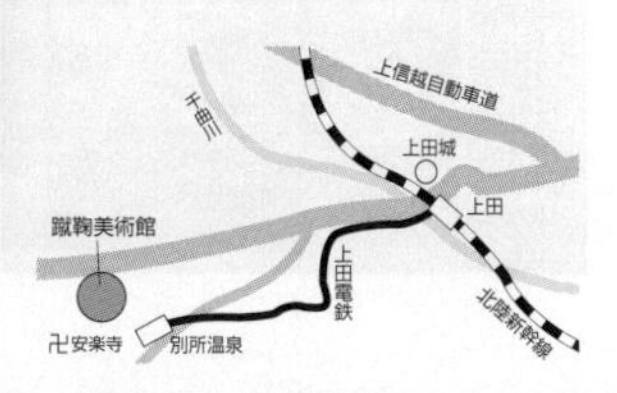

組む

組むスポーツ，つまり格闘技は世界各地に存在します。『日本書紀』には相撲の起源説話が記されています。當麻蹶速（たいまのけはや）と野見宿禰（のみのすくね）が闘い，蹶速が命を落とした，というのです。その蹶速の出身地が奈良県の當麻です。ここに相撲の記念館があり，近くには蹶速を祀る「けはや塚」もあります。『日本書紀』の世界に接するようで，ふと歴史の重みを感じます。また，柔道の総本山である講道館には資料館があります。講道館ゆかりの人物の関係資料が豊富で，120年の歩みが凝縮されています。嘉納治五郎らの着込んだ稽古着は，ひときわ異彩を放っています。

●葛城市（かつらぎし）相撲館・けはや座

所在地：〒639-0276　奈良県葛城市當麻83-1
電話：0745-48-4611
交通：近鉄南大阪線「當麻寺駅」より徒歩５分。

日本書紀にも出てくる野見宿禰と當麻蹶速が，最初に展覧相撲をとったという當麻にある相撲の博物館。相撲の歴史や奈良県や當麻町出身の力士などの資料が紹介されている。館内には本場所と同サイズの土俵もある。なお，本館の隣にある塚は，當麻蹶速の墓と言われている。

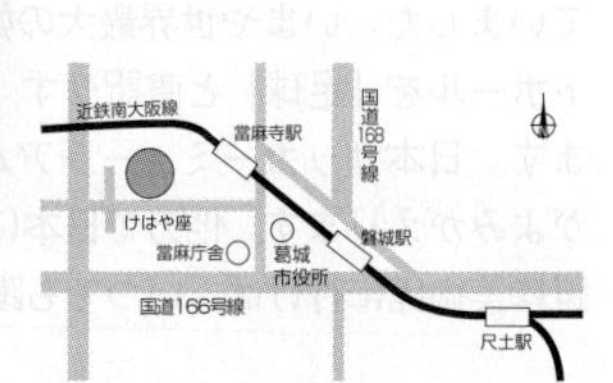

●講道館柔道資料館

所在地：〒112-0003　東京都文京区春日1-16-30
電話：03-3818-4562
交通：丸の内線・南北線「後楽園駅」より徒歩3分。
三田線・大江戸線「春日駅」より徒歩1分。

近代柔道の祖，嘉納治五郎が開いた道場，講道館にある柔道専門の博物館。嘉納師範の記念品や講道館創設から現在に至るまでの写真や記録が展示されている。また柔道の殿堂には卓越した技能を持ち，指導・普及・発展に功績のあった人々の額が飾られている。図書室も併設。

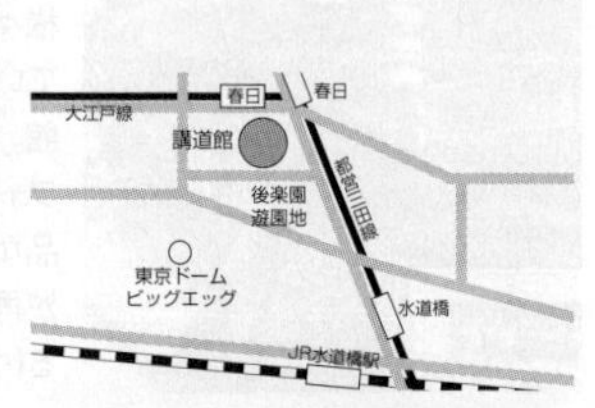

◀けはや座の展示資料

嘉納師範像▶

乗る

イギリスの競馬は貴族のスポーツです。競技そのものはシンプルですが，競馬をとりまく社会のシステムは高度に発達しています。JRA競馬博物館では，そんな競馬の仕組みがわかるよう工夫されています。過去の名場面も映像が豊富で，競馬の面白さを再確認できます。乗馬の楽しみを一般庶民にも分け与えたのが，自転車でした。初期の自転車はまさに「走る木馬」でした。大阪府堺市に自転車博物館があります。堺には江戸時代より刃物や鉄砲で培った鍛冶の技術がありました。その伝統が自転車にも応用され，堺を自転車の町にしたのです。

●シマノ自転車博物館

堺市の地場産業の一つである自転車部品メーカー，シマノのつくった財団による自転車専門の博物館。最古の自転車からアテネ五輪で使用された最新のものまで実物展示。またブレーキや変速（ギア）の仕組みを実際に体験して学べる展示も充実している。

所在地：〒590-0073　大阪府堺市堺区南向陽町2-2-1
電話：072-221-3196
交通：南海高野線「堺東駅」より徒歩5分。
URL：https://www.bikemuse.jp

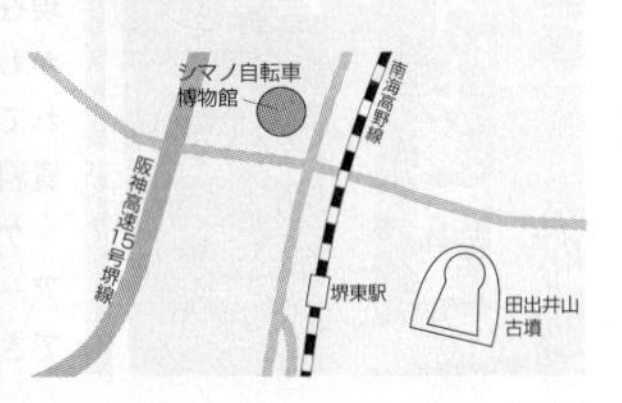

●JRA競馬博物館

日本ダービーやジャパンカップなどが行われるJRA東京競馬場にある競馬専門博物館。ジャパンカップ歴代優勝馬の関係する資料やジョッキーの勝負服や過去の名馬の資料が展示されている。また館内の施設で乗馬の疑似体験や疑似レースを楽しむこともできる。

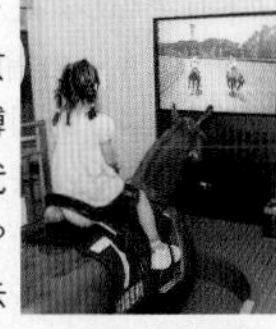

所在地：〒183-8550　東京都府中市日吉町1-1 JRA東京競馬場内
電話：042-314-5800
交通：京王線「府中競馬正門前駅」より徒歩7分。
URL：https://www.bajibunka.jrao.ne.jp/keiba/index.php

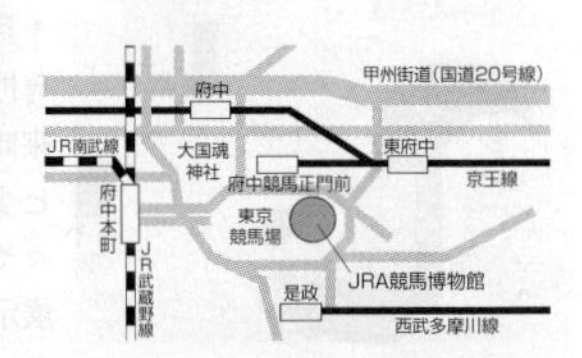

◀ 自転車の仕組み

JRA競馬博物館内 ▶

滑る

ある博物館の学芸員が，スキーや下駄スケートは収集しやすい資料である，と話していました。つまり，捨てられないで残っていることが多い，という意味です。滑るという行為は非日常的な行為です。だからこそ記憶に深く残り，用具に対する愛着も生じやすいのでしょうか。ミュージアムでは，それぞれの時代の先端技術を集めた用具が一望できます。確かにそれも感銘を受けますが，下駄スケートや竹スキーといった手作りの用具に，むしろ注意が引きつけられます。粗末な作りですが，かえって生命が宿っているようで，スポーツの原点を見る思いがします。

●伊香保スケート資料室

所在地：〒377-0102　群馬県渋川市伊香保町伊香保541-4　伊香保ビジターセンター内
電話：0279-72-2855
交通：上越線・吾妻線「渋川駅」が最寄り駅。

下駄スケートからスラップスケートまで過去から現在までのスケートにかかわる靴の数々が展示されているスケート専門の資料室。また，アイスホッケーウェアーや用具や，日本代表のウェアーなどの珍品，貴重品なども見ることができる。

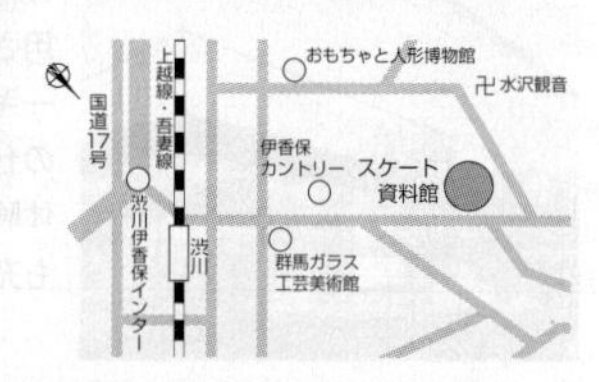

●日本スキー発祥記念館

所在地：〒943-0893　新潟県上越市大貫 2-18-37
電話：025-523-3766
交通：えちごトキめき鉄道「高田駅」が最寄り駅。

オーストリアのレルヒ少佐が初めてスキーの指導をした（明治44[1911]年1月）上越市にあるスキー専門の博物館。スキー伝来時の貴重な資料やレルヒ少佐が愛用していた品々やスキー関連の文献が展示されている。

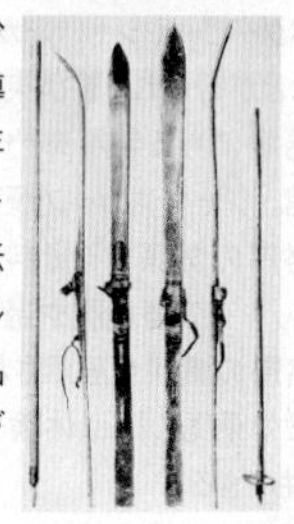

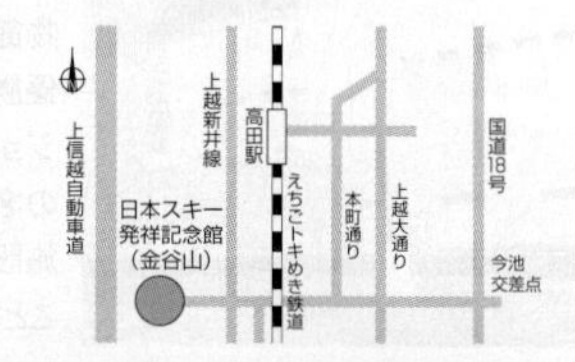

◀ レルヒ少佐
（小熊和助撮影）

伊香保スケート資料室内 ▶

登る

スポーツはときに過酷です。登山はとくに危険がつきものです。世界初の五大陸最高峰登頂を達成した植村直己氏を記念するミュージアムが，兵庫県豊岡市にあります。登山や探検の「過酷さ」を，展示品や写真パネル，そしてなにより同氏が撮った8ミリ映像から知ることができます。日本の登山文化とそれを支えてきた北アルプスの自然を紹介するのが，大町山岳博物館です。人間と山との関係がいかに深いかについて考えさせられます。たんなる登山用具でも，機能をつきつめれば，一つの芸術作品にまで高められることに驚きます。

●大町山岳博物館

「山岳文化都市宣言のまち」大町市にある山岳専門の博物館。北アルプスを中心とする登山の歴史や登山の道具，自然についての資料が紹介されている。また北アルプスに生きる動植物を飼育・栽培している施設を併設している。

所在地：〒398-0002　長野県大町市大町8056-1
電話：0261-22-0211
交通：JR大糸線「信濃大町駅」より徒歩25分。
URL：https://www.omachi-sanpaku.com

●植村直己冒険館

日本を代表する世界的冒険家である植村直己の出身地に立つ博物館。冒険に使った装備品や世界各地から集めた品々を展示している。今なお，世界中の人々に語り継がれている植村の「知恵や技術」そして「人と心」を感じることができる。

所在地：〒669-5391　兵庫県豊岡市日高町伊府785
電話：0796-44-1515
交通：JR山陰本線「江原駅」が最寄り駅。
URL：https://boukenkan.com

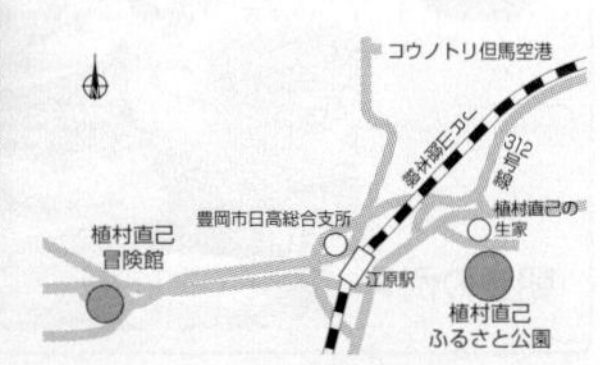

■海外のミュージアム

海外にはさまざまなスポーツミュージアムがあります。もちろんスポーツの発祥地である欧米には，誕生以来の豊富なコレクションが揃っています。といっても比較的小さなミュージアムが多く，しかも料金が手頃です。いまでは高度に発達したスポーツですが，さかのぼれば，あっけないほど陳腐な用具でスポーツをしていたことがわかります。そして時間の隙間を埋めるように，ぎっしりと陳列された用具の数々を見ると，たとえ一つ一つは小さくても，人間の営為の蓄積というものがいかに偉大かということを実感させられます。

●野球殿堂博物館
National Baseball Hall of Fame and Museum
URL：https://baseballhall.org/

●オリンピック博物館
the Olympic Museum Lausanne
URL：https://olympics.com/museum

● FIFAワールド・サッカーミュージアム
FIFA World Football Museum
URL:https://www.fifamuseum.com/

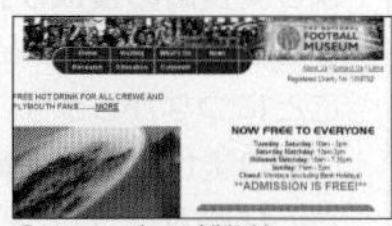

●フットボール博物館
The National Football Museum
URL:https://www.nationalfootballmuseum.com

スポーツに合わせた食事メニュー

■活動量に合わせた食事バランス

カラダづくりの材料は食事です。スポーツを楽しむ人，スポーツクラブでハードなトレーニングを行う人は，一般の人以上に栄養面を重視しなければいけません。栄養を十分に考えずにトレーニング量を多くしてしまうと，疲労がなかなか回復せず，やがて慢性疲労やスポーツ障害（骨折や貧血）の原因となる恐れがあります。

毎日の食事の量やそのバランスを調べてみることも大切なトレーニングのひとつです。

メニュー例

出典：『アスリートのための栄養・食事ガイド』（財）日本体育協会　スポーツ医・科学専門委員会監修，第一出版

2,500 kcal

女性の通常のトレーニング期の献立例です。減量中の男性アスリートや，一般の男子にも応用できます。

夕食の例▶

【朝食】ライ麦パン，具だくさんポトフ，オレンジ，抹茶ミルク

【昼食】ご飯，あさりとネギのすまし汁，にらの卵とじ，豚肉と焼き豆腐の中華風炒め，グレープフルーツ，ヨーグルト

【間食】せんべい，お茶

【夕食】ご飯，白菜となめこのみそ汁，サバの塩焼き（おろし添え），和風サラダ，切り干し大根の煮付け，メロン，牛乳

3,500 kcal

男性アスリートの通常のトレーニング期の献立例です。

朝食の例▶

【朝食】食パン，タマネギとほうれん草のスープ，オムレツとハム，レバー，ジャガイモのソテー（せん切りキャベツ・トマト添え），夏みかん，カフェオレ

【昼食】ご飯，わかめのみそ汁，塩さけ焼き（おろし添え），納豆，野菜とキノコ炒め，バナナとキウイフルーツ，牛乳

【間食】しらす干しのおにぎり，しそのおにぎり，ヨーグルト

【夕食】ご飯，あさりスープ，牛もも肉のステーキ（ブロコッリー，トマト，レタス添え），スパゲティサラダ，野菜とひじきの炊き合わせ，冷奴，オレンジ，牛乳

おちいりやすい栄養の偏り

朝食を食べずに登校・出勤すると，栄養面でのウォーミングアップができないため，午前中の勉強や仕事の能率が上がりません。また，運動の後に，清涼飲料をたくさん飲むと，一時的に血糖値が高まり夕食時の食欲が抑えられてしまい，夜遅くなってからカップ麺などを食べてしまう…といったことにつながります。カップ麺自体が悪いわけではありませんが，栄養素としては糖質と脂肪ばかりになるので，カラダづくりやコンディショニングの栄養が不足してしまいます。また，夜遅くに食べることで，寝ている間も消化のために胃が動き，熟睡できないために疲れが取れず，朝も起きられずに朝食を抜くことになりがちです。朝食からバランスよく食べるよう，生活習慣を変えていきましょう。

グ〜〜

食事の基本は『栄養フルコース型』

バランスのよい食事とは，右図のような『栄養フルコース型』の食事のことです。これは食卓に，①主食，②おかず，③野菜，④果物，⑤乳製品の５つを毎食そろえるというのがポイントになっています。小学校時代の給食の献立を思い出してみましょう。給食は非常にバランスがよいメニューだったのです。

①主食には，栄養素として糖質が多く含まれるので，脳と筋肉のエネルギー源が確保できます。毎日の勉強，そしてスポーツのためにしっかり食べましょう。②おかずと⑤乳製品にはタンパク質，カルシウム，鉄が豊富に含まれていますので，筋肉・骨格・血液などのカラダづくりに役立ちます。高校生の年代には特に重要です。そして，③野菜と④果物には，ビタミン，ミネラル，食物繊維が多く含まれ，コンディションを整えるのに役立ちます。これらが不足すると，疲労が蓄積してオーバートレーニングのようになることもありますから，嫌いなものもできるだけ食べるようにしましょう。

『栄養フルコース型』の基本メニュー

部活でスポーツをしている選手なら，この『栄養フルコース型』の食事を，量もたくさんとるようにするとよいでしょう。そして，家庭の冷蔵庫には，果汁100％のオレンジジュースと牛乳のパックを常備しておくと，忘れがちな④果物と⑤乳製品をいつでも補給することができるから便利です。下表の食品例も参考にして，このテクニックをぜひとも身につけてください。

『栄養フルコース型』の食品例

	①主　食	②おかず	③野　菜	④果　物	⑤乳製品
おもな役割	エネルギー源	カラダづくりの材料	体調の調節	体調の調節	カラダづくりの材料
おもな栄養素	糖　質	タンパク質 脂質 鉄	ビタミン ミネラル 食物繊維	ビタミンC 糖　質 食物繊維	タンパク質 カルシウム
食品名	ご飯 パ　ン めん類 パスタ イ　モ エネルギーフーズ	肉 魚 卵 豆腐 プロテインパウダー 鉄補助食品	具の多いみそ汁 煮　物 サラダ 野菜いため 野菜スープ ビタミン補助食品	果物各種 果汁100％ジュース ビタミン補助食品	牛乳 ヨーグルト チーズ カルシウム補助食品

サプリメントの活用について

アスリートの場合，栄養摂取状況を調べてまず不足しているのが，タンパク質とビタミンB_1，B_2，ビタミンＣです。続いて，カルシウムと鉄がスポーツをするのに必要な量まで到達していません。そこで，食事をしっかりとるように努力するとともに，例えばプロテインパウダーを牛乳に溶かしてトレーニング後に飲むとか，ビタミンのタブレットを朝・昼・夕の食後にとることから始めてみるとよいでしょう。カルシウムのタブレットは牛乳を１日に３杯まで飲みきれない選手に勧められますし，鉄のタブレットは好き嫌いが多い選手にとっては必要不可欠なものでしょう。
また，運動前・運動中に，吸収の速い糖質（マルトデキストリン）を使ったエネルギー補給用のゼリー飲料を飲んでおくと，集中力と筋持久力を維持するのに役立ち，同じものを運動直後に摂取すれば，速やかな疲労回復に貢献するでしょう。
最近では，高校生であっても，国民体育大会ではドーピング検査があります。サプリメントを選ぶときは，第３者認証機関の認定を受けた商品を選ぶことも大事な点になっています。

みんなの体力トレーニング

1. 体力トレーニングの必要性

現代において，日常生活で体を動かす機会は減る傾向にある。意識的に運動を行わなければ運動不足におちいり，人間が活動するために必要な運動器（筋肉や骨等）や，呼吸・循環器（心臓，肺，血管等）の機能はおとろえてしまう。また運動不足は，肥満や生活習慣病の原因になるとともに，災害等の緊急時の対応や，家族の介護等を行うための予備能力を低下させることにもつながる。

一方，適切な運動を計画的に実践した場合には，体力が向上するとともに，肥満や生活習慣病の予防，ストレスの解消，スポーツや勉強の成績の改善，高齢者の介護予防等の効果が期待でき，私たちの生活や社会全体を活動的で質の高いものに変容させるために役立てることができる。

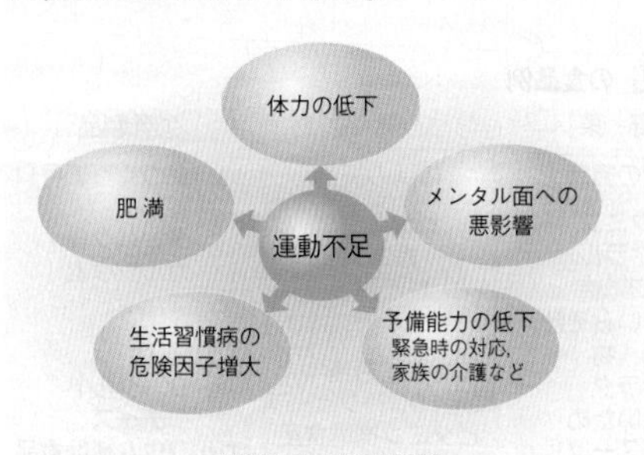

運動不足の悪影響

運動不足とからだの変化

運動を行うことによって，身体のさまざまな機能や形態を望ましい水準へと高めようとする過程を「体力トレーニング」といい，現代の日常生活において，欠かすことができない位置づけとなっている。

2. 高校生期の体力トレーニングの意義

体力トレーニングを行う際には，年齢や発育・発達の状態を考慮することが必要である。

小学生期には神経系の発達が著しいため，さまざまなスポーツや運動を通じて，巧みな身のこなしを養うトレーニングに重点を置くことが効果的である。また中学生期には，呼吸循環系の発達が盛んになるため，持久力を高める運動を採り入れることが大切である。

高校生になると，身長の伸びや骨の発育が一段落し，筋肉の発達が顕著になるため，筋力トレーニングを本格的に開始できるようになる。高校生期は発育・発達の特徴からみて，生涯にわたって活動的な生活を送るために不可欠な身体基盤（筋肉量や筋力，骨の強さ等）を養う大変重要な時期である。また，この時期に望ましい運動習慣を身につけ，適切なトレーニングプログラムを自分自身で計画し，実行できる能力を身につけることは，その後の人生における健康・体力の増進と生活の質の向上に大変役立つといえる。

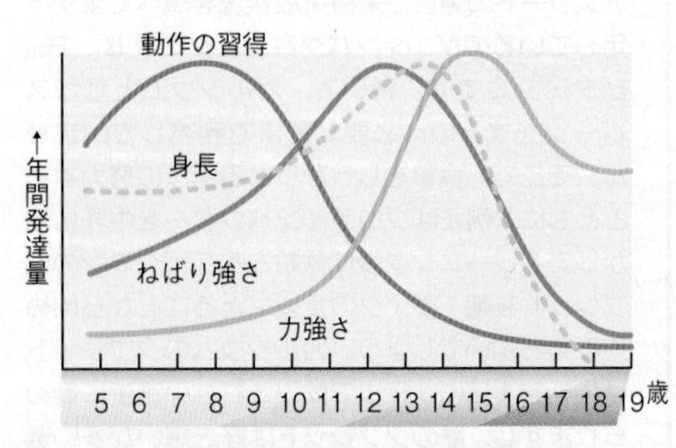

身体機能の年齢と年間発達量

3. 体力トレーニングのプログラム作成

❶プログラム作成のための基本原則

効果的なトレーニングプログラムを作成するためには，次の２つの基本原則を考慮することが必要である。

・漸進的過負荷（ぜんしんてきかふか）の原則：トレーニング効果を得るためには一定以上の条件(過負荷)で行い，トレーニング効果に応じて条件を少しずつ(漸進的に)高めていくことが必要である。

・特異性の原則：トレーニング効果を得るためには，トレーニング目的に応じた動きや条件で行うことが大切である。

❷トレーニング効果をあげるポイント

トレーニング効果を効率よくあげるためには,トレーニングを正しい方法で実施するばかりでなく，休養や食事についても配慮することが必要である。また，これらを適切に実践し，継続するためには，実施者のやる気や自己管理能力といったメンタル面の要因も大切である。

トレーニングを行うと，疲労等の影響によって一時的なパフォーマンスの低下がみられるが,休養をとることによって回復するとともに,トレーニング前よりもよい状態に回復することがある。このような現象を「超回復」といい,休養期間やトレーニング頻度を決定する際の重要な指標とされている。

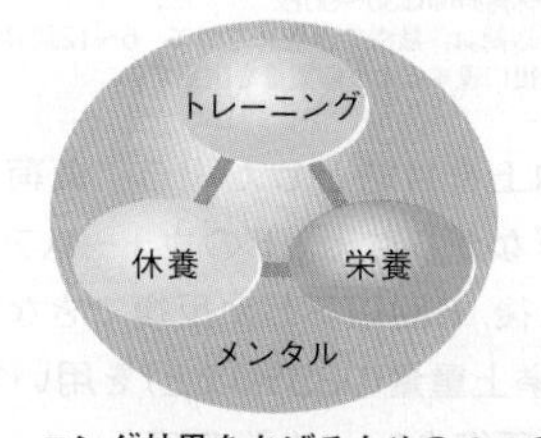

トレーニング効果をあげるための４つの要因

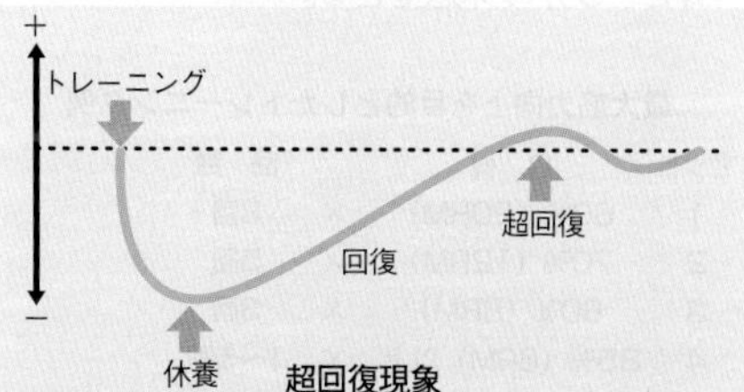

超回復現象
トレーニング後に適切な休息をとることによって，トレーニング前よりもよい状態に回復する。

❸プログラムの作成と実施の流れ

体力トレーニングのプログラムを作成し,これを効率よく実施して効果をあげるためには，次の３つの要因を円滑に進めていくことが大切である。

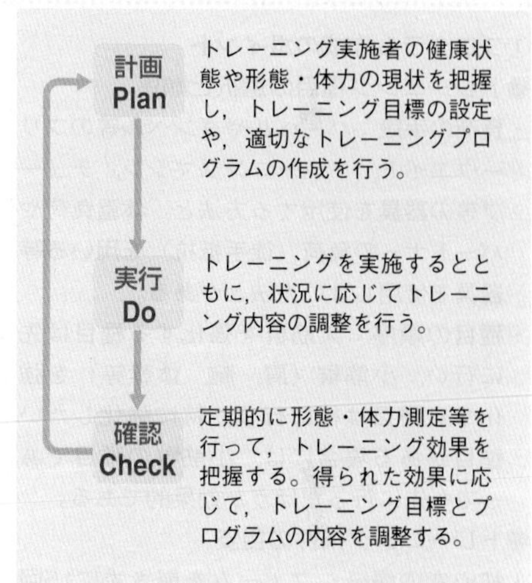

トレーニングプログラムの作成と実施の流れ

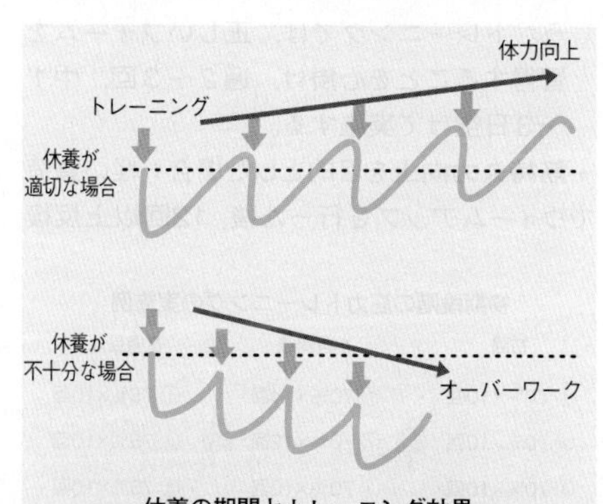

休養の期間とトレーニング効果
休養期間が適切であればトレーニング効果が得られるが,休養期間が短すぎる場合には,トレーニング効果が減退し,オーバーワークにおちいることがある。

4. 目的別体力トレーニング

❶筋力を高めるトレーニング

筋力トレーニングを行うと，筋力が向上したり，筋肉が太くなったりする一次的効果が現れる。また，対象や目的に応じたプログラムに基づき，筋力トレーニングをさらに継続していくと，一般の人では生活習慣病の予防，体型や姿勢の改善，骨密度の向上，肩こり・腰痛の改善等の効果が，スポーツ選手では競技に必要とされる筋肉づくり，競技動作で発揮される筋力やパワーの向上，スポーツ傷害の予防等の効果(二次的効果)を得ることができる。

スポーツ選手における筋力トレーニングの効果

①プログラム作成のポイント

●トレーニング種目の選択と順序

・負荷の手段：バーベルやダンベル等のフリーウエイト，トレーニングマシン，チューブ等の器具を使用する方法と，体重負荷やパートナーの負荷（徒手抵抗）を用いる等器具を使用しない方法とがある。

・種目の順序：大筋群を強化する種目は先に行い，小筋群（肩，腕，体幹等）を強化する種目は後に行う。特に強化したい種目がある場合には，小筋群の種目であっても先に行ったほうが効果的である。

●トレーニング条件の目安

・初心者の場合：フォームを崩さずに15回程度反復できる負荷を用いて，10回の反復を2分の休息をはさみ，2セット程度行う。トレーニングでは，正しいフォームを習得することを心掛け，週2～3回，中1～3日空けて実施する。

・筋持久力向上を目的とした場合：軽い負荷でウォームアップを行った後，12回以上反復できる負荷（最大挙上重量の70％以下）を用いて，12回以上の反復を2～3セット行う。

初期段階の筋力トレーニングの実施例

初回	4週間後	5週目以降
① 70%×10回	① 70%×14回	① 75%×10回
② 70%×10回	② 70%×12回	② 75%×10回
③ 70%×10回	③ 70%×10回	③ 75%×10回
	反復回数を増やす	反復回数の増加に応じて，負荷を高める

※セット間の休憩時間は2分程度

・筋肥大を目的とした場合：軽い負荷でウォームアップを行った後，6～12回反復できる負荷(最大挙上重量の70～85％)を用いて，6～12回の反復を3セット程度行う。セット間には30～90秒の休息をとる。

筋肥大を目的としたトレーニング例

セット	負荷		回数	
1	50%	×	10回	（ウォームアップ）
2	60%	×	5回	（ウォームアップ）
3	70～85%	×	6～12回	（最大反復）
4	70～85%	×	6～12回	（最大反復）
5	70～85%	×	6～12回	（最大反復）

※セット間の休息時間は30～90秒
※4セット目以降は，疲労の状態に応じて，6～12回の目標反復回数で最大反復に達するように重量を調節する。

・筋力向上を目的とした場合：負荷を徐々に上げながら数セットのウォームアップを行った後，6回以下しか反復できない負荷(最大挙上重量の85％以上)を用いて，1～5回の反復を2セット程度行う。セット間には2～5分の休息をとる。

最大筋力向上を目的としたトレーニング例

セット	負荷		回数
1	60% (20RM)	×	8回
2	70% (12RM)	×	5回
3	80% (8RM)	×	3回
4	85% (6RM) 以上	×	1～5回
5	85% (6RM) 以上	×	1～5回

※セット間の休息時間は2～5分　○RM：○回反復できる負荷

●スポーツ選手の長期プログラム

・スポーツ選手の場合，試合のある時期（試合期）によい競技成績を収めることを目的として，試合に向けて準備する時期（準備期）を，筋肥大に重点を置く筋肥大期，最大筋力の向上に重点を置く筋力養成期，養成した筋力を競技動作のパワー向上に転化させるパワー養成期の３つの期間に分け（「期分け」という），それぞれ４～８週間程度ずつ目的を限定したトレーニングを実施する方法が採用される。

筋力トレーニングの長期プログラム（期分け）の例

マクロサイクル（数ヶ月～1年）	準備期			試合期		移行期
メゾサイクル（数週間～数ヶ月）	筋肥大期	筋力養成期	パワー養成期	ピーキング期	維持期	移行期
ミクロサイクル（数日～1週間）						

●実施上のポイント

・動作中には，正しい姿勢を保つ。

・動作中に呼吸を止めて力を発揮すると，血圧が急上昇することがあるため，正しい呼吸法を心がける。

②代表的なトレーニングの例

●バーベルによる基本種目

・ベンチプレス

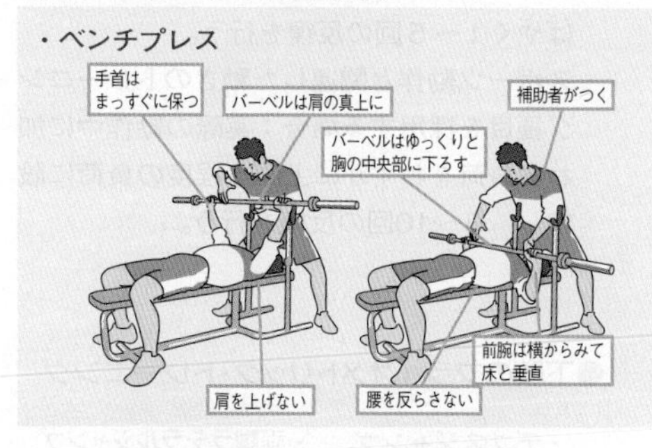

・スクワット

●チューブを用いたトレーニング例

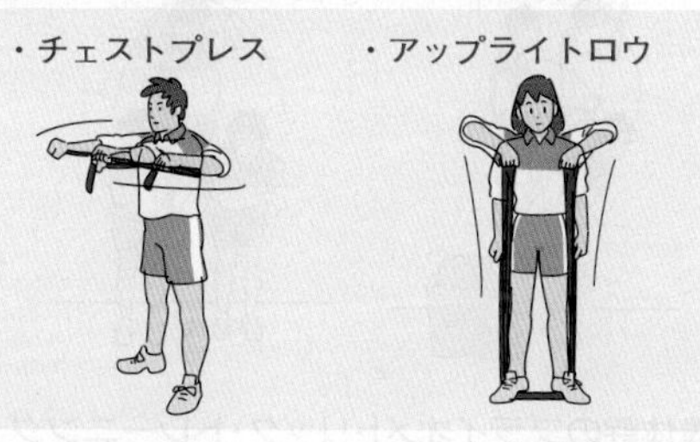

●体重負荷によるトレーニング例

●上半身のトレーニング例

●下半身のトレーニング例

●体幹部のトレーニング例

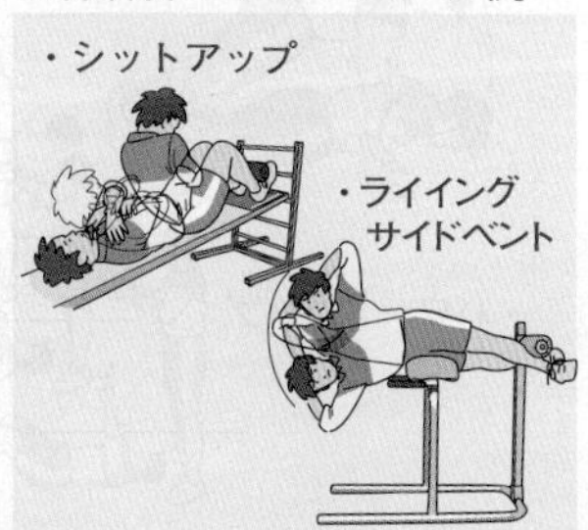

❷パワーを高めるトレーニング

パワーとは，垂直跳びやスタートダッシュのように，瞬間的に大きな力を発揮する能力のことを指し，「力×スピード」で表すことができる。パワートレーニングは，大きなパワーの発揮が必要とされる陸上競技の跳躍や投てき種目，球技（サッカー，野球，バスケットボール，バレーボール等），格闘技（柔道，レスリング等）の選手にとって，重要なトレーニング手段である。

①プログラム作成のポイント

●トレーニング種目

- 一般的な筋力トレーニングの種目ばかりでなく，クリーンやスナッチのようなすばやい挙上動作が必要とされる種目（クイックリフト）を採用する。
- スポーツ動作のパワーを向上させたい場合には，これと関連した動きをともなうトレーニング種目を採用する。
- 連続的に行うジャンプや，台から飛び下りてすばやく切り返して行うジャンプのように，筋肉が伸張してから短縮する局面(ストレッチショートニングサイクル)を重視したプライオメトリックトレーニングも，パワー向上のための重要なトレーニング手段である。

●トレーニング条件の目安

- 一般的な種目を用いる場合：最大挙上重量の30～50%の負荷を用いて，できるだけすばやく5～10回の反復を行う。
- クイックリフトの場合：最大挙上重量の75～90%の負荷を用いて，できるだけすばやく1～5回の反復を行う。
- スポーツ動作と関連した動きのトレーニング種目を採用する場合：実際の動作中に加わる負荷をわずかに上回る程度の負荷に設定し，5～10回の反復を行う。

②代表的なトレーニング例

●クイックリフト

●上肢のプライオメトリック・トレーニング

●下肢のプライオメトリック・トレーニング

●体幹のプライオメトリック・トレーニング

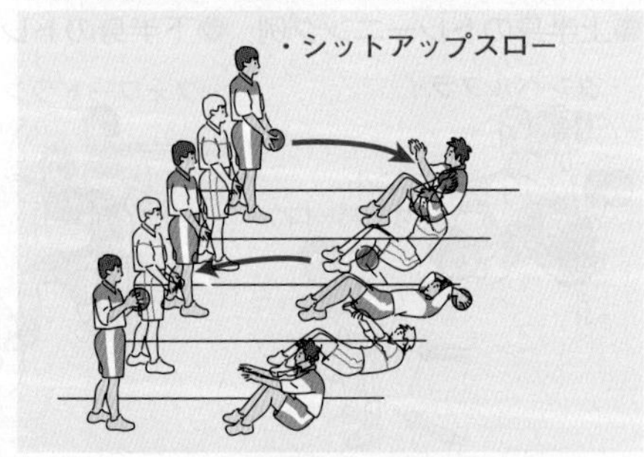

❸全身持久力を高めるトレーニング

持久力には，長距離走のように呼吸・循環器の能力が必要とされる全身持久力（心肺持久力）と，特定の筋肉を用いた運動をできるだけ多く反復する筋持久力とがある。

全身持久力を高めるトレーニングを行った場合には，運動中に心臓が送り出す血液の量（心拍出量）や，運動に必要な酸素を取り込む能力（最大酸素摂取量）等が向上する。脂肪を消費する効果も高く，肥満や生活習慣病の予防・改善に役立てられる。

①プログラム作成のポイント

●トレーニング種目

・ウォーキング，ジョギング，自転車こぎ，エアロビックダンス，水中エクササイズのような大筋群を使用した運動を採用する。

●トレーニング条件の目安

・強度：心拍数を目安にして設定する。トレーニング目的に応じた強度を決め，年齢と安静時心拍数をもとにして，運動中の目標心拍数を算出する。

・運動時間：健康増進や減量を目的とした場合には，1日100～300kcalのエネルギー消費量を，運動時間の目安にするとよい。

・週間頻度：強度が低ければ毎日行ってもかまわないが，オーバーワークに注意しながら定期的に休息日を設け，週4～5日を目安にするとよい。

②トレーニング例

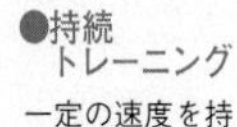

●持続トレーニング
一定の速度を持続して走る方法。

●インターバル・トレーニング
強度の高い運動と低い運動を交互にくり返す方法。

●レペティション・トレーニング
強度の高い運動を実施した後に完全休息をとり，これを数回反復する方法。

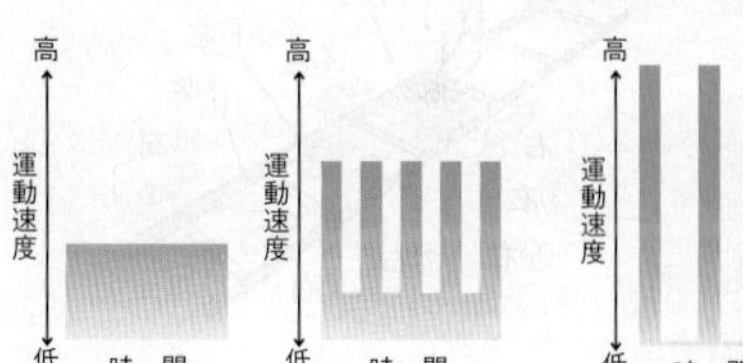

❹柔軟性を高めるトレーニング

柔軟性には，関節の可動域の大きさを意味する静的柔軟性と，動きの滑らかさを意味する動的柔軟性の2つがある。静的柔軟性を高めるトレーニング（スタティックストレッチング等）を行った場合には，関節の可動域の改善，血液循環の促進，スポーツ傷害の予防等の効果が期待できる。一方，動的柔軟性を高めるトレーニング（ダイナミックストレッチング等）を行った場合には，動きの滑らかさの改善，神経と筋肉の協調的な働きやスポーツ動作のパフォーマンス向上等が期待できる。

①スタティック（静的）ストレッチング

・準備：リラックスして呼吸を整える。

・イージーストレッチング（5～10秒）：息をゆっくりと吐きながら，筋の張りを感じる手前までゆっくりと伸ばして静止する。

・発展的ストレッチング（20～30秒）：ゆったりとした呼吸を保ちながら，筋肉の張りを感じるところまでさらに伸ばして静止する。

・一人で行うことも，パートナーとペアで行うこともできる。

②ダイナミック（動的）ストレッチング

・準備：リラックスして開始姿勢をとる。

・第１段階：筋肉の収縮と伸展を意識しながら，ゆっくりと反復動作を開始する。

・第２段階：筋肉をリラックスして徐々に速度を速め，軽く弾みをつけながら，動きの大きさを増していく。

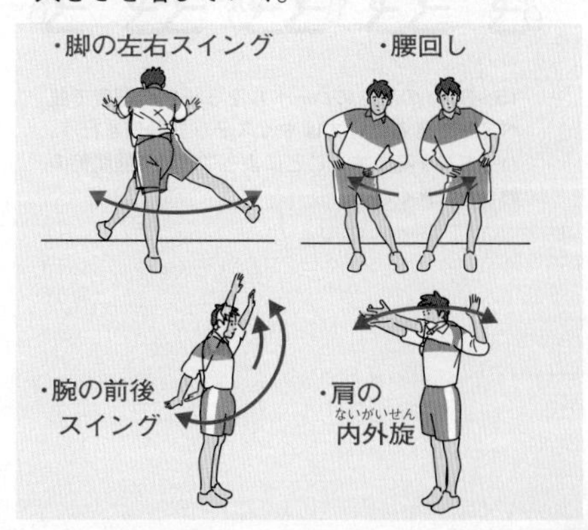

❺調整力を高めるトレーニング

調整力とは，動きのすばやさ(敏捷性)，バランス能力(平衡性)，動きの巧みさ(巧ち性)，反応能力等，神経系の働きによって体の動きを正しく調整する能力のことを指す。調整力のトレーニングを実施することによって，とっさに危険を避ける能力や，スポーツ動作の身のこなし等を改善することができる。

①敏捷性を高めるトレーニング

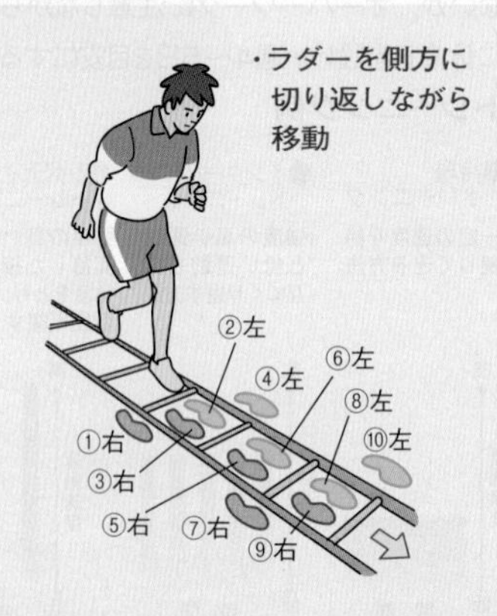

ラダー（縄はしご）を床に置いて，できるだけすばやくステップ動作を行う。鍛えたいフットワークを考慮して，さまざまなバリエーションを考えてみよう。床やグラウンドにラインを引く方法でも実施可能。

・ミニハードルを用いたサイドステップ

15～30cmの高さのハードルを５～10台程度で並べて，できるだけすばやくステップ動作を行う。ハードルを高くすることによって，膝や股関節の動きが大きくなる。

②バランス能力を高めるトレーニング

・腕立て手足上げ

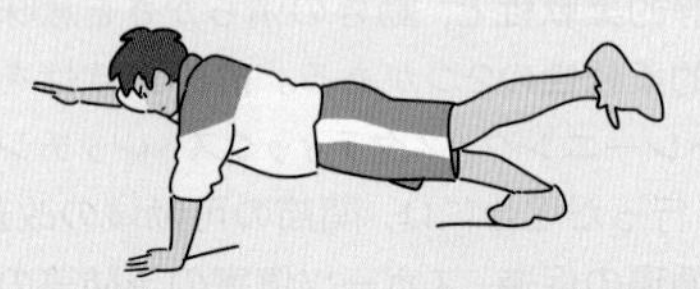

腕立て姿勢で片手と反対側の片脚を上げて静止する

上図の下部の２つの種目は，姿勢支持トレーニング（スタビリティー・エクササイズ）などと呼ばれ，日常生活の姿勢の改善やスポーツ動作中のフォームの安定に効果的。息を止めずに，ゆったりとした呼吸を行いながら，一定の姿勢を10～30秒保つ。

TRACK & FIELD

陸上競技

【歴　史　と　発　展】

走る，跳ぶ，投げる，などの運動は，原始時代には人類の生存にとって欠かせない基本的な能力であった。これらの能力を一定のルールのもとで競い合う形式として出発したのが陸上競技の始まりである。

陸上競技が競技会としてはっきり記録に残っているのは，紀元前776年のギリシャの第1回古代オリンピックである。古代ギリシャ滅亡後，ローマ時代には古代オリンピックの精神はゆがめられ，スポーツの暗黒時代が到来するが，ルネッサンスを契機として，体育・スポーツは新たな形で芽生え，陸上競技もその精神を古代オリンピックに求めながら近代陸上競技の基盤がつくられた。そして，クーベルタン男爵の提唱で1896年に第1回オリンピック大会がアテネで開かれ，陸上競技はそのメイン競技となった。

わが国へは，明治の初期，英米両国によって紹介された。1912（明治45＝大正1）年には，第5回オリンピックに初参加し，1928（昭和3）年の第9回アムステルダム大会では，三段跳びで織田幹雄がわが国初の金メダル，女子800mで人見絹枝が銀メダルを獲得した。近年では，欧米各国選手に決して劣らない記録が数多く樹立され，特に女子マラソンでは金メダルを連続獲得した。

【競　技　の　特　性】

❶走・跳・投の基本的な運動能力を，速さ，高さ，長さによって競う。

❷個人の能力を最大限に発揮することを求められる。

❸競走競技，跳躍競技，投てき競技，競歩競技，混成競技に大別され，もっとも種目数が多い。トラック競技，フィールド競技，道路競技とも区別される。

❹個人スポーツの一つで，よい成績をあげるためには，技術もさることながら，体力も重要である。

競技に必要な施設・用具・服装

1 競技場

競技場の配置例

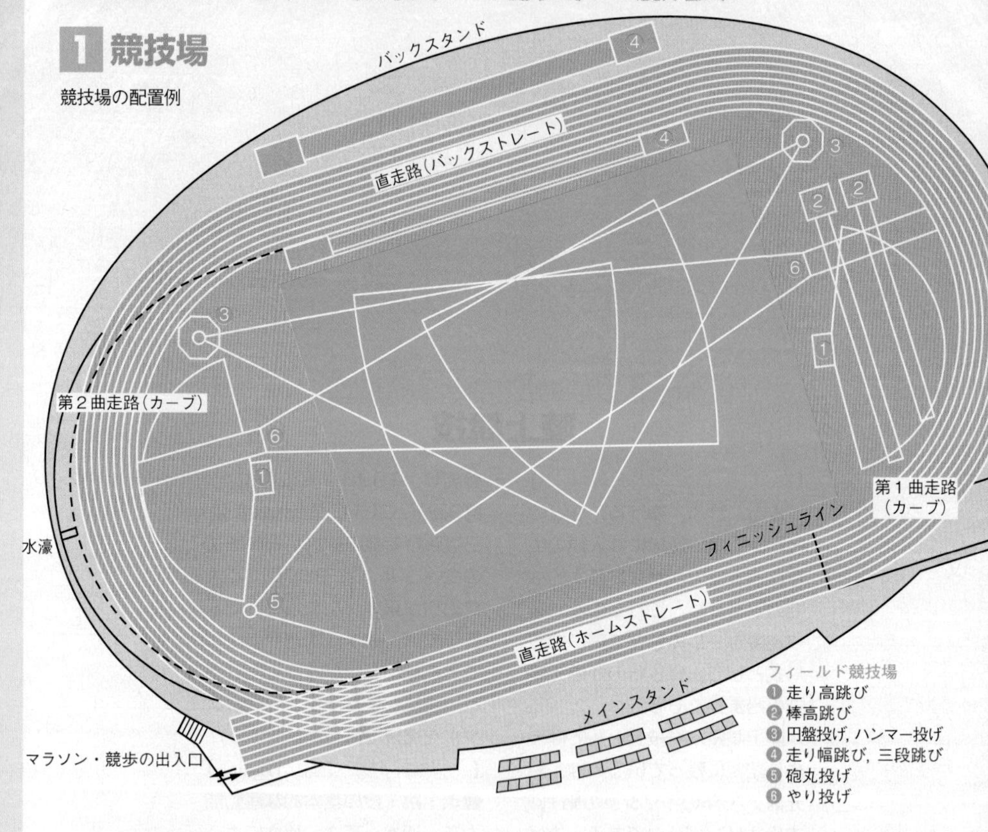

●陸上競技の国際的名称は，「トラック・アンド・フィールド」で，大きくはトラックでの競技と，フィールドでの競技に分類される。

種目＼区分		高校生（インターハイ種目）男子	高校生（インターハイ種目）女子	一般（オリンピック種目）男子	一般（オリンピック種目）女子
トラック競技	短距離走	100m，200m，400m	100m，200m，400m	100m，200m，400m	100m，200m，400m
	中距離走	800m，1500m	800m，1500m	800m，1500m	800m，1500m
	長距離走	5000m	3000m	5000m，10000m	5000m，10000m
	障害走	110mH，400mH 3000mSC	100mH 400mH	110mH，400mH 3000mSC	100mH，400mH 3000mSC
	リレー	4×100mR 4×400mR	4×100mR 4×400mR	4×100mR，4×400mR 男女混合4×400mR	4×100mR，4×400mR
	競歩	5000m	5000m		
フィールド競技	跳躍競技	走り高跳び，棒高跳び，走り幅跳び，三段跳び	走り高跳び，棒高跳び，走り幅跳び，三段跳び	走り高跳び，棒高跳び，走り幅跳び，三段跳び	走り高跳び，棒高跳び，走り幅跳び，三段跳び
	投てき競技	砲丸投げ，円盤投げ，ハンマー投げ，やり投げ	砲丸投げ，円盤投げ，ハンマー投げ，やり投げ	砲丸投げ，円盤投げ，ハンマー投げ，やり投げ	砲丸投げ，円盤投げ，ハンマー投げ，やり投げ
その他	混成競技	八種競技	七種競技	十種競技	七種競技
	競歩			20km マラソン競歩混合リレー	20km
	マラソン			42.195km	42.195km

H：ハードル競走　R：リレー競走　SC：障害物競走

2 競技に必要な用具

競走競技・跳躍競技に必要なもの

●スパイクシューズ

・シューズは使用してもしなくてもよい。道路を用いる競技，サークルを用いる投てき競技以外は，スパイクシューズを用いることが多い。靴底の厚さ，スパイクの本数と長さが決められている。

投てき競技に必要なもの

●砲丸

重さ　一般男子　7.260kg以上
高校男子　6.000kg以上
一般女子・高校女子　4.000kg以上
中学男子　5.000kg以上
中学女子　2.721kg以上

●円盤

重さ　一般男子　2.000kg以上
高校男子　1.750kg以上
一般女子・高校女子　1.000kg以上

●ハンマー

重さ　一般男子　7.260kg以上
高校男子　6.000kg以上
一般女子　4.000kg以上

長さ
一般・高校男子　1.175〜1.215m　　一般女子　1.160〜1.195m

●やり

重さ　男子800g　女子600g

長さ　男子　2.60〜2.70m　　女子　2.20〜2.30m

3 服装

●競技者の服装

・清潔で不快に思われないユニフォームを着用する。濡れると透き通るような生地はさける。全国的な競技会でのリレー競走では同一のユニフォームを着用しなくてはならない。

●アスリートビブス

・競技中にはっきりと見えるように胸と背に２枚のアスリートビブスをつける。跳躍競技では，背か胸のどちらか一方だけでよい。写真判定装置を使用する競技会では腰ナンバーもつける。

競技者のマナーと心得

①ルールをよく守り，フェアプレーで競技を行う。
②定められたユニフォーム，靴，ナンバーカードなどを正しくつける。
③自分と他の人の安全に心がける。

●審判の服装

・競技者との区別ができ，しかもその任務がはっきり識別できる服装と定められている。日本では，右のような服装が標準的である。

みるポイント

①トラック種目とフィールド種目が同時に行われるので，みたい種目が行われている近くの観客席に座ろう。
②トラック種目のスタート時には，会話はやめて，競技者が競技に集中できる環境をつくろう。
③トラック種目，フィールド種目ともに，記録を示す表示板が用意されるので，これに注目しよう。
④記録が公認されるには，追い風が秒速２m以下であることが条件になる。風速を示す表示板にも注目しよう。
⑤好記録が出たときには，大きな拍手や声援を送ろう。

競走競技のルール

1 競技場

競走競技は，ある一定の距離を走り抜ける速さを時間により競う種目であり，トラックを用いて行う種目や，マラソンや駅伝のように道路を走る種目，野原をかけるクロスカントリーなどがある。また，歩く速さを競う種目として競歩がある。

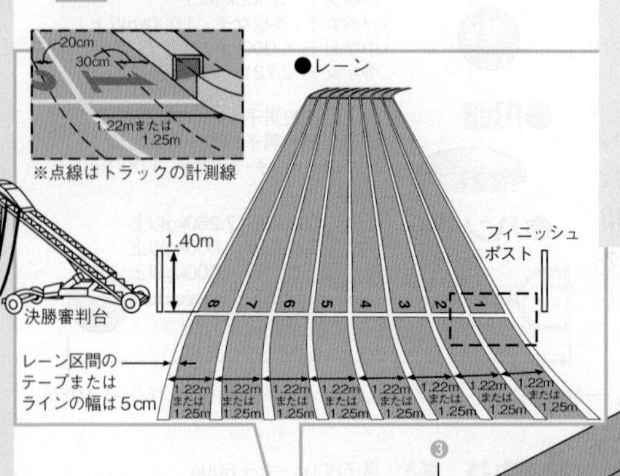

スタート位置
❶ 110mH
❷ 100m，100mH
❸ 3000m障害
❹ 400m，800m，10000m，400mリレー，1600mリレー，400mH
❺ 1500m
❻ 200m，5000m

illustrate

●クラウチングスタートのやり方

①「位置について」の合図で，スタートラインの手前に両手をつき，スターティングブロックに足をかける。
②「用意」の合図で腰を上げ，いつでもスタートできる状態にして静止し，号砲を待つ。
③全員が静止したとき，スターターはピストルを打ち，ピストルの号砲を聞いてスタートする。

●スタンディングスタートのやり方

「位置について」の合図で上体だけを前傾させ，そのままの形でスタートを切る。

2 共通ルール

■スタート

1 出発係によって，出場者の点呼およびナンバーカードの点検を受け，スタートライン後方3mのところにある集合線（800mを超える競走ではスタートライン）の正しい位置または定められた位置に並ぶ。

2 スターターの「位置について」(on your marks) の合図でスタートラインにつく (400mを超える競走では「用意」(set) の合図はない)。

3 400mまでの短距離走とリレーでは，スターティングブロックを用いた「クラウチングスタート」で行うが，それ以外の種目は「スタンディングスタート」で行う。

4 スタート姿勢で前後に構える足の位置は自由で，自分の好みでよい。

5 国際陸上競技連盟のルールでは，1回でも「最終の用意の姿勢をとった後，信号器の発射音を聞くまでにスタート動作を開始」（不正スタート）した競技者は失格となる。足がスターティングブロックのフットプレートから離れない，または手が地面から離れない限り，スタートを始めたとはみなされない。また，スタートにおける不適切な行為（不適切スタート）をした競技者には警告が与えられ，同じ者が2回警告を受けると失格となる。

6 スターターおよびリコールスターターは，不正なスタートがあった場合にはピストルを発射し，走者を呼び戻してスタートをやりなおす。

■走行中の共通ルール

1 他の走者を妨害してはならない。

2 レーンに分かれて行うレースでは，走者は自分の決められたレーンを走らなければならない。

3 トラックまたは走路を勝手に離れると，それ以後は競技を続けられない（失格）。

4 オープンなレーンで走者を追い抜くときは，外側から追い抜くのが原則。ただし，内側が空いていて前方の走者を妨げないときは内側から追い抜いてよい。

5 道路競技と競歩競技で規定された以外は，競技中の競技者はどのような助力も受けてはならない。

■フィニッシュ(ゴール)のルール

1 フィニッシュラインの垂直な面に，走者の胴体（トルソー）が到達したときにフィニッシュとなる。手や腕，足や脚が到達してもフィニッシュではない。

2 手動時計の順位の判定は，フィニッシュラインの延長線上に並んだ審判が行う。

●フィニッシュのしかた
フィニッシュは，胸を前に出すフォームで，フィニッシュラインがまだ5m前方にあるつもりで疾走するとよい。

【レーン】 競技者一人ひとりに割り当てられた走路のこと。幅5cmの白線で区切られ，走路幅は1.22または1.25m。

【コーナートップ】 4人×400mリレーの第3，第4走者は，前走者がフィールドの1～2m内側に立てられた黄旗（200mスタート地点）を通過した順序で，内側より並び待機する方法。一度並んだら，この順を変えると失格になる。

【追い風】 競技者が走ったり，跳んだりする方向に向けて吹く風のこと。

【アンカー】 リレー競技の最終ランナーのこと。

【インターフェア】 競技中に他の走者を妨害すること。

【ジョッグ】 ゆっくり走ること。

【ストライド】 走るときの歩幅のこと。

【ペースメーカー】 中・長距離レースで，決められたスピードで走るランナー。

【ラップタイム】 選手がトラックを１周する所要時間のこと。

1 短距離走

競技の性格
短距離走種目は，100m，200m，400mがある。速く走るためには，スタートダッシュ，加速疾走，全力疾走の効率的なフォームと，敏捷性，瞬発力，筋力，筋持久力などの体力要因が求められる。400mでは，全身持久力も重要な要因となる。

■100m競走のやり方

1 直走路のレーンでタイムを競う。
2 スタートはクラウチングスタートで行う。
3 タイムはハンドウォッチでは1/10秒（デジタル表示では1/100秒を切り上げて読む），電気時計では1/100秒まで表示する。
4 レース最中，10秒間の追い風の平均秒速が2mを超えると，記録は公認されない。
5 レーン数（通常8レーン）よりも多い人数の出場者があったときは予選を行う。

■200m競走のやり方

1 第2曲走路（カーブ）と直走路（ホームストレート）を結ぶレーンで行い，そのタイムを競う。
2 スタートラインは第2曲走路入口に設けられるため，階段状に外側ほど先に出る。
3 スタート，タイム，予選などは100m競走と同じ。
4 風速は直走路に入ってから10秒間計測される。

■400m競走のやり方

1 各自のレーンで，400mトラックを1周し，そのタイムを競う。
2 スタートラインはコーナーに階段状に設ける。
3 スタート，タイム，予選などは100m競走と同じ。
4 記録の公認に風速の条件はない。

●短距離のスタート地点とフィニッシュ

100mスタート
第2曲走路入口
風速計
フィニッシュ
400mのスタート地点は階段状
200mのスタート地点は階段状

2 中・長距離走

競技の性格
中距離走には800mと1500m，長距離走には3000m，5000m，10000mなどがある。速く走るためには疲れにくいフォームと，適切なペース，そして全身持久力と筋持久力などの体力要因が求められる。

■800m競走のやり方

1 400mトラックを2周し，そのタイムを競う。
2 スタートは各自のレーンで行い，第1曲走路は各自のレーンを走り，直走路に入ったところからレーンはオープンになる。オープンになる位置は，第1曲走路を出た地点に円弧状のブレイクラインで示されている。
3 スタンディングスタートで行う。
4 1周目にラップタイムが通告され，またあと1周を告げる鐘が打たれる。
5 出場者が多いときは予選を行う。

■1500m競走のやり方

1 1500mを走り通し，そのタイムを競う。
2 400mトラックを4周するが，スタートをバックストレートの第1曲走路の終わり近くに設け，最初の1周は300mとなる。
3 スタンディングスタートを用い，スタートからレース全体をオープンで走る。

●800m競走のスタートラインとブレイクライン

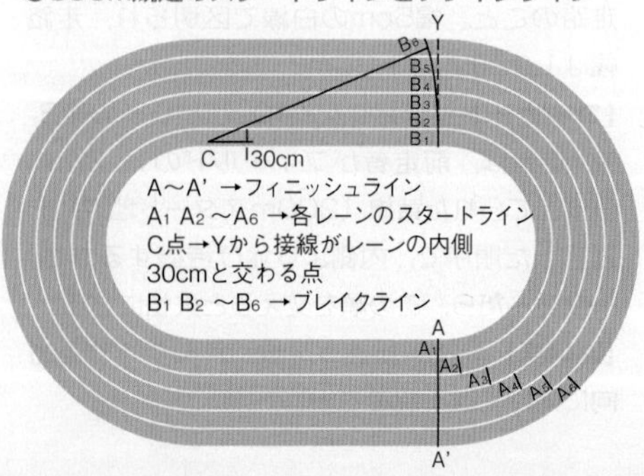

4 一組の出場者数は，予選の場合15名以内となることが望ましい。

5 スタート，鐘の合図は800mと同じ。周回記録員が各走者の周回数を確認する。

5000m，10000m競走のやり方

1 400mトラックを所定の距離だけ走り通し，そのタイムを競う。

2 競技の方法は，800m競走と同じ。

3 1000mごとにスプリットタイムが通告される。

3 リレー競走

競技の性格

4名でバトンをパスして競走するため，チームワークが大切になる。特にスピードを落とすことなく，バトンを受け渡しすることが重要なポイントである。

競技のやり方

1 4人の走者が，それぞれ同じ距離を走り，次の走者にバトンのパスをして継走し，第1走者のスタートから第4走者のフィニッシュまでのタイムを競う。

2 スタートは第1走者がクラウチングスタートで行うが，このとき手や足をスタートラインあるいはその前方に触れてはいけないが，バトンはつけてもよい。

3 走者は手にバトンを持って走らなければならない。もしバトンを落とした場合，バトンパスが完了していない場合は前走者が拾わなくてはならない。このとき，自分のレーンから離れて拾ってもよいが，他の競技者を妨害したときは失格となる。

4 4×200m，および4×400mリレーでは，1周目と2周目の最初のカーブまでは，決められたレーンを走り，以降のレーンはオープンになる。オープンになる前に他のレーンに入ると反則である。

不正スタートと不適切スタート

不正スタート

最終の用意の姿勢をとった後，信号器の発射音を聞くまでにスタート動作を開始したとき。

不適切スタート

・「位置について（On your marks）」または「用意（Set）」の合図の後で，信号器発射の前に正当な理由もなく，クラウチングの姿勢から立ち上がったり，音声その他の方法で，他の者を妨害したりしたとき。

・「位置について（On your marks）」または「用意（Set）」の合図に従わない，あるいはすみやかに最終の用意の位置につかないとき。

・「用意」の合図の後，すみやかに最終のスタート姿勢に構えなかったり，最終のスタート姿勢で静止しなかったり，いったん静止した後で動いたりしたとき。

※足がスターティングブロックのフットプレートから離れない，または手が地面から離れない限り，スタートを始めたとはみなされない。

illustrate

●走行中のおもな反則

①自分のレーンから出る

曲走路で内側のレーンに入ると反則。ただし，1回（1歩）触れた場合，失格とならない。

外側のレーンに入った場合，走者妨害しなければ許される。

②オープンのとき，他の走者を妨害する

相手を手で押したり，肘でついたりする。

意図的に走路をふさぐ。

③トラックまたは走路を離れる

④ 他の人の助力を受ける

●バトンパスのやり方

リレー競技においては，30mのテークオーバーゾーンの中で次走者はスタートを切り，かつバトンの受け渡しを完了しなければならない。

28～30cm

バトンパスした走者はレーン内にとどまること。

30m

テークオーバーゾーン

バトンパスはテークオーバーゾーン内で行う。

4 ハードル競走

競技の性格
ハードル競走には，100mハードル，110mハードル，400mハードルがある。ハードル走では，ハードル間（インターバル）を速く走る疾走能力，疾走スピードに大きなブレーキをかけずにハードルを越えるための合理的なハードリングが重要となる。

■競技のやり方

1 各自のレーンを，決められた距離と高さで配置された10台のハードルを走り越えながら，タイムを競う。
2 スタートはクラウチングスタートで行い，ハードル間は何歩で走ってもよい。
3 100m，110mハードル競走では，直線のレーンを走る。400mハードル競走では，2つの曲走路のあるレーンを走る。

■ハードリングのルール

1 ハードルを跳び越えない場合は失格となる。加えて，ハードルを越える瞬間に，足または脚がハードルをはみ出てバーの高さより低い位置を通ったときは失格となる。
2 ハードルを足で蹴って倒しても反則にはならないが，故意に手や足で突き倒すと失格になる。

5 障害物競走

競技の性格
3000mの間に35回の障害を越えるのには，全身持久力，筋持久力および脚力が求められる。それとともに，リズムやバランスを崩さないで障害を跳び越えるハードリングの技術が重要となる。

■競技のやり方

1 400mトラック上に設けられた4つの障害物と，トラックの内側または外側に設けられた1つの水濠とを越え，定められた距離を走ってそのタイムを競う。
2 3000m障害物競走では，7周と53m走って障害物を計28回，水濠を計7回の35のすべての障害を乗り越えて走らなければならない。

■障害を越えるルール

1 障害物は，跳び越えたり，手や片足をかけて越えてもよい。
2 足や脚が障害物にはみ出てバーの高さよりも低い位置を通って越えると反則となる。
3 水濠は，跳び越えても，水の中に入って進んでもよい。

illustrate

●ハードルの規格

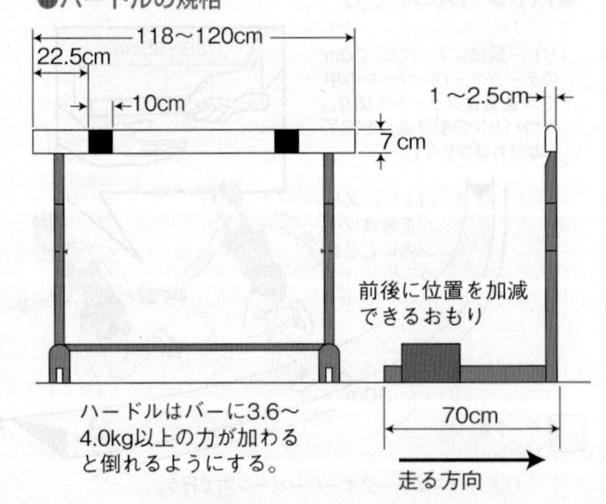

●ハードル走の反則

足や脚が外側に出てバーの高さよりも低い位置を通る。400mHの場合，コーナーでこの反則が起きやすい。

	距離	ハードルの高さ	スタートから第1ハードルまでの距離	各ハードル間の距離	最終ハードルからゴールまでの距離
男子	110mH	106.7cm	13.72m	9.14m	14.02m
	400mH	91.4cm	45.00m	35.00m	40.00m
女子	100mH	83.8cm	13.00m	8.50m	10.50m
	400mH	76.2cm	45.00m	35.00m	40.00m

6 マラソン

競技の性格

道路を用いる42.195kmのレースで，最後まで走り通す全身持久力，精神力が求められる。効率のよいフォーム，ペース配分も重要である。

コース

1 スタートからフィニッシュまでの距離は，42.195kmとする。

2 地形や地理的条件によって形態はさまざまで，ほぼ同じコースを折り返すもの，周回をしてスタート地点に戻るもの，片道コースでスタートとフィニッシュが異なるものがある。

3 コースの途中距離は，kmで競技者に表示しなければならない。

4 出発点から5kmごとに関門を設け，同じ地点に飲食物供給所を設置する。飲料水・スポンジ供給所は，飲食物供給所のおおよそ中間地点に，気象によってはさらに多くの地点に設置する。

競技のやり方

1 飲食物は主催者が用意するが，競技者自身が準備してもよい。いずれの場合も，競技者が取りやすいように所定の供給場所に置き，自分の手で取るか指定された係員によって手渡してもらう。

7 競歩競技

競技の性格

どちらかの一方の足が常に地面から離れないように，また前脚は接地の瞬間から垂直の位置になるまで，まっすぐに伸びているように歩き通すだけの全身持久力，筋持久力および脚力が求められる。

種目とコース

1 通常は道路で20km，35km競歩が行われる。15km, 30km競歩や2時間競歩もある。トラックでは5000m，10000m競歩などがある。

2 10km以上の競歩では，マラソンに準じて飲食物供給所を設ける。

みるポイント

① 短距離では，スタートが得意な者，中間が得意な者など，各々の特徴を探ってみよう。
② 中・長距離では，走るペースが重要な作戦となる。周回のタイムを記録して，それぞれのレースにおけるペースの変化を知ろう。
③ 中・長距離でオープンで行われる種目では選手がレース中にどの位置にいるかに注目。
④ ハードルでは，ハードル間の走り方やスムーズなハードリング技術を確認しよう。
⑤ 400mHでは，インターバルの歩数やどこで歩数を切り替えるかに注目してみよう。

●障害物，水濠の越え方と配置

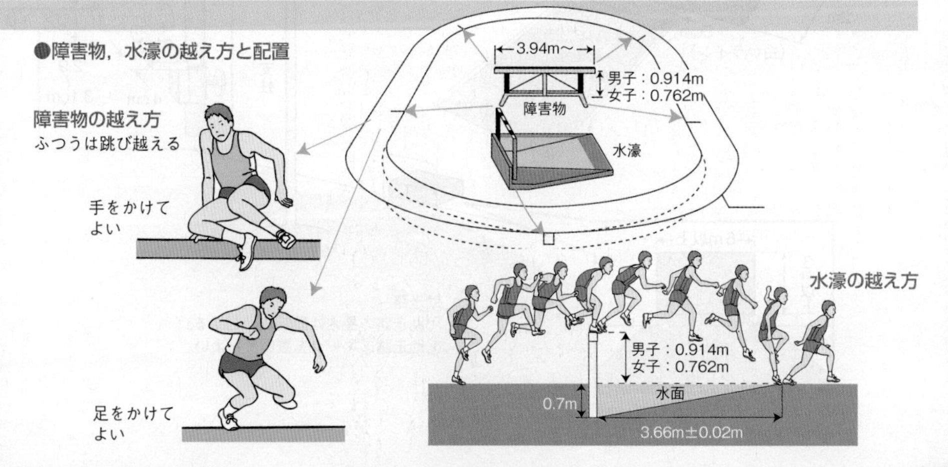

跳躍競技のルール

跳躍競技は，助走ののち踏み切って跳び，跳んだ距離を競う種目（走り幅跳び，三段跳び）と，跳んだ高さを競う種目（走り高跳び，棒高跳び）とがある。記録はcm単位で計測する。

1 競技場

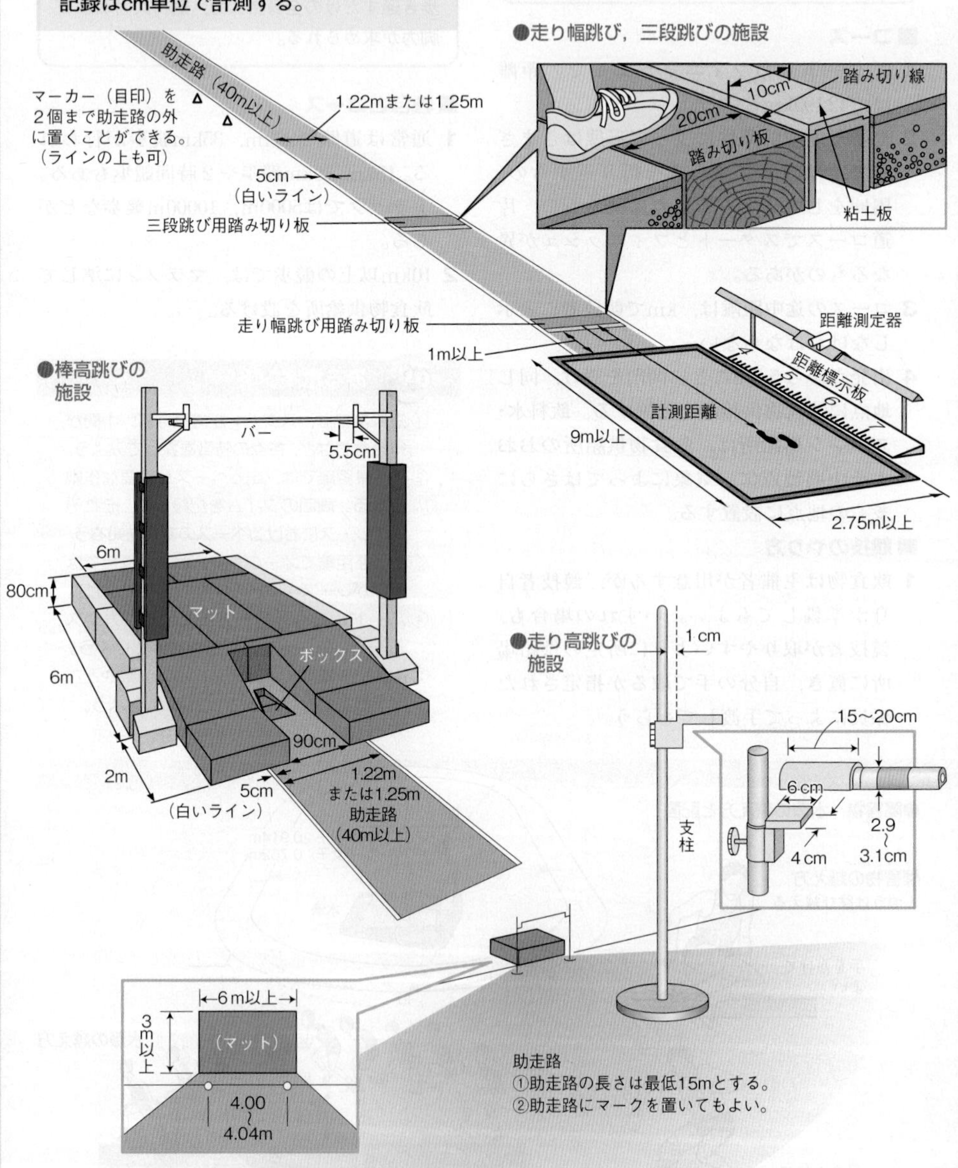

2 共通ルール

競技開始前に

1 試技の順序を抽選で決める。
2 試技順に待機位置で出場の合図を待つ。
3 合図によって，助走路に入る。

試技

1 ルールに定められた回数と方法で試技を行う。
2 試技開始の合図から1分以内に試技を行わなければならない（走り高跳び，棒高跳びで，競技を続行している者が3名以下になったとき，あるいは同じ選手が続けて試技を行うときを除く)。
3 ルールに違反したときは無効試合となる。

順位の決定

1 行った試技のうち，最高の記録をその競技者の成績とする。
2 その成績順に順位を決定する。

安全チェックリスト（跳躍競技）

□ 用具や靴，助走路，着地場所などの点検をしよう。
□ 跳躍をする前に準備運動をしよう。
□ 自分の能力に合った跳び方を用いよう。

illustrate

●バーとバーの高さの測り方

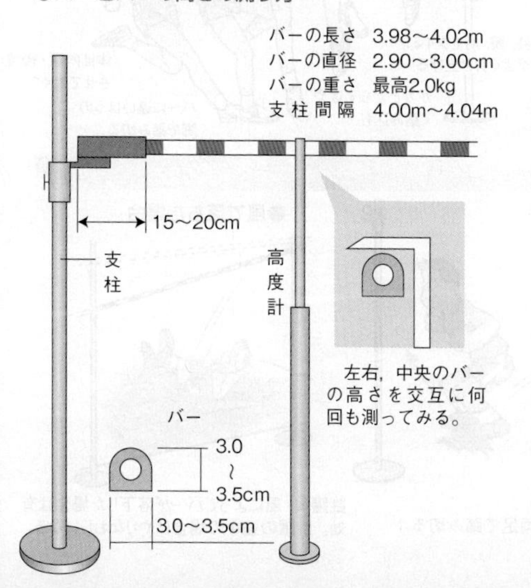

1 走り高跳び

競技の性格
助走のスピードを踏み切りによって上昇スピードに変え，バーを越える競技。上昇スピードを得るための助走と踏み切り，バーを効率よく越えるための空中フォームが重要になる。

競技のやり方

1 助走ののち，片足で踏み切り，バーを跳び越えた高さを競う。
2 最初のバーの高さと次からの上げ方は主催者が決める。バーは，2cm以上ずつ上げていく。
3 どの高さから跳び始めてもよく，また途中でパスをしてもよいが，続けて3回失敗をすると失格となる。
4 勝ち残った競技者は，他の全員が失格した後も，次の高さに挑戦して試技ができる。競技者の優勝が決まった後は，その競技者の希望の高さにバーを上げる。

【クリアー】 走り高跳びや棒高跳びで，バーを完全に跳び越えること。
【はさみ跳び】 走り高跳びの跳び方で，バーに向かって斜め方向から助走し，足をはさみのように動かしてバーを跳び越える。
【背面跳び】 走り高跳びの跳び方で，バーの上で背を下に向けてバーを跳び越える。メキシコ五輪で優勝したフォスベリー選手（米国）が最初に用いた。
【ベリーロール】 走り高跳びでの跳び方で，バーの上で腹を下に向け，バーと平行に巻き込むように跳び越える。
【ランディング】 跳躍競技での着地のこと。
【ピット】 跳躍競技で競技者が助走，着地する場所のこと。

競技中のルール

1 踏み切った後，バーを越えるのはどのようなスタイルでもよい。

2 助走の距離や方向は自由である。

3 助走路に，２個までマーカーを置くことができる。

4 次の場合は，無効試技になる。

・跳躍後，バーをバー止めから落としたとき。

・バーを越える前に，身体のいかなる部分でもバーの助走路側の垂直面，またはそれを延長した面から先の地面や着地場所に触れて有利になったと判断されたとき。

5 跳躍後にバーが風で落ちたときは有効だが，跳躍の途中で落ちたときはやりなおし。

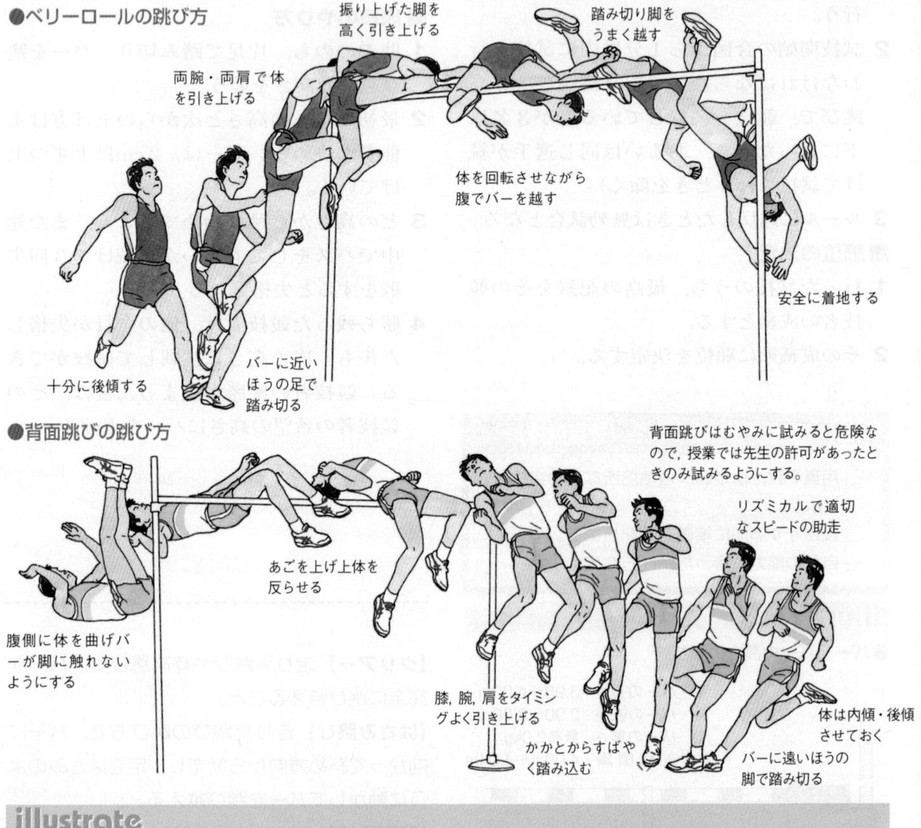

illustrate

バーを落とす。

跳び越す前にバーの垂直面から先に足が出る。

両足で踏み切る。

跳躍後，風によってバーが落下した場合は有効。跳躍の途中の場合はやりなおしになる。

■順位

1 成功した高さの順に順位を決める。

2 同記録の場合は次の方法で順位を決める。

・同記録になった高さで，試技回数が少なかった者が上位。

・それでも決まらない場合，同記録までの無効試技数が少なかった者が上位。

・それでも決まらない場合，第1位のみ，同成績の競技者全員が成功した次の高さでもう一度試技を行い，決める。これで決まらない場合，バーを2 cm上げ下げして，それぞれの高さで1回の試技を行い，順位が決定するまで行う(ジャンプオフ)。なお，当該競技者がこれ以上競技をしないと決めた場合を含みジャンプオフが実施されない場合，同成績により1位となる。

●順位決定の例　— パス　○ 有効試技　× 無効試技

競技者	試技							無効試技数	順位
	1.78 m	1.82 m	1.85 m	1.88 m	1.90 m	1.92 m	1.94 m		
A	—	×○	○	×○	—	××○	×××	4	2=
B	○	○	○	×—	×○	××○	×××	4	2=
C	○	○	×—	○	××○	××○	×××	5	4
D	○	—	—	××○	××○	×○	×××	／	1

2 棒高跳び

競技の性格

助走のスピードをポールによって上昇力に変え，バーを越える競技。高く跳ぶためには，スピードのあるリズミカルな助走，高い突っ込み，バーに向かっての足の振り上げ，バーを越える空中フォームが重要となる。

■競技のやり方

1 助走路を使って加速し，ポールを使ってバーを跳び越えた高さを競う。

2 競技者が最後の一人となり，優勝が決まるまでバーの高さは5 cm以上ずつ上げていく。

3 どの高さから跳び始めても途中でパスしてもよいが，続けて3回失敗すると失格。

4 勝ち残った者の試技は走り高跳びと同じ。

■競技中のルール

1 助走の長さは自由で，助走や踏み切りをしやすくするためマーカーを2個まで助走路の外に置くことができる。

2 踏み切りは，ボックスを使って行う。

3 支柱（アップライト）は，ボックス先端を基準として，マット側に80cm動かすことができる。

4 自分のポール（棒）を使用することができる。

5 ポールの握りの部分と先端には，テープを幾重にも巻いてよい。

6 跳躍後ポールがバーや支柱から離れて倒れてくるまでだれも触れてはならない。

7 次の場合に無効試技となる。

・跳躍後バーをバー止めから落としたとき。

・バーを越える前に体の部分やポールがボックス（箱）前方の垂直面を越えた地面や着地場所に触れたとき。

・跳びながらバー止めから落ちそうになっているバーを手で故意に元に戻したとき。

■順位の決定

1 成功した高さの順に順位を決める。

2 同成績のときは，走り高跳びと同じ。

●棒高跳びの方法

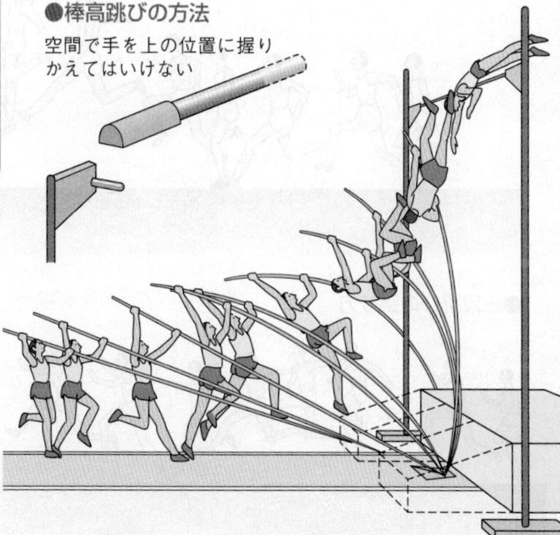

3 走り幅跳び

競技の性格
助走のスピードを生かして踏み切り，できるだけ遠くへ跳躍する競技。より遠くへ跳ぶためには，スピードに乗った助走から力強く踏み切ること，合理的な空中フォームにより，効率のよい着地を行うことが重要になる。

競技のやり方

1 助走して踏み切り線の手前で踏み切り，前方の砂場に跳んだ距離を競う。

2 試技者が8名以下の場合，各自6回ずつの試技を行う。試技者が8名を超える場合は，3回ずつの試技を行い，上位8名が通過し，さらに3回ずつの試技を行う。最下位の競技者が同記録で複数いる場合は，それぞれの2番目の記録で，それでも決められない場合は，3番目の記録で決める。

3 跳躍記録は，踏み切り線または踏み切り線の延長線上から，体または身につけたものが砂場に触れた痕跡までの最短距離を計測する。

競技中のルール

1 助走は助走路内で行い，距離は自由。

2 助走路の外にマーカーを2個まで置くことができる。

3 踏み切りは踏み切り板で行う。踏み切り板の手前で踏み切っても無効ではない。

4 次の場合は1回の無効試技となる。

・助走中および跳躍に移ってから，踏み切り線の先の地面に体の一部が触れたとき。
・踏み切りを，踏み切り板のどちらかの外側で行ったとき。
・着地のとき，着地した痕跡よりも踏み切り板に近い砂場の外の地面に体の一部が触れたとき。
・跳躍が終わってから，砂場の中を歩いて戻ったとき。
・宙返りのようなフォームで跳んだとき。

順位の決定

1 記録の良い競技者から順に順位を決める。

2 同記録の場合には，第2番目の記録で決め，さらに決まらなければ，第3番目，第4番目……の記録で決定する。

●走り幅跳びの跳び方

●三段跳びの跳び方

4 三段跳び

競技の性格
助走スピードを生かして，ホップ・ステップ・ジャンプの連続した３回の跳躍を行い，跳躍距離を競う種目。遠くに跳ぶためには，リズミカルな助走，バランスのとれた３回の跳躍が重要である。

■競技のやり方

1 走り幅跳びと同じ施設を使って行う。
2 助走して踏み切り，ホップ・ステップ・ジャンプの跳躍３回で跳んだ距離を競う。
3 試技の回数，跳躍距離の測定，順位の決定は走り幅跳びと同じ。

■競技のルール

1 助走，踏み切り，マーカーの置き方は，走り幅跳びと同じ。
2 ホップで踏み切った足で最初の着地をし，ステップで反対の足で着地して，最後のジャンプを行う。
3 跳躍中に使わない方の足が地面に触れても，無効試技にはならない。
4 次の場合は無効試技となる。
・走り幅跳びと同じ反則をしたとき。

みるポイント

①走り幅跳び，三段跳びでは，秒速２ｍを超える追い風が吹くと記録は非公認になる。向かい風では，助走のスピードが低下して，記録が悪くなることが多い。風の条件と記録の関係にも注意を払おう。
②走り幅跳びの空中フォームには，はさみ跳び，そり跳び，かがみ跳びなどのスタイルがある。空中フォームにも個性が表れる。
③三段跳びのホップ・ステップ・ジャンプの３回のジャンプの割合は競技者によって異なる。記録だけでなく，３回のジャンプの大きさにも注目しよう。
④棒高跳びでは，グリップ高（握っている高さ）よりもどれだけ高いバーをクリアできるかが重要な技術の１つである。より高いバーをクリアするために，空中で体操競技のようなアクロバティックな動きが見られる。
⑤走り高跳びや棒高跳びでは，パスも重要な作戦である。パスのしかたにも注意を払ってみよう。
⑥跳躍競技の競技者の精神集中のしかたにも注目してみよう。

illustrate

●踏み切りの判定

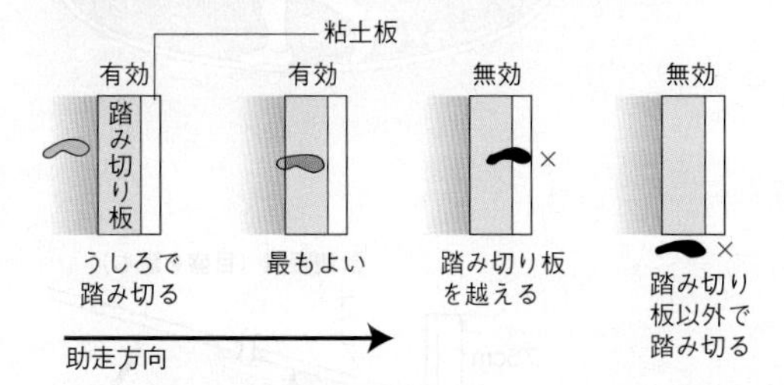

●跳躍距離の測り方

助走路と平行に計測する。

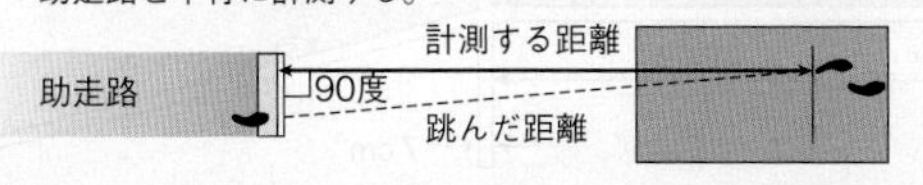

●着地の判定

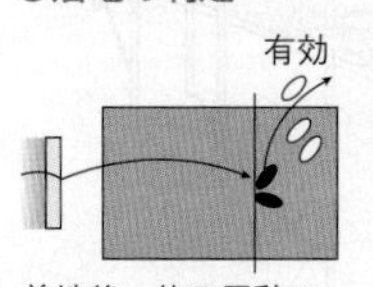

着地後，体の反動で，着地点より前方の区画外に跳び出す。

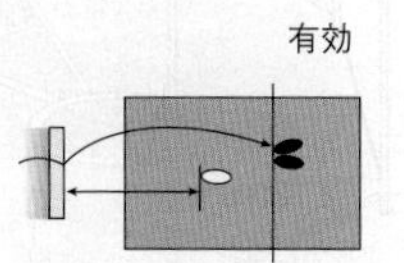

着地後，後方に手をつく。計測は最短距離となる。

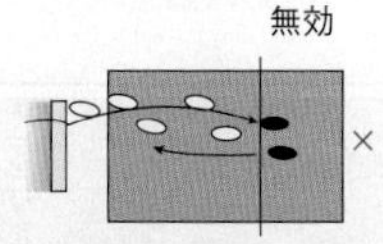

着地後，砂場の中を歩いて戻る。

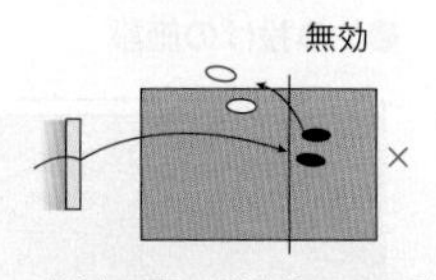

着地の際，着地点よりも踏み切り線よりも近い砂場の外に触れたとき。

投てき競技のルール

1 競技場

投てき競技は，決められた位置から，投てき用具を投げ，投げた距離を競う競技である。

34.92度の扇形の便宜的な作り方

投てき角度を示すラインがサークルの中心から20mの地点において12mの間隔になるようにする。

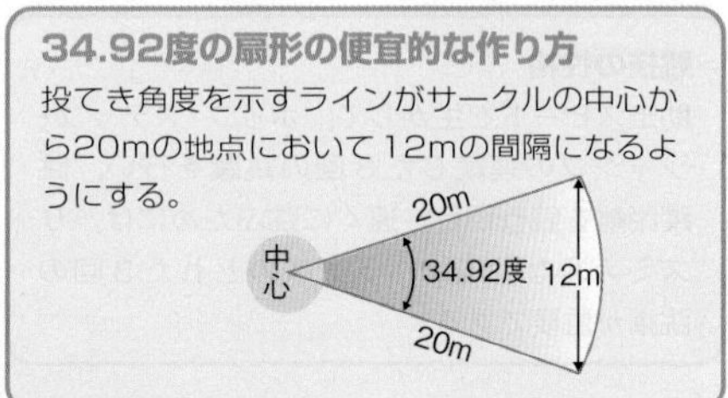

●砲丸投げの施設

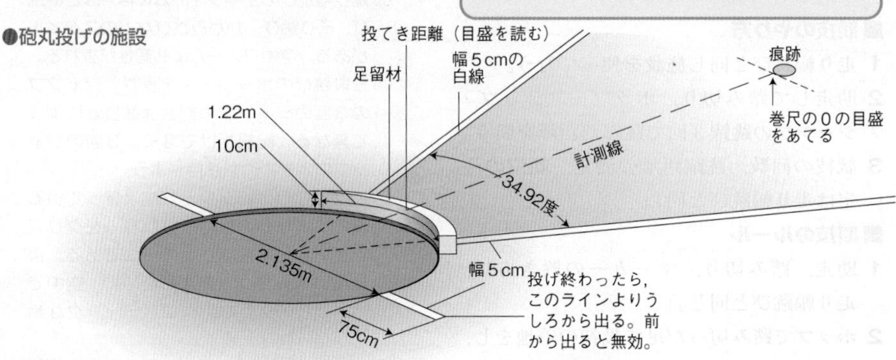

●ハンマー投げの施設

●円盤投げの施設

●やり投げの施設

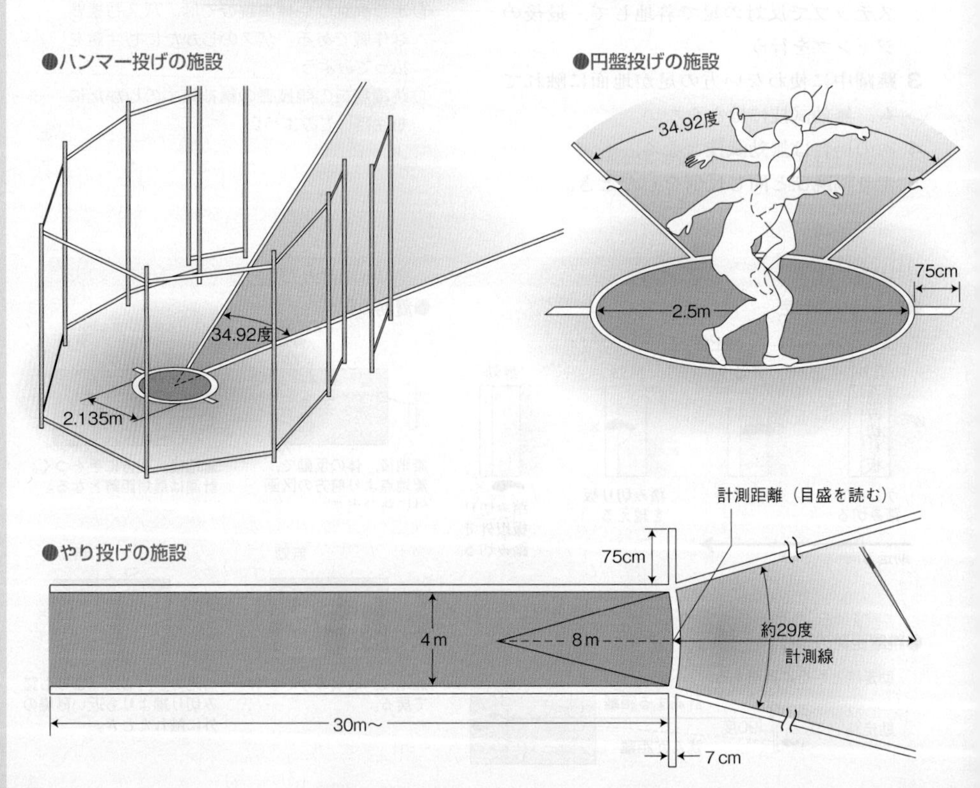

2 共通ルール

■試技

1 8名までの場合は，各自6回ずつ試技ができる。8名を超えたときは，各自3回ずつ行い，上位8名がさらに3回ずつ行う。
2 試技の順序は抽選で決める。
3 試技は合図によってすみやかに開始する（1分以内）。

■順位の決定

1 行った試技のうち，最長の距離の記録をその競技者の成績とする。
2 その成績順に順位を決める。
3 同記録の場合は第2番目の記録で決める。

■一般的ルール

1 各競技者の最長投てき地点を，ライン外側に旗などの標識を立てて示す。
2 投げた用具はサークルのところへ運んで返さなければならない。投げ返してはならない。
3 重りを身につけて（腰などに重量物を巻くなど）試技を行ってはいけない。

1 砲丸投げ

競技の性格
グライドや回転などの準備動作で得た勢いを利用して鉄球を突き出し，その投距離を競う競技。リズミカルでスピードのある準備動作，上体のひねり戻しを利用した強い突き出しが重要である。砲丸投げをはじめとする投てき種目は，安全面に特に注意を払う必要がある。

●グライド式の投げ方

投射方向に対して後ろ向きに立ち，右足でホップして投げ動作に移る。上体のひねりを利用することができる。

■競技のやり方

1 サークル内で，静止状態から片手で砲丸を突き出す方法で投げ，投げた距離を競う。
2 34.92度の角度で引かれたラインの内側に砲丸が落ちれば有効試技となる。
3 投てき距離は，砲丸が落下した痕跡のサークルに最も近い地点から，サークルの内側までを測る。cm未満の端数を切り捨てた1cm単位で記録する。

■競技中のルール

1 砲丸が地面上に落下するまでサークルから出てはいけない。
2 構えたときは，砲丸を首またはアゴにつけるかそれに近い状態を保ち，投げる動作中，手をこの状態より下におろしてはいけない。また砲丸を肩の線より後ろに引くことはできない。
3 肩の位置から片手だけで投げる。
4 サークルおよび足留材の内側には触れてもよいが，外に出てはいけない。
5 投てき終了後，サークルの両側のラインよりも後方から出なければならない。
6 次の場合は無効試技となる。

①肘を引き，構えた手を下にさげる。

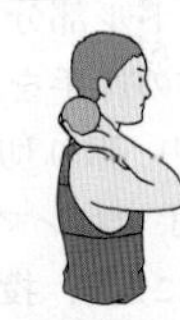

②砲丸を肩の線より後ろに引く。

③動作中に投てき物を落とす。

④足留材の上やサークル外の地面に触れる。

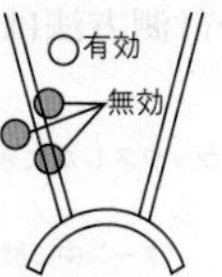

⑤投てき物が角度外に落ちるかラインにかかる。

⑥横のラインの前からサークル外に出る。

☑ 安全チェックリスト（投てき競技）

- □常に正しい持ち方，投げ方，取り扱い方をしよう。
- □常に一方向だけから投げよう。
- □全員が投げ終わってから拾いに行こう。

2 円盤投げ

競技の性格
ターンを利用して円盤を振り切り，投距離を競う競技。ターンによる円盤の加速，体のひねり戻しを利用した円盤の振り切りが重要である。

競技のやり方

1 サークル内で制止した状態から投てき動作に入り，円盤を片手で投げた距離を競う。
2 円盤がラインの内側に落下すれば有効。
3 投てき距離の計測方法は砲丸投げと同じ。

3 ハンマー投げ

競技の性格
スイングとターンを利用してハンマーを振り切り，投距離を競う競技。正確でスピードあるターン，ターン中のバランスの維持，リリース前のハンマーの振り切りが重要である。

競技のやり方

1 ハンマーのハンドル部分を片手で握り，その上にもう一方の片手を重ね，スイングの後，ターンに移り，振り切って投げる。
2 サークル内で両手でハンマーを持ち，静止した状態から動作に入り，投げた距離を競う。
3 ハンマーの頭部がラインの内側に落下すれば有効。
4 投てき距離の計測方法は砲丸投げと同じ。

4 やり投げ

競技の性格
助走のスピードを生かしてオーバーハンドスローにより，やりを投げ出し，その距離を競う競技。クロスステップにより助走のスピードを損なうことなく，投げ動作に移ることが重要である。

競技のやり方

1 助走し，片手でやりを投げた距離を競う。
2 ラインの内側に，やりの先端が落下すると有効。
3 投てき距離の計測方法は，やりの先端が落下した地点から円弧の内側までを1cm単位で測り，1cm未満は切り捨てる。

みるポイント

① 円盤投げ，ハンマー投げ，やり投げでは，その放物線の大きさを実感してみよう。
② 砲丸投げでは，グライド投法と回転投法が主流である。その技術の違いにも注目してみよう。
③ 円盤投げとやり投げでは，投てき物の飛行は空気に強い影響を受ける。勢いよく飛び出した後に途中で失速したり，空気をうまく利用してグライダーのようにスーと伸びていくこともある。その飛び方に注目してみよう。
④ ハンマーのターンの回転数は競技者で異なる。一流競技者は4回転ターンを用いることが多い。回転数を数えてみよう。
⑤ 投てき種目の競技者は，投げる瞬間に大きな掛け声を出すことが多い。これも記録を伸ばす秘訣である。

●円盤の投げ方 リラックスした大きな動作をこころがける

●円盤の持ち方

第一関節にかけるように持つ

●足の運び

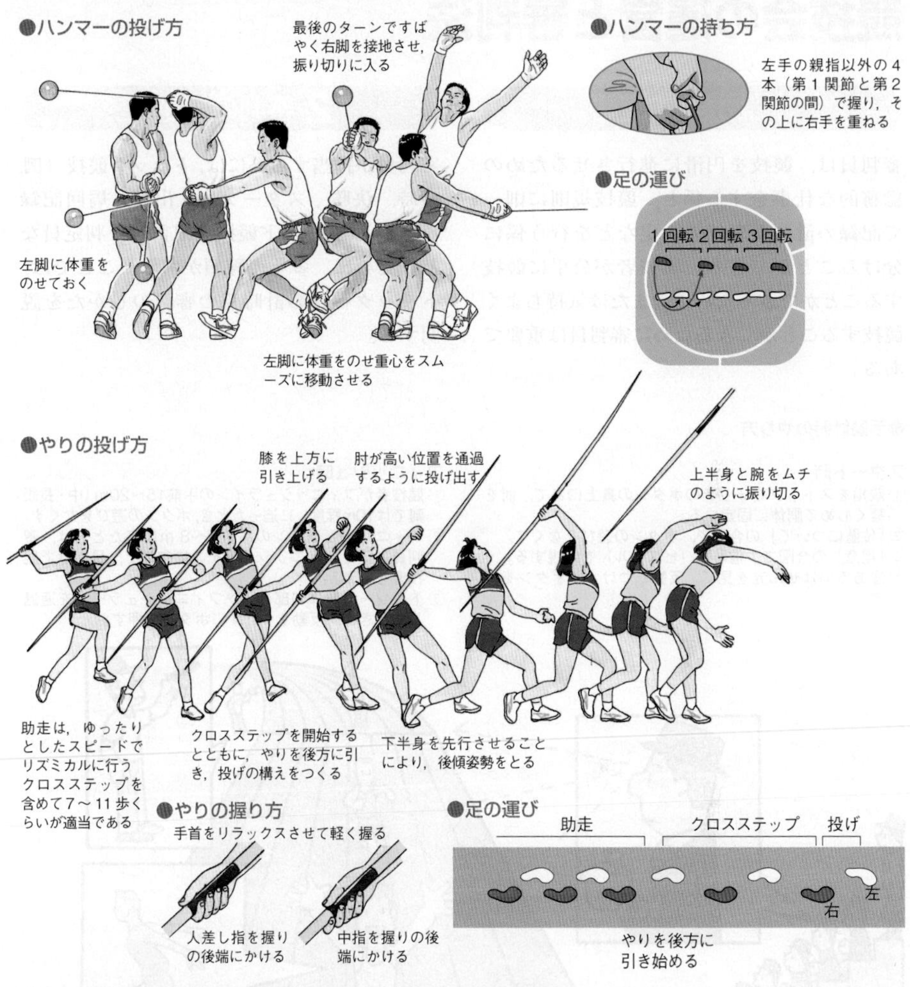

混成競技のルール

走・跳・投の種目をいくつか組み合わせ，一人がその全種目を行い，各種目ごとの得点の総合点を競う競技である。男子には十種競技，女子には七種競技がある。高校男子は八種競技，女子は七種競技，中学生は四種競技が実施されている。

競技のやり方

1 種目間には，できる限り30分間以上の時間をおく。

2 試技順序は，各種目ごとに抽選で決める。

3 競走競技種目は1種目1回の試技，走り幅跳びと投てきの各種目は3回の試技を行う。

4 順位は，混成競技採点表により，総得点が最高であった者から順に上位とする。

●高校男子八種競技・女子七種競技の順序

男子	1日目 100m→走り幅跳び→砲丸投げ→400m
	2日目 110mH→やり投げ→走り高跳び→1,500m
女子	1日目 100mH→走り幅跳び→砲丸投げ→200m
	2日目 走り幅跳び→やり投げ→800m

競技会の運営と審判法

1 競技会の運営

審判員は，競技を円滑に進行させるための総務的な仕事をする係と，競技規則に則って記録の計測や順位の決定などを行う係に分けることができる。競技者が公平に競技することができるために，または気持ちよく競技することができるために審判員は重要である。

2 審判のしかた

審判員が担当する係には，トラック競技（例.計時，決勝，スターター，出発，周回記録など），フィールド競技（例.計測，判定員など）ともに，多くの種類がある。ここでは，トラック種目の計時係の審判のしかたを説明する。

●手動計時のやり方

スタート時

① 親指をストップウォッチのボタンの真上にあて，肘を軽くしめて胴体に固定する。
②「位置について」の合図で，ボタンの遊びをなくす。
③「用意」の合図で，信号器（ピストル）を注視する。
④ 煙あるいはせん光を見て，反動をつけずにボタンを押す。

フィニッシュ時

① 競技者がフィニッシュラインの手前15～20m（中・長距離では10m程度）に迫ったとき，ボタンの遊びをなくす。
② フィニッシュラインの手前7～8 mに来たときは，審判員の顔をフィニッシュラインに向けて，目だけで競技者を追う。
③ トルソー（胴体の部分）がフィニッシュラインを通過したときに，反動をつけずにボタンを押す。

●トルソー
腕，脚，首から上を除いた胴体の部分

調べてみよう

- マラソンの起源はどんなことだったのだろうか？
- オリンピックの陸上競技日本人メダリストを調べてみよう。
- 短距離走で不正スタートとなる基準（時間）を調べてみよう。
- 国際的な競技統括組織はなんという名称でどこにあるのか？
- 陸上競技（選手）が重要な役割を果たしている映画を探してみてみよう。

SWIMMING

水泳競技

【歴史と発展】

水泳は人類の生活とともに始まったと考えられるが，スポーツとしての水泳は，1869年にロンドン水泳協会が生まれてからとされ，1896年の第1回オリンピック大会（アテネ）から行われている。1908年に国際水泳連盟（FINA）が設立され，ルールの設定，国際競技会の運営，世界記録の認定，審判の研修等を行っている。

わが国は，1920（大正9）年の第7回オリンピック大会に初出場，12年後のロサンゼルス大会では，男子競泳6種目中5種目に優勝し，「水泳ニッポン」の名を世界に広めた。戦後は科学的トレーニングの発展により，アメリカ・オーストラリアを中心として競泳の記録は飛躍的に向上した。

近年，日本水泳界では，1972（昭和47）年のミュンヘンオリンピック以降，世界記録の樹立や種々のメダルを獲得。2008（平成20）年北京オリンピックでは，北島康介選手が100・200m平泳ぎ2連覇を達成した。2012（平成24）年のロンドンオリンピックでは，戦後最多の11個のメダル（銀3個，銅8個）を獲得，2016（平成28）年のリオデジャネイロオリンピック，続く2021（令和3）年の東京大会でもそれぞれ金メダル2個を含む複数のメダル獲得などがあり，日本選手の活躍はすばらしいものである。

【競技の特性】

❶競泳は，定められた泳法で，定められた距離を泳ぎ，その速さを競う。

❷飛込は，空中にダイビングし，滞在中の演技や入水の美しさを競う。

❸水球は，相手ゴールにボールを投げ入れることによって得点を競う。

❹アーティスティックスイミングは，水上および水中で，規定された技のできばえやリズムに合わせて演技を競う。

❺オープンウォーターは，海で定められた距離を泳ぎ，その速さを競う。

競泳競技のルール

●競技の性格

定められた泳法で，定められた距離を泳ぎ，その速さを時間で競う競技である。種目には，自由形，平泳ぎ，背泳ぎ，バタフライ，個人メドレーの個人種目と，フリーリレー（混合含む），メドレーリレー（混合含む）のチーム競技がある。

競技に必要な施設と服装

●競泳場（プール）

プールには長水路と短水路があり，前者は片道50m，後者は片道25mのものをいう。またレーンのナンバーは，スタート側からプールに向かって右端を１レーンとして設定される。なお，公式・公認競技会は，日本水泳連盟のプール公認規則に基づき公認されたプールを使用する。

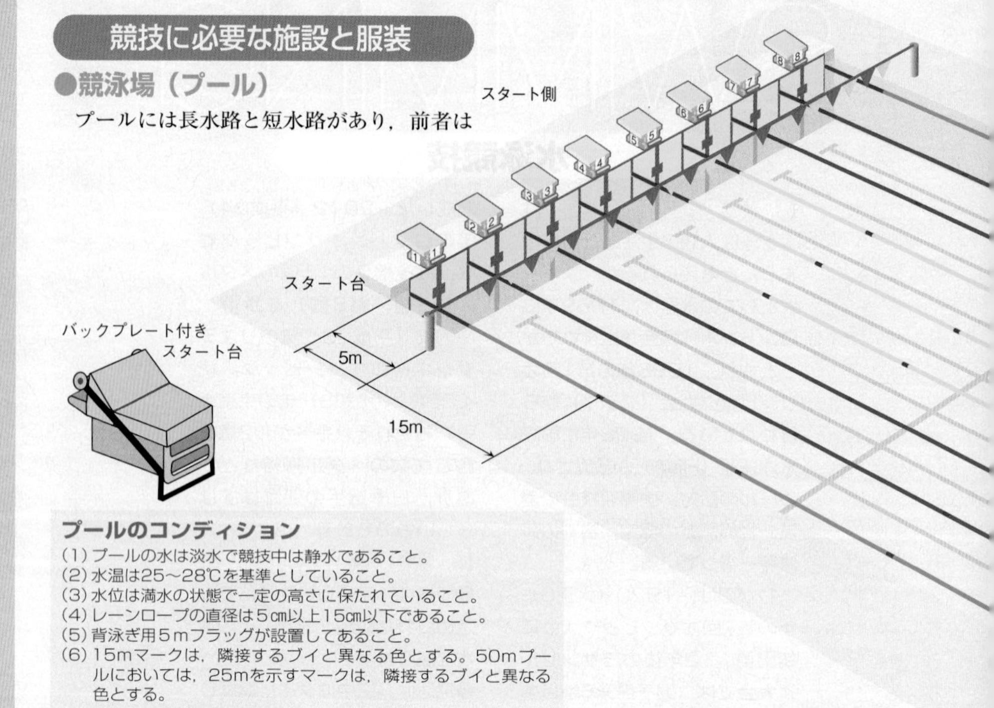

プールのコンディション

(1) プールの水は淡水で競技中は静水であること。
(2) 水温は25～28℃を基準としていること。
(3) 水位は満水の状態で一定の高さに保たれていること。
(4) レーンロープの直径は５cm以上15cm以下であること。
(5) 背泳ぎ用５mフラッグが設置してあること。
(6) 15mマークは，隣接するブイと異なる色とする。50mプールにおいては，25mを示すマークは，隣接するブイと異なる色とする。

●正式な競技会とは

1 （公財）日本水泳連盟（以下「水連」），各都道府県水泳連盟・協会（以下「加盟団体」）が主催ならびに主管する公式・公認競技会に出場する競技者やチームは，水連に競技者登録・団体登録をしなければならない。また記録が「公認」されるためには，上記の登録手続きを済ませ，公認競泳競技役員の運営により，公認プールにて開催される等の条件が必要となる。

2 水連の競泳競技規則は，公式競技会と公認競技会を対象として適用される。公式競技会とは，水連ならびにその加盟団体が主催する競技会をいう。また公認競技会とは，水連ならびにその加盟団体が公認する競技会をいう。

3 公式競技会では，水連公認の全自動装置（タッチ板等）を使用しなければならない。使用できない場合は，可能な限り，１レーンに最低１名の計時員と１名の補助計時員を置く。また，着順審判主任と着順審判員を置くことができる。

●服装・用具

競技者は水泳着を着用しなければならない。水泳着は，見苦しいもの，不謹慎なもの，透けているものの着用を禁ずる。ゴーグルおよびスイミングキャップは着用してもよい。

なお，公式・公認競技会においては，世界水泳連盟承認マークのあるものを着用しなければならず，重ね着，水着・身体へのテーピング，水着への二次加工は禁止されている。水着に記載する所属するチームの名称･マークは50cm²以内，またメーカーの名称･マークは30cm²以内で1個とする。

また，水泳の用具として練習で使用するものには，キックを練習するためのキックボード，腕のかきを練習するためのパドルやプルブイがある。

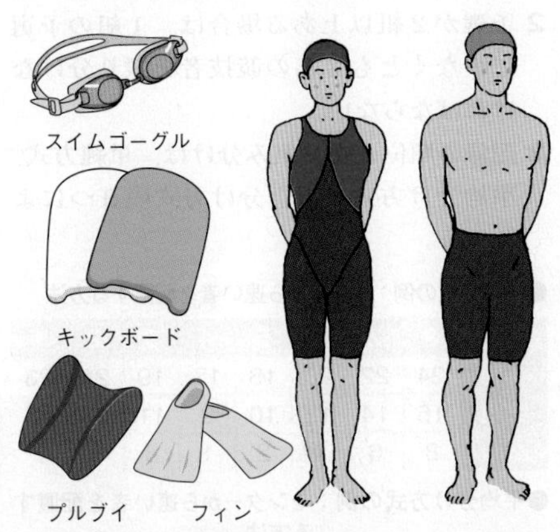

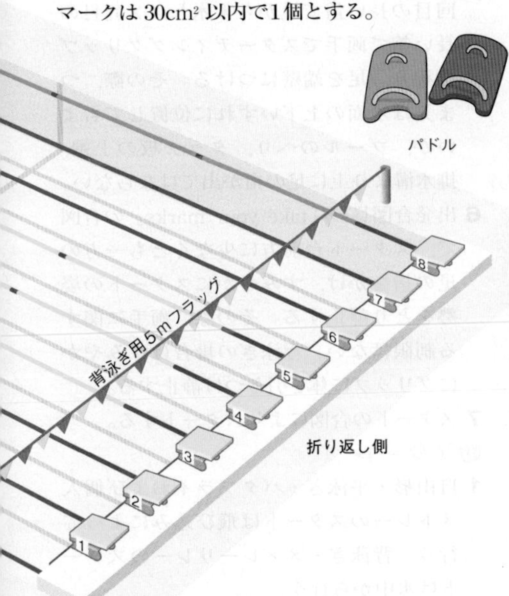

安全チェックリスト（競泳競技）

□プールに入る前にストレッチングを含む準備運動をしよう。

□泳ぐウォーミングアップ・クーリングダウンを十分に行おう。

□スタートでは水深を考え，深く入水しないように気をつけよう。

みるポイント

国際大会はもちろんのこと，国内の大きな競技会など公式競技会で使用するスタート台には，スタートのリアクションタイム（反応時間）を測定する機能が付けられている。これによって，各選手のスタート時でできる差を知ることができ，その後の浮き上がりやレース展開を予想することもできる。スタート後，電光掲示板に表示されるリアクションタイムに注目してレースをみてみよう。

水泳の豆知識

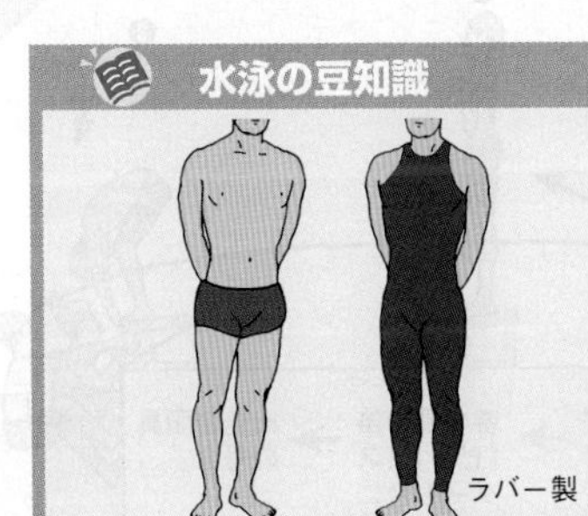

スポーツの用具は，その時代時代の科学技術の粋を集めて製作されているが，水着の材質やデザインも同じである。ベルリン大会（1936年）女子200m平泳ぎで優勝した前畑秀子選手は，絹や綿製の水着を着ていたという。その後，東京大会(1964年)の頃はナイロン製が，その後はポリウレタン製が主流になり，五輪大会のたびに水着は変化している。

2009年はラバー製の水着使用により記録が飛躍的に向上した。しかし，世界水泳連盟の決定を受け日本水泳連盟では，「2010年４月１日以降の公式競技会・公認競技会において，世界水泳連盟承認の水着を着用すること」という水着規則を適用。

1　競技のルールと方法

●競技の組み分けとレーンの決定

1 競技の組み分けは，記録の順位による方法，または抽選による方法で決定する。

2 予選が２組以上ある場合は，１組の予選に少なくとも３名の競技者を振り分けなければならない。

3 記録の順位による組み分けは，単純方式，平均分け方式，混合分け方式の３つにより行う。

●単純方式の例：最終組から速い者を配置する方法

組＼レーン	8	7	6	5	4	3	2	1
1組	24	22	20	18	17	19	21	23
2組	16	14	12	10	9	11	13	15
3組	8	6	4	2	1	3	5	7

●平均分け方式の例：センターから速い者を配置する方法

組＼レーン	8	7	6	5	4	3	2	1
1組	24	18	12	6	3	9	15	21
2組	23	17	11	5	2	8	14	20
3組	22	16	10	4	1	7	13	19

●混合分け方式：終わりの3組を平均分け方式，残りの組み合わせを単純方式とする方法

※表の数字はエントリータイムの速い順を示す。

●レーン順の決定

1 50mプールの50m競技を除き，レーンナンバーはスタート側からプールに向かって右端を第１レーンとする。

2 もっとも記録のよい者を奇数レーンのプールでは中央のレーンに，6レーンのプールでは3レーン，8レーンのプールでは第4レーンに配置し，2番目によい記録の者をその左側に，以下右，左と交互に配置する。

3 予選競技で同記録のため予定人員を超過した場合の進出優先順位は，スイムオフまたは抽選で決定する。

4 準決勝，決勝・B決勝における同記録の場合のレーンの配置の優先順位は，予選もしくは準決勝の記録に基づき，同組の同記録は若いレーン番号の競技者を優先し，異組の同記録の場合は先に競技を行った競技者を優先する。

●競技の方法

1 招集所で点呼を受ける。

2 招集員の指示および誘導により入場し，自分のレーンの選手席につき，計時員に自分の氏名を告げる。

3 通告員の選手紹介で起立する。

4 審判長の短くて断続的な笛（ピッピッピッピッピッ）により，服を脱ぎゴーグルをかけて準備をする。

5 審判長の長い笛（ピー）により，スタート台に上がる。台上での姿勢や足の位置について制限はない。背泳ぎの場合は1回目の長い笛で足から入水し，2回目の長い笛で両手でスターティンググリップを握り，足を端壁につける。その際，つま先は水面の上下いずれに位置してもよいが，プールのへり，タッチ板の上端，排水溝より上に足の指が出てはならない。

6 出発合図員の「take your marks」の合図で，スタート台前方に少なくとも一方の足の指をかけ，すみやかにスタートの姿勢をとり静止する。その際，両手に関する制限はない。背泳ぎの場合はすみやかにグリップに体を引きつけ静止する。

7 スタートの合図によりスタートする。

●スタート

1 自由形・平泳ぎ・バタフライおよび個人メドレーのスタートは飛び込みによって行う。背泳ぎ・メドレーリレーのスタートは水中から行う。

illustrate

●競技の方法

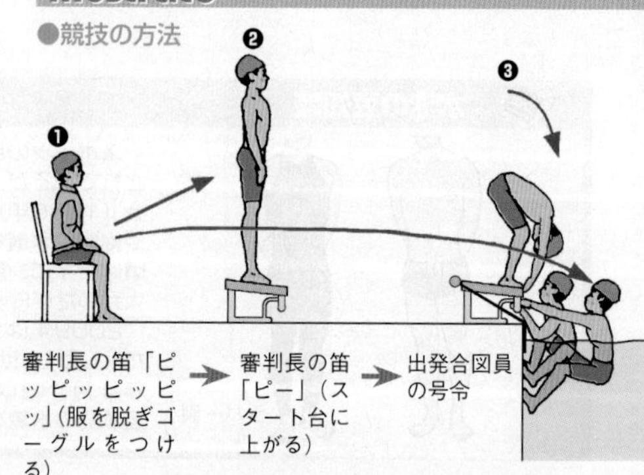

2 公式競技会・公認競技会ではスタートは1回である。

3 出発合図の前にスタートの動作を起こした競技者は失格となる。

4「take your marks」の合図後，少なくとも一方の足の指をスタート台前方にかけていない競技者がいた場合，出発合図員により「やめ」の合図がかかり，「足の指をかける」指示がなされる。その後，あらためて「用意」の合図でスタートの姿勢をとる（安全性を優先するための措置）。

5 出発に際し，競技役員または観客の不都合により一部の競技者が不利益を被ったと判断される場合は，審判長の連続した笛の合図により泳ぎ出した競技者を止め，競技を中断する。その後，再度審判長の笛の合図から出発を行う。

●計時

1 全自動装置で計測された記録は，計時員が計測した時間よりも優先され，1/100秒まで記録し順位を決定する。全自動装置が不作動の場合，ビデオ計時装置あるいは計時員が計測した時間が正式時間となる。

2 全自動装置を使用する場合は，1レーンに1名の計時員（折返監察員が兼ねてもよい）を配置し，全自動装置を使用しない場合は，1レーンに3名の計時員を配置し，1/100秒まで記録し順位を決定する。

3 全自動装置を使用できない場合は，各レーンに3名の計時員を配置する。手動計時は1/100秒までとする。

・3台の時計のうち2台が同じ→2台の計測時間／3台の時計がすべて違う→中間の計測時計／3台中2台だけ計測→2台の平均時間

●記録

1 次の競技種目は，記録が公認されている。

●競技種目（記録が公認されている種目）

自由形	50m, 100m, 200m, 400m, 800m, 1500m
平泳ぎ	50m, 100m, 200m
背泳ぎ	50m, 100m, 200m
バタフライ	50m, 100m, 200m
個人メドレー	100m（短水路のみ）, 200m, 400m
フリーリレー	4×50m, 4×100m, 4×200m
メドレーリレー	4×50m, 4×100m
混合フリーリレー	4×50m, 4×100m
混合メドレーリレー	4×50m, 4×100m

2 リレー競技の第1泳者の途中時間，および1500m自由形における800mの途中時間は公認される。またリレー競技の第1泳者の記録（自由形および背泳ぎ）は，大会記録となる（ただし混合リレーを除く）。

2 競技種目とそのルール

●自由形

1 どのような泳ぎ方で泳いでもよい。ただし，メドレーリレーおよび個人メドレーの自由形は，バタフライ・平泳ぎ・背泳ぎ以外の泳法でなければならない。

2 折り返しおよびゴールタッチは，体の一部が触れなければならない。

3 競技中は，体の一部が常に水面上に出ていなければならない。スタートおよび折り返し後15mまでは水没してもよいが，15m地点までに頭が水面上にでていなければならない。

●背泳ぎ

1 スタート時は，スタート台（壁）に向き，両手でスターティンググリップを握る。排水溝（プールの上縁）に足をかけてはならない。バックストロークレッジを使用する場合は，両足とも少なくとも1本の指のつま先はタッチ板に接していなければならない。

2 折り返し動作中を除き，常にあおむけの姿勢で泳がなければならない。あおむけの姿勢とは，頭部は除き，肩の回転角度が水面に対し90度未満であることをいう。

3 競技中は，体の一部が常に水面上に出ていなければならない。スタートおよび折り返し後15mまでは水没してもよいが，15m地点までに頭が水面上にでていなければならない。ゴールタッチ時は，体が完全に水没してもよい。

4 折り返しは，体の一部が触れなければならない。折り返しの動作中は，うつぶせになってもよく，その後はターンを始めるためにすみやかに一連の動作として，片腕あるいは両腕同時のかきを使用することができる。また，足が壁から離れるときは，あおむけの姿勢に戻っていなければならない。

5 ゴールタッチのとき，あおむけの姿勢で壁に触れなければならない。

●平泳ぎ

1 競技中，常にうつぶせでなければならない（あおむけになってはならない）。

2 競技中の泳ぎのサイクルは，1回の腕のかきと1回の足の蹴りをこの順序で行う組み合わせでなければならない。

3 両腕の動作は同時に行い，スタート・折り返し後の一かきを除きヒップラインより後ろにかいてはならない。

4 両足の蹴りは，外側に向かわなければならない。また，交互に動かすことは許されない。下方へのバタフライキックは下記6項の場合を除いて許されない。

5 競技中は，かきと一蹴りの一連の動作中に頭が水面上に出なければならない。

6 スタートおよび折り返し後は，水中で一かきと一蹴りを行うことができる。また，最初の平泳ぎの蹴りの前にバタフライキックが1回許される。頭の一部は，二かき目の両腕がもっとも広い部分で，かつ両手が内側に向かう前までに，水面上に出なければならない。

7 折り返しおよびゴールタッチは，両手が同時にかつ離れた状態で行わなければならない。

●バタフライ

1 競技中，常にうつぶせでなければならない（あおむけになってはならない）。

2 競技中，両腕は水中を同時に後方へかき，水面上を同時に前方へ運ばなければならない。

競泳中の共通ルール

競技中に次のような違反をしてはならない。
違反した泳者やチームは失格となる。

❶レーンの逸脱
体の中心線（特に頭部）がレーンロープを越えて出る。

❷インターフェア
隣りの泳者に触れる，つかむ，蹴るなどの行為。

❸レーンロープを引っ張る

❹競技中プールの底に立つ，歩く，蹴る（ただし自由形に限り立つことはよい）

❺折り返しの際に立つ

❻タッチ板の有効面へのタッチ
全自動装置が使用されている場合の折返しおよびゴールは，タッチ板の有効面にタッチしなければならない。

❼ドーピング規定で禁止されている薬物を使用してはならない

❽手袋・手ひれ・フィン等を使用してはならない

❾審判長の承認がなければ，身体上のいかなるテープも使用してはならない

3 両足の上下動作は同時に行わなければならない。その際，同じ高さになる必要はないが，交互に動かしてはならない。平泳ぎの足の蹴りは許されない。

4 スタートおよび折り返し後，水中で脚は何回使用してもよいが，かいた手は必ず水面上に抜かなければならない。

5 競技中は，体の一部が常に水面上に出ていなければならない。スタートおよび折り返し後 15m までは水没してもよいが，15m 地点までに頭が水面上にでていなければならない。

●個人メドレー

1 定められた距離を，バタフライ・背泳ぎ・平泳ぎ・自由形の順序で泳ぐ。

2 各泳法では，それぞれの始まりから終わりまで各泳法の規則に従って泳ぐ。バタフライ・平泳ぎは両手同時タッチ，背泳ぎはあおむけで水没せずにタッチし，次の種目に移る。自由形では，足の蹴りや手のかきを始める前に，うつぶせにならなければならない。

●リレー競技

1 フリーリレー競技は4人の競技者で構成され，定められた距離を継泳する。

●個人メドレーの泳法順序

❶バタフライ

❷背泳ぎ

❸平泳ぎ

❹自由形

●メドレーリレーの泳法順序

❶ 第1泳者は背泳ぎ

❷ 第2泳者は平泳ぎ

❸ 第3泳者はバタフライ

❹ 第4泳者は自由形

2 メドレーリレーは，定められた距離を，背泳ぎ・平泳ぎ・バタフライ・自由形の順序で，それぞれの泳法の規則に従って泳ぐ。混合リレーは，男女各2名で構成され，定められた距離を継泳する。男女の順序に制限はない。

3 前の競技者が壁にタッチする前に，次の競技者の足がスタート台から離れた場合は失格となる。

4 次に泳ぐ競技者以外は，審判長がすべて

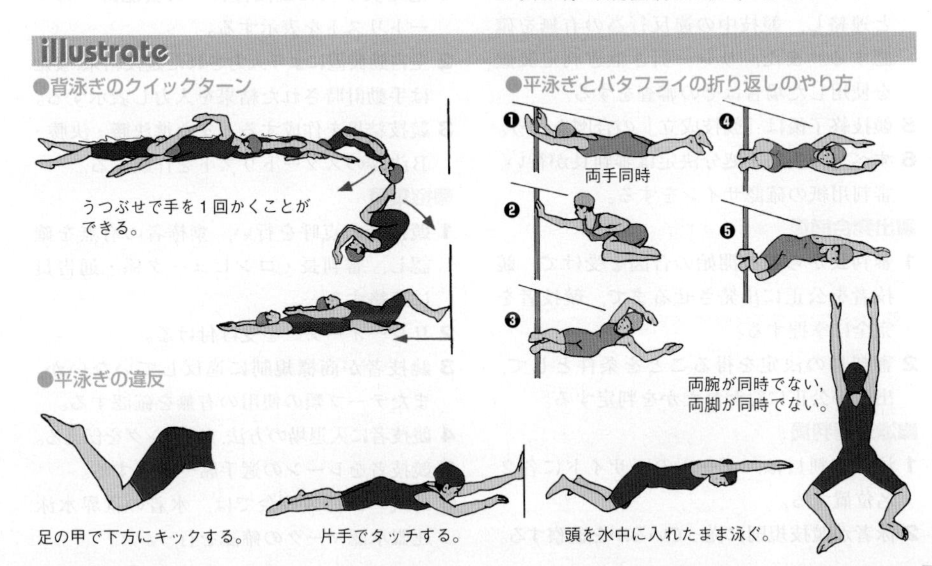

の競技者の終了を認める以前に水に入ってはならない。違反した場合は，そのチームは失格となる。

5 リレーチームのオーダーは，事前に登録してあるメンバーから構成され，届けられた順番に泳がなければならない。登録されている範囲において，予選と決勝で変更しても構わない。交代は，緊急の疾病が発生した場合のみ認められる。

3 競技会の運営と審判

●競技会を運営する人とその役割

競技の運営と進行は，審判長の統括（とうかつ）のもとにプールサイドに位置したそれぞれの役員によって行われる。

■審判長

1 すべての競技役員を統括し，競技会のすべての運営や規則について指示する。

2 競技規則に違反の疑いのあるときに最終決定を下す。競技規則に定めがないような事柄についても同様である。

3 競技開始の短い笛を断続的に吹き，続いて長い笛を吹き，競技者と競技役員の用意ができた後，片手を水平に伸ばして出発合図を行ってもよいという動作を示す。

4 競技終了後，泳法審判員と折返監察主任と連絡し，競技中の違反行為の有無を確認する。また，リレー引き継ぎ判定装置を使用した場合はその審査をする。

5 競技終了後は「競技成立」の合図を行う。

6 すべての失格・処分決定は審判長が行い，審判用紙の確認サインをする。

■出発合図員

1 審判長から競技開始の合図を受けて，競技者を公正に出発させるまで，競技者を完全に掌握する。

2 審判長の決定を得ることを条件として，出発が公正に行われたかを判定する。

■泳法審判員

1 泳法審判員は，プールの両サイドに各2名位置する。

2 泳者が競技規則に従っているかを監察する。

3 泳者の違反を監察した場合は，審判用紙に内容を記載し，審判長に提出する。

■折返監察員

1 プールのスタート側と折り返し側に分かれて次の項目について監察する。
- ・スタート後の動作
- ・折り返しの動作
- ・リレーの引き継ぎ
- ・ゴールタッチ
- ・競技中における他の泳者の不法入水
- ・レーンの逸脱

2 800m，1500m自由形において，距離の確認，コールおよびラップカードの掲示，振鈴を行う。

■記録員

1 競技会の記録事務を迅速かつ確実に行い，競技の諸記録を完全に管理する。

2 準決勝･決勝･B決勝･補欠者の選出を行う。

3 新記録･棄権者･失格者を管理･記録する。

■機械操作員

全自動装置・半自動装置・タッチ板・グリップスイッチ・電光表示板・リレー引き継ぎ判定装置が正常に機能するように管理し報告する。

■コンピュータ係

1 電光表示板に競技種目・大会記録・スタートリストを表示する。

2 全自動装置により入力された競技結果，または手動計時された結果を入力し表示する。

3 競技結果を作成する。また準決勝・決勝・B決勝のスタートリストを作成する。

■招集員

1 競技者の点呼を行い，棄権者の有無を確認し，審判長・コンピュータ係・通告員に連絡する。

2 リレーオーダーを受け付ける。

3 競技者が商標規制に違反していないか，またテープ類の使用の有無を確認する。

4 競技者に入退場の方法，タイミングを伝える。

5 競技者をレーンの選手席へ誘導する。

6 公式・公認競技会では，水着の世界水泳連盟承認マークの確認を行う。

■通告員

1 競技者の氏名・所属については事前に読み方を調べておく。

2 棄権者・失格者の確定情報を迅速に連絡するために，招集員・コンピュータ係・審判長との連絡には，トランシーバー等を使用する。

3 プログラムの通告として選手紹介を行う。

4 200m以上の種目では，1位で折り返した泳者の途中時間を100mごとに通告する。

5 リレー競技の第1泳者と，1500m自由形における800mの正式時間は，1位の泳者のみ発表する。

6 その他に，競技終了後の結果の通告，開閉会式・表彰式の通告，招集の案内の通告，会場案内の通告等がある。

■計時員

1 デジタルストップウォッチを使用し，出発合図のピストルの合図で時計を作動させ，競技者がゴールタッチしたときに止める。

2 自分の計時した時間に自信と責任を持ち，電光表示板の時間や他の計時員の時間に相違があっても，事実を申告する。

3 自分の計時した時間は，正式決定時間ではないので，競技者・コーチに知らせてはならない。

■着順審判員

競技者の1位から最下位までの順位を判定する。全自動装置を使用する場合は置かなくてもよい。

●競技役員配置図（10レーン）

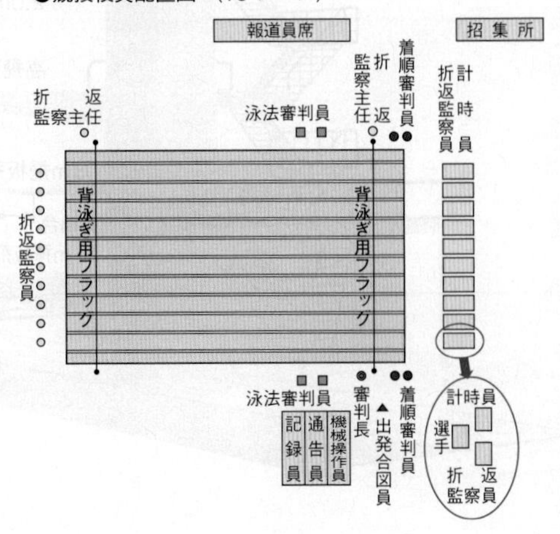

用語の解説

【クラウチングスタート】

スタートの構えで，片足のみをスタート台前方にかけ，上体を後ろに引き，スタートする方法。

【フォルススタート】

スタート違反。公式・公認競技会では，1回のフォルススタートで失格となる。

【リアクションタイム】

出発の合図から，競技者の足がスタート台から離れるまでの時間。（全自動装置のスタート台を使用した場合，電光表示板に百分の1秒単位で表示される）

【全自動装置】

全自動装置は，順位と時間，リレーの引き継ぎ判定について，計時員に優先される。リレーの引き継ぎは，－0.03までを許容範囲とし，違反とはならない。

【スイムオフ】

予選同着のため，決勝進出をかけて泳ぐ再レースのこと。

【クイックターンのやり方】

❶ 最後の一かきと同時にターンを始める

❷ かき終わった手は体側につける

❸ おじぎするような感じで頭を早く振り込む

❹ 逆転したところで腰から90度回転させ，壁に両足をつける

❺

❻ 壁を強く蹴ってターンする

❼ ひねり

【B決勝】

プールの設定が8レーンの場合，予選の上位8位が出場する決勝競技のほかに，9位から16位の選手が行う競技のこと。

飛込競技のルール

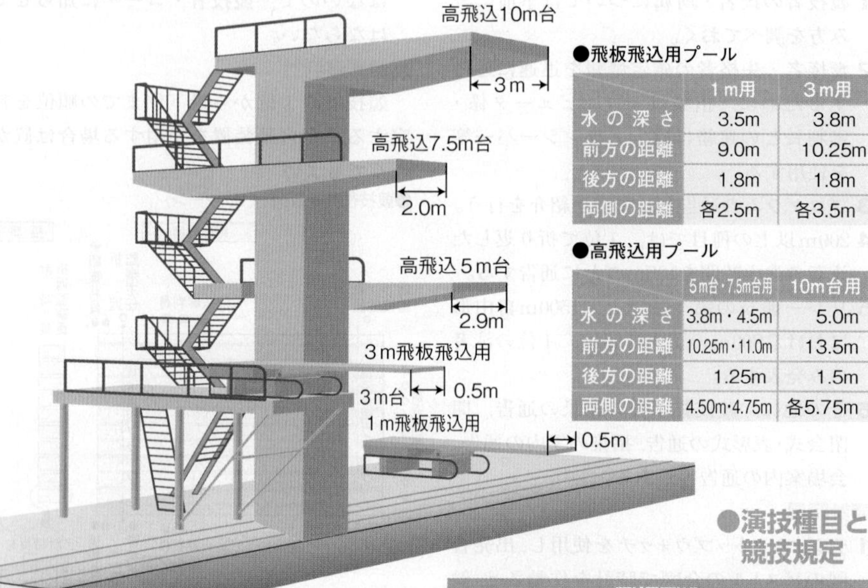

●飛板飛込用プール

	１m用	３m用
水の深さ	3.5m	3.8m
前方の距離	9.0m	10.25m
後方の距離	1.8m	1.8m
両側の距離	各2.5m	各3.5m

●高飛込用プール

	５m台・7.5m台用	10m台用
水の深さ	3.8m・4.5m	5.0m
前方の距離	10.25m・11.0m	13.5m
後方の距離	1.25m	1.5m
両側の距離	4.50m・4.75m	各5.75m

●競技の性格

飛込競技は勝負が決するまでの時間がもっとも短い競技であり，10mの飛込台から水面までおよそ２秒間に落下しながら繰り広げられる華麗な技を競い合う採点競技である。飛んで落ちるだけのように見られがちだが，落下中に細かな姿勢の修正を行い，入水時に水しぶきをあげない「ノー・スプラッシュ」を目指すなど，繊細な魅力もある競技である。競技は高飛込と飛板飛込の２つに大別され，それぞれに個人競技と２人１組で同時に演技するシンクロナイズド競技がある。

安全チェックリスト（飛込競技）

□準備運動（ストレッチング等）をしっかりしよう。
□自分のレベルに合った高さや種目を選ぼう。
□飛び込む前にプールの入水地点に人がいないか確認しよう。

●演技種目と競技規定

飛板飛込	
●男子10演技種目 ・制限選択飛５演技種目 各群より選択する。ただし，難易度の合計が9.5以内。 ・自由選択飛５演技種目 ５つの群より選択する。	●女子９演技種目 ・制限選択飛５演技種目 各群より選択する。ただし，難易度の合計が9.5以内。 ・自由選択飛４演技種目 各群より選択する。

高飛込	
●男子９種目 ・制限選択飛び４種目 異群より選択する。ただし，難易度の合計が7.6以内。 ・自由選択飛び５種目 異群より選択する。	●女子８種目 ・制限選択飛び４種目 異群より選択する。ただし，難易度の合計が7.6以内。 ・自由選択飛び４種目 異群より選択する。

1　競技方法

1 競技には，飛板飛込と高飛込があり，それぞれ上表の演技種目を行い，その演技ごとの得点合計で順位を決定する。

2 演技種目は，踏み切り方法・飛込方法により６群に分けられ，３桁もしくは４桁の数字とアルファベット１文字を用いて表示される。各演技種目の難易度は，難易度構成表に記載された要素に基づき次の公式によって計算される。

難易度＝A（宙返り）＋B（空中姿勢）＋C（ひねり）＋D（踏み切り）＋E（入水）

3 競技者は，演技種目の番号と名称，演技の型，台の高さ，難易度を事前に提出しておく。

4 競技の順番は，予選では抽選によって行い，決勝では予選の得点が低い者から順に行う。

2 演技のやり方とルール

●演技の開始と踏み切り

演技の開始は，レフリーの合図後，先端からの立ち飛込か，助走をつけた走り飛込かのどちらかで開始する。

■立ち飛込のやり方

1 飛板か高飛込の先端に立ったときが，開始の姿勢とみなされる。このとき，体をまっすぐに伸ばし，頭をおこし，両腕を前か横，または上など，自分の選択によりまっすぐ伸ばした姿勢をとる。逆立ちで始める場合は両足が離れたときが演技の開始である。1回までやり直しが許される（減点2）が，2回目の失敗は0点となる。

2 踏み切りの前に飛び上がってはいけない。

■走り飛込のやり方

1 助走は途中で止まらず，なめらかに行わなければならない。

2 踏み切りは，飛板飛込では両足同時でなければならないが，高飛込の前逆飛込では片足でもよい。また，踏み切りの一歩手前は，片足で行わなければならない。

■入水姿勢

1 入水は，頭からでも足からでもよいが，体をまっすぐ伸ばし，脚を揃え，つま先を伸ばして水面に垂直に入り，腕は正しい位置に保つ。

2 水面下に体が全部入ったとき，演技が終了したことになる。

●入水姿勢
❶頭からの入水　両腕を体の線にそってまっすぐ頭上に伸ばし，両手をつける。
❷足からの入水　肘を曲げず，両腕は体につけてまっすぐに伸ばす。

●空中演技（姿勢）

空中での演技は，次の4つの型で行わなければならない。

(A)のび型

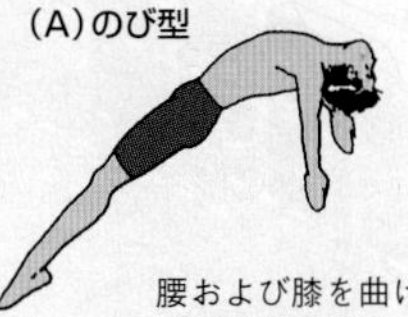

腰および膝を曲げず両足をそろえてつま先を伸ばす。

(B)えび型

体を腰から折り，膝を曲げずに両足をそろえてつま先を伸ばす。

(C)かかえ型

体を小さく腰および膝を曲げて，膝と両足を肩幅の内側にそろえ，両手は下肢をかかえてつま先を伸ばす。

(D)自由型

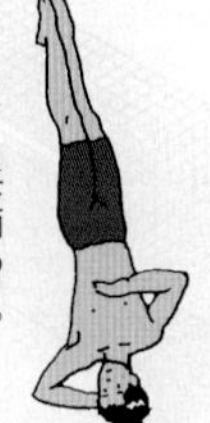

ひねりをともなう演技で，型の選択は任意であるが，両足をそろえ，つま先を伸ばす。

3 審判と採点のやり方

●審判と採点法

1 レフリー1名と，5名または7名のジャッジが演技の審判と採点を行う。

2 レフリーの合図で選手は演技を開始し，ジャッジは演技全体の印象にもとづき，0点から10点まで，以下の採点基準にしたがって0.5点刻みに採点する。

3 5名のジャッジのときは上下各1名，7名のときは各2名の採点を除いた3名の採点を加え，それに難易度をかけたものが得点となる。

・まったく失敗したもの（Failed dive）	0点
・失敗したもの（Unsatisfactory）	0.5点～2.0点
・未完成なもの（Deficient）	2.5点～4.5点
・完成したもの（Satisfactory）	5.0点～6.5点
・良好なもの（Good）	7.0点～8.0点
・非常に良好なもの（Very good）	8.5点～9.5点
・完璧なもの（Excellent）	10点

みるポイント

「開始の姿勢とアプローチ」「踏み切り」「空中演技」「入水」が採点ポイントになる。各項目にしたがって演技を注目するとよい。難易度と正確性を競うためその兼ね合いにも注目してみるとおもしろい。

水球競技のルール

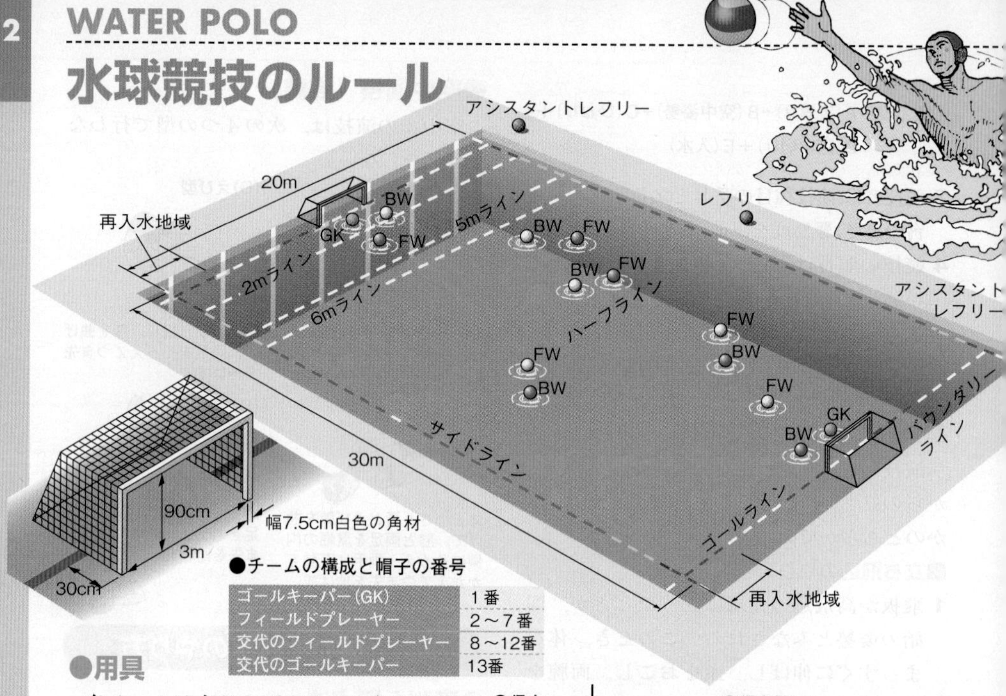

●チームの構成と帽子の番号

ゴールキーパー(GK)	1番
フィールドプレーヤー	2～7番
交代のフィールドプレーヤー	8～12番
交代のゴールキーパー	13番

●用具

・各チームは赤およびボールの色とは対照的な色の帽子をかぶる。ゴールキーパーは赤色の帽子をかぶる。

●防水性のボール

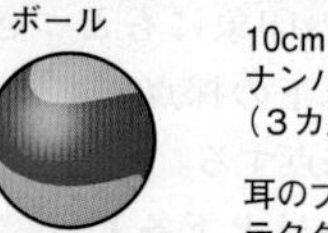

●帽子

10cm 大のナンバー（３カ所）

耳のプロテクター

安全チェックリスト（水球競技）

□プールに入る前に準備運動をしよう。
□ゴールやロープのセッティングをきちんとしよう。
□帽子のひもはほどけないようにしっかり結ぼう。

●得点

ノーゴール

ゴールイン

●得点板

ゲーム	色	1	2	3	4		計
○○高校	白						
××高校	青						

●競技の性格

１チームは７名の競技者（うち１名はゴールキーパー）と６名までの交代選手で構成され，正味８分の４ピリオドで得点を競い合う。各選手のポジション争いとともに水の中とは思えないほど速いパス回しとスピードあるシュートなど激しいプレーが続き，「水中の格闘技」とも呼ばれている。

illustrate

●各ピリオドでのゲーム開始の方法

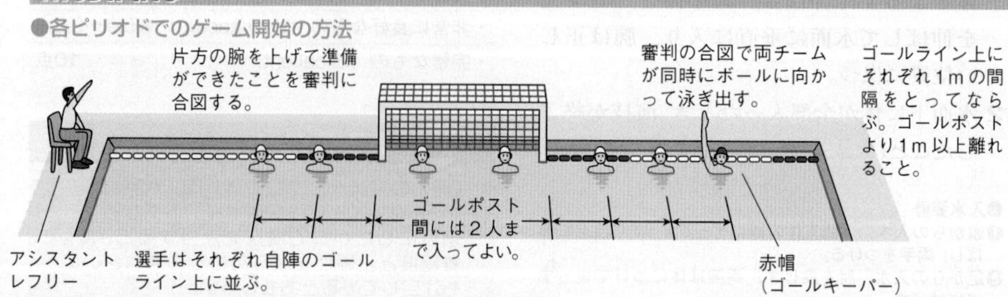

1 競技方法

●競技時間

1 競技時間は，正味各８分間で４ピリオド行う。第１および第３ピリオド終了後に２分間，第２ピリオド終了後にハーフタイムとして，３分間の休憩時間が与えられる。

2 各ピリオドとも，プールの中央におかれたボールに触れたときにインプレーとなる。

3 勝敗を決する必要のある試合において，第４ピリオド終了時に同点であった場合，勝敗を決するためにペナルティシュート戦を行う。

●ゲームの進め方

1 レフリーは両チームの準備完了を確認し，笛を吹いてボールをプールの中央に入れる。

2 両チームは，笛の合図で泳ぎ出し，ボールを奪ってゲームを開始する。

3 得点は，ボールが完全にゴールラインを通過してゴール内に入ったときに１点。

4 得点後のゲーム再開は，両チームともハーフラインをはさんで自陣に位置し，得点された側の１名がレフリーの笛の合図でボールをインプレーにしてから再開する。

5 各チームは１試合につき２回（各１分）タイムアウトを請求できる。タイムアウトの請求は攻撃側のチームのみできる。

6 選手は，競技中いつでも，自陣の再入水地域より交代できる。また，自陣サイドの外側で，選手同士が水上でハイタッチすることで交代が認められる。

●ペナルティスローのやり方

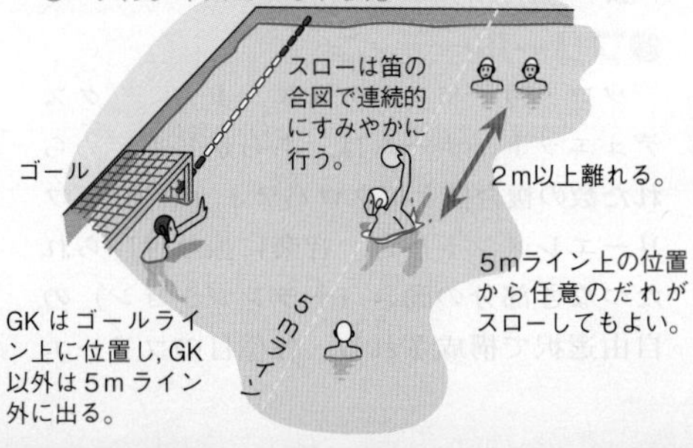

2 規則違反と罰則

1 オーディナリーファウルを犯すと，相手チームにフリースローが与えられる。フリースローは，ボールがある位置から行う。6m以遠でのフリースローは，直接シュートが可能であり，また，インプレー（ボールを手から離す）にした後のフェイクやドリブルからシュートも可能である。

2 防御側GKが最後に触れたボールがゴールライン外に出た場合は，攻撃側チームに，出た側の２m標識からコーナースローが与えられる。コーナースローは直接シュートしてもよい。

3 攻撃側がゴールラインからボールを外に出した場合は，相手GKのゴールスローになる。GKは，２mライン内のどこからスローしてもよい。

4 エクスクルージョンファウルを犯した選手にはパーソナルファウルが科せられ，20秒間か得点があるまでかボールの所有権が変わるまでか，いずれか一番早く起こる事項までの時間退水させられる。同一ゲーム中に３つのパーソナルファウルを科せられた選手は，残り試合時間中退水させられる。

5 自陣６mライン内で相手を沈めたり引き戻したり，明らかに得点となるようなプレーを妨害した選手には，ペナルティファウルが科せられ，相手方にペナルティスローが与えられる。

おもなオーディナリーファウル

・相手の上を泳いだり，自由な動作を妨げる。
・ボールを沈める，握り拳で打つ，両手で触れる。

おもなエクスクルージョンファウル

・ボールを持たない相手を沈めたり，つかまえる。
・暴力を働き，容認できない言葉を吐く。

みるポイント

ゴール前におけるフォワードとバックスのポジション争いとボールをめぐる攻防，すばやいカットインや豪快なミドルシュート，相手の動きを読んだゴールキーパーのセービング，退水時の選手の動きに注目しよう。

アーティスティックスイミング競技のルール

競技場
15×25m以上のプール。そのうち，12×12mの部分は3.0m以上，その他の部分は2.0m以上の深さが必要。

安全チェックリスト

□プールに入る前にはストレッチング等の準備運動をしよう。
□ルーティンの練習前にはランドリル（陸上での練習）をしよう。
□自分たちのレベルに合った演技をしよう。

アーティスティックスイミング競技は基本の技を競うフィギュア競技と音楽に合わせて行うルーティン競技の２部門からなる。

ルーティン競技にはテクニカルルーティンとフリールーティンがある。１人で泳ぐソロ・男子ソロ，２人で泳ぐデュエット・ミックスデュエット（男女混合），４人～８人で泳ぐチームとアクロバティックルーティン（AR），８人～10人で泳ぐフリーコンビネーション（FC）がある。チーム種目には，男子は最大２名まで出場できる。

主な国際大会は，オリンピック，世界選手権，世界ジュニア選手権，世界ユース選手権など。世界水泳連盟 WORLD AQUATICS（AQUA）は2017年度より世界各国を転戦し，獲得ポイントにより順位を決定するワールドカップを導入した。

国内では，日本選手権，チャレンジカップ，全国JOCジュニアオリンピックカップ，国民スポーツ大会等が行われている。

音楽や泳者に合わせ水面からの高さやスピード，技の正確さ，身体表現などを競う採点競技である。

1 競技方法

●フィギュア競技

約200種類におよぶ個々の技を総称してフィギュアと呼ぶ。AQUAでは，４年毎に競技会で実施するフィギュアを年齢別に選んでいる。その中から競技会で実施するフィギュアは，競技開始18時間から72時間前に抽選で選び出される。選手は黒水着に白帽子着用が決められていて，１人ずつ行う。

●テクニカルルーティン

ソロ・男子ソロ，デュエット・ミックスデュエット，チームそれぞれ４年毎に規定要素が選定される。

５つの技（テクニカルリクワイヤドエレメント），あらかじめ定められた数の複合技とアクロバティック動作（フリーエレメント）の実施，およびつなぎ部分の動き（トランジション）の自由選択を行わなければならない。

演技時間はソロ・男子ソロ＝２分，デュエット・ミックスデュエット＝２分20秒，チーム＝２分50秒。

●フリールーティン

ソロ・男子ソロ，デュエット・ミックスデュエット，チームは，あらかじめ定められた数の複合技とアクロバティック動作（フリーエレメント）と，音楽に振り付けられたつなぎ部分の動き（トランジション）の自由選択で構成される。各種目のフリーエレメントの数は，4年毎にAQUAが選定する。

演技時間はソロ・男子ソロ＝2分15秒，デュエット・ミックスデュエット＝2分45秒，チーム＝3分30秒。

●アクロバティックルーティン（AR）

4～8名の競技者により7つのアクロバティック動作を入れて構成される。演技時間は3分。

●フリーコンビネーション（FC）

8～10名の競技者によりルーティンを組み合わせて構成される。あらかじめ決められた数のリクワイヤドエレメントおよびフリーエレメントをテーマに合わせて振り付けたものである。演技時間は3分。

※年齢区分によって，曲の長さは異なる。

※全てのルーティンの曲の長さは，それぞれ増減5秒が認められている。また，プールサイドに設置されたウォークオンラインを通過してから陸上動作開始前に静止するまでの時間と陸上動作の時間は，種目によって異なる。

※ルーティン競技の水着は自由だが，過度な肌の露出がなく透けないものを着用すること。男子の水着はへそを超えず太腿までと定められている。ぶら下がるアクセサリーは身に着けてはいけない。ノーズクリップ（鼻栓）の使用は任意。

※アクロバティック動作は，ジャンプやリフトなど，体操競技のようなアクションの総称で，他のスイマーの補助によって達成される。

コーチカード

2023年より，大会前にコーチは「コーチカード」の提出を義務付けられることになった。記載する内容は下記の通り。

〇大会名／所属／選手名／種目

〇演技中の規定要素（エレメント）について

・何分何秒に何の規定要素を入れるか

・規定要素の種類，難易度

・加点（ボーナスポイント）はあるか

テクニカルコントローラーは，演技を見ながらコーチカードの記載通りに演技が実施されているかチェックしていく。

illustrate

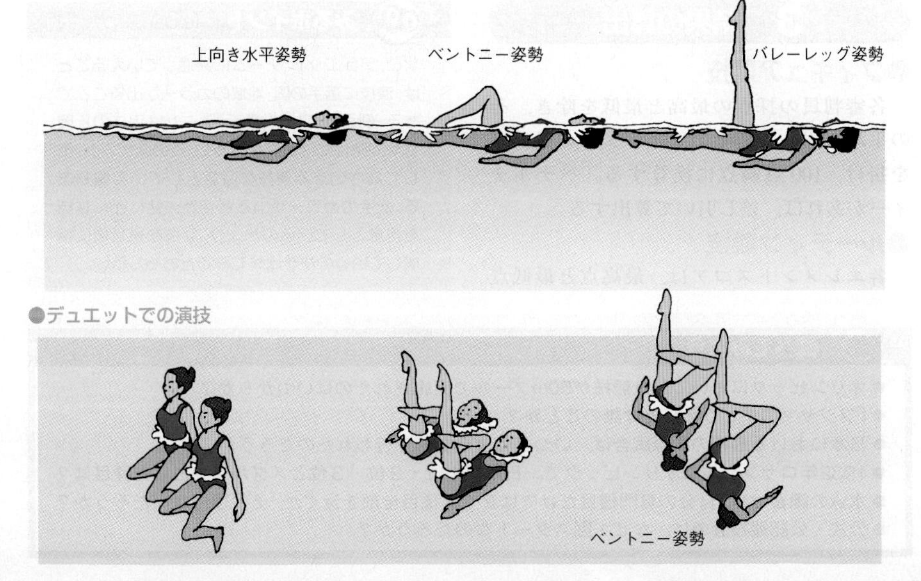

2　採点方法

●フィギュア競技

国際ルールでは審判は６名または７名で構成され，それぞれ10点満点（0.1併用）で採点する。審判員は選手の側面が見える高い場所から見る。ルールブックに定められた通りに基本のかたちが正確に行われているか，動きが滑らかか，水面からの高さ，位置移動がないかなどの観点から採点する。

●ルーティン競技

５人の審判からなる２つのパネルで採点を行う。第１パネル（エレメント）は，各規定要素に対し技術の高さ，完遂度を採点する。第２パネル（アーティスティックインプレッション）は，演技構成と音楽性，パフォーマンス，トランジッションの３点について採点する。点数は０点から10点までの間を0.25点刻みで採点する。

テクニカルコントローラーは，３名２組で構成される。１組はフリーエレメントがあらかじめ申告した通りに実施されているか，テクニカルリクワイヤドエレメントの実施と順番をチェックする。他の１組は，同調性の乱れの数を数える。

3　結果の算出

●フィギュア競技

各審判員の採点の最高と最低を除き，その平均を出して個々のフィギュアの難易率を掛け，100点満点に換算する。ペナルティーがあれば，差し引いて算出する。

●ルーティン競技

各エレメントスコアは，最高点と最低点を除き平均を出し，それに対応する難易率をかける。フリーエレメントが申告した通りに実施されない場合は基礎点しか与えられない。アーティスティックインプレッションスコアは，３つの観点それぞれの最高点と最低点を除き合計する。

ルーティン競技の結果はAQUAが定める係数をかけたエレメントスコアとアーティスティックインプレッションスコアの合計からペナルティー減点を差し引いたもの。

●最終結果

フリーコンビネーションのように単独で行われるセッションでは，そのセッションの得点をもって最終結果とする。

複数のセッションの合計で順位を決める場合（フィギュア＋フリールーティン，テクニカルルーティン＋フリールーティン＋アクロバティックルーティンなど）は，各セッションの合計得点が最終結果となる。

みるポイント

ソロ，デュエット，チームに共通していえることは，演技に選手の国・地域のカラーが出ることである。例えば，日本人選手・チームは足技の正確さや同時性には定評があるし，技のスピード，そして高さのある演技を得意としている国もある。選手のカラーが出る音楽と一緒にどんな技を得意としているのか，どんな技を見せ場に構成しているのかを比べてみるとおもしろい。

調べてみよう

- オリンピックにおいて競泳競技が50mプールで実施されたのはいつからか？
- 「フジヤマのトビウオ」とは誰のことか？
- 日本における最初の国際試合は，いつどのような形で行われたのだろうか？
- 1932年ロサンゼルスオリンピックで，日本が１位・２位・３位とメダルを独占した種目は？
- 水泳の練習では，自分の専門種目だけではなく４種目全部を泳ぐが，その理由は何だろうか？
- 公式・公認競技会では，なぜ１回スタートなのだろうか？

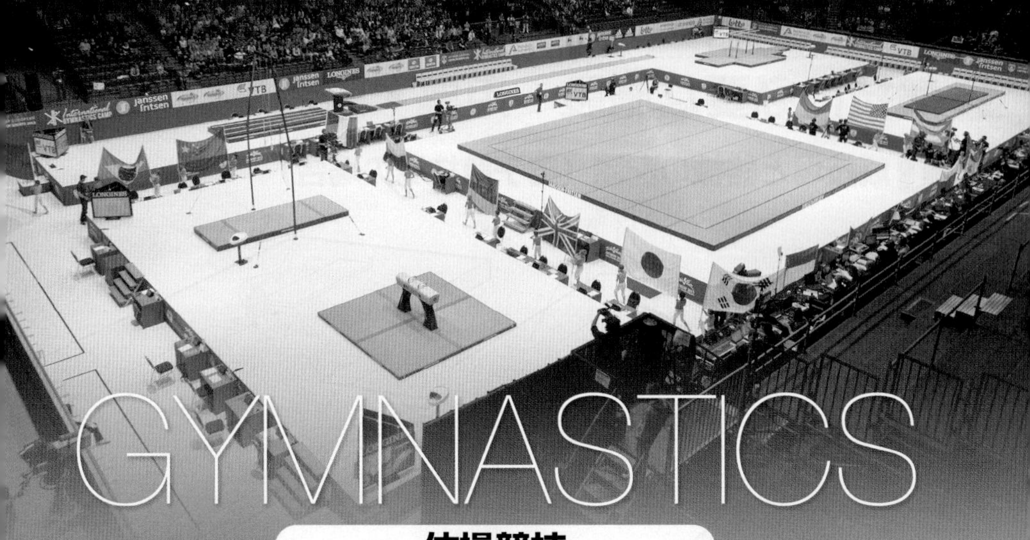

GYMNASTICS

体操競技

【歴史と発展】

健康法，医療，身体鍛錬，作業向上などの意図的な運動は古くから行われてきたが，現在のような組織的な体操は18世紀の終わりごろからで，ドイツ体操，スウェーデン体操，デンマーク体操などが発展したものである。なかでも，ドイツのF.L.ヤーンが考案したさまざまな器械体操は，今日の体操競技の原形となった。

オリンピックでは第１回大会から正式種目となり，日本男子は1932年第10回ロサンゼルス大会から参加，戦後は1952年第15回ヘルシンキ大会から復活した。以後第17回ローマ大会から第21回モントリオール大会まで男子団体総合で５連勝し王座に君臨した。その後金メダルから遠ざかっていたが2004（平成16）年アテネ大会にて団体総合で金メダルを獲得以降，北京とロンドンで銀，リオで金，2021（令和3）年の第32回東京大会でも銀メダルと五大会連続でメダルを獲得している。一方，女子は1964年東京大会で団体銅メダルを獲得している。第32回東京大会では種目別ゆかで村上茉愛選手が銅メダルを獲得した。

【競技の特性】

❶男子6種目，女子4種目の器械からなり，それぞれの器械の特性に応じた運動で演技を構成し，審判員によってその演技のできばえを判定する採点競技。

❷演技は，安全で，高いレベルの美しさと熟練した技術を発表できるわざのみで構成しなければならない。

❸逆さになったり，宙返りをしたり，比較的非日常的な運動が多く，挑戦的な強い意志力と決断力（勇気）が必要とされる。

競技に必要な施設・用具・服装

1 競技場と器械の配置（男子競技場の場合）

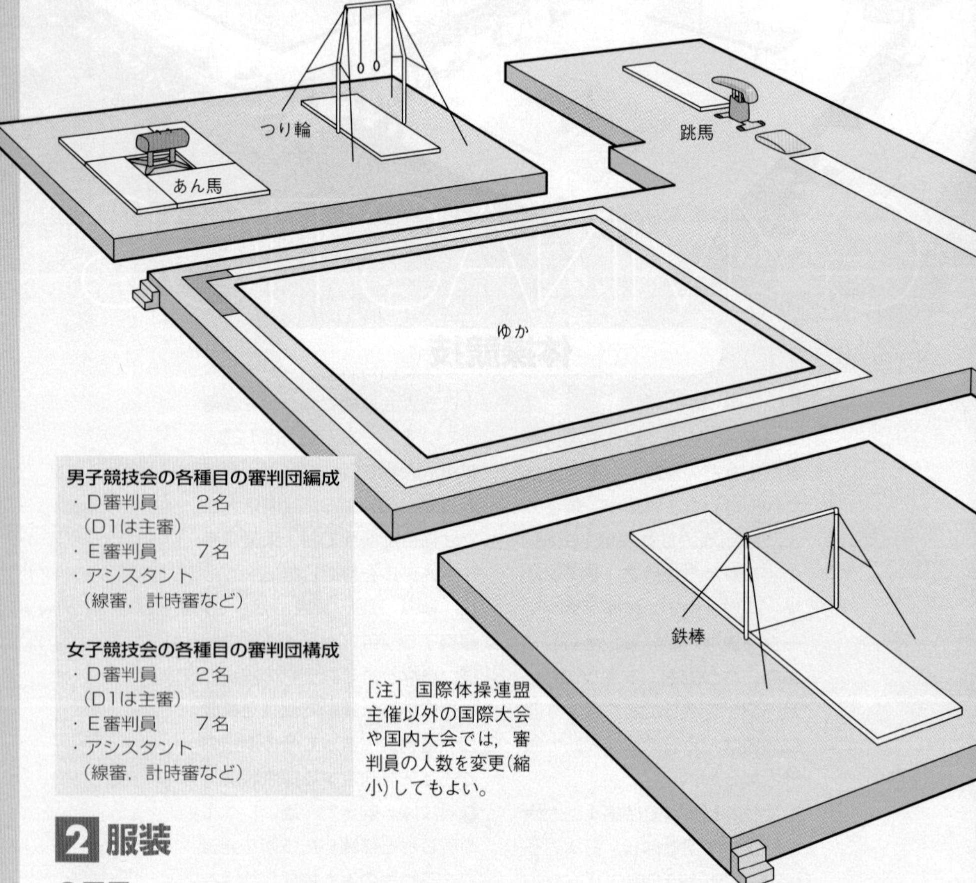

男子競技会の各種目の審判団編成
- D審判員　2名（D1は主審）
- E審判員　7名
- アシスタント（線審，計時審など）

女子競技会の各種目の審判団構成
- D審判員　2名（D1は主審）
- E審判員　7名
- アシスタント（線審，計時審など）

［注］国際体操連盟主催以外の国際大会や国内大会では，審判員の人数を変更（縮小）してもよい。

2 服装

●男子

- ゆかと跳馬では，短パンと素足も選択できる。
- 服装違反は，決定点から0.30減点される（1回のみ）。
- 団体総合における服装違反は，チーム得点から1.00減点される（1回のみ）。

プロテクター
両手にプロテクターをつけてよい

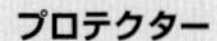

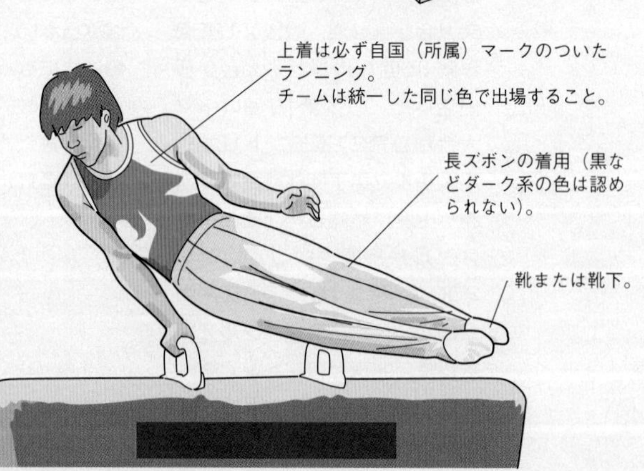

●女子

服装違反があると，0.30減点される。団体総合ではチーム得点から1.00減点。

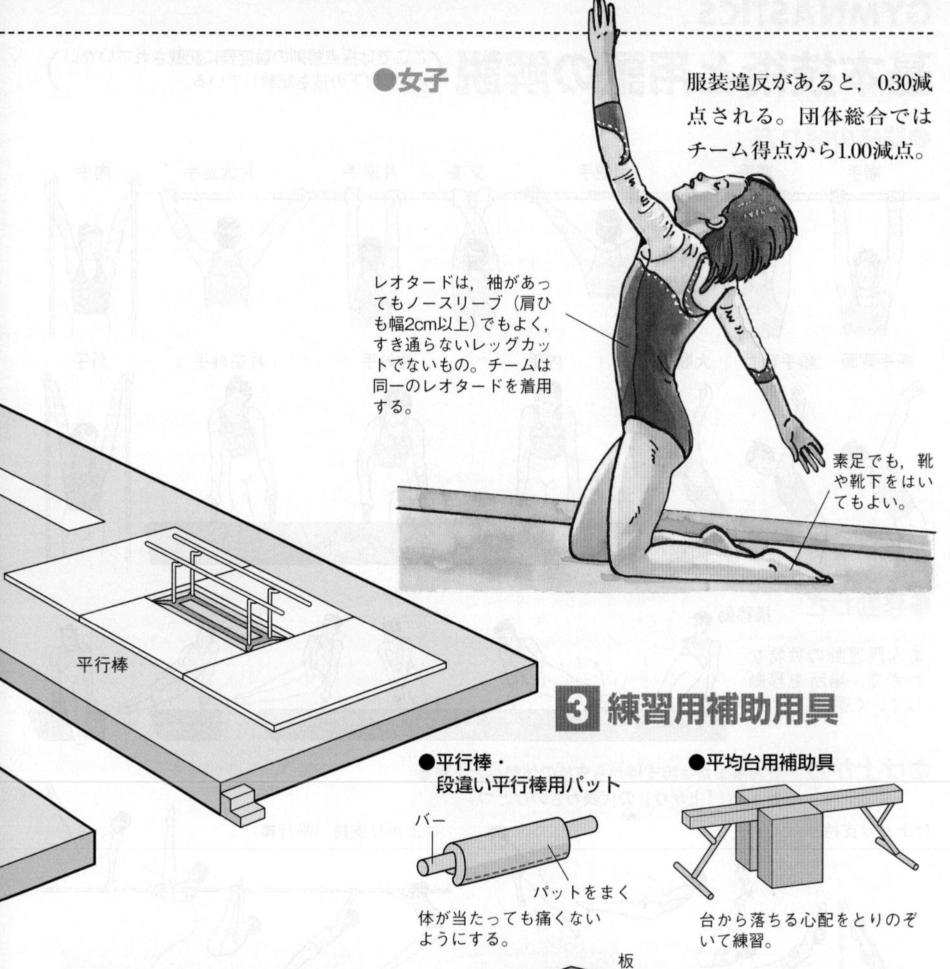

3 練習用補助用具

●平行棒・段違い平行棒用パット

バー
パットをまく

体が当たっても痛くないようにする。

●平均台用補助具

台から落ちる心配をとりのぞいて練習。

●タンブリングバーン

高くジャンプできるので，空中フォームづくりの練習ができる。

体操競技の豆知識

「ウルトラＣ」という言葉の語源となったように，昔の体操競技はわざをＡ，Ｂ，Ｃの３段階の難易度で示したが，その後の技術開発や器械・器具の改良などでわざが飛躍的に発展した。現在では男女ともにA～Ｉまでのランク付けがされている。

みるポイント

採点規則をある程度知ったら，審判の視点を意識して演技をみてみよう。競技会で，審判になったつもりで自分なりに採点や順位を予想し，実際の結果と比べてみるのもおもしろい。

安全チェックリスト

□器械運動では，運動中の失敗でけがをしやすいので常に体調に気をつけ，気をひきしめよう。
□練習前に，練習場や器具・用具などの点検を行おう。
□練習内容は段階的に進められるよう組み立てられているか，確認しよう。
□起こしやすい失敗や危険を指導者からよく聞き，補助者をつけたり，手を保護するプロテクター，安全マットなどの補助用具を用意しよう。

基本技術と用語の解説

（ここでは採点規則の難度表に記載されていないA難度以下の技も記載している。）

●器械の握り方

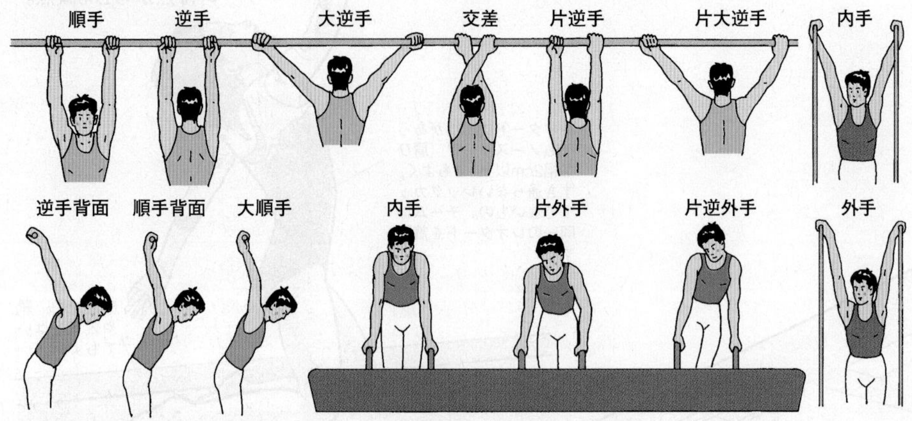

●移動わざ

あん馬運動の独特なわざで，場所を移動していく運動。

●け上がり

けん垂または腕支持から支持の体勢へと上がるわざで，「上がり」の代表わざのひとつ。

け上がり支持

け上がり支持（平行棒）

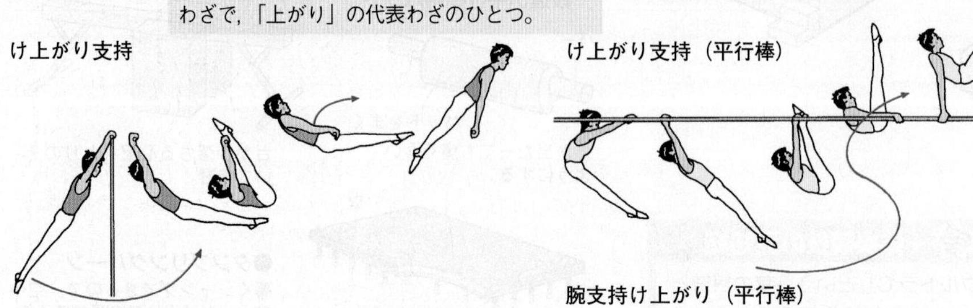

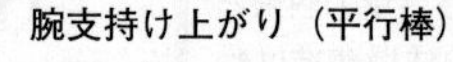

後方け上がり背面支持

●交差

あん馬運動の独特なわざで，またいだ支持体勢で，前または後ろに振りながらひねって交差する運動。

逆交差

正交差

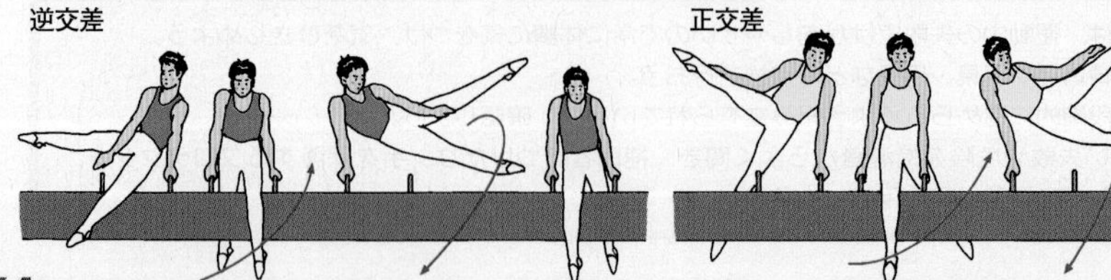

●逆上がり

けん垂または直立から，後ろに回転しながら支持体勢（倒立）まで上がるわざ。平行棒では代表的な入りわざのひとつである。

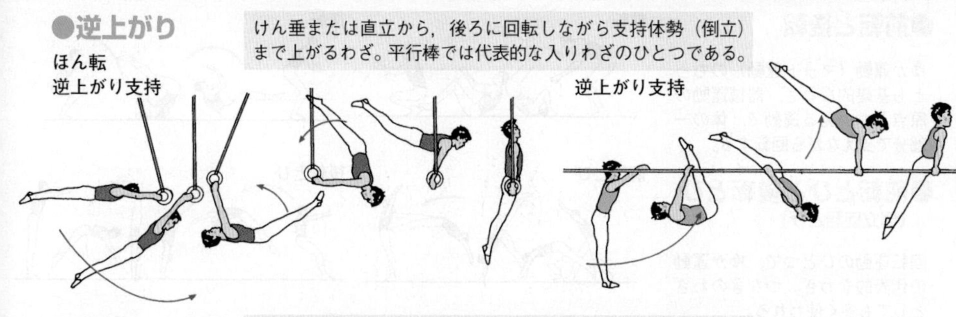

●支持とけん垂

手または腕で体を器械上に支えている体勢を「支持」といい，器械にぶら下がっている体勢を「けん垂」という。

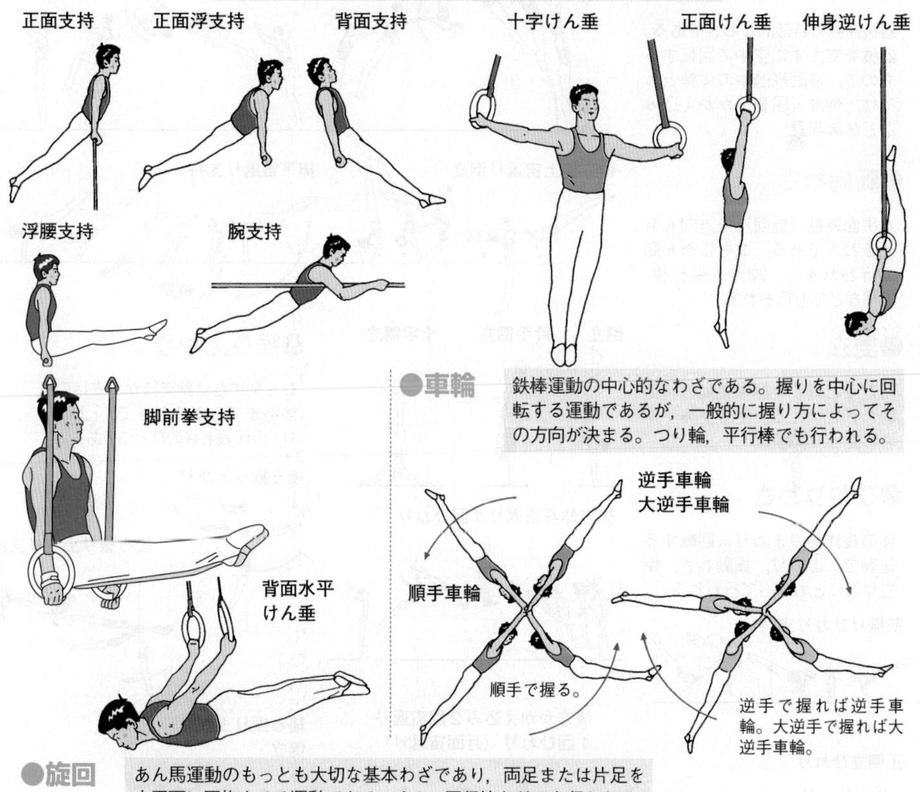

●車輪

鉄棒運動の中心的なわざである。握りを中心に回転する運動であるが，一般的に握り方によってその方向が決まる。つり輪，平行棒でも行われる。

●旋回

あん馬運動のもっとも大切な基本わざであり，両足または片足を水平面に回旋させる運動である。ゆか，平行棒などでも行われる。

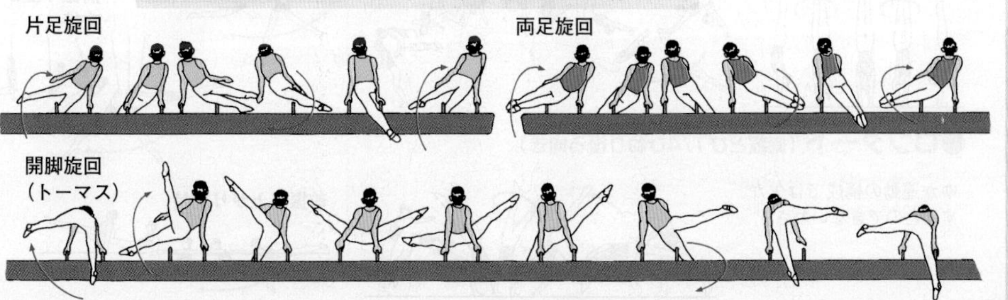

●前転と後転

ゆか運動（マット運動）のもっとも基礎的なわざ。器械運動の原点ともいえる運動で，体の一部分で支えながら回転する。

前転

後転

●前転とびと後転とび
（倒立回転とび）

回転運動のひとつで，ゆか運動の代表的なわざ。つなぎのわざとしても多く使われる。

前転とび

後転とび

●宙返りわざ

器械運動の特徴的なわざである。器械を支えずに空中で回転するもので，運動経過中の体勢としては，伸身・屈身・かかえ込みなどがある。

後方伸身宙返り

前方かかえ込み宙返り

●転向わざ

水平面運動（旋回）で方向を変えるわざである。おもにあん馬で行われるが，ゆか，平行棒，鉄棒などでも行われる。

後方棒上宙返り倒立

棒下宙返り支持

●倒立

宙返りと同じく器械運動の特徴的わざといえる。手で支えて逆さに立った状態。

倒立　片手倒立　十字倒立

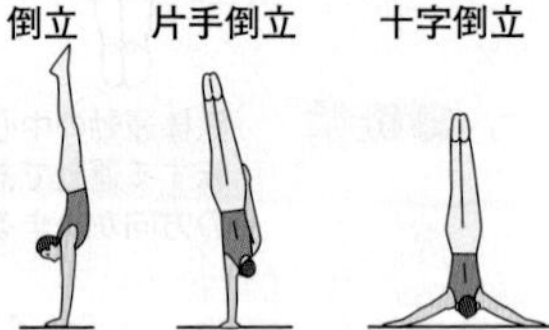

●ひねりわざ

体の長体軸のまわりに回転する運動で，宙返り，振動わざ，倒立などにともなって行われる。

後方伸身宙返り１回ひねり

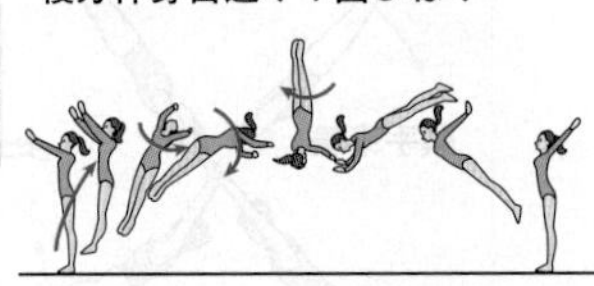

前振りひねり支持

正倒立ひねり

後方かかえ込み２回宙返り
１回ひねり（月面宙返り）

●振り上がり

けん垂または腕支持から支持の体勢まで上がるわざで，「上がり」の代表わざのひとつである。

後ろ振り上がり

後ろ振り上がり支持

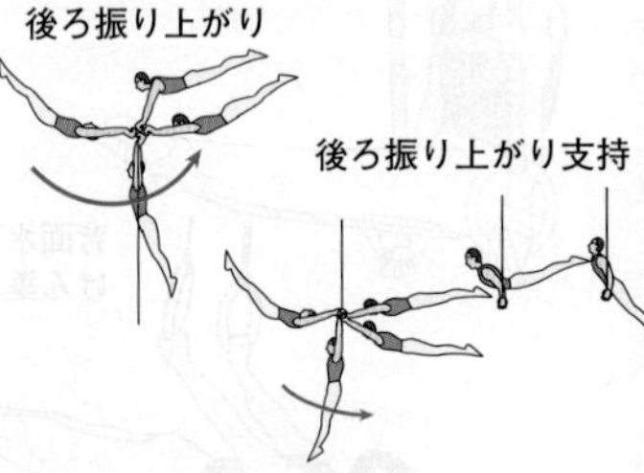

後ろ振り上がり倒立

前振り上がり支持

前振り上がり支持

●ロンダート（側転とび1/4ひねり後ろ向き）

ゆか運動の構成では欠かすことのできないわざ。

競技の進め方とルール

1　競技方法

1 男子は，ゆか・あん馬・つり輪・跳馬・平行棒・鉄棒の順に６種目，女子は，跳馬・段違い平行棒・平均台・ゆかの順に４種目について自由演技を実施する。

2 オリンピックや世界選手権大会では，さらに自由演技を実施して個人総合選手権や種目別選手権および団体総合選手権のチャンピオンを決める。

3 自由演技は各器械の特性と時間，難度数，演技実施，演技価値点などのルールに基づいて，各選手が自由に創作するものである。

2　演技のやり方

1 予選および団体総合選手権での選手の演技順は，各種目ごとに，そのつど自由に編成することができる。

2 種目別選手権の演技順は抽せんとする。

3 演技の採点は足が床から離れたときから始められるが，ゆかは足を動かしたときから，跳馬・平均台は踏切の瞬間から採点される。

4 選手は，よい姿勢から始めて，よい姿勢（直立）で終わらなければならない。

5 落下の場合，30秒以内であれば，演技を続行できる。30秒を超えた場合，0.30の減点となり60秒を超えると演技終了とみなされる。

6 男子のつり輪，鉄棒，女子の段違い平行棒には１人の補助者が立つことが許される。

7 男子のつり輪，鉄棒，女子の段違い平行棒において落下や中断の原因がプロテクターの断裂と認められた場合，上級審判およびＤ審判の許可を得て演技をやり直すことができる。

3　競技の種類と内容

1．団体総合・個人総合・種目別選手権予選（競技Ⅰ）

❶１チーム４～５名で構成し，自由演技を行って予選の順位を競う。
❷それぞれ各種目ごとに上位３名の得点を合計し，団体総合選手権決勝への出場チームを決める。
❸個人総合選手権決勝への出場者を決める。
❹種目別選手権決勝への出場者を決める。

2．個人総合選手権決勝（競技Ⅱ）

競技Ⅰの個人総合得点の上位24名が，自由演技によって個人の順位を競う。
（オリンピック・世界選手権大会では１連盟につき２名まで）

3．種目別選手権決勝（競技Ⅲ）

競技Ⅰの各種目の上位８名が自由演技によって各種目ごとの順位を競う。
（オリンピック・世界選手権大会では１連盟につき２名まで）

4．団体総合選手権決勝（競技Ⅳ）

競技Ⅰの男・女上位８チームが自由競技（３人が演技し，３人の得点を合計する）によってチームの順位を競う。
（実際には競技Ⅳ，Ⅱ，Ⅲの順で行われる）

男子体操競技

1 男子の一般的採点規則

■採点の方法

1 DおよびE審判員の任務は次のとおりである。

・D審判２名は，演技の難度，技のグループをチェックしDスコアを算出する。

・E審判は，演技の実施減点を10点満点から引いてEスコアを算出する。

2 減点は0.10単位で行われる。

3 演技の決定点は，D審判員によるDスコアと，E審判員によるEスコアの，最高と最低を削除した３つの中間の点数の平均点を合計して算出され，上限はない。

Dスコア＋Eスコアの中間の平均点＝決定点

たとえばD審判団によるDスコアが6.10で，E審判団によるEスコアが9.333であった場合，決定点は15.433となる。

4 Dスコアに対してのみコーチはD１審判に得点表示直後に質問が認められる。上級審判員による再審によってDスコアが決定される。

●自由演技の採点（跳馬を除く）

■採点の要素

1 自由演技の採点は，以下に従って行われる。

・決定点はDスコアとEスコアの合計で算出される。

・D審判は，演技内容についてのDスコアを算出し，E審判は，演技構成や技術，姿勢に対する演技実施についてのEスコアを算出する。

●Dスコアの算出

・有効な10技の難度価値点の合計

・種目ごとの組合せ加点（ゆか，鉄棒）

・合計した10技のうちで実施された要求グループ技の価値点。

2 特別な場合以外，演技は原則として繰り返すことはできない。

■難度とその採点

A	B	C	D	E	F	G	H	I
0.10	0.20	0.30	0.40	0.50	0.60	0.70	0.80	0.90

1 上記は，それぞれの難度点である。D審判は，演技に対してそれぞれの技を終末技＋それ以外の最も価値の高い９技を選択し，10技の難度点と技グループ点，組合せ加点の合計からD得点を算出する。

2 難度の認定は，姿勢面や技術面の完全な実施が前提となる。

●Eスコアの算出

・Eスコアは10.0から始まり，0.10単位の減点で算出される。

・減点の合計が最も高いものと低いものは除外され，残りの３つの減点の平均値が10.0から引かれEスコアが決定される。

●D審判の評価

選手の演技実施	D審判の評価
要求グループ技の充足	各々0.50を加える
終末技の要求グループ	A, Bの終末技 =+0.00 Cの終末技 =+0.30 D以上の終末技 =+0.50
終末技の要求グループ（ジュニア大会ルール）	Aの終末技 =+0.00 Bの終末技 =+0.30 C以上の終末技 =+0.50
価値が認められなくなってしまう過失	難度を認めない
補助者が技を手助けする	難度を認めない
静止技において，静止がみられない	難度を認めない
繰り返された技	実施できるが価値を認めない
足でけって下りる，またはその他の認められていない終末技を行う	終末技の要求グループと技を認めない

以下は，E審判によって，ゆかおよびすべての器械種目に適用される。

●E審判による減点項目

欠点の種類	小欠点（0.10）	中欠点（0.30）	大欠点（0.50）
美的・実施欠点による減点			
あいまいな姿勢（かかえ込み，屈身，伸身）	○	○	○
手や握り手の位置を調整，修正する（毎回）	○		
倒立で歩く，またはとぶ（1歩につき）	○		
ゆか，マット，または器械に触れる	○		
ゆか，マット，または器械にぶつかる			○
演技中の選手が補助者に触れる		○	
落下なしに演技を中断する			○
腕，脚をまげる，脚を開く	○	○	○
終末姿勢の姿勢不良，修正	○	○	○
宙返りでの脚の開き	肩幅以下	肩幅を超える	
着地で脚を開く	肩幅以下	肩幅を超える	
着地でぐらつく，小さく足をずらす，手を回す	○		
不安定な着地	安定感に欠ける，小さくとぶ，1歩動く（1歩につき0.10）	大きく1歩，大きくとぶ，片手，両手がゆかに触れる	
着地で転倒する，または片手，両手で支える			1.00
足からの着地がみられない			1.00　難度不認定
無価値な開脚		○	
その他の美的欠点	○	○	○
技術的欠点			
振動から倒立，倒立経過，旋回技の逸脱	15°～30°	＞30°～45°	45°を超える＝難度不認定
正しい静止姿勢からの角度の逸脱	15°まで	＞15°～30°	31°～45° 45°を超える＝難度不認定
角度逸脱の減点のある静止技から押し上げ	静止技の減点と同等の減点		
ひねり不足	30°まで	＞30°～60°	61°～90° 90°を超える＝難度不認定
宙返りの高さ不足，手放し技などの大きさ不足	○	○	
余分な手をつく	○		
力技を振動で，振動技を力で行う	○	○	○
静止時間不足		2秒未満	静止しない 難度不認定
上昇運動が途切れる	○	○	○
倒立でぐらつく，または倒れる	○	大きくぐらつく	倒れる
落下，器械上に倒れる			1.00
中間振動，または無価値な振り下ろし		半中間振動 無価値な振り下ろし	中間振動
補助者によって技の実施を手助けする			1.00　難度不認定
体を伸ばす準備のない着地	○	○	
その他の技術欠点	○	○	○

■組合せ加点について

組合せ加点は，D審判員によって，それぞれの種目（ゆか・鉄棒）において大欠点のない高難度技の直接的な連続が認められたときのみに与えられる。

2 各器械種目の採点規則

●ゆか

■ゆかの演技

アクロバット的跳躍技を主にして構成され，力技，バランス技，柔軟技，倒立技，コレオグラフ的な運動と組合せ，すべて調和したリズミカルな演技を，12m×12mのフロアエリア全面を使用して実施されなければならない。

■技のグループ

Ⅰ跳躍技以外の技
Ⅱ前方系の跳躍技
Ⅲ後方系の跳躍技
※終末技は，グループⅠでは満たすことはできない。

●ゆかの欠点と減点表

欠点の種類	小欠点(0.10)	中欠点(0.30)	大欠点(0.50)
演技時間が75秒を超える	2秒まで	2秒を超えて5秒まで	5秒を超える
2回(3回)宙返りがない		○	
宙返りの高さ不足	○	○	
体操的な動きや静止技における柔軟性の欠如	○	○	
すべてのフロアエリアを使わない		D審判によって決定点から0.30	
跳躍技の前に2秒以上静止する	○		
不安定な着地姿勢(跳躍技以外の技につなげる場合も同様)	○	○	○
コーナーへの単純なステップや移動	○毎回		
宙返り技の着地後に直ちに伏せる			○

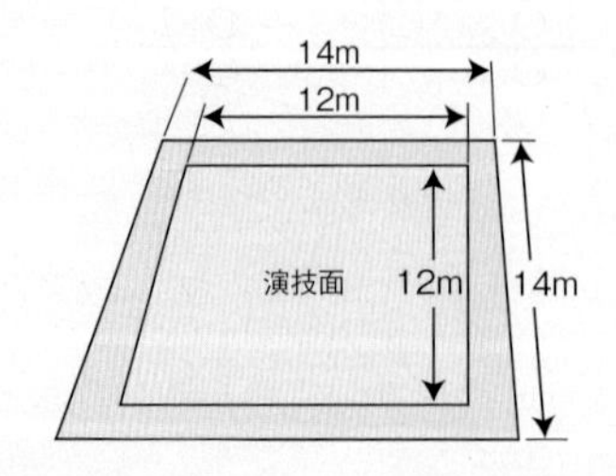

●あん馬

■あん馬の演技

すべての部分での多様な支持による閉脚もしくは開脚での旋回技，片足振動技と交差技によって構成され，ひねりのあるなしにかかわらず，倒立経過の運動が認められている。停止することなく振動によって実施されなければならない。力技および静止技は認められない。

■技のグループ

Ⅰ片足振動技，交差技
Ⅱ旋回技，旋回倒立技，転向技
Ⅲ旋回移動技(横向き，縦向き)，転向移動技
Ⅳ終末技

●あん馬の欠点と減点表

欠点の種類	小欠点(0.10)	中欠点(0.30)	大欠点(0.50)
交差や片足振動の大きさがない	○	○	
倒立において力を使う	○	○	○
倒立での停滞や停止	○	○	○
旋回ごとにおける身体の伸ばしが見られない(技ごとに)	○		
縦向き旋回と移動において正しい向きからの逸脱	>15°～30°	>30°～45°	45°を超える難度不認定
着地における正しい向きからの逸脱	○ >45°	○ >90°	
馬体の3部分を使用しない		D審判によって決定点から0.30	
下向き転向下り技で，肩の高さの水平線を基準に，身体が30°を下回る		○	

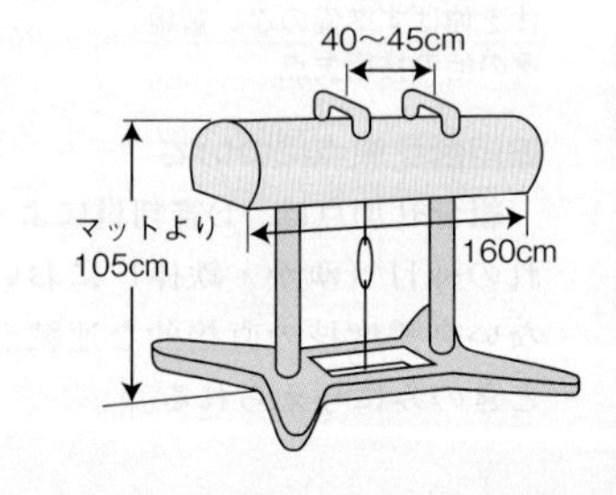

●つり輪

■つり輪の演技

振動，力，および静止技をほぼ同じ割合で構成する。これらの技や組合せは，懸垂，支持，倒立などの姿勢で行われ，それらは伸腕での実施が前提である。ケーブルの揺れや，ケーブルを交差することは認められない。

■技のグループ

Ⅰ振動，振動倒立技
Ⅱ力技・静止技
Ⅲ振動からの力静止技
Ⅳ終末技

●つり輪の欠点と減点表

欠点の種類	小欠点 (0.10)	中欠点 (0.30)	大欠点 (0.50)
つり輪にとびつく際の脚の開きやその他の悪い姿勢		○	
演技開始前の予備振動		○	
コーチが選手に最初の振動を与える	○		
振り下ろし（無価値な部分）		○	
力技における深すぎる握り（毎回）	○		
振動からの力静止技や静止技における腕のまがり	○	○	○
腕，足，身体の一部がケーブルに触れる		○	
ケーブルにもたれる，または足を絡める			○難度不認定
倒立で倒れる			○難度不認定
過度のケーブルの揺れ	技ごと		
力技において振動を使う	○	○	

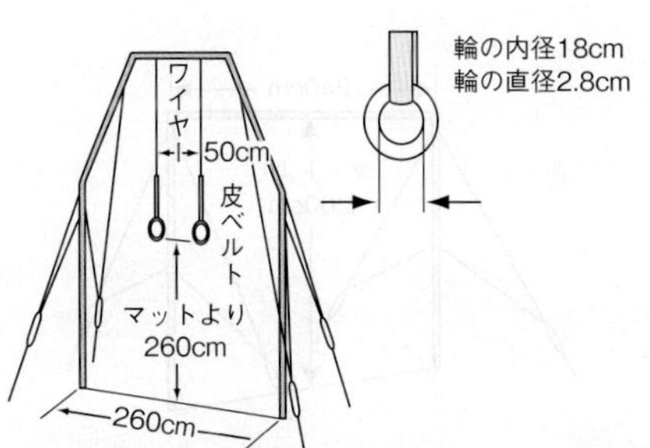

●跳馬

■跳馬の演技

種目別予選および決勝を除き，1つの跳越技を実施し，種目別予選および決勝においては，異なった跳越グループで2つの跳越技を実施しなければならない。跳馬の演技は助走で開始され，跳躍板は両足をそろえて踏み切られ，両手での瞬時の突き放しをもって実施される。種目別予選および決勝においては，1回目の跳越技が実施された後，選手はすみやかにスタート地点に戻り，D1審判の合図を受けて2回目の跳越技を実施する。

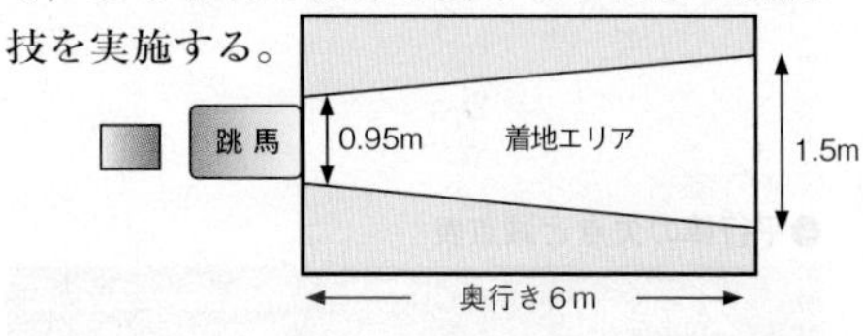

●跳馬の欠点と減点表

欠点の種類	小欠点 (0.10)	中欠点 (0.30)	大欠点 (0.50)
片足または片手が着地エリアの外に触れる，または着地する	決定点から0.10		
両足，両手，片足と片手，身体の他の部分が着地エリアの外に触れる	決定点から0.30		
着地エリアの外に直接着地する	決定点から0.30		
25mを超す助走	決定点から0.50		
無効な跳越技，禁止技	D・E両審判0.00		
ロンダート踏み切り技においてセフティ・カラーを使用しない	D・E両審判0.00		
種目別予選または決勝で最初の技を繰り返す	D・E両審判0.00		
種目別予選あるいは決勝で同一グループの技をくり返す	2回目の跳越技の決定点から2.00の減点		
ウォームアップにおける2本を超えた跳越	0.3（種目別では1本目の得点から減点）		
助走をやりなおす	1.00		

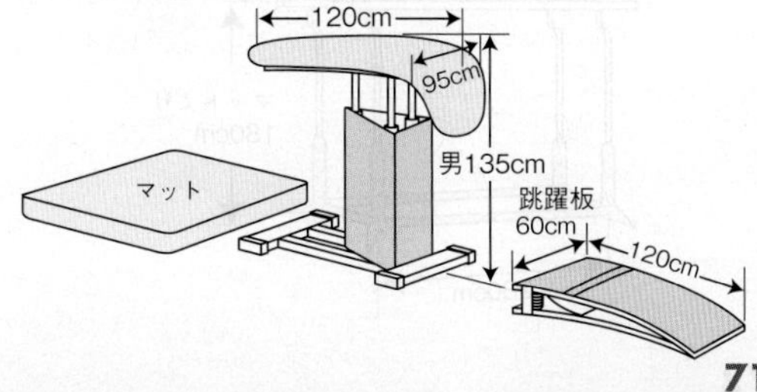

●平行棒

■平行棒の演技

幅広い技のグループから主に振動技や空中局面を伴う技を組合せて構成される。そして，十分な種目特性を示すひとつの方法として，様々な懸垂や支持姿勢の技を連続して行うことがあげられる。

■技のグループ

Ⅰ両棒での支持技
Ⅱ腕支持振動技
Ⅲ長懸垂・逆懸垂振動技
Ⅳ終末技

●鉄棒

■鉄棒の演技

器械の特性をいかし様々な握り手によってバーに近づいたり離れたりする振動技，ひねり技，手放し技の流動的な連続によってダイナミックに表現されなければならない。

■技のグループ

Ⅰ懸垂振動技
Ⅱ手放し技
Ⅲバーに近い技，アドラー系の技
Ⅳ終末技

●平行棒の欠点と減点表

欠点の種類	小欠点 (0.10)	中欠点 (0.30)	大欠点 (0.50)
公式ウォームアップ時間を守らない(50秒)	個人戦においてD1審判により決定点から0.30減点, または団体戦においてはチーム得点から1.00減点		
片足で, あるいは足を振って開始する		○	
無価値な振り下ろし		○	
単棒, 両棒でのコントロールされていない瞬時倒立	○		
器械にとびつく前に技を行う			○
倒立での手のずらしや歩き	○(毎回)		
宙返り技でバーを握る前に体の伸ばしがみられない	○	○	
宙返り技でバーを握るときにコントロールを失う, または器械にぶつかる		○	○
モイや後方車輪系の技で水平位よりも早く脚が曲がる	○	○	

●鉄棒の欠点と減点表

欠点の種類	小欠点 (0.10)	中欠点 (0.30)	大欠点 (0.50)
鉄棒に懸垂する際に足が開く, または姿勢が乱れる		○	
宙返りを伴わないバーを越える手放し技で車輪技に続かない		○	
演技開始時の３回を超えたスイング		○	
倒立あるいは他の部分での停滞, 振幅に欠ける	○	○	
手放し技において雄大性に欠ける	○	○	
演技面からの逸脱	≦15°	15°<	
無価値な振れ戻り, 振り下ろし		○	
不認定の足裏支持技		○	
手放し技の後の握りでの腕のまがり	○	○	
振動中の膝のゆるみ	○(毎回)	○(毎回)	

350cm
42～52cm
マットより
180cm
230cm

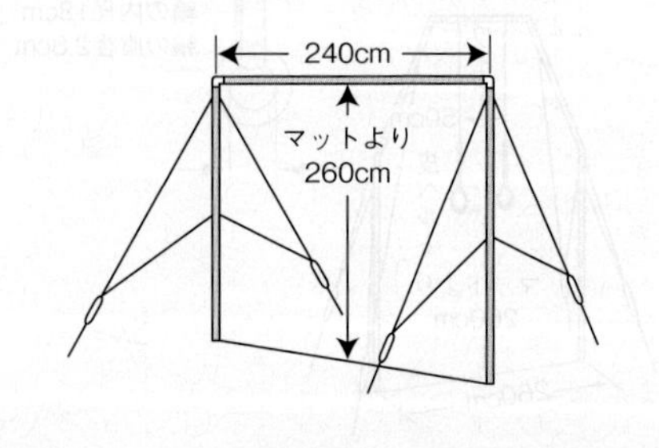

みるポイント

体操競技は男子６種目，女子４種目があり，それぞれの種目に多数のわざがある。しかし，これらのわざは一つひとつが無関係に存在しているのではなく，ある基礎わざから発展したわざであったり，変形したわざであったり，動きや力の入れ方が似たわざであったりする。そこで，わざの系統やバリエーションに気をつけてみてみよう。

日本人の名のついたわざ

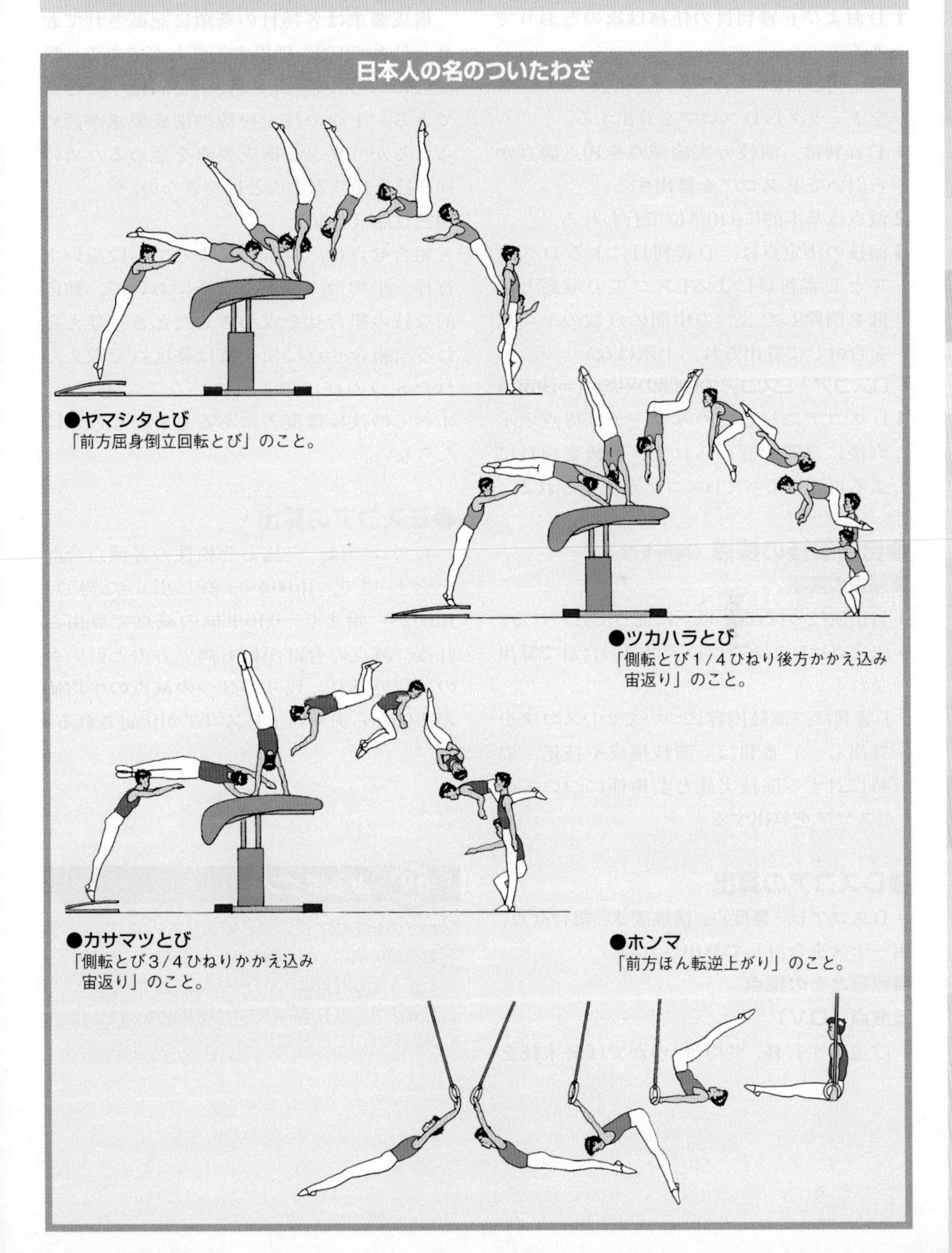

●ヤマシタとび
「前方屈身倒立回転とび」のこと。

●ツカハラとび
「側転とび１/４ひねり後方かかえ込み宙返り」のこと。

●カサマツとび
「側転とび３/４ひねりかかえ込み宙返り」のこと。

●ホンマ
「前方ほん転逆上がり」のこと。

女子体操競技

1　女子の一般的採点規則

■採点の方法

1 DおよびE審判員の任務は次のとおりである。

・D審判2名は，演技の難度，技のグループをチェックしDスコアを算出する。

・E審判は，演技の実施減点を10点満点から引いてEスコアを算出する。

2 減点は基本的に0.10単位で行われる。

3 演技の決定点は，D審判員によるDスコアとE審判員によるEスコアの最高と最低を削除した3つの中間の点数の平均点を合計して算出され，上限はない。

Dスコア＋Eスコアの中間の平均点＝決定点

4 Dスコアに対してのみコーチは得点表示直後に質問が認められる。上級審判員による再審によってDスコアが決定される。

●自由演技の採点（跳馬を除く）

■採点の要素

1 自由演技の採点は，以下に従って行われる。

・決定点はDスコアとEスコアの合計で算出される。

・D審判は，演技内容についてのDスコアを算出し，E審判は，演技構成や技術，姿勢に対する演技実施と芸術性についてのEスコアを算出する。

●Dスコアの算出

Dスコアは，難度点，構成要求，組合せ点，ボーナスを合計して算出される。

■難度とその採点

難度点（DV）

段違い平行棒，平均台，ゆかでは終末技を含む最大8つの高い順からの難度点を数える。難度の承認は，姿勢面や技術面の完全な実施が前提となる（格下げや異なる技，あるいは難度なしになることもある）。

構成要求（CR）

構成要求は各種目の条項に記載されており，最大で2.00を獲得することができる。難度表にある技のみ構成要求を満たすことができる。1つの技で複数の構成要求が認められるが，異なる構成要求を認めるために同一技を繰り返すことはできない。

組合せ点（CV）

組合せ点は，D審判によって，段違い平行棒，平均台，ゆかの演技において，独創的な技の組合せを成功させたときに与えられる。組合せ点に使う技は難度点で数えられた8つの技に含まれていなくてもよい。すべての技は難度表にあるものでなければならない。

●Eスコアの算出

Eスコアは，実施と芸術性の各減点合計を合わせて，10.00から差し引いた得点。10.00から始まり，0.10単位の減点で算出される。減点の合計が最も高いものと低いものは除外され，残りの3つの減点の平均値が10.00から引かれ，Eスコアが決定される。

みるポイント

わざの組み立てに注意して演技をみてみよう。難易度の高いわざを演技のどこに持ってきているか，メリハリはどうか…などに注意が向けられるようになれば，選手それぞれの個性や持ち味のちがいもみえてくる。

●減点表

欠 点		小 0.10	中 0.30	大 0.50	超大 1.00以上
D審判団(D^1-D^2)による減点					
組み合わせの実施での落下(転倒) 終末技での転倒	段違い平行棒, 平均台,ゆか				組み合わせ点, シリーズボーナス(平均台)なし
足から先に着地しない,または技の規定された姿勢での着地がとれない	各				難度点,組み合わせ点,構成要求, シリーズボーナス(平均台)なし
演技面の外からの踏み切り(完全に外から)	ゆか				難度点,組み合わせ点,構成要求なし
演技の前後にD審判員に挨拶をしない	選手/当該種目		○		最終スコアから
補助行為(演技を助ける)	段違い平行棒, 平均台,ゆか 各				1.00最終スコアから 難度点,組み合わせ点,構成要求, 終末技ボーナスなし
許可されていない補助者	選手/当該種目			○	最終スコアから
上級審判部へ報告し,D審判団(D^1-D^2)または上級審判部による減点					
器械器具での不正行為: ロンダート入りの跳躍技のためのセーフティーカラーを正しく使用しない	選手/当該種目				無効(0.00)
追加の着地用マットを正しく使用しない	選手/当該種目			○	最終スコアから
許可されていない器具に跳躍板を置く	選手/当該種目			○	
許可のない追加マットの使用	選手/当該種目			○	
演技中に追加マットを動かす, または許可のない平均台の端へ動かす	選手/当該種目			○	
D審判団から報告を受け,審判長による最終スコアからの減点					
許可なく器械の高さを上げる	選手/当該種目			○	最終スコアから
跳躍板のスプリングを加えたり,配列を変えたり,取り外す	選手/当該種目			○	
不適切なマグネシウムの使用,または器械を損傷させる	選手/当該種目			○	
D審判団から報告を受け,審判長による最終スコアからの減点					
選手の行動:					
不適切あるいは美的でないパット使用	選手/当該種目		○		最終スコアから
自国のマークが付いていない,または付ける位置の違反	選手/当該種目		○		予選,個人決勝,団体決勝ではその競技の発覚した最初の種目から1回 種目別決勝は該当種目から
ゼッケンが付いていない	選手/当該種目		○		
不適切な服装 — レオタード,装飾類,包帯の色	選手/当該種目		○		
広告違反	チーム 選手/当該種目		○		当該組織から要請された場合 最終スコアから
スポーツマンらしくない行動	選手/当該種目		○		最終スコアから
不当に演技台にとどまる	選手/当該種目		○		
演技終了後に再び演技台に上がる	選手/当該種目		○		
競技中に任務中の審判員と話す	選手/当該種目		○		
チーム選手の誤った演技順での競技	チーム				1.00 予選,団体決勝 当該種目のチーム得点から
レオタードが同一でない (同じチームの選手)	チーム				1.00 予選,団体決勝 その競技の発覚した最初の種目から1回

2 各器械種目別の採点規則

●跳馬

■一般規則

選手は各競技の要求によって，難度表にある跳躍技から１回または２回の跳躍を実施しなくてはならない。選手はそれぞれの跳躍を開始する前に，実施予定の跳躍技番号を表示する責任がある。すべての跳躍は跳躍台に両手をついて実施しなければならない。選手はロンダート入りの跳躍技のために，組織委員会が用意した「セーフティーカラー」を正しく使用しなければならない。

■跳躍技グループ

跳躍技は以下のグループに分類される。

グループ1：第１／第２空中局面でひねりを伴うまたは伴わない，宙返りのない跳躍技(倒立回転とび，ヤマシタとび，ロンダート入り)

グループ2：第１空中局面で１回(360°)ひねりを伴うまたは伴わない前方倒立回転とび～第２空中局面でひねりを伴うまたは伴わない前方または後方宙返り

グループ3：第１空中局面で90°～180°ひねりを伴う倒立回転とび(ツカハラ)～第２空中局面でひねりを伴うまたは伴わない後方宙返り

グループ4：ロンダートから第１空中局面で後ろとび3/4(270°)ひねりを伴うまたは伴わない入り(ユルチェンコ)～第２空中局面でひねりを伴うまたは伴わない後方宙返り

グループ5：ロンダートから第１空中局面で後ろとび(180°)ひねりを伴う入り～第２空中局面でひねりを伴う，または伴わない前方宙返りまたは後方宙返り

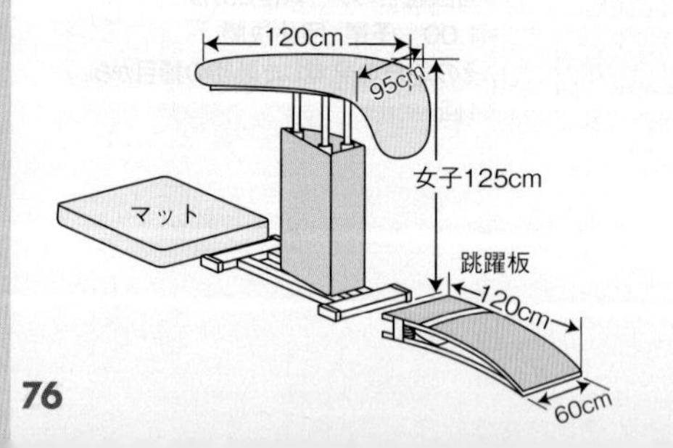

●女子跳馬の欠点と減点表

欠点の種類	0.10	0.30	0.50	1.00
第1空中局面				
空中局面においてひねりが不十分：				
・グループ1の180°ひねり	≦45°	≦90°		
・グループ3の1/4(90°)ひねり		≦45°		
・グループ4の3/4(270°)ひねり	≦45°			
・グループ1，2の1回ひねり	≦45°	≦90°	>90°	
技術不良				
・腰角度	○	○		
・身体の反り	○	○		
・膝の曲がり	○	○	○	
・脚または膝の開き	○	○		
支持局面				
技術不良				
・グループ1,2,5の着手のずれ	○	○		
・腕の曲がり	○	○	○	
・肩角度	○	○		
・鉛直面を経過しない	○			
・規定されたひねりの時期が早すぎる（台上）	○	○		
第2空中局面				
高さが不十分	○	○	○	
ひねりが不正確（クエルボも含む）	○			
身体の姿勢				
・伸身姿勢を保てない	○	○		
・身体の伸ばしが不十分または遅い（かかえ込み，屈身の跳躍技）	○	○		
・膝の曲がり	○	○	○	
・脚または膝の開き	○	○		
宙返りの回転が不足				
・転倒なし	○			
・転倒		○		
距離が不十分	○	○		
直線方向からはずれる	○			
ダイナミックさに欠ける	○	○		

●段違い平行棒

■演技の内容と構成

難度は多様性に富んだ以下の運動の分類から構成されなければならない。

回転系と振動系の技

・後方車輪　　　　・前方車輪

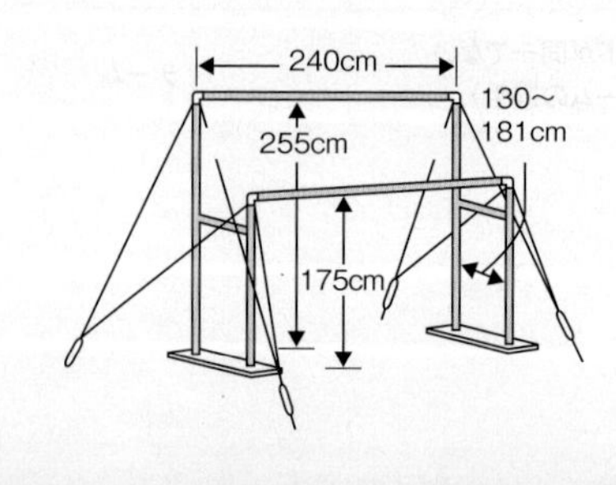

・棒下振り出しと浮支持回転
・前方／後方開脚浮腰回転
・前方／後方足裏支持回転

空中局面を伴う技

・高棒からとんで低棒を握る（またはその逆）
・切り返しを伴うとび（棒を越える）
・とび越し　・ヘヒト　・宙返り

●女子段違い平行棒の欠点と減点表

欠点の種類	0.10	0.30	0.50 以上
低棒から高棒へジャンプして移動する			0.50
高棒懸垂から低棒上に足をのせて低棒を握る			0.50
終末技に直接続く同一技が2回より多い	○		
倒立，または振り上げ倒立の身体の姿勢が悪い	○	○	
握りの調整	○		
足が器械にあたる			0.50
足がマットにあたる（落下）			1.00
演技にそぐわない運動（両足または大腿部でとび出す技）			0.50
技のリズム不良	○		
空中局面を伴う技の高さが不十分	○	○	
空中局面を伴う技での回転が不足	○		
け上がりで身体の伸ばしが不十分	○		
中間振動			0.50
内容のない振り			0.50
技の完了角度が不正確	○	○	○
振幅：			
前振りまたは後ろ振りが水平より低い	○		
後振り上げの大きさがない	○	○	
終末技での過度な腰の曲げ伸ばし	○	○	

●平均台

■一般規則

演技は，跳躍板またはマットを踏み切った時から始まる。平均台の演技時間は1分30秒（90秒）を超えてはならない。器械からの落下による演技の中断は10秒まで許される。

■演技の内容と構成

終末技を含む最大８つの高い順からの難度点を数える。

・３つのダンス系の技
・３つのアクロバット系の技
残りの２つの技は任意の選択。

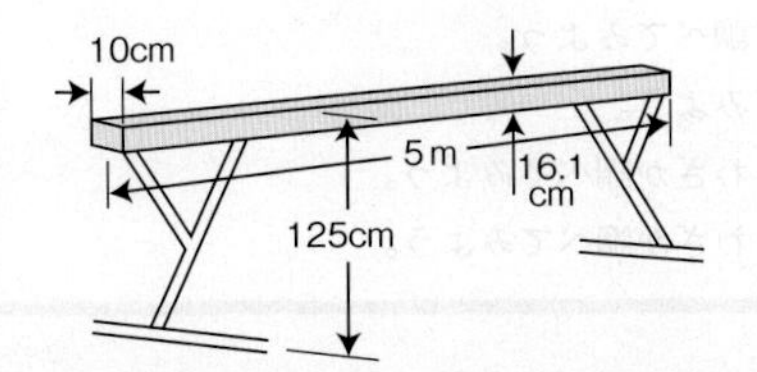

●女子平均台の欠点と減点表

欠点の種類	0.10	0.30	0.50
芸術的な実施			
演技全体を通して芸術的表現に欠ける			
・身体の姿勢が悪い（頭部，肩の位置，胴体）	○		
・大きさ不十分（身体を最大限に使った動き）	○		
・脚を振り上げる大きさが不十分	○		
・美しさに欠ける足の動き			
＊つま先が伸びない／足が緩む／足が内向き	○		
＊不十分なつま先立ちの動き	○		
・身体の各部位が芸術的表現に十分関与していない	○		
リズムとテンポ			
・動き（技ではない）のリズムとテンポの変化に欠ける	○		
・演技全体を通して技と動きの流動性に欠ける（スムーズではない）	○		
構成			
難易度表にない開始技（難度のないすべての開始は，またいで座ったり，しゃがみ立ちで立ち上がるものを除いて一般的にＡ難度として認められる）	○		
不十分な平均台の使用			
・横の動きに欠ける（技ではない）	○		
・胴の一部（大腿部や膝，頭部も含む）が台に接する平均台に近い動き／技の組み合わせがない（技でなくてよい）	○		
偏った技の使用			
・演技全体で1回より多い脚の伸びた両足上の1/2ターン	○		
組み合わせでのリズム不良（技）	(各)○		
過度な準備動作			
調整（不必要な踏み出しや動き）	(各)○		
ダンス系の技の前の過度な腕の振り	(各)○		
停止（２秒）	(各)○		
台の側面を余分に脚で支える		○	
落下を防ぐために平均台をつかむ			○
平均を保つための余分な動き	○	○	○

●ゆか

■一般規則

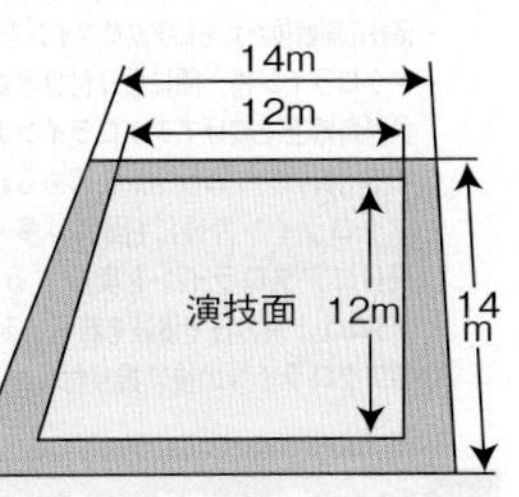

演技の採点は選手の最初の動きから始まる。ゆかの演技時間は1分30秒（90秒）を超えてはならない。音楽伴奏はオーケストラ，ピアノ，またはその他の楽器によって録音されたもので行う。規定されたゆかの演技面は12m×12mである。

■演技の内容と構成

終末技を含む最大８つの高い順からの難度点を数える。

・３つのダンス系の技
・３つのアクロバット系の技
残りの２つの技は任意の選択。

宙返りを含んだアクロラインは最大４本まで認められ，それ以後のアクロラインの難度は難度点として数えられない。

●女子ゆかの欠点と減点表

欠点の種類	0.10	0.30	0.50
芸術的な実施			
演技全体を通して芸術的表現に欠ける			
・身体の動きが悪い（頭部，肩の位置，胴体）	○		
・大きさ不十分（身体を最大限に使った動き）	○		
・美しさに欠ける足の動き ＊つま先が伸びない／足が緩む／足が内向き	○		
・身体の各部位が芸術的表現に十分関与していない	○		
・音楽のスタイルと一致した表現力の欠如	○		
演技全体を通して技と動きの流動性に欠ける	○		
構成			
動きの複雑さや創造性に欠ける	○		
床面に接する動きが少ない（少なくとも胴，大腿部，膝または頭部を含む）	○		
音楽と音楽性			
音楽の編集（例えば，オープニング，エンディング，またはアクセントがない）			
・音楽の構成が不十分	○		
音楽性			
・演技の終了で音楽の拍子と動きが一致しない	○		
・バックグラウンドミュージック（演技の開始と終了だけ音楽に関係しているような演技）	○	○	
過度な準備動作			
・停止（２秒）	(各)○		
・調整（振り付けのない踏み出し）	(各)○		
・ダンス系の技の前の過度な腕の振り	(各)○		
技の配分			
・演技の開始後ただちにアクロラインを始める	○		
・アクロライン後，間に振り付けがなく同じ対角線上で続けてアクロラインを実施する（長いアクロラインは認められる）	(各)○		
・アクロラインの後に1回より多く立て続けにアクロラインを実施する	(各)○		
・アクロバット系の技で演技を終了する(最後のアクロラインの後に振り付けがない)	○		

校内競技会のもち方

1 演技内容を無理に引き上げることはせず，安全で楽しく誰もが参加できるよう留意すべきである。授業で実施したわざを中心とし，それぞれのレベルに応じた能力別競技会がよい。

2 前述の主旨から，授業での段階的実践をもとにした学年別規定演技による平等性をもった競技会として位置づける方がよい。それぞれの学習効果を観察できる点でも有効的である。

■採点方法の例

1 採点は，誰もがお互いに採点し合えるような簡単な方法を用いるのがよい。演技の良しあしを評価するため，実施に最重点をおいて採点する。審判員は２～４名とし，得点は参加方式か平均方式で行う。

2 採点は，５段階法（１～５点）と10段階法（１～10点）の２つの方法が考えられる。10段階のほうが演技の差による評価の序列をより明確にできるが，どちらにするかはそれぞれの状況によって採用すべきである。

■規定演技の例

授業の実施内容で違いはあるが，開始わざ，中間わざ，終末わざで５～８のわざを組み合わせる。

調べてみよう

- 19世紀初め，ドイツでツルネンと名付けられた体操はどういうものだったのだろうか？
- オリンピック大会での日本選手の活躍ぶりを，調べてみよう。
- 日本男子が国際大会で好成績を残した時期について調べてみよう。
- 難度の高いわざとはどういうものだろうか，調べてみよう。
- 外国人選手の名前がついたわざを探し，どのようなわざか調べてみよう。
- 日本人選手の名前のついたわざを探し，どのようなわざか調べてみよう。

VOLLEYBALL

バレーボール

【歴史と発展】

1895年にアメリカのYMCAの体育指導者，W・G・モーガンがテニスにヒントを得て，レクリエーションとして考案した。

わが国へは，1908（明治41）年にアメリカから帰国した大森兵蔵が紹介し，1913（大正2）年東京YMCAのF・H・ブラウンが16人制を指導したのが始まりであるといわれる。その後，12人制を経て9人制が採用され，1951（昭和26）年に国際バレーボール連盟（IVBF）に加盟するとともに6人制が主流となり，1960（昭和35）年には初の全日本6人制選手権大会が開かれるに至った。特に，1964（昭和39）年のオリンピック東京大会で6人制が正式種目に採用され，全日本男女チームが大活躍してからは，全国へ急速に普及し，学校体育でも6人制が中心に行われるようになった。一方9人制は，競技としてもレクリエーションとしても根強い支持を受け，幅広く親しまれている。

【競技の特性】

❶ネットによって2等分されたコートに位置する2チームが，ネットを越してボールが地面（床）に落下するか反則が生じるまで打ち合う。

❷ネット型の球技であり，相手のプレーを邪魔されることはない。しかし，ボールには瞬間的にしか接触できないため，ボールの扱い方とともに，ボールに触れない間のプレー（ポジショニング）が大きな意味を持つ。

❸ミスが直接ポイントとなるため，ゴール型の球技と異なり，相手にミスさせることがゲームの中心となる。チームとしての「守りからの攻撃」を学習することが，ゲームを楽しくする重要な要素となる。

❹「ラリーを続ける」から「ラリーを意図的に中断させること」へと楽しさが発展していく。

❺パワー，敏捷性，協応性，調整力など個人技能のほか，効率的にラリーを中断するための攻撃と，その防御が集団的に行われるため，固いチームワークが要求される。

競技に必要な施設・用具・服装

1 競技場

●コートの規格

	ネットの高さ
一般男子	2.43m
一般女子	2.24m
高校男子	2.40m(2.43m)
高校女子	2.20m(2.24m)
中学男子	2.30m
中学女子	2.15m

高校の( )は全国レベルの大会のみに適用。

・境界線はコート内に含まれる。
・境界線の外側3m以内，およびコートの床面から上7mの高さ以内に，障害物がないこと。

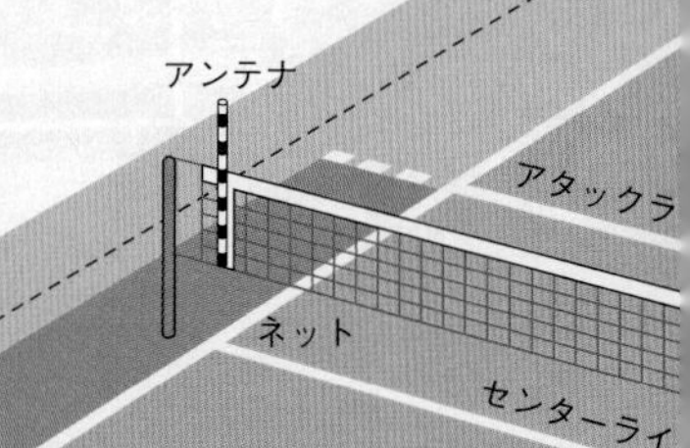

●競技者とポジション

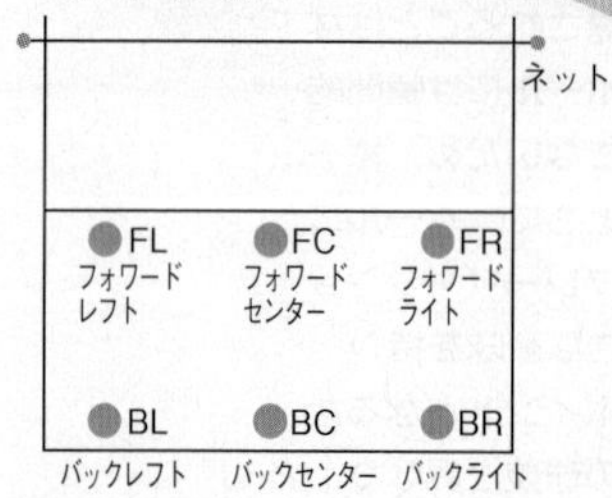

2 ゲームに必要な用具

●ボール

球状で，ゴムまたはそれに類似した材料で作られた中袋を，均質で明るい色が複数の色を組み合わせた柔軟な皮または合成皮革でおおったもの。

	号数	周囲	重さ	内圧
中学生	4号	62～64cm	240～260g	0.30～0.325 kg/cm²
高校生以上	5号	65～67cm	260～280g	

●スコアーボード

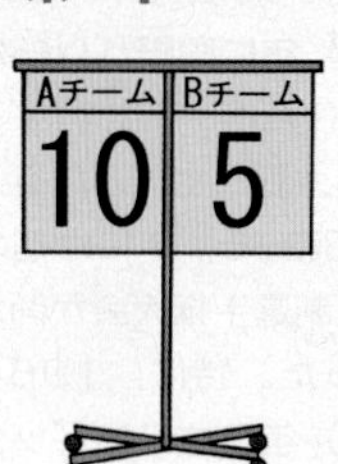

●ラインジャッジ（線審）用小旗

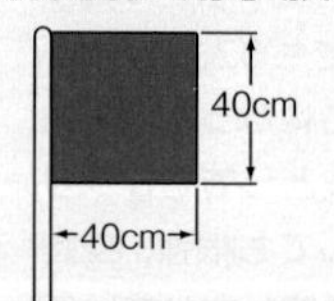

●制裁を示すカード

レッドカード（反則）

イエローカード（警告）

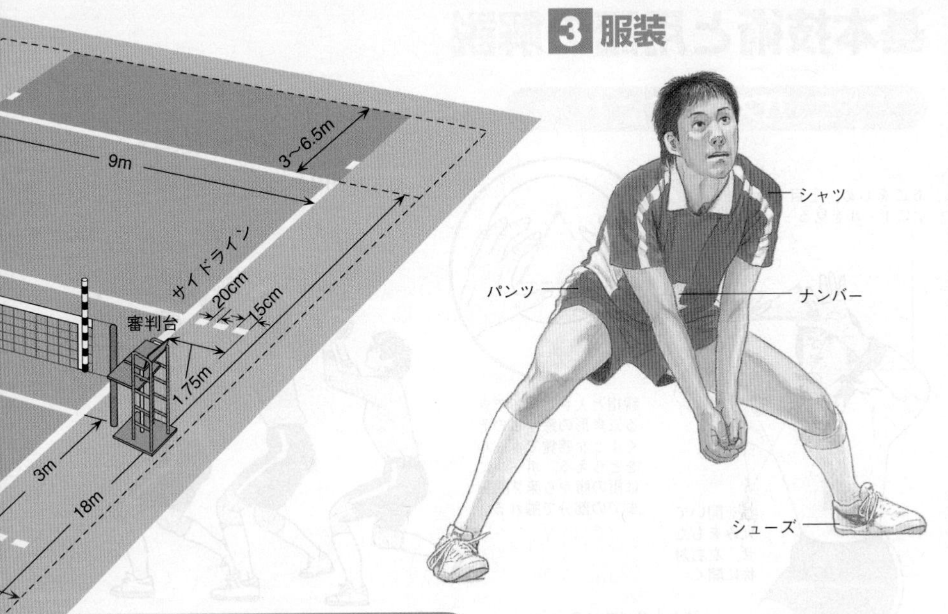

3 服装

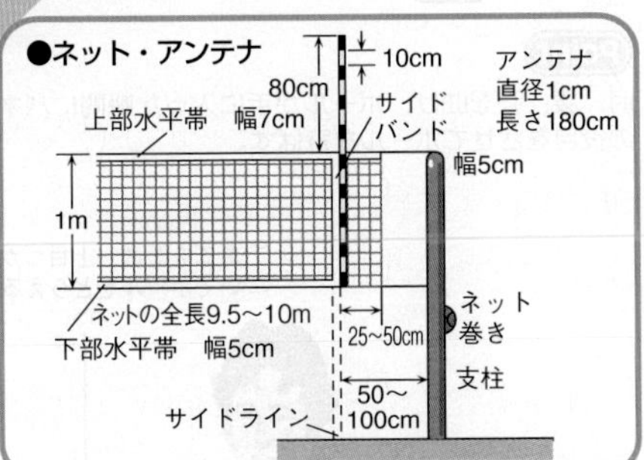

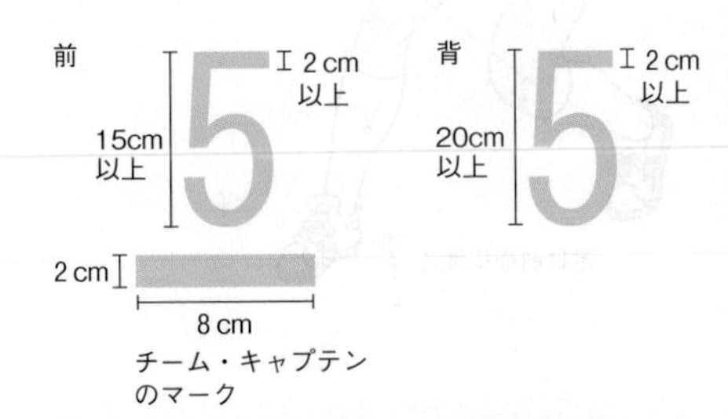

みるポイント

サービス，スパイク，レシーブと，ボールに接触するのは瞬間的なもので，そのスピード感あふれるゲーム展開を楽しむとともに，ボール非接触時のポジショニングに注目してみてみよう。

バレーボールの豆知識

わが国に紹介されたバレーボールは当初，「排球」と呼ばれ，これは「球を押すこと」を意味していたという。バレーボールは長く親しまれており，競技用具もさまざまな技術開発がなされてきたが，カラーボールの採用は，視認性の向上など，「みるスポーツ」としての人気の高さも物語っている。

安全チェックリスト

□手足の爪は伸びすぎていないか，指輪・ピアス等を外しているか確認しよう。
□ウォーミングアップは十分に行おう。
□コートの床が濡れていたり，ゴミ・ささくれ等がないか確認しよう。
□必要のないボールが転がったりしていないか確認しよう。
□水分補給の準備をしておこう。
□シューズはフィットしたものを履き，ひもはきちんと結ぼう。

基本技術と用語の解説

パスの技術

オーバーハンドパス

トスを上げたり，チャンスボールをセッターに返すとき用いる。

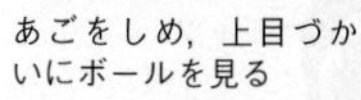

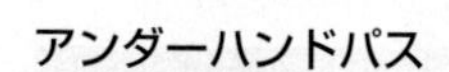

親指と人さし指でできる三角形の窓からのぞくような感覚でボールをとらえる。ボールには指の腹から第２関節までの部分で触れる。

Point
肘，腰，膝を曲げ，ボールが手に入った瞬間にバネの役目をさせてボールを飛ばす。

アンダーハンドパス

腰を落として体勢を整える

肘を伸ばしてボールが当たる瞬間にしめる

膝と腰のバネを使いボールを送り出す

あごをしめ，上目づかいでボールをとらえる

膝を曲げ，上体はやや前かがみになる

手首から先は下に曲げる

両足を肩幅くらいに開く

Point
肘を伸ばし，２本の腕を一枚の板のように平らにし，膝と腰のバネを使ってボールを送る。

サービスの技術

オーバーハンドサーブ

Point

オーバーハンドで変化球を打つ場合は，トスをあまり高く上げないで，ボールを押し出すようにして打つ。
ドライブサーブを打つときは，トスを高めにし，手首のスナップをきかせて腕で巻きこむような感じで打つ。

アンダーサーブ

Point

すくい上げるようにして打つ。

フローターサーブ

Point

テニスのサービスのようにボールの中心を手首で押し出すように打つ。

みるポイント

サーブの種類は2つに大別される。スピードで相手を崩すドライブ系のサーブと，ボールに回転を与えないことでなんらかの変化を起こす変化球系のサーブである。
ドライブ系のサーブは近年，男子選手が多用しており，**「ジャンプサーブ」**とも呼ばれ，世界のトッププレーヤーが放つそれらのサーブは，スパイクに匹敵するほどの破壊力を持っている。しかし，ミスをする確率も高く，リスクも大きい。
一方，変化球系のサーブはミスをする確率は低く確実性が高い。現在，変化球系のサーブは**「ジャンプフローターサーブ」**が主流であり，ボールが左右に曲がったり，伸びたり，ストンと落ちたりと，多様な変化を見せる。
試合を観戦するとき，プレーヤーがどのようなサーブを打っているか観察してみると，また一味違ったおもしろさを味わえる。

スパイクの技術

Point

打つ瞬間にはあごを引いて，手首のスナップを利かせて打つようにするとよい。

スパイクのスイング

Point

力強いスパイクを打つためには，ムチのようにしなったイメージでスイングすることである。

【アタックヒット】

サービスとブロックを除き，相手方に向かってボールを送ろうとするすべての動作のこと。アタックともいい，ボールを打つ人をアタッカーという。

【オープン攻撃】

両サイドのアンテナ近くに高いトスを上げてスパイクする攻撃のこと。

【クイック攻撃】

速攻のこと。相手のブロッカーにジャンプのゆとりを与えないように，低いトスを上げて行うスパイク攻撃のこと。

【サービスフォールト】

サービスの失敗のこと。サーブが相手コート外に出たり，ネットを越えないか，8秒以内に打たなかったとき。

【時間差攻撃】

相手ブロッカーのジャンプと攻撃との間にタイミングのズレをつくって攻撃する技術。1人で行う場合（1人時間差）と2人以上が組んで行う場合がある。

【ストレートスパイク】

サイドラインに平行に打つスパイクのこと。斜めに打つスパイクをクロススパイクという。

【トリックジャンプ】

他のスパイカーに打たせるため，スパイクすると見せかけておとりになってジャンプすること。

【ドライブサーブ】

ボールに前回りの回転を与えるため，手首のスナップをきかせて打つ速いサービスのこと。

トスの技術

オープントス

バックトス

Point

オープントス，バックトスともにオーバーハンドパスの技術の延長であるが，スパイクを打つためにはボールを回転させないで打ちやすいトスを上げることが重要である。

ジャンプトス

Point

下半身の力が使えないために，上半身の力を十分に使ってジャンプの最高到達地点で余裕を持ってトスをすることが大切である。

ブロッキングの技術

ブロック

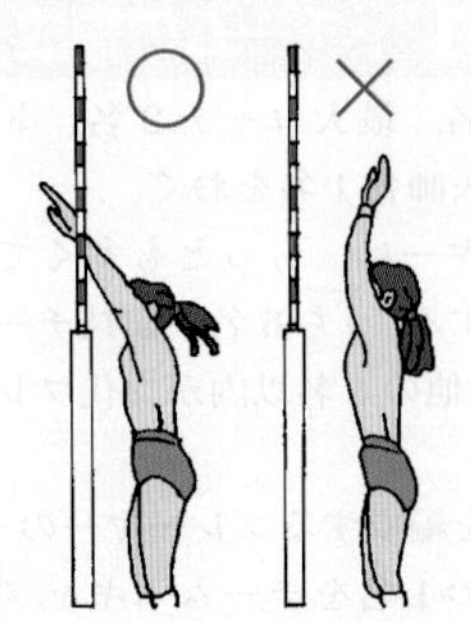

Point 手をかぶせるようにして，ボールを止める。

両脚をそろえてジャンプする。　左脚をクロスして，左足のつま先をネットのほうに正しく向ける。

Point

相手プレーヤーを見て，それに合わせて跳ぶブロックと，トスされたボールの方向に動いて跳ぶブロックがある。どちらの方法でも，ネット上部の白布と出した手のすき間を作らずに，ボールが通過するコースとタイミングを予測してブロックすることが大切である。

【バックアタック】
バックの競技者がアタックラインの後方でジャンプし，相手コートにボールを打ち込むこと。アタックラインを踏んだり，踏み越えてジャンプし，アタックすると反則になる。

【フォーメーション】
シフトともいい，どう攻め，どう守るかという6人の競技者がとる陣型のこと。

【フライングレシーブ】
ボールをレシーブするために，空中を横っとびし，遠くのボールを床面すれすれでレシーブする技術。

【ブロックアウト】
相手のブロッカーの手にボールをわざと当てて，コートの外にたたき出そうとする攻撃技術のこと。

【ブロックカバー】
相手にブロックされ，はね返ってくるボールを受けて，再び味方の攻撃に切りかえようとするレシーブ技術のこと。

【ラリー】
両チームがボールをよくレシーブし，ボールの返し合いをすること。

【リベロプレーヤー】
守備専門のプレーヤーのことで，他の競技者と区別できるように色の異なったユニフォームを着用する。コート上でプレーできるリベロプレーヤーは1名で，バック競技者の位置でしかプレーできない。また，サービスおよびスパイク・ブロックの試みをすることはできない。

ゲームの進め方とルール

1 チームの編成

1 監督1名，最大コーチ2名，トレーナーおよび医師各1名をおく。

2 プレーヤーは，もっとも多くて14名までで編成する。うち6名が競技チームを編成し，その他の6名以内が交代プレーヤーとなる。

3 チームを編成するプレーヤーのうち，リベロ以外の1名をチーム・キャプテンに指名する。もしチーム・キャプテンが交代してコートから退くときは，監督またはチーム・キャプテンが，他のプレーヤーを，ゲーム・キャプテンとして行動するよう指名する。

2 ゲームの開始前に

■トス

主審の指示によって，両チームのチーム・キャプテンが出て，主審の前でトスをする。

1 トスに勝ったほうが，最初にサービスをするか受けるか，コートかのいずれかを選ぶ。

2 負けたほうは，勝ったほうが選ばなかったほうをとる。

3 最終セットが行われる場合はもう1度トスを行う。

■ウォーミングアップ（公式練習）

ゲーム開始前に，ウォーミングアップのための公式練習をする。

1 競技コートを使って，第1セットのサービス権を得たチームから先に，各3分間，あるいは5分間ずつ練習ができる。

2 両チームのキャプテンが同意したときは，両チームが一緒に6分間または10分間練習することができる。

■ラインアップシートの提出

各セット開始前に，監督がスターティングメンバーを記入した「ラインアップシート」を，副審か記録員に提出する。

■監督・コーチ・交代プレーヤーの位置

セットに出場するスターティングメンバー以外の交代プレーヤー，および監督，コーチなどは，自分のコート側のベンチに座る。

1 ベンチから声援や拍手を送ったり，指示を与えてもよいが，試合の妨害や遅延をしてはいけない。監督はベンチ前で立ったり歩きつつ指示を与えてよい。

2 交代プレーヤーは，ベンチに戻ることを条件に，ウォームアップエリア内でボールを使わずにウォーミングアップができる。

3 リベロプレーヤーはバックのプレーヤーとしてのみプレーできるが，サーブやスパイクを打つことはできない。リベロはチームキャプテンになれる。

illustrate

●ゲームの始め方

❶主審の合図で，スターティングメンバーはベンチより直接コート内に入り各々のポジションにつく。
❷サービス許可の吹笛のあと，サーバーがサービスのボールを打球した瞬間に「インプレー」となる。

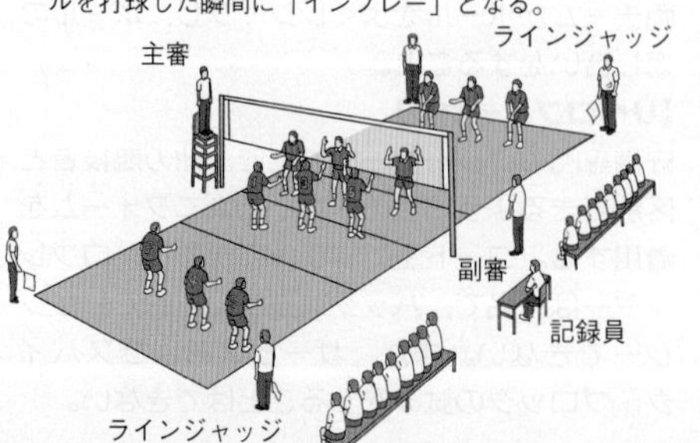

●サーバーのフットフォールト

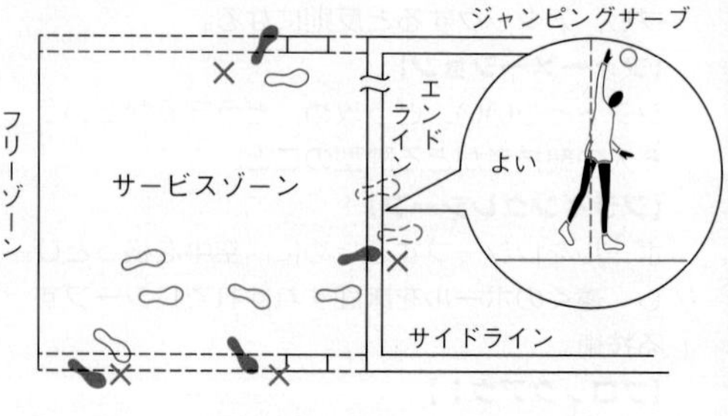

3 ゲームの開始

■ゲームの始め方

1 主審の合図で，スターティングメンバーはベンチより直接コート内に入り各々のポジションにつく。

2 両チームのプレーヤーと審判がそれぞれの位置についたことを確認したら，サービス許可の吹笛をする。

3 サービス許可の吹笛のあと，サーバーがサービスのボールを打球した瞬間にゲームは「インプレー」となる。

4 サービス

サービスは，バックライトに位置するプレーヤーが，サービスゾーンの中から，片方の手でボールを打ち，ネット越しに相手コート内に入れるプレーをいい，サービス権を持つチームが「サービングチーム」，その相手が「レシービングチーム」となる。

■サービスのやり方

1 サービスは主審がサービス許可を吹笛で合図したのち，サービスゾーン内から行う。

2 吹笛後，8秒以内にボールを打つ。吹笛前にサービスを行うと打ちなおしになる。

3 ボールを片手でトス，または手から離したあと，もう一方の手か腕の一部で打つ。

4 サービスは1回だけ行える。ただし，ボールがトスされた手から離されたあと，そのボールが競技場の床面，競技者の手，あるいは腕以外の体に触れる前に，片方の手または片方の腕で打つ。

5 ボールを打った瞬間に，コートやサービスゾーン外側のフリーゾーンに触れてはいけないが，触れないようにジャンプしたり動いて打つことは許される。打ったあとはサービスゾーンから出てよい。

6 サービングチームのプレーヤーは，相手チームにサーバーやサービスボールの飛ぶのが見えないように妨害する「スクリーンプレー」をしてはならない。⬇

7 サービスは，許容空間を通して正確に相手コート内に入れることが大切だが，ねらって打つ，変化のあるスピードや強いボールを打つ技術が重要。ボールを打つのは，手のひらでも，にぎりこぶしでもよい。

8 サービスのフォールト（失敗）や違反があれば，サービス権が相手チームに移る。

■サービスとサービス権

1 第1セットと第5セット（3セットマッチでは第3セット）では，トスを行ってサービス権を得たほうが最初のサービスを行う。

2 その他のセットの最初のサービスは，前のセットで最初のサービスをしなかったチームのバックライトのプレーヤーから行う。

3 ゲーム中，サービス権を持っているチームが得点をあげれば，サービスを続けて

●ボールの許容空間

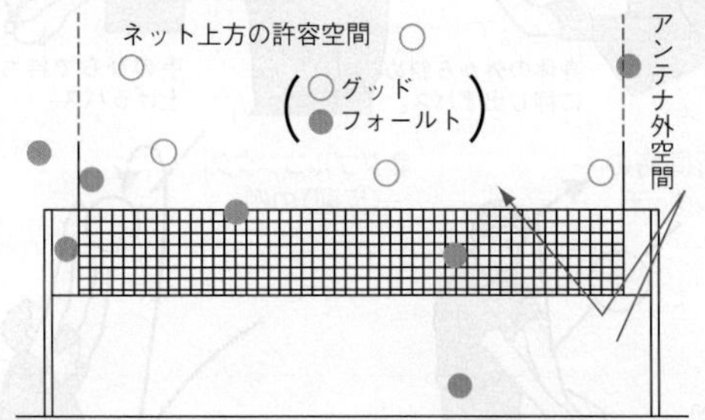

ボールをアンテナに触れずにネット上方の許容空間を通して相手コートに返す，あるいは，許容空間外を通って相手コート側に入ったボールを同じ空間外から自コートに返し，3回目に相手コートに返せば，グッド（図内の矢印がその例）。

●スクリーンプレーの例

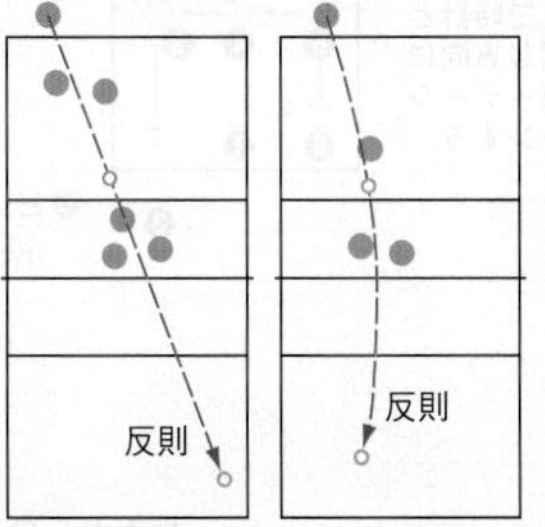

●グループスクリーンの反則

2人以上のプレーヤーの後方にかくされたサービスボールが，そのプレーヤーの上を通って相手コートに入ったとき。

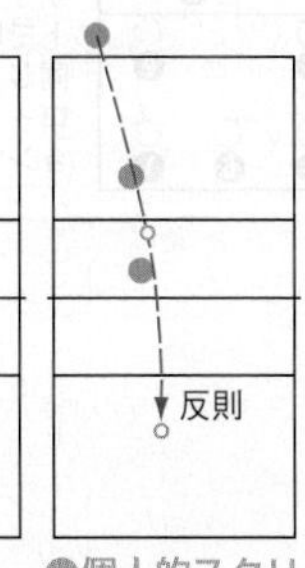

●個人的スクリーンの反則

レシーブを妨げるため，腕を振る，ジャンプする，左右に動くなど。

行う。

4 サービス権を持つチームが続けてサービスを行うとき，前回のサービスを行った同じプレーヤーが行う。

5 サービス権を持っているチームがラリーに負けたり反則を犯したりすると，サービス権が相手チームに移る。

■プレーヤーのローテーションとサービス順

1 相手チームからサービス権を得たとき，プレーヤーは時計まわりの方向にポジションをひとつずつ移動し，新しくバックライトの位置に移動したプレーヤーがサーバーとなる。

2 各セットの開始前に提出したラインアップシートのローテーション順は，そのセットの終了まで変更できない。

3 新しいセットに入るとき，前のセットと異なるローテーション順を用いてもよく，ベンチにいたプレーヤーと交代してもよい。

5 プレーヤーのポジション

■サービス時のポジション

1 サーバーがサービスを打つ瞬間には，両チームのプレーヤーは，定められたコート内（サーバーはサービスエリア内）のポジションにいなければならない。

2 ポジションは，ネット近くに3人のフォワード（前衛）が，レフト，センター，ライトとならび，その後方にそれぞれのフォワードに相対して，3人のバック（後衛）が位置する。

3 ポジションは，サービスが打たれた瞬間の相対する選手同士の足の位置によって決まる。足の位置が相手を完全に越えた時にアウトオブポジション（ポジショナルフォールト）になる。

4 サーバーがサービスを打って，インプレーになったあとは，味方コートおよびフリーゾーン内のどこにでも移動してよい。

5 競技開始前に，もしラインアップシートのプレーヤーのポジションと，コート上のプレーヤーのポジションが間違っていたときは，ラインアップシート通りに訂正する。

illustrate

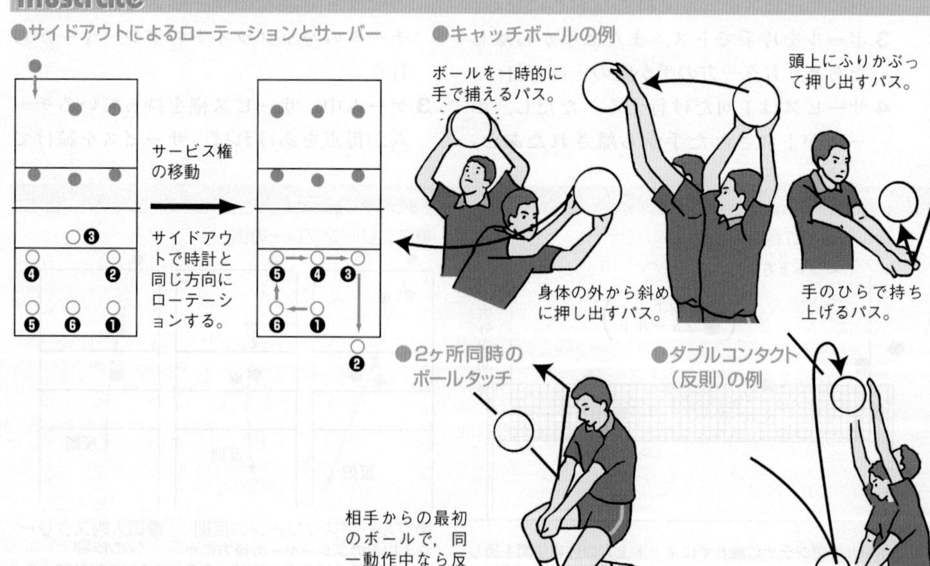

6 プレー方法

■ボールの触れ方

インプレー中にボールに触れるときは，次のルールによってプレーしなければならない。

1 ボールは，体のどの部分で触れてもよい。

2 ボールは明らかに打ち，はね返るように打たなければならない。ボールをつかんだり，持ち運んだり，投げたり，一時的に捕えることはできない。その場合には，キャッチボール（ホールディング）の反則となる。

3 相手コートから入ってきた最初のボール（味方ブロックに触れたボールも含む）を直接レシーブする場合，同一動作の中であれば連続的にボールに触れてもよい。

4 ブロックのときを除いて，3の場合以外に同じプレーヤーは2回続けてボールに触れることはできない。これを犯すと，ダブルコンタクトの反則となる。

5 相手側コートに打ち返すために，同一チーム内で最大限3回ボールに触れるプレーができる。ブロックに触れたときは，ブロック以外に3回プレーできる。

6 プレーヤーがボールに触れるごとに1回と数え，2回のパスののちに，3回目の打球で相手チームに返さなければならない。3回をオーバーするとフォアヒットの反則になる。

■2人以上の同時接触

2人またはそれ以上のプレーヤーが，同時にボールに触れる場合がある。そのときは次のルールが適用される。

1 同じチームの2人のプレーヤーが同時に触れたときは，ブロッキングの場合のほかは2回のタッチに数えられ，2人とも続いてプレーすることはできない。

2 ネット上で両チームのプレーヤーがボールに触れたときは，タッチ回数をとらず，ボールを受けたチームは3回のプレーができる。この場合はネット上でボールに触れた同じプレーヤーが続けてボールに触れてもよい。もしそのボールがコートの外に落ちたときは，反対チームの反則となる。

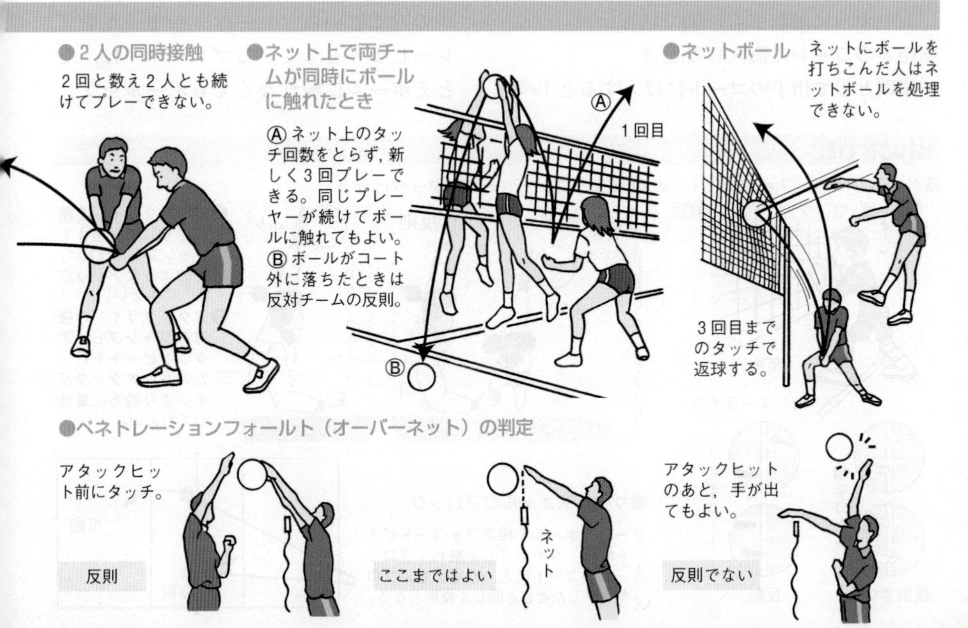

■ネット付近でのプレー

バレーボールはネット越しにボールを返し合うゲームのため，ネット付近でのプレーが重要である。

1 相手コート内にボールを返すときは，ネット上の許容空間を通過しなければならないが，サービスも含め，ボールがネットに触れても，許容空間を通過すればよい。

2 ネットに打ち込んだ「ネットボール」は，サービスボール以外なら，床に落ちる前に他の選手がカバーしてもよいが，ネットに触れても3回以内に返球しなければならない。

3 相手側へ送ったボールが，ゲーム中のプレーヤー以外の人や物，天井，ロープやアンテナなどネットの外部に触れたり，許容空間の外側を通過したり，ネットの下を通過すると，「ボールアウト」の反則となる。

4 ボールをプレー中のプレーヤーが，アンテナを含むネットに触れると「タッチネット」の反則となる。ただし，相手チームのプレーを妨害しない限り，支柱，ロープ，アンテナの外側にあるネットや他の物体に触れてもよい。また，ボールがネットにかかり，その反動でネットがプレーヤーに触れても反則ではない。

■相手のコートに侵入したとき

原則として相手のコートに侵入すると「ペネトレーションフォールト」の反則となる。

1 相手のプレー中のボールに，ネット上やネット下から相手コート上の空間でボールに触れると反則となる（オーバーネット）。ただしアタックヒット後，その勢いで手がネットの上を越えても，ボールへの接触が自分側コートの上の空間であった場合は許される。⬇

2 両足より上部であれば，相手コートに触れても，相手コートの妨害をしない場合は許される。

3 プレーに対する妨害とは次のことをいう。

・ボールをプレーする動作中に，両アンテナ間のネット，またはアンテナに触れる。

・支持を得たり，身体を安定させたりするために両アンテナ間のネットを使う。

・ネットに触れることにより相手チームに対して自チームが有利な状況を不正につくり出す。

・相手チームによる正当なボールへのプレーの試みに対し，それを妨害する動作をする。

・ネットをつかんだり，握ったりする。

（ボールがプレーされているときに，ボールの近くにいるプレーヤーやボールをプレーしようとしているプレーヤーは，たとえボールに触れなくてもボールをプレ

illustrate

●ペネトレーションフォールト（パッシング・ザ・センターライン）の判定

●バックプレーヤーのアタックヒット

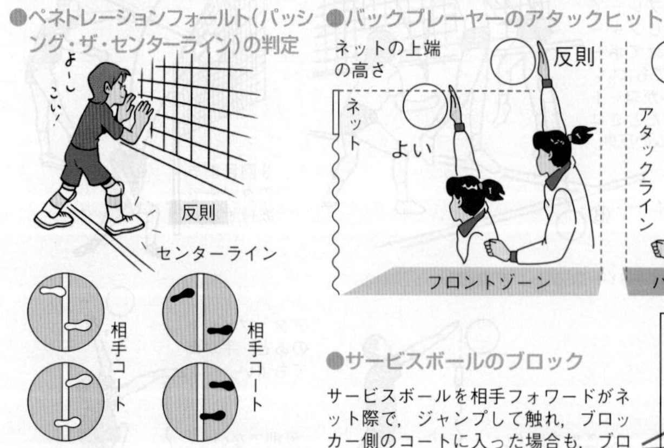

❶アタックラインを踏んだり，踏み越えてジャンプしなければ，どのようなアタックをしてもよい。
❷アタックラインの後方でジャンプし，アタックヒットを行ったのちはアタックラインより前方に着地してもよい。

●サービスボールのブロック

サービスボールを相手フォワードがネット際で，ジャンプして触れ，ブロッカー側のコートに入った場合も，ブロッキングしたときと同じく反則となる。

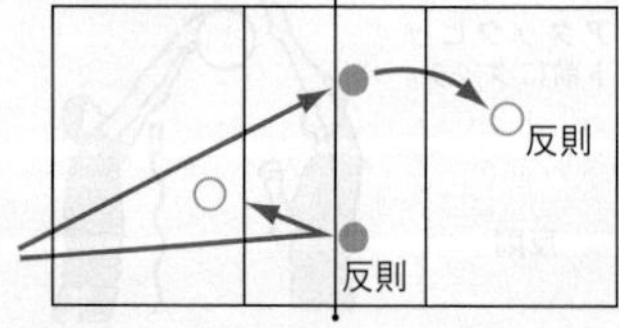

ーする動作中とみなされる）

■アタックヒット

プレーヤーが，ボールを相手側コートの方向に送るプレーを「アタックヒット」といい，そのもっとも有効なプレーが「スパイク」である。アタックヒットは得点やサービス権の獲得に結びつけることのできる重要なプレーであるが，バックのプレーヤーにはプレーに制限がある。

1 フォワードのプレーヤーは，ボールを打った瞬間に体の全部または一部が，自分の側のコート上の空間にあれば，どのような形ででも，どのような高さからでもアタックヒットを行える。

2 バックのプレーヤーは，アタックラインの後方からジャンプしてアタックヒットしてよい。また，ネットの上端の白布より下でボールに触れるなら，フロントゾーン内からでもアタックヒットができる。違反するとバックアタックの反則。

3 相手側のコート上の空間にあるボールを打つと，オーバーネットの反則となる。

4 打ったボールが相手側プレーヤーに触れずに相手コート外の床や物に触れると，アウトオブバウンズの反則となる。

5 相手側からのサービスボールをフロントゾーン内で，ネットの上端より完全に高い位置で打つと反則になる。

■ブロッキング

1人またはそれ以上のフォワードが，相手チームから飛んでくるボールを，ネットに接近して触れ，相手コートに返すプレーを「ブロック」といい，相手側のアタックヒットを阻止するのに有効なプレーである。

1 ブロックはフォワードのプレーヤーだけに許され，1人でも2人でも3人でも，互いに接近して行ってもよい。

2 ブロッカーは体のどの部分を使ってブロックしてもよい。

3 プレーヤーがネットに近づき，ネットの上端より上に体の一部を出した場合は，ブロックを試みたものとみなされる。

4 ブロッキングのとき，ボールがほとんど同時に連続してブロッカーに触れても，一連の動作中の場合は反則にならない。

5 ブロッカーとネットに同時にボールが触れるとか，ネットに当たってはね返ってプレーヤーに触れた場合でも，ブロッキングとみなされる。

6 ブロッキングの場合は，相手側のプレーを妨害しない限り，ネットを越えて手や腕を出してブロッキングしてもよい。

7 バックのプレーヤーがブロックするとブロックの反則となる。

8 相手側のサービスボールを直接ブロックしてはいけない。

9 ブロッキングはそのチームのボールへの接触回数の1回と数えず，ブロック後の1回目のボールへの接触は，ブロックをしたプレーヤーが行ってもよい。

7　得点･セット･チェンジコート

■得点（ラリーポイント制）

サービス権の有無にかかわらず，相手チームがミスや反則を犯したり，自チームがラリーに勝つと1点の得点になる。そのときサービス権を持っていなければサービス権を得，ローテーションをする。

■セット

1 どちらかのチームが2点以上の差をつけて25点先取すると，そのセットに勝つ。

2 24点対24点の場合はどちらかが2点リードするまで続けられる。

3 5セット・マッチで行われる試合でセット・カウントが2対2のタイとなった場合，最終（第5）セットは，最小限2点差をつけて15点を先取したチームが勝者となる。14点対14点の場合は，どちらかが2点リードするまで続けられる。

4 主審がそのセットに不完全なチームを宣告したときは，失格チームのそれまでの得点は生かし，相手チームの勝ちとなるために必要な得点が与えられる。

5 セットとセットの間の中断はすべて3分

間で，その間にコートチェンジし，次のセットのラインアップシートを提出する。

6 中断の時間が終了すると，主審の試合再開の合図で両チームはエンドライン上に並ぶことなく，ベンチより直接コートに入る。

5セットマッチ			3セットマッチ		
○	25 — 13		○	25 — 19	
	20 — 25	○			
○	25 — 18			20 — 25	○
	26 — 28	○			
	10 — 15	○	○	25 — 21	
		勝	勝		

■チェンジコート

1 各セットが終わるたびに，コートを交代する。そのとき監督，交代プレーヤーもベンチを代わる。

2 タイスコアのときの最後のセットでは，一方が8点先取したときにコートを交代する。プレーヤーの位置やサーバーはそのまま引き継ぐ。

3 最終セットで正しいときにチェンジコートを行わなかった場合は，それに気がついたときにただちに交代する。得点はそのままでよい。

8 ゲームの中断(タイムアウト)

セットとセットとの間のゲームの中断のほかに，セット中にも次のような場合にゲームが中断される。

■タイムアウト

各セットごとに，1チームにタイムアウトの要求が2回まで認められる。要求は次のように行う。

1 監督またはゲーム・キャプテンが，決められたハンドシグナルを示して要求する。

2 サービスの合図後，およびインプレー中は要求できない。

3 2回のタイムアウトは連続して要求することができる。

4 1回のタイムアウトは30秒間である。

5 タイムアウトの間，プレー中のプレーヤーは，ベンチ近くのフリーゾーンに出なければならない。

6 主審がタイムアウト終了により再開を指示したのちもゲームを始めないチームは，「試合の遅延」として罰せられる。

■審判がゲームを中断するとき

セット中に主審がゲームを中断させることがある。それは次のような場合である。

1 ゲーム中に重大な事故が起きたとき，主審はゲームを停止して，やりなおしを指示する。

2 プレーヤーが負傷して，ゲームが続けられないときは，ゲームを中断してプレーヤーの交代をさせる。

3 プレーヤーに退場を命じたとき，交代させるためゲームを中断する。

4 天候など予測できない事態が起き，ゲームを続行できない場合，中断して再開の手続きを決定する。

9 プレーヤーの交代 (サブスティチューション)

コート内のプレーヤーがコートを離れ，そのポジションにベンチの交代プレーヤーが代わって入ることを，審判が認めるのが「競技者交代」である。

■交代の回数と人数

1 両チームとも，1セットについて最大6回のプレーヤーの交代が認められる。

2 交代は，プレーヤー6人同時に行ってもよい。

3 リベロ選手は正規の交代回数以外にバックの選手の誰とでも何度でも交代できる。

■交代の要求ができるときと方法

1 交代の要求は，ゲームの中断時で，サービスの吹笛の合図がある前に要求し，承認されなければならない。

2 プレーヤー交代の要求とは，正規の競技中断中に交代プレーヤーがコートに入る準備をして競技者交代ゾーンに入ることをいう。プレーヤー交代の要求は記録員または副審によって受け付けられ，適切なブザーまたは吹笛により通告される。

■交代の条件

1 セット開始のときからコートに入るスタ

ーティングメンバーは，いったん交代してベンチに退いたあと，同じセット中にもとのポジションに再復帰できる。

2 ベンチにいる交代プレーヤーは，スターティングメンバーのどのプレーヤーとも，1セットに1回だけ交代してコートに入れるが，同じセット中に再びベンチに退くときは，交代したプレーヤーとしか交代することができない。

■交代の反則

次のような場合は，「試合の遅延」として処罰される。

1 交代が遅れる。

2 交代をしたあとすぐに，ゲームの再開前に再び同じチームが続いて交代を要求する。

3 6回のプレーヤー交代のあと，同じセット中にさらに交代を要求する。

10 ゲームの勝敗

1 ゲームは，大会の規定により3セットマッチで行われる場合と5セットマッチで行われる場合がある。前者の場合は2セット，後者の場合は3セットを先取したチームがそのゲームの勝者となる。

2 主審が残りのゲームの没収を宣告したときは，失格チームのそれまでの得点とセットは生かし，相手チームに勝ちとなるために必要な，得点とセットが与えられる。

3 次のような場合は没収試合が宣告されて，相手チームに3セットとも25点が与えられ，セットカウント3対0で相手チームが勝ちとなる。

・試合開始時刻までに，正当な理由がなくコートにチームが現れなかったとき。

・再開するように指示されたあと，そのチームがゲームの再開を拒んだとき。

規則違反と罰則規定

ゲーム中に，ルールに反するプレーやミスを犯したり，不法な行為をすると反則となり，罰則が適用される。

1 競技の反則(ミスコンダクト)

競技中にプレーのミスやルールに定められた反則があった場合は，次のようになる。

1 サービングチームにミスや反則があった場合…相手チームに1点の得点とサービス権が与えられる。

●遅延行為に対する罰則段階表

反則の種類	回数	競技参加者	罰則内容	処置のしかた
遅延	1回目	チームのいずれの競技参加者でも	遅延警告	再発を予防する
	2回目	チームのいずれの競技参加者でも	遅延反則	相手に1点を与える

●不法な行為に対する罰則段階表

反則の種類	回数	競技参加者	罰則内容	提示すべきカード	処置のしかた
無作法な行為	1回目	いずれの競技参加者でも	反則	赤	相手に1点を与える
	2回目	同一競技参加者	退場	赤・黄一緒に	そのセットの間ペナルティー・エリア内の椅子に座らせる
	3回目	同一競技参加者	失格	赤・黄別々に	競技統制区域から退去させる
侮辱的な行為	1回目	いずれの競技参加者でも	退場	赤・黄一緒に	そのセットの間ペナルティー・エリア内の椅子に座らせる
	2回目	同一競技参加者	失格	赤・黄別々に	競技統制区域から退去させる
暴力的な行為	1回目	いずれの競技参加者でも	失格	赤・黄別々に	競技統制区域から退去させる

2 レシービングチームにミスや反則があった場合…相手に1点の得点が与えられる。

3 同時に両チームのプレーヤーが反則を犯したときは（ダブルファウル），罰則が適用されずプレーをやりなおす。

2 不法行為（サンクション）

1 役員，プレーヤー，観衆に対して無作法な行為や侮辱的あるいは暴力的な行為があったときは，p.93の表に従って罰則が与え

反則

サービス関係の反則

・サーバーのフットフォールト：サービスゾーンの外からサービスをした，エンドラインを踏むか踏み越した，サイドラインとその想像延長線上を踏み越した。

・ディレイインサービス：サービスの吹笛の合図後，8秒以内にサービスをしない。

・サービス順を誤ったサービス：ローテーションの反則。

・サービスチームのスクリーンプレー。

ポジション関係の反則

・ポジショナルフォールト：サービスのときに，決められた正しい位置をとっていないプレーヤーは反則。

・ローテーションの反則：ローテーションの順にサービスが行われない。

ボールプレー関係の反則

・ダブルコンタクト：ブロッカー以外が2回連続してボールに触れたとき。

・キャッチボール：ボールをつかんだり投げたりしたとき。

・フォアヒット：同じチームが3回を越えてボールに触れたとき（ブロックは除く）。

ボールアウト（アウトオブバウンズ）の反則

・ボールが許容空間の外側を通過し，自分のコートに再び返球できないとき。

・ボールがネットの下を通過したとき。

・ネットの上を正しく越えたボールが，相手チームのプレーヤーに触れずに，相手側コート外の床や物に触れたとき。

・ボールがゲーム中のプレーヤー以外の人および物，天井，ネットの外部に触れたとき。

アタックヒット・ブロッキング関係の反則

・ペネトレーションフォールト：バックプレーヤーのアタックヒット。

・ペネトレーションフォールト：バックプレーヤーのブロック参加（アウトオブポジション）。

・サービスボールへのブロック。

リベロプレーヤーの反則

・リベロプレーヤーがブロックの試みをした。

・リベロプレーヤーがフロントゾーン内またはその延長から，指を用いたオーバーハンドパスによって上げたボールを，他のプレーヤーがネットの上端より高い位置でアタックヒットを行った。

・リベロプレーヤーがネット上端より完全に高い位置にあるボールのアタックヒットを行った。

・リベロプレーヤーがブロックに参加した。

ネット・相手コート関係の反則

・タッチネット：フロントゾーン内でボールをプレー中の選手がアンテナを含むネットに触れる。

・ペネトレーションフォールト：ネットの上から相手側のプレー中のボールに触れる（オーバーネット）。

・ペネトレーションフォールト：相手コート内への侵入（パッシング・ザ・センターライン）。

・インターフェア：ネットの下から相手側プレーヤーのプレーを妨害する。

ゲーム進行上の反則

・試合の遅延：試合中，最初の遅延には「遅延警告」が与えられる。2回目以降の遅延は「遅延反則」としてそのつどサーブ権と1点を失う。

　・プレーヤーの交代が遅れた。

　・試合の再開を指示された後，さらに中断を長引かせた。

　・不法なプレーヤー交代の要求をした。

　・同一セット内で，不当な要求をくり返した。

　・プレー中のプレーヤーが競技を遅らせた。

られる。

2 同一チームのプレーヤーが不法行為を同一ゲーム中にくり返し行ったときは，p.93の表に従ってさらに重い罰則が適用される。

3 ゲーム前や各セット間に不法行為を犯すと，次のセットに罰則が与えられる。

ゲームの運営と審判法

1 ゲームの運営

●試合結果の記録の仕方

Aチーム		Bチーム
2	11：25 25：13 25：15	1

■ゲームを運営する人と役割

ゲームの運営は，次の役員で「審判団」を構成して行う。

- 主審（ファーストレフェリー）………1名
- 副審（セカンドレフェリー）…………1名
- 記録員（スコアラー）…………………1名
- ラインジャッジ（線審）…4名または2名

1 主審の任務と権限

- ゲームの開始から終了までを主宰する。
- ゲーム中の問題やルールに明示されていない問題についても決定をくだす。
- ゲーム開始前に，コートや用具，ボールを点検しチェックする。
- トスを行い，サービス権を決める。
- ゲーム中，全部のプレーと反則についての判定を行い，罰則を与える。

2 副審の任務

- 主審を補助しながら審判を行う。
- タイムアウトや交代の要求を許可し，タイムアウトの時間をはかる。
- ゲーム中に，プレーヤーのポジション違反，副審側の許容空間外のボール通過，プレーヤーのネットタッチ，相手方コートへの侵入，ブロックの反則などを監視し，吹笛で合図する。

3 記録員の任務

- セット開始前にラインアップシートを受け取る。
- 競技中は，得点，プレーヤーの交代，タイムアウトを記録し，それを管理して，審判や観衆に知らせる。

4 ラインジャッジの任務

片手に小旗を持ち，旗のシグナルでボールのインとアウトの合図，サーバーのフットフォールト，ボールのアンテナ外通過や接触などを合図して主審に知らせる。

2 審判のやり方

■ゲーム開始のとき

1 主審は，ゲームを始めるために，サービスを行うように吹笛とシグナルで指示する。セットを始めるときも同じ。

2 副審はサービスが打たれる瞬間には，レシーブチームのフロントゾーンの延長部分にいてポジションを監視する。その後は定位置に戻る。ゲーム中のサービスのときも同じ。

■ゲーム中の審判

1 主審は，サービスの失敗や反則，ラリー中の反則があると，ラリー中止の合図の吹笛をするとともに，公式ハンドシグナルを用いて得点したチームと反則の種類を示し，ついで反則を犯したプレーヤーを示す。

2 次にサービスを行うチームを示してから，サービス開始の合図をし，ゲームを続ける。

■セットとゲーム終了のとき

1 主審は吹笛，シグナルによって，セットの終了を合図し，勝ったチームと得点を示す。

2 ゲーム終了の場合も，吹笛とシグナルで合図をし，整列して退場する。

3 審判のハンドシグナル

主審・副審・ラインジャッジは公式ハンドシグナルを使って，判定に必要な合図をし，反則や中断の理由をプレーヤーや観衆にもはっきりわかるように示す。

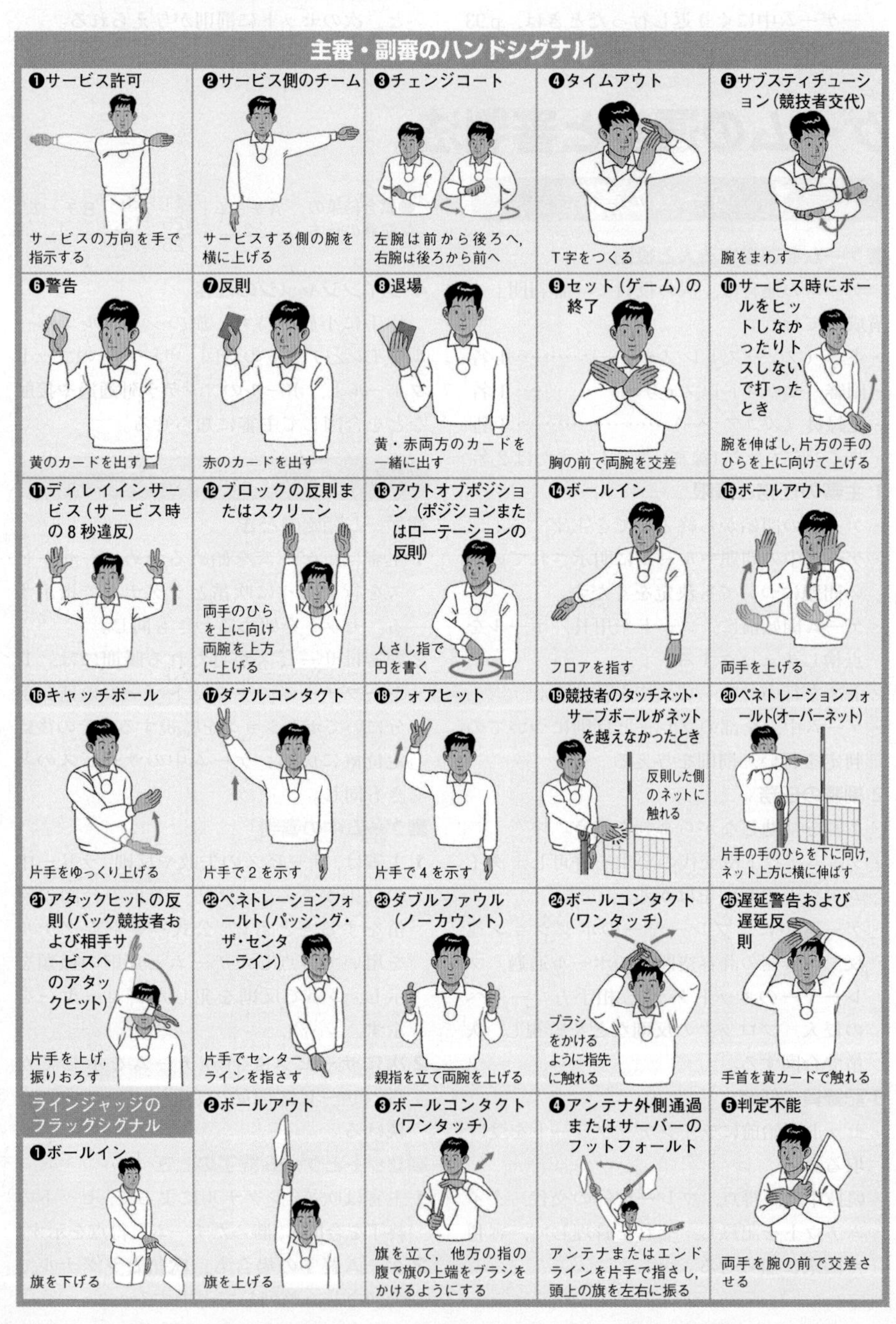

簡易ゲームを楽しんでみよう

学校の授業や校内球技大会などのゲームでは，人数や参加者の能力・技能に応じ，また場所や施設，時間などの状態によって，かならずしも正式ルールにとらわれず，実情に合ったゲームの運営を工夫したいものである。また，国際的な６人制のほか，バレーボールには９人制もあり，６人制にない楽しさや特色があるから，これでゲームをするのもよい。

実情に合わせてルールを工夫するには，次の点を考えてみよう。

❶固定式６人制

プレーヤーの数が少ないときは，ローテーションをせずに６人制でゲームをするとよい。

・コートは６人制と同じで，ネットの高さは2.1〜2.3m。
・ゲームの進行を早くするため，ラリーポイント制を用いてサービスは１回とし，ラリーが終わるとすべてが得点となる。
・セットは15点制。
・ペネトレーションフォールトはない。バックがブロックやスパイクに参加してよい。（フリーポジション制）

❷移動式７人制

１チーム７人でローテーションを行うゲーム。

・コートは６人制と同じ。ネットの高さは能力により男子2.2〜2.3m, 女子2.0〜2.1m。
・フォワード３人とバック３人の中間に，１人のハーフセンターをおく。
・ローテーションは，フォワードの次にハーフセンターの順とする。
・サービスは1回，サイドアウト制はとらず，すべてが得点となる。
・セットは15点，または21点制。
・交代プレーヤーが多いときは，１セットに何人交代してもよい。

調べてみよう

- ビーチバレーボールの特徴を調べてみよう。
- バレーボールは誰がなにをヒントに考案したのだろうか？
- チームのメンバーが16人から６人に徐々に変わってきた経緯を調べてみよう。
- 日本では，1953年に９人制に替わり６人制が公式となるが，どんな背景があったのだろうか？
- 1964年オリンピック東京大会の頃，日本女子チームはなんと呼ばれていたのだろうか？
- サーブがネットに触れてもプレーが続行されるようになって，試合はどのように変わっただろうか？
- ラリーポイント制に変更されたのはいつのことで，なぜだろうか？
- リベロというポジションが登場してから，試合はどのように変わっただろうか？
- 昔は白いボールだったが今はカラフルなボールを使う。なぜ変わったのだろうか？
- 多くの国でプロリーグが行われている。それにはどんなリーグがあるだろうか？

9人制バレーボールのルール

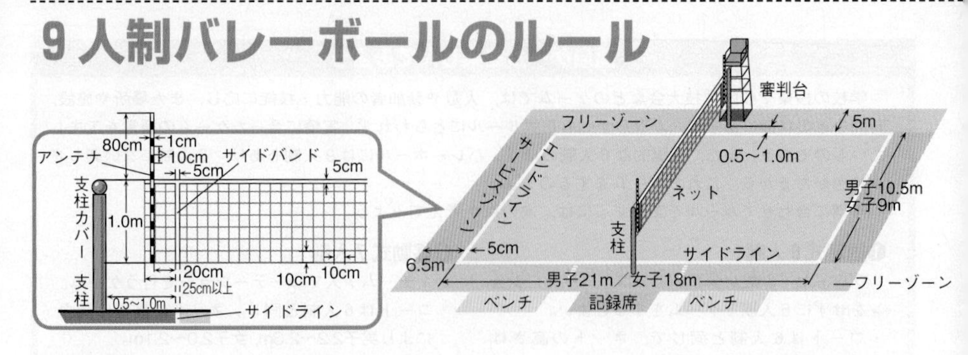

ここではおもに，6人制との違いを中心に説明する。

❶競技場とボール

種別		男子一般	女子	
			一般	ママさん
ネットの高さ		2.38m	2.15m	2.05m
ボール	円周	66±1cm	63±1cm	
	重量	270±10g	250±10g	
	号球	5号	4号	

❷チームの編成　プレーヤーは9名／交代プレーヤーは6名まで／監督，コーチ，マネージャーが各1名

❸セットとゲーム　1セットは，どちらかが21点先取したら終了。20点対20点のときには，2点勝ち越すまで続ける／3セット制を原則とし，2セット先取チームが勝ち

❹サービス　ゲーム開始前に提出したサービスオーダーの順序でサービスをし，順序は最後まで変えられない／エンドラインの後方，両サイドラインの延長線内（サービスゾーン）の範囲でサービスを行う／サービスは1回失敗をしたら，2回目を行える／サイドアウトで，サーブ権を得たチームの次のサービス順のプレーヤーがサーバーとなる／次のセットのサービスは，前のセットで最終サービスをした反対側のチームの次の人から始める

❺ポジション　前衛，中衛，後衛と3人ずつ3列に並ぶが，ポジションにかかわらずスパイクやブロックに自由に加わってもよい／後衛のプレー制限はない／サービスのときのポジションの制限はない／ローテーションは行わない

❻得点とサイドアウト　サービス権があってもなくても，相手の反則やミスで得点となる／得点と同時にサービス権を得る

❼プレーヤーの交代　1セットに自由な交代を6回までできる／先発メンバーが交代した場合，同一セットで1回に限り再び復帰できる

❽チェンジコート　各セットごとにコートを交換する／1対1の最終セットはどちらかが11点先取したとき交換する

❾プレーのルール　ネット上を越えて，相手コート上のボールに触れると反則／ブロックでのボールタッチも，3回の回数に数える／ボールがネットに触れるともう1回ボールに触れることができ，4回まで触れることができる。そのとき同じプレーヤーが続けてプレーできる／ブロッカーはボールに触れたのち，他のプレーヤーに触れないボールを，続けてプレーできるが，この場合2回目の接触となる／相手側プレーヤーを妨害しなければ，相手のコート内に入ってもよい／同じチームのプレーヤーがボールに同時に触れたときは，1回のタッチとし，そのうちの1人が続けてボールに触れてもよい。

BASKETBALL

バスケットボール

【歴　史　と　発　展】

1891年にアメリカの国際YMCAトレーニングスクールの体育教師J.ネイスミスが，冬季に室内で行えるスポーツとして考案したのが始まりである。

わが国へは，1908（明治41）年に同校を卒業した大森兵蔵が東京YMCAで初めて紹介し，1913（大正2）年に来日したF.H.ブラウンらが各地のYMCAで指導し始め普及した。その後，1930（昭和5）年，大日本バスケット協会が設立され，数多くの国際ゲームが行われるようになった。

1936（昭和11）年のオリンピックベルリン大会で男子が正式種目に加えられ，わが国の代表もこれに初参加した。女子は，1976（昭和51）年のモントリオール大会から正式種目となり，世界的に一段とレベルアップした。

現在，国際バスケットボール連盟（FIBA）には，210以上の加盟国があり，オリンピック，世界選手権など多くの大会が世界各地域で行われ発展を遂げている。特にアメリカのプロバスケットボール（NBA）の試合は，世界的に人気を博している。わが国でも2006年8月に男子世界選手権が初めて開催された。女子は，2021（令和3）年のオリンピック東京大会で銀メダルを獲得し，大変な人気を博している。

【競　技　の　特　性】

❶5名ずつの2チームが互いに相手のバスケットへショットを行い，得点を競い合う。

❷ボールは手で扱い，ボールを持ったプレーヤーはドリブル以外の方法では3歩以上移動してはならない。

❸リングは小さく，頭上高く水平に設置してある。ボールをフロントコートに運び入れ，ショットを成功させ，また，それを防ぐ各々の技術が重要となる。

❹ショットの前提となるボール獲得と奪回のためのプレー（つまり攻防の応酬）にはともすると“激しい身体接触”を生じやすい。しかし，ルールでは身体接触を禁止しているので，いっそう洗練された緻密な技術が要求される。

競技に必要な施設・用具・服装

1 競技場

・コートのラインは幅5cmで，はっきりみえる同色（できるだけ白色）とする。
・コートの大きさは，境界線の内側で測る。
・境界線の外側2m以内に障害物がないこと。
・天井までの高さは7m以上。

2 ゲームに必要な道具

●ボール

	号	周囲	重さ
中学生以上の女子	6号	72.4〜73.4cm	510〜567g
中学生以上の男子	7号	74.9〜78cm	567〜650g

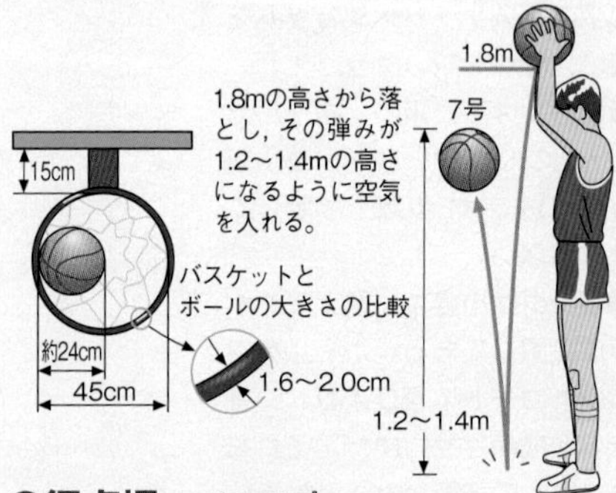

●得点板

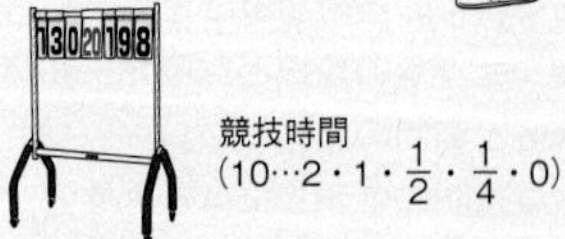

●時計

・積算式のゲームクロック1個（タイマー用），積算式の24秒タイマー用ウォッチ1個，タイムアウト用ウォッチ1個。

●笛

・審判と同じ音色のもの1個（24秒タイマー用），音色の違うもの（三管笛など）1個。

●合図用具

・ゲーム終了を知らせるもので，ブザーでも笛でもよい。

●ファウル数の表示器具

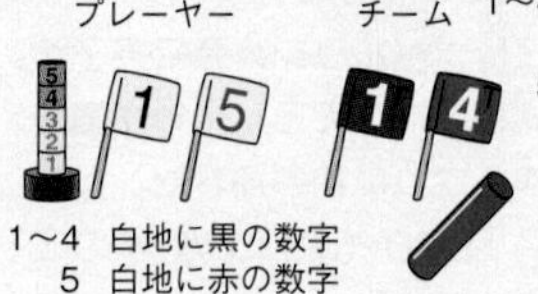

●ポゼションの表示器具

・オルタネイティング・ポゼション・ルールにより赤い矢印の良く見える大きさの表示器具を用意する。

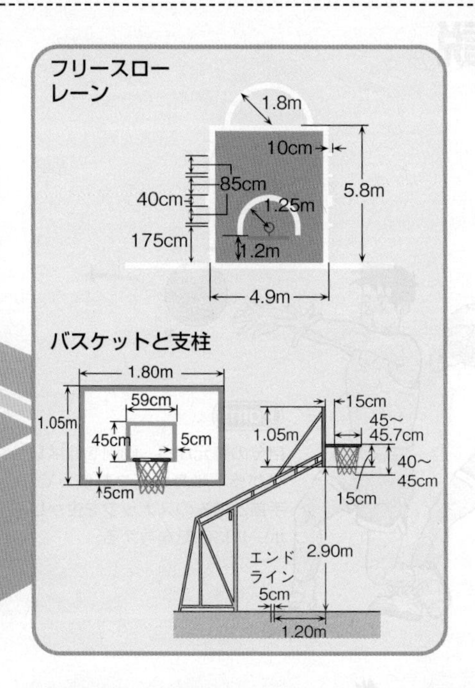

3 服装

バスケットボールの豆知識

2004年アテネオリンピック以降，女子のボールの大きさが変更され，今まで男子と同じ７号サイズであったのが，６号サイズとなりました。このことにより以前にもましてボールの扱いが容易になり，巧みなボールコントロール，パスの強さ，距離の伸びの向上，ショットの成功率の向上と距離の伸びなど変化が生じてさています。授業でも，ボールを変えたことにより，扱いやすくなったことから，興味，関心の度合いが増し，積極的にプレーする女子生徒が増えてきています。

バスケットボールが考案されて以来110余年が経過した今日，競技の特性を生かし，エキサイティングでスリリングなゲームを展開するために，多くのルール改正や，競技施設の改善（バックボードやフリースローレーンの形状など）が行われてきました。しかし，今日までゴールの高さは一度も変わっていません。バスケットボールの歴史のなかでこの10フィート（3.05m）という高さは意味深いものだと思われます。

安全チェックリスト

□ウォーミングアップを十分に行おう。
□特に首，肩，手首，膝，足首の関節のストレッチをしよう。
□爪は切ろう。
□腕時計，指輪，その他アクセサリーをはずそう。
□めがねを使用する場合は，はずれないような工夫をしよう。
□靴のひもはしっかり結ぼう。
□汗を拭くためのタオルを用意しよう。
□お互い協力して試合に臨む雰囲気をつくろう。

みるポイント

公式のゲームでは，前半は自分のベンチ側のバスケットに攻撃をします。後半および各オーバータイムは自分のベンチと反対のバスケットを攻撃します。コートサイドでは，迫力あるプレーが観戦でき，選手の激しい動きやスピードあふれるプレーを肌で実感できます。逆に２階などの高いところからは，チーム全体の動きがとらえられ，チームとしてやろうとしていることが理解しやすく見られる利点があります。各チームの応援も会場のムードを高める１つの要因となっています。自分の応援するチームのよいプレーに対し大いに声援を送ってください。選手たちもその応援でさらに頑張る気持ちになるはずです。

基本技術と用語の解説

パスの技術

チェストパス

Point

自分の胸元から，両腕を伸ばしながら下半身のバネも使って，手首と指先のスナップを生かしボールに回転を与える。

アンダーハンドパス

Point

肘を伸ばしたまま前方に前足を踏み出し，手首と指先でスナップする。

オーバーヘッドパス

Point

ボールを頭の上にあげて，指先を上に向けボールの後方を両脇から持ち，腕の振りと手首のスナップでパスする。

ショルダーパス

Point
頭の横にボールを構え，胸を張った状態から肩を回し，野球のボール投げのように腕と手首と指先のスナップを使って正確に投げる。

サイドハンドパス

Point
ボールをパスする方向の体側，脇の所に構え，肘を90度くらいに保ち，パスする方向側の足を１歩踏み出しながら体重を移動し，肘を伸ばして手首を利用してパスする。

ドリブルの技術

連続ドリブル

Point
走る方向をしっかり見て，前傾しすぎず，上体を起こして走っている姿勢で，ボールをつく位置は腰の高さを保つ。ボールは斜め前に突き出し，手首と指先でコントロールしてボールをつく。

その場のドリブル

Point
ボールを見ないで顔を上げて，周りを見る。ドリブルは膝より低い位置で手首と指を柔らかくして押しつけるようにつく。ボールはディフェンスから守る位置でつき，いつでも方向変換やドリブルチェンジができる準備をしてドリブルする。

ショットの技術

ジャンプショット

Point

強くジャンプしても，空中では体を伸ばし楽な姿勢をとる。ジャンプとショットの区切りをはっきりさせ，しっかり目標を見てショットする。

レイアップショット

Point

ゴールに向かって走りながら行うため，ランニングショットともいう。空中でボールを受け，ワン・ツーのリズムで高くジャンプし，ボールを置いてくるような気持ちでショットする。

ワンハンド・セットショット

Point

フロアに両足をつけた状態, あるいはジャンプしながらボールをリリースするショット。ゲーム中はフリースローや3点ショットなどの長距離からのショットに使われる。ボールを額の上にセットして, 足首, 膝, 肩, 腕の一連の動作で伸ばし, 続いて手首のスナップと指を使い45度の角度にリリースする。

みるポイント

ショットは最初で最後の目的といわれ，一番大事な技術です。ボールが手から離れ，きれいなアーチを描いてリングにパシャッと入ったときはとても気持ちのいいものです。ゲーム中，ショットのうまい人を追いかけてみましょう。どのようにしてボールをもらい，どのようにショットをして得点するか，興味深いものです。

【アウトナンバー】 2対1，3対2など，攻撃側が防御側より多い状態。

【アウトオブバウンズ】 ボールやボールを持ったプレーヤーがコート外に出ること。

【インターセプト】 相手チームのパスをさえぎり，自チームのボールにすること。

【カットインプレー】 相手のゴールに向かって，防御者の間をぬって切り込んで攻める攻撃。

【スクリーン・プレー】 味方がノーマークになりやすいように，防御側プレーヤーの近くに位置して相手の動きを遅らせる方法。

【ストライドストップ】 ふつうに走っている動作のまま，2拍子で停止する止まり方。

【セットオフェンス】 パスやドリブルをうまく組み合わせ，防御側のすきをつくって攻撃するプレー。

【フォーメーションオフェンス】 セットオフェンスで，チームの約束どおりの動きをし合って攻撃する方法。

【ファーストブレイク（速攻）】 相手が防御陣型をととのえる前に速く攻める攻撃法。

【セカンダリーブレイク（二次速攻）】 速攻が不成功に終わってもすぐにセットオフェンスに切り替えるのではなく，そのリズムと勢いを止めることなく4人目，5人目のプレーヤーの動きを利用して得点のチャンスをつくる攻撃法。

【ガード】 攻防の中心ポジション。作戦の指示ができ，ボールを扱う人が望ましい。

【フォワード】 ショットやカットインが上手な人が望ましい。

【センター】 長身でリバウンドに強く，せり合いをいやがらない人が望ましい。

ディフェンス

マンツーマンディフェンス

守る相手を決め，その人を中心に1対1の形で守る防御法。相手やボールがどこに動いても自分と相手との1対1の関係を保つ。相手の個性や身長に合わせてマークする相手を決める。

●ディフェンスの基本姿勢

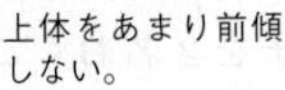

ゾーンディフェンス

チームとして守るべきエリアを決め，相手やボールがどこに動いてもできるだけディフェンス全員の基本的位置関係を崩さないで守る方法である。ボール保持者には必ずプレッシャーをかけ，常にボールを中心にしたヘルプ態勢がとれるように位置を移動する。ゴール周辺には長身者かジャンプ力のすぐれている人，ゴールから離れて守る人は動きのすばやい人が望ましい。

ゾーンディフェンスの型には，選手の並び方によって図のような2－1－2，2－3，3－2などがある。

●ゾーンディフェンスのタイプ

2－1－2

2－3

3－2

【ピンチプレー】 ボール保持者を両側から2人ではさんでしまう防御法。

【フェイント（フェイク）】 右へ行くふりをして左へ行ったり，ショットするふりをしてドリブルで攻め込んだりなど，相手をあざむく目的で行う動作。

【ポストプレー】 制限区域の近くに1人か2人の長身者を立て，そこにボールを入れて攻撃を展開するプレー。

【リバウンドボール】 ショットミスでリングやバックボードに当たってはね返ってきたボール。それを空中で奪い合うのをリバウンドプレーという。

【ブロックアウト】 リバウンドに入ろうとするオフェンスに対して自分の背中部分を相手の胸の部分に密着させて相手の動きを封じる技術。

【ルーズボール】 空中や床でどちらのチームのボールかがはっきりしない状態のボール。

【ジャンプ・ボール・シチュエーション】
ゲーム中にジャンプ・ボールになるケースのこと。

【オルタネイティング・ポゼション・ルール】
ゲーム中にジャンプ・ボール・シチュエーションになったときに，矢印の方向に攻撃しているチームにスローインの権利が与えられるルール。

【ライブ，デッド】 ゲーム中のボールの状態のこと。ライブになるときの例としては，スローインの場合，スローインするプレーヤーにボールが与えられたとき，デッドになるときの例としては，ボールがライブで審判が笛を鳴らしたときやゲームの終了の合図が鳴ったときなど。

ゲームの進め方とルール

1 チームの編成

1 ヘッドコーチを１名おく。必要ならばアシスタントコーチを２名おくことができる。いずれもいない場合は，キャプテンがコーチをかねる。

2 チームメンバー（試合に出場できる選手）は，12名以内とする。しかし，大会の主催者の考えにより12名を超えてもよい。

3 コート上でプレーすることを認められた選手５名はプレーヤーと呼ばれ，そのうち１名がキャプテンになる。その他の選手は交代要員と呼ばれる。

4 ゲーム開始のときに，５名の選手がいなければ試合を始められない。

2 ゲームの開始

■ゲームの始め方

開始に先立ち第１クォーター（以下Ｑとする）は両チームがあいさつをし，センターサークルで主審のトスアップによるジャンプボールで開始する。前半（第１・２Ｑ）は自分のベンチ側のバスケットを攻撃し，後半（第３・４Ｑ）および各オーバータイムは相手ベンチ側のバスケットを攻撃する。⬇

第２，３，４Ｑ，各オーバータイムは，オルタネイティング・ポゼション・ルールによりスローインすることになっているチームによって，テーブルオフィシャルズの反対側のセンターラインの外から，ラインの延長部分をまたいでスローインで開始する。

3 競技時間

ゲームは10分のＱを４回行う。第１Ｑと第２Ｑの間，第３Ｑと第４Ｑの間にそれぞれ２分のインターバルをおく。第２Ｑと第３Ｑの間に10分のハーフタイムをおく。第４Ｑが終わって両チーム同点ならば，５分のオーバー

illustrate

●試合前のあいさつ

●ボールの扱い方

●ジャンプボールのやり方

タイムを必要な回数だけ行う。

4 プレーの方法

●ボールの扱い方

■ボールは手で扱う

1 手を使ってボールを投げ，ころがし，弾ませるなどしてプレーを行う。

2 ボールをタップしたり，たたいたり，たたき落とすことは許されているが，故意に蹴ったり，脚（大腿部も含む）で止めたり，こぶしでたたいたりするとバイオレーションになる。

■パスでボールを運ぶとき

1 いろいろなパスを使ってボールを運ぶことができる。しかし，ボールを持って規定の制限範囲を超えて移動することはできない（例：ボールを持ったまま3歩以上進む，ピボットの軸足を途中で変える等）。

2 フロントコートにボールをドリブルで運んだり，フロントコートへパスしたボールは，バックコートへ返すことはできない。

■ドリブルでボールを運ぶとき

ドリブルとは，ボールを持っているプレー

ボールをバックコートに返すことの違反になる場合

①フロントコートにボールを進めたチームが，バックコートにボールを返した場合

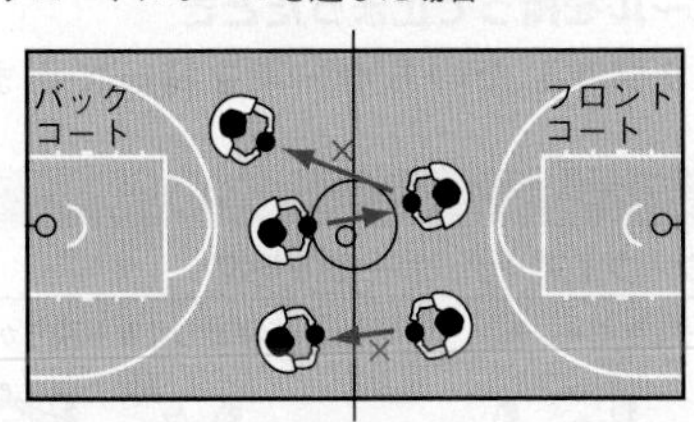

②フロントコートでボールをコントロールしたプレーヤーが次のことをした場合
a.フロントコートで最後に触れて
b.そのチームのプレーヤーが
(1) バックコートに触れたボールに最初に触れる
(2) バックコートでそのボールに最初に触れる

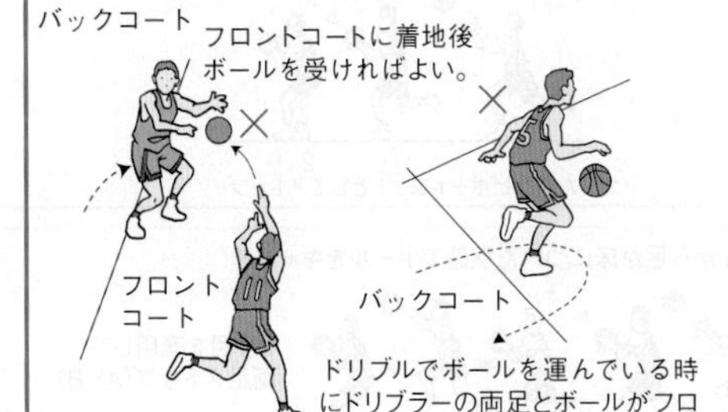

③センターサークルでのジャンプボールのときは，フロントコートにいるプレーヤーがタップされたボールをジャンプして空中でつかみ，ラインの上やバックコートに着地することはバイオレーションではないが，そのボールを空中でバックコートにいる味方にパスした場合はバイオレーションになる。

④スローインの場合の具体例

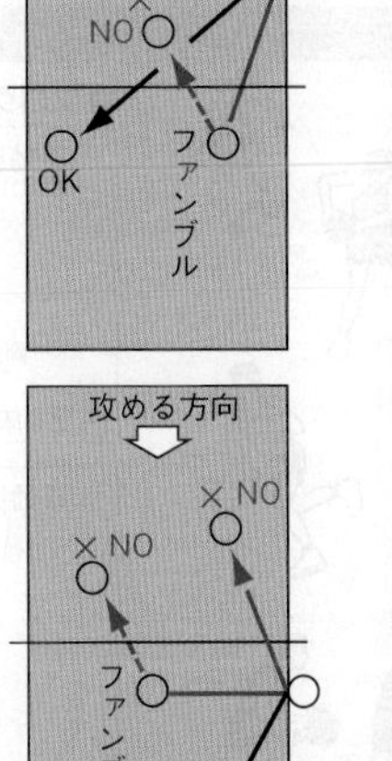

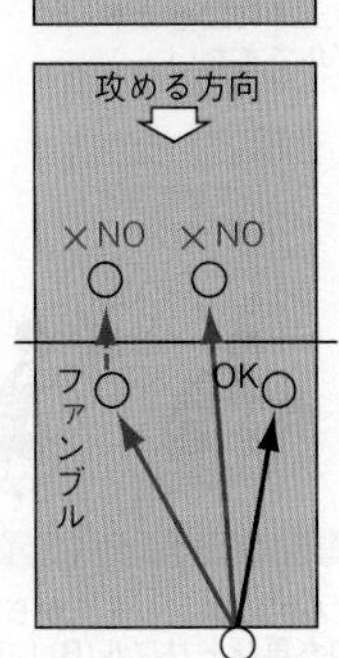

⑤ボールをバックコートに返すことの違反があった時は，相手チームが近くのラインの外からスローインする

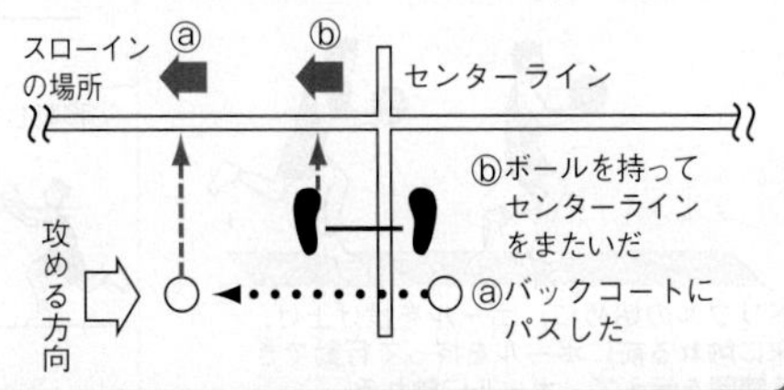

ヤーが投げたり，たたいたり，押したりしてボールを床に弾ませ，またはころがしたりして，ほかのプレーヤーの触れないうちにもう一度ボールに触れることをいい，このひと続きのドリブル中は，一度ボールに触れるごとにボールは床に触れなければならない。手がボールに触れていないときは，ドリブラーは何歩でも進むことができる。

ただし，ドリブラーが両手で同時にボールに触れたとき，片手または両手でボールを支え持ったときには，ひと続きのドリブルを終えたことになり，新たにドリブルをすることはできない。また，ドリブルの始めに，ボールを手ばなしてから床に触れないうちにボールを持って移動できる範囲を超えて再びボールに触れること（エアードリブル）は，トラベリングのバイオレーションになる。⬇

しかし，次のような場合はあらためてボールをつかめば，新たなドリブルをすることができる。

1 ボールが手から離れている間にほかのプレーヤーに触れたとき。

2 ドリブルが終わって，パスしたり，ショットを行ったり，相手にたたき落とされたのち再びボールをコントロールしたとき。

3 ボールをとるときやパスを受けるときにそのボールをとりそこない（ファンブル），床にボールが落ちても1回のドリブルとはみなされない。

4 ボールを得ようとして，取り合っているボールをタップする，相手の持っているボールをたたき出す，相手のパスをたたいて落としたとき。

■ボールを持って止まったとき

1 ドリブルしたのちボールを持って止まっ

illustrate

●ダブルドリブルのバイオレーション

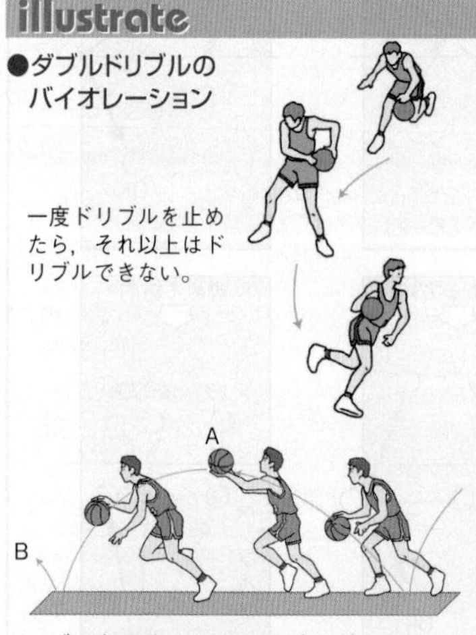

ドリブル中にボールを下から支え持った(A)のち再びドリブル(B)してはいけない。

●エアードリブルのバイオレーション

ドリブルの始めに，ボールを投げ上げ，床に触れる前にボールを持って行動できる範囲を超えて，ボールに触れる。

●プログレッシング・ウイズ・ザ・ボールの規定

①移動しないでボールをキャッチ　②移動しながら明らかに空中で

両足　①①　①　2　両足　①①

片足を床から離した瞬間もう片方の足がピボットフットになる

③移動しながら足が床についた状態でボールをキャッチ

⑤移動しながら足が床についた状態でボールをキャッチ

0歩目を適用して両足ストップ(A)(B)

⑦移動しながら足が床についた状態でボールをキャッチ　⑧0歩目を適用した

①　2　×　0歩目　①　2

2歩目でジャンプ

たときは，続けてドリブルできない。

2ボールを持ったプレーヤーが移動できる範囲を超えて移動するとトラベリングのバイオレーションになる。動きながら（ドリブル含）ボールをキャッチしたときは，ストップ，パス，ショットをするために「2歩」まで踏むことができる。

「0歩」の適用について（新ルールの適用）：動きながら足が床についている状態でボールをキャッチした場合，その足は「0歩」とし，そのあと「1歩」「2歩」と踏むことができる。「1歩目」がピボットフットになる。

■両チームがボールをつかみ合ったとき

1両チームのプレーヤーがボールに片手または両手をしっかりとかけ合ったときは，ヘルドボールになる。

2ヘルドボールになったときは，オルタネイティング・ポゼション・ルールによってスローインの権利を与えられているチームに，ヘルドボールが起こったところにもっとも近いラインの外からのスローインで再開される。

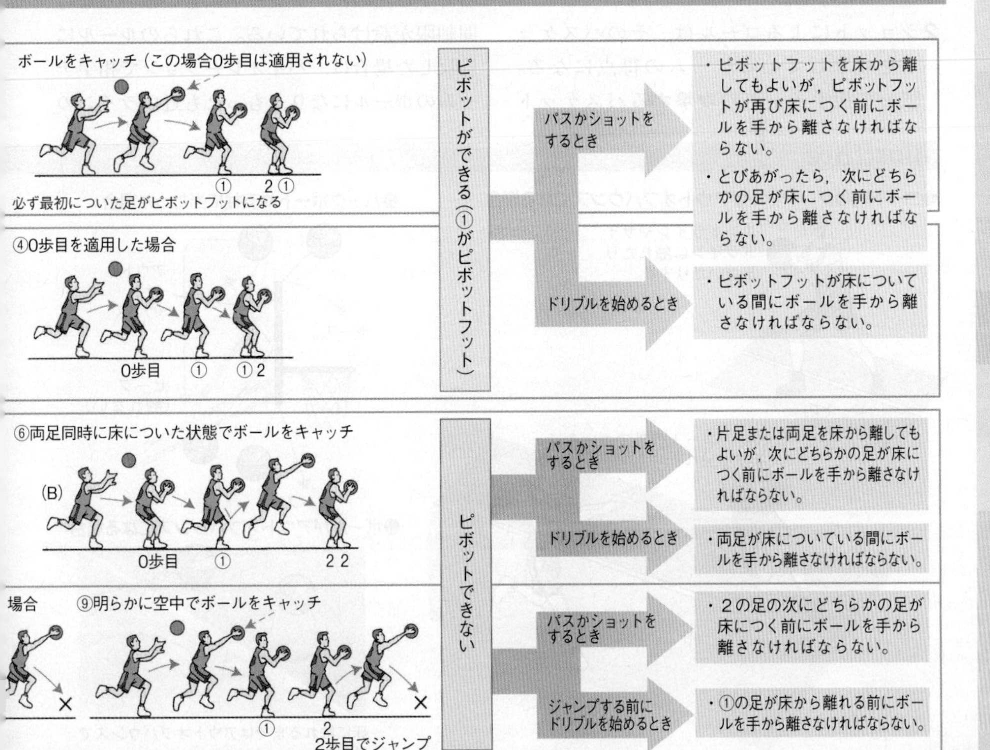

●ショットと得点

■ショットするとき

1 ショットはコート内のどこからでも，どんな投げ方をしてもよい。

2 ショットの動作中，相手にファウルされた場合はシューターにフリースローが与えられる。

・ショットの動作中とは，プレーヤーが自分の攻撃するバスケットをねらってスロー，ダンク，タップしようとしていると審判が判断したとき。空中にいるシューターの動作は，ボールが手から離れた後，そのプレーヤーの両足が床につくまでである。

3 ショットのボールには，ゴールテンディングとインタフェアが適用される。

■ゴールと得点

1 ショットのボールがバスケットの上から入り，その中にとどまるか通過したときゴールになる。

2 ショットによるゴールは，そのバスケットを攻撃しているチームの得点になる。誤って相手チームの攻撃するバスケットにゴールした場合は，相手チームの得点になる。

・スリーポイントエリアからショットによるゴール･･･３点

・スリーポイントラインとその内側からのショットによるゴール･･･２点

・フリースローによるゴール･･･１点

3 防御側にゴールテンディングやインタフェアのバイオレーションがあった場合は，ゴールの成否にかかわらず，そのショットの場合に応じて得点が与えられる。

■ゴール後の展開

ゴール後は，得点されたチームのプレーヤーがバスケット後方のエンドラインの外で任意の場所から５秒以内にスローインしてゲームを続行する。このとき，エンドラインの外にいる味方にパスしてもよい。

●プレー中の時間による制限

ゲームの進行を早めたり，ゲームをおもしろくするために，プレー中にもいろいろな時間制限が設けられている。これらのルールに違反した場合は，バイオレーションで相手チームのボールになり，もっとも近いラインの

illustrate

●コート内のプレーヤーがアウトオブバウンズになる場合

●バックボードや支柱に当たった場合

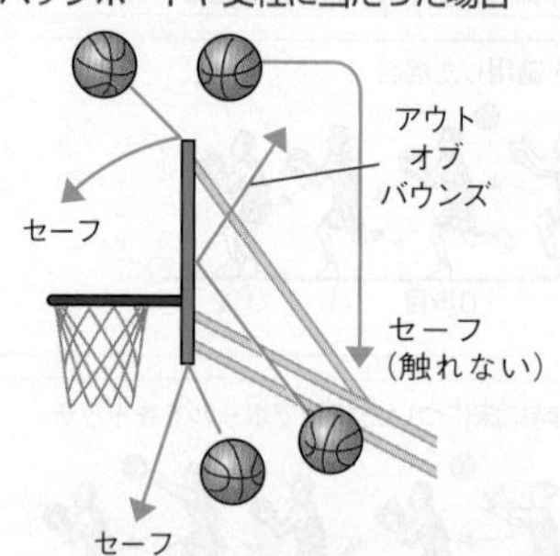

●ボールがアウトオブバウンズになる場合

床に触れるまではアウトオブバウンズではない。

外からのスローインで再開する。

■3秒ルール

1 フロントコート内でボールをコントロールしているチームのプレーヤーは，相手のバスケットに近い制限区域内に3秒を超えてとどまってはならない。

・制限区域を区画している線の一部に触れていても，制限区域内にいることになる。

・プレーヤーが制限区域内の外に出るとは，両足が制限区域の外の床に触れたことをいう。

2 次のときはプレーヤーが制限区域内にいる間に3秒を超えても3秒ルールは適用しない。

・制限区域内から出ようとしているとき。

・ショットの動作中で，ボールが手から離れたか，離れようとしているとき。

・制限区域内にいたプレーヤーが，ショットをするためにドリブルしているときは，途中で3秒を超えても見逃される。

・3秒ルールの適用はショットなどによるチームのボールコントロールが終わった瞬間に消える。リバウンドボール等はどちらのチームもボールをコントロールしていないので適用されない。

■5秒の制限

1 ボールを持っているプレーヤーが，相手に1mより近い位置で積極的に防御され，パス，ショット，ドリブル，ころがすのいずれもしないで5秒を超えて持ち続けることはできない。

2 スローインでは，審判にボールを渡されてから5秒以内にスローしなければならない。

3 フリースローでは，審判にボールを手渡されてから5秒以内にショットを行う。

■8秒ルール

1 バックコート内でライブのボールをコントロールしたチームは，8秒以内にボールをフロントコート内に進めなければならない。

2 8秒ルールは，ボールがフロントコートの床やフロントコートにいるプレーヤー，審判に触れるまで適用される。ドリブルでボールを運んでいるときは，ドリブラーの両足とボールがフロントコートに触

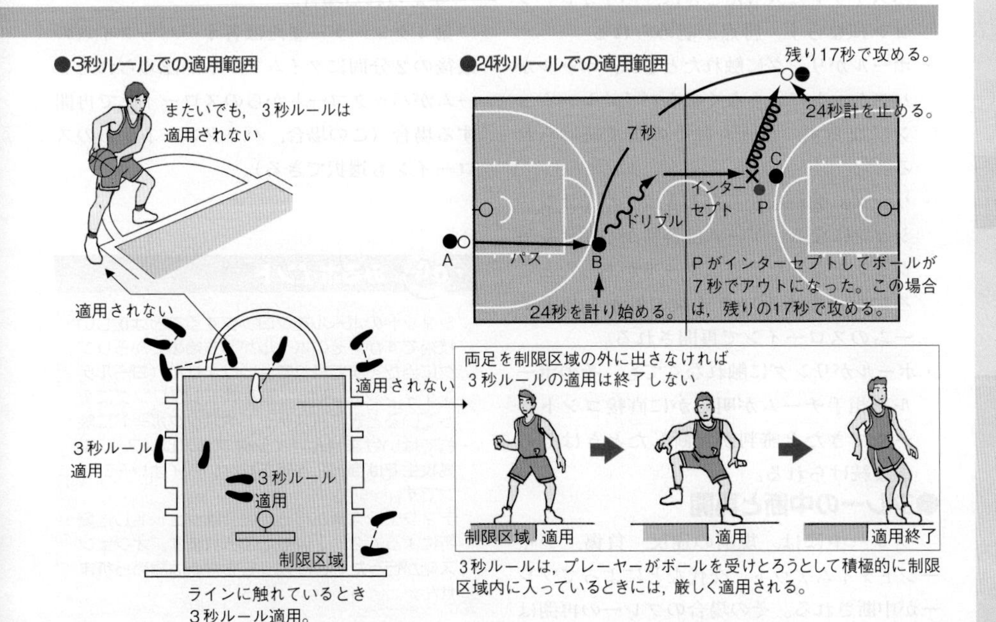

3秒ルールは，プレーヤーがボールを受けとろうとして積極的に制限区域内に入っているときには，厳しく適用される。

れるまで適用される。

3バックコートでアウトオブバウンズになり再び同じチームにスローインが与えられる場合は，８秒は継続して数えられる。

4スローインで始められるときは，ボールがコート内のプレーヤーに触れたときから計り始める。

■24秒ルール

1自チームのプレーヤーがライブのボールをコントロールしたチームは，24秒以内にショットしなければならない。

2スローインで始められるときは，ボールがコート内のプレーヤーに触れたときから計り始める。

324秒以内にショットするということは，次のことをいう。

・シューターの手からボールが離れていること。

・そのボールがバスケットに入るかリングに触れること。

424秒の終わり近くでショットされたボールが空中にある間に，24秒の合図が鳴った場合，次のように処置する。

・バスケットに入ったときは，バイオレーションにならず，得点が認められる。

・ボールがリングに触れたときは，ボールがバスケットに入らなくてもバイオレーションにならず，ゲームはそのまま続けられる。

・リングに触れなかったときは，バイオレーションになる。ゲームは審判がバイオレーションを宣したときにボールがあったところにもっとも近いラインの外から相手チームのスローインで再開される。

・ボールがリングに触れなくても，そのボールを相手チームが明らかに直接コントロールできたと審判が判断したときはそのまま続けられる。

●プレーの中断と再開

プレー中には，規則の違反，負傷，チャージドタイムアウト，交代などによってプレーが中断される。その場合のプレーの再開は次のようにして行う。

■スローインで再開する場合➡

1エンドラインおよびサイドラインの外からのスローイン

・ショットやフリースローによるゴールの後は，バスケットの後方のエンドラインの外からのスローインで再開する。

・バイオレーション，フリースローの与えられないパーソナルファウルが起こったり，ゲームが中断したときは，それが起きたもっとも近いラインの外からのスローインで再開する。ただし，バックボードの真後ろからはしない。

2センターラインの外からのスローイン

この場合，センターラインの外からライン延長部分をまたいで，スローインをする。

・オルタネイティング・ポゼション・ルールにより，第２，３，４クォーターと各オーバータイムの開始のとき。

3スローインラインからのスローイン

・アンスポーツマンライクファウル，ディスクォリファイングファウルでフリースローをした後に，続いてスローインのボールが与えられる場合。

第４クォーターまたは各オーバータイムの最後の２分間にタイムアウトが認められたチームがバックコートからのスローインで再開する場合（この場合，バックコートからのスローインも選択できる）。

みるポイント

ショットのボールをブロックすることは正しい技術ですが，そのボールが落ち始めてからリングに当たるまで触れてはいけません（ゴールテンディング）。また，そのボールがリングに乗っているときにバスケットやバックボードに触れてはいけません（インタフェアレンス）。中高校生ではほとんど見られないバイオレーションです。
ディフェンス側が行った場合はショットした場所によって２，３点あたえられます。オフェンス側が行った場合は入っても得点は認められません。

スローインのやり方

・ラインの外でボールを持ってから5秒以内にスローインしなければならない。

・ボールがコート内にパスされようとしている間は，コート内のすべてのプレーヤーは境界線の上方に体のどの部分も出してはならない。

・スローインするプレーヤーはラインに触れてスローインしてもよいが，コート内に触れてはならない。

・バックボードの上を越えるスローインをしてもよい。

・コート内にスローしたボールを，コート内のプレーヤーが触れる前に，スローインしたプレーヤーがコート内に入って触れてはならない。

・コートのまわりにゆとりがない場合は，両チームともスローインするプレーヤーから1m以上離れなければならない。

①**エンドラインの外からのスローイン**（ショットやフリースローが成功した後）

・得点されたチームのだれかが，エンドラインの外の任意の場所からボールをスローインすることができる。

・スローインするプレーヤーはエンドラインの外の味方にパスしてよいが，スローインが終わるまでに5秒を超えてはならない。この5秒は，そのチームのプレーヤーがエンドラインの外でボールを持ってから数える。

・得点したチームのプレーヤーがゲーム進行を遅らせようと，バスケットを通過したボールに故意に触れたらテクニカルファウルである。

②**コートの外からスローイン**（ショットやフリースローが成功した後は除く）

・違反や中断のあった場所に近いライン外（審判の指示による）からスローインする。

・審判はスローインするプレーヤーに直接ボールを手渡すかトスかバウンズパスで与える。スローインするプレーヤーは，審判からボールを与えられてから5秒以内にコート内のプレーヤーにスローしなければならない。

・スローインするプレーヤーは審判に指示された場所からライン沿いに1mを越えて移動してはならない。ただし，1mを越えない範囲でなら，小さなステップで一方向へ動いてからスローインしてもよい。また，コートの周りにゆとりがあれば，ラインから直角に遠ざかったり近づいたりしてからスローインしてもよい。

・A,Bは近くのサイドラインの外から，Cは近くのエンドラインの外から，スローインを行う。ただし，バックボードの真後ろ（バックボードの幅）からはスローインしない。

●スローインの場所

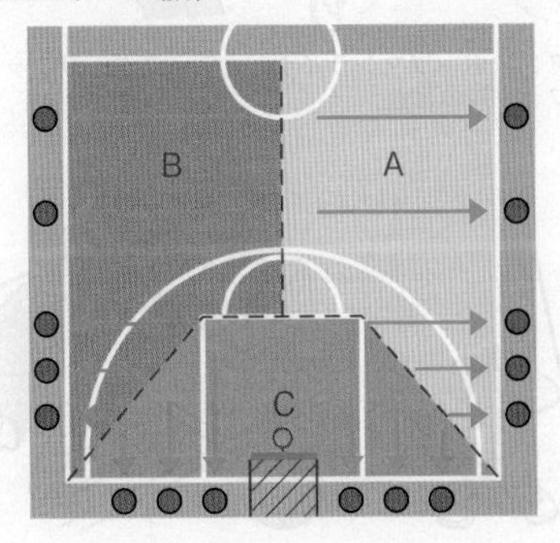

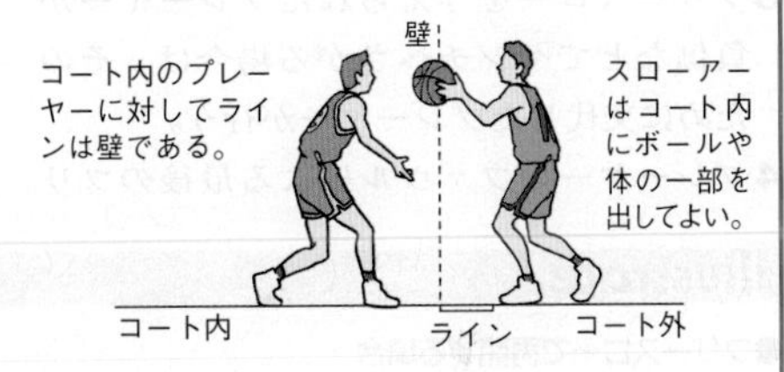

バイオレーション
手渡しでパスをした。

バイオレーションではない
スローした勢いで上体が入った。

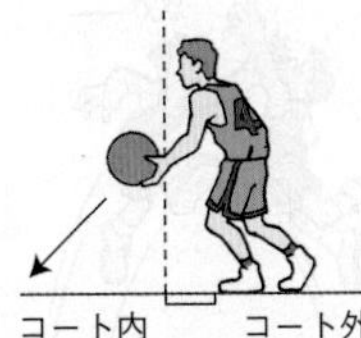

コート外に手を出してガードしてはならない。審判に注意され，なおもくり返すことになれば，ゲームの進行を遅らせたとして（ディレイングザゲーム），テクニカルファウルが宣せられる。

コート内　コート外

バイオレーションではない
ラインを踏んでスローイン。

■フリースローで再開する場合

1 プレー中に次のようなファウルがあったときは，フリースローが与えられる。

・ショットの動作中にファウルされたとき。

・ショットの動作中ではないが，チームのプレーヤーファウル数が各クォーターおよびオーバータイムで4回を越えたとき。

・テクニカルファウル，アンスポーツマンライクファウルやディスクォリファイングファウルのとき，また，プレーヤー以外のテクニカルファウルのとき。

2 パーソナルファウルがあり，フリースローが与えられる場合は，ファウルされたプレーヤーが行う。テクニカルファウルでフリースロー・シューターが特定されていなければ，チームのだれがショットしてもよい。

3 フリースローを与えられたプレーヤーが負傷などでベンチへさがる場合は，そのために交代したプレーヤーが行う。

4 プレーヤーのファウルによる最後のフリースローが不成功の場合は，そのボールにプレーヤーが触れた時点でライブとなり，ゲームを続ける。ボールがリングに触れなかったときは，フリースローラインの延長線上のサイドラインの外側でシューターの相手側にボールが与えられ，スローインで開始する。

5 アンスポーツマンライクファウル，ディスクォリファイングファウルによるフリースロー後は，引き続きフリースローしたチームにボールが与えられ，スローインラインからのスローインで再開する。

■ジャンプボール・シチュエーションのとき

以下のイラストのようなことが起きた場合，オルタネイティング・ポゼション・ルールにより，その起きたところにもっとも近いラインの外からスローインの権利が与えられているチームのスローインによって再開される。

illustrate

●フリースローで再開する場合

・ショットの動作中にファウルされたとき。

・テクニカルファウルのとき。

・アンスポーツマンライクファウルのとき。

・ディスクォリファイングファウルのとき。

●ジャンプボール・シチュエーションのとき

・ヘルドボールのとき。

・バックボードとバスケットの間にボールがはさまったとき。

・両方同時にボールをアウトオブバウンズにしたとき。

フリースローのやり方

①審判からボールをバウンズパスで渡されてから５秒以内にバスケットに向かってショットする。ショットする方法はどんなフォームでもよいが，ショット前やショット後の着地でフリースローラインやそれを越えた床に触れてはいけない。

②シューター以外のプレーヤーは定められた位置につく。

(a)■印にはだれも入ってはいけない。
(b)×印にはシューターの相手チームだけが１人ずつ入れる。
(c)○印はシューター側だけが１人ずつ入れる。
(d)△印はどちらかの場所にシューターの相手チームが１人だけ入れる。
(e)×，○，△印にはそのチームのプレーヤーなら入っても入らなくてもよい。
(f)定位置に入れないプレーヤーはフリースローラインの延長上の上方で，かつ３ポイントラインの外にいなければならない。

③シューターにボールが手渡されてから，相手チームのプレーヤーは動いたり，じゃまをしたりして，シューターの気持ちを乱してはならない。

④シューターは，ボールがリングに触れるまで，または触れないことがはっきりするまでは，フリースローレーン（ラインも含む）に触れてはならない。
⑤定位置にいるプレーヤーは，シューターの手からボールが離れたら，制限区域内に入ってよい。
⑥すべてのプレーヤーは，ショットのボールが，バスケットの上にのっているときに，そのバスケットやバックボードに触れてはならない。
⑦シューターの相手チームプレーヤーは，ショットのボールがバスケットの中にあるとき，ボールやバスケットに触れてはならない。
⑧ショットのボールがリングに触れないときはバイオレーションになる。

フリースローの特別な場合

①テクニカルファウル，アンスポーツマンライクファウル，およびディスクォリファイングファウルによるフリースロー時には，フリースローラインの延長線よりバスケット側にどのプレーヤーも入れない。

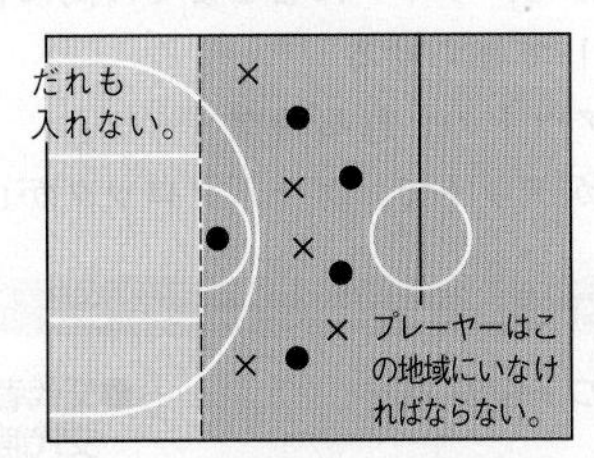

②テクニカルファウルを除いた上記①によるフリースロー後は，再びフリースローをしたチームのフロントコートのスローインラインからスローインでゲームは再開される。

みるポイント

ゲームは４つのクォーターで行われます。残り時間の少ないときのプレーなど終了の合図がなるまでの選手もコーチも観客もそのプレーに集中しています。ショットをしたあと，終了のブザーがなりそのショットが入れば場内が大騒ぎとなります。終了間際にそのプレーを阻止しようとディフェンス側も必死に頑張り，はらはらどきどきするような展開が１つの試合で４回みることができます。このように終了間際の攻防に大いに期待して観戦しましょう。

5 タイムアウト

タイムアウトとは，チームが作戦などのために要求できる作戦タイムのことである。各チームは前半の第1と第2クォーターで2回，後半の第3と第4クォーターで3回，各オーバータイムにとることができる（第1，第2クォーターや第3，第4クォーターでの持ち越しはできるが，前半の残りを後半に持ち越すことはできない）。ただし，第4クォーターの最後の2分間には，3回残っていたとしても2回しか取ることができない。

1回のタイムアウトは1分間であるが，50秒で終了の合図がなったらすみやかにコートに戻り，60秒の合図で再開する。

■タイムアウトのとり方

1 タイムアウトの請求は，コーチかアシスタントコーチがスコアラーのところへ行って，はっきり「タイムアウト」といいながら定められた合図（p.122 ❽）を手で示して行う。コーチがいない場合はコート内からゲームキャプテンが行ってもよい。

・スコアラーは，タイムアウトの請求があると，ボールがデッドでゲームクロックが止まってから，ライブになるまでの間に審判に合図して知らせる。

2 タイムアウトのとれる時機。

・ボールがデッドで，ゲームクロックが止められているとき

・相手チームがフィールドゴールで得点したとき

・最後のフリースローが成功したとき

3 タイムアウト中には，プレーヤーはベンチに座ってもかまわない。

4 タイムアウトがとれる時機は次のときに終わる。

・1投目のフリースローのとき：フリースローのボールがフリースローシューターに与えられたとき

・最後のフリースローのとき：最後のフリースローが成功した場合は，そのあとエンドラインの任意の位置からスローインするプレーヤーがボールをもったとき

・スローインのとき：スローインするプレーヤーにボールが与えられたとき

・相手チームがフィールドゴールで得点したときに認められるタイムアウトのとき：スローインするプレーヤーがボールをもったとき

5 次の場合には，コーチが請求しなくてもタイムアウトになり，そのチームに記録される。

・正当な理由がないのに交代に時間がかかりすぎたとき

・失格または5回のファウルをしたプレーヤーの交代が30秒を越えたとき

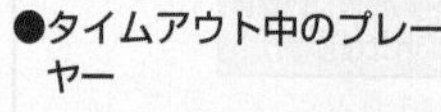

●タイムアウト中のプレーヤー

●交代者は合図があるまで交代席で待つ

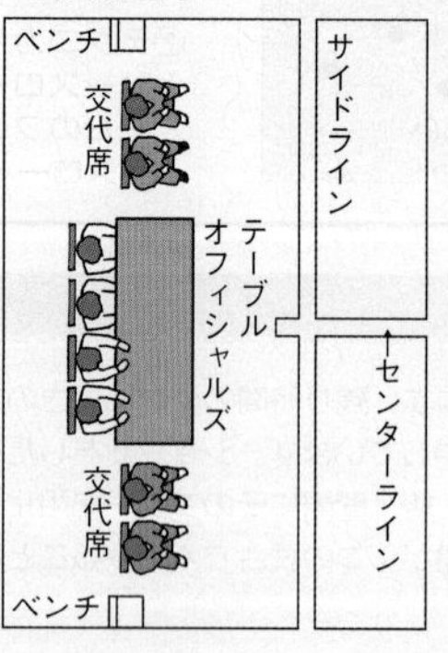

●交代はセンターライン付近の外から入る

コートを出るプレーヤーはどこから出てもよい

コートに入るプレーヤーはセンターラインから入る

審判の合図があったのちコートに入る

6 競技者の交代

■プレーヤーの交代回数と人数

1 プレーヤーの交代は何回でもできる。

2 1回の交代で何人交代してもよい。

■交代のできるとき

1 次のことによってボールがデッドとなり，ゲームクロックが止まっているときは，両チームとも交代が許される。

- ・アウトオブバウンズのとき
- ・ジャンプボール･シチュエーションのとき
- ・バイオレーションがあったとき
- ・ファウルがあったとき
- ・タイムアウトのとき
- ・最後のフリースローが成功したとき
- ・何らかの理由で，審判がプレーを中断したとき

2 第4クォーターまたは各オーバータイムの最後の2分間に，交代を請求していたチームの相手チームがフィールドゴールで得点したとき。この交代があった場合，相手チームも交代できる。

■交代のやり方

1 交代者は，すぐにプレーできるように準備をしてスコアラーに交代の合図をして，はっきり申し出る。交代者は審判に招き入れられるまで交代席で待つ。

2 スコアラーは，交代が認められる時機になったとき，ボールがライブになる前に，できるだけ早く交代の合図を鳴らして審判に知らせる。

3 交代者は審判から招かれたら，センターライン付近のアウトからコートに入る。

4 正当な理由がないのに交代に時間がかかりすぎると審判が判断したときは，タイムアウトになるので，できるだけ早く行う。

■プレーヤーが出血したとき

出血したプレーヤーは必ず交代し，完全に止血するか，傷口を包帯等でおおい出血がほかから見えない状態にしなければ，ゲームに出られない。

7 ゲームの終了と勝敗の決定

■競技時間の終わりとゲームの終了

1 各クォーターおよび各オーバータイムは，競技時間の終わりをつげるタイマーの合図で終わる。

2 ファウルがその時限の終わりとほとんど同時に起こったとき，その罰則としてフリースローがある場合は，そのフリースローだけ行い，その時限を終了する。このときはだれもフリースローレーンに並ばない。ベンチに戻ってもよい。

3 ショットのボールが空中にある間に時限終了の合図があった場合は，そのショットが成功すれば得点が認められる。この場合も，ショットが成功しないことが明らかになるまでゴールテンディングやインタフェアレンスの規定が適用される。

4 ゲームは，第4クォーターの時限終了時に両チームの得点差があり，勝敗を決定すれば終了する。同点の場合はオーバータイムを必要な回数だけ行い，勝敗が決まったときに終了する。

■勝敗の決定

1 規定時間内に，得点を多くあげたチームが勝ちとなる。ただし，次のような場合はゲームを没収され，相手チームの勝ちとなる。

- ・ゲーム開始のとき，開始時刻を15分すぎても5名のプレーヤーがそろわなかった場合。
- ・主審がプレーをすすめたのに，なおプレーすることをこばんだ場合。

没収勝ちは20対0のスコアとなる。

2 次のような場合はゲームは途中終了となる。

- ・ゲーム中に1チームのプレーヤーが1名になったとき。

勝ちになったチームは，それまでの得点が多ければ終了時の得点がそのゲームの得点となり，そうでない場合は2対0となる。

規則違反と罰則規定

ゲームは，両チームのプレーヤー，交代要員，コーチ，チーム関係者たちが規則を守り合うことによって成立する。そのため，これらの人たちにルール違反（バイオレーションやファウル）や不当な行為があった場合は，審判の判定により罰則が適用される。

1 バイオレーション

バイオレーションとは，体の接触による違反およびスポーツマンらしくない行為を除くすべての規則の違反で，罰則として相手チームにボールが与えられる。

■バイオレーションが宣せられたとき

1 バイオレーションが宣せられたとき，ボールはデッドになる。

2 バイオレーションが宣せられてから，ボールがバスケットに入っても得点にならない。

3 バイオレーションが起こった場所にもっとも近いラインの外で，相手チームにボールが与えられ，スローインで開始される。

●おもなバイオレーションとその罰則

ボールの扱いによるバイオレーション

・ボールをこぶしでたたく。ボールを故意に蹴る。
・アウトオブバウンズのとき。
・ラインクロス…コート内でボールを持ったままサイドラインやエンドラインを踏む。
・トラベリング
・エアードリブル
・ダブルドリブル
（以上3項目 p.108参照）
・ボールをバックコートに返すことの違反。
・ショットに対するゴールディングとインタフェアレンス。

スローインでのバイオレーション

・スローインのボールを５秒以内にスローしない。
・コートを踏んだままスローインした。
・スローインしたプレーヤーがコート内で他のプレーヤーがボールに触れる前に再び触れる。
・審判に指示されたところからライン沿いに１mの幅を越えて移動してスローインした。

時間による制限のバイオレーション

・３秒ルールの違反
・５秒の制限の違反
・８秒ルールの違反
・24秒ルールの違反

フリースローでのバイオレーション

・ボールを渡されて５秒以内にショットしない。
・シューターがショットのふりをする（フェイク）。
・ボールがリングに触れる前にシューターがフリースローラインに触れたりそれを越えた床に触れる。
・最後のショットのボールがリングに触れない。
・リバウンドするプレーヤーが，シューターのボールが手を離れる前に制限区域内に入る。
この違反をシューター側のシューター以外が違反→ショットが成功すれば得点とし，違反を無視。不成功のときは，相手チームのボールでスローイン。シューターの相手チームだけが違反→ショットが成功すれば得点とし，違反は無視。不成功ならフリースローのやりなおし。両チームが同時に違反→ショットが成功すれば得点とし，違反は無視。不成功のときはジャンプボール・シチュエーションになりオルタネイティング・ポゼション・ルールによりスローインの権利が与えられているチームのスローイン。
・フリースローでショットされたボールがリングに触れる前に，どちらかのチームのプレーヤーがそのボールに触れる（ゴールテンディング）。
・どちらかのチームのプレーヤーが，バスケットの下から手を入れてフリースローのボールに触れる（インタフェアレンス）。
・あとにフリースローが続く場合，フリースローのボールがまだバスケットに入る可能性のある間にどちらかのチームのプレーヤーがそのボール，バスケット，バックボードに触れる（インタフェアレンス）。攻撃側がバイオレーションを宣せられた場合は，ボールがバスケットに入っても得点は認められない。
防御側がバイオレーションを宣せられた場合は，ショットが入っても入らなくても，攻撃側チームに１点が認められる。
最後のフリースローで防御側プレーヤーが，ゴールテンディングやインタフェアの規定に違反した場合は，攻撃側チームに１点が認められ，さらにそのプレーヤーにテクニカルファウルが宣せられる。

ジャンプボールでのバイオレーション

・ジャンパー以外のプレーヤーがタップする前にサークル（円筒）内に入る。
・トスのボールが最高点に達する前にタップする。

●ファウルの種類とその反則

<table>
<tr>
<td rowspan="6">パーソナルファウル（体の触れ合いによる違反）</td>
<td rowspan="5">プレーヤーファウル</td>
<td colspan="2" rowspan="3">●プッシング
手や体で相手を押す
●ホールディング
つかんだり，押さえる
●ハンドチェッキング
手で触れ続けて防御する
●イリーガルユースオブハンズ
手で相手をたたく
●ブロッキング
相手の進行を体で不当に妨げる
●チャージング
ボールのコントロールにかかわらず，無理に進行して突きあたる</td>
<td rowspan="2">ショットの動作中</td>
<td>ショット成功</td>
<td>そのショットは得点とし，さらに1個のフリースローが与えられる。</td>
</tr>
<tr>
<td>ショット不成功</td>
<td>スリーポイントエリアの内側からのショットのときは2個，スリーポイントエリアからのショットのときは3個のフリースローが与えられる。</td>
</tr>
<tr>
<td colspan="2">ショットの動作中でない</td>
<td>近くのラインの外からのスローイン。相手チームの各クォーターおよびオーバータイムで4ファウル後は2個のフリースロー。</td>
</tr>
<tr>
<td colspan="2">●アンスポーツマンライク・ファウル
1 正当なプレーでなく，またボールに対してプレーしていない行為
2 正当にプレーしたとしても，過度に激しい触れ合い（ハード・コンタクト）
3 防御側プレーヤーが攻撃側プレーヤーの進行を妨げることを目的とした正当に防御しない必要のないファウルをしたとき
4 速攻のとき，攻撃側プレーヤーとゴールの間に誰もいない状況で，防御側プレーヤーが攻撃側プレーヤーの後ろ，または横からファウルをしたとき
5 第４クォーター，各オーバータイム残り２分間でのスローインのとき，スローインする前に防御側プレーヤーがファウルをしたとき
6 相手のユニフォームをつかんでひっぱる行為
※プレーヤーは，アンスポーツマンライク・ファウル（UF）２つ，テクニカル・ファウル（TF）２つ，UF１つTF１つで失格・退場になる。</td>
<td colspan="3" rowspan="2">ショットの動作中でなくても２個のフリースローが与えられる。ショット動作中でショットが入れば，さらに１個のフリースローが与えられる。ショットの状況に応じて２個または３個のフリースローが与えられる。ショットの成否にかかわらず，シューター側のスローイン（フロントコートのスローインラインから）で再開する。</td>
</tr>
<tr>
<td colspan="2">●ディスクォリファイング・ファウル
特に悪質なファウルで，ただちに失格，退場が命じられる。（暴力行為など）</td>
</tr>
<tr>
<td></td>
<td>●ダブルファウル
両チームのプレーヤーが互いにほとんど同時にファウルをする。</td>
<td colspan="4">・ボールをコントロールしていたときは，ファウルの起こった近くのラインからのボールをコントロールしていたチームのスローイン
・コントロールしていなかったときは，ジャンプボールシチュエーションによるスローイン
・ショットが成功したときは，得点を認め，エンドラインから相手チームのスローイン</td>
</tr>
<tr>
<td rowspan="2">テクニカルファウル（スポーツマンらしくない違反）</td>
<td>プレーヤーの場合</td>
<td colspan="2">●テクニカルファウル
・攻撃側でも防御側でも，むやみにリングをつかんで体重をかける
・目の前で手を振って視界を妨げる
・肘を激しく振りまわす
・ショットする相手に向かって，手をたたいたり大声を出す
・ゴールしたボールをわざとたたき出して相手のスローインを遅らせる
・失礼な態度で審判に話しかけたり，触れたりする
・審判の判定に，自分はそんなことをしていないと，わざとジェスチャーで不満を表す</td>
<td colspan="3">相手チームに1個のフリースローが与えられ，ショットの成否にかかわらず，テクニカルファウルが宣せられたときの状態からゲームは再開する。</td>
</tr>
<tr>
<td>プレーヤー以外の場合</td>
<td>・許可なしにコートに入る。
・ベンチ・エリアを離れてプレーを追う。
・失礼な態度，無作法なふるまいをする。
・わざとゲームの進行を遅らせる。
・その他スポーツマンらしくない行為。</td>
<td colspan="4">ファウルはコーチに記録され相手チームに1個のフリースローが与えられる。シューターはコーチが指定する。ショットの成否にかかわらず，テクニカルファウルが宣せられたときの状態からゲームは再開される。</td>
</tr>
</table>

ゲームの運営と審判法

1 ゲームの運営

■ゲームを運営する人と役割

ゲームの運営は，審判とテーブルオフィシャルズで行う。

・審判：主審（レフェリー），副審（アンパイア）の2名。

・テーブルオフィシャルズ：タイマー，スコアラー，ショットクロックオペレーター，アシスタントスコアラーが審判を補佐する。

1 主審の任務と権限

・試合前に施設，器具を点検する。

・プレーヤーの服装をチェックする（ネックレス，指輪，時計などをはずさせる）。

・ゲーム開始時のジャンプボールのとき，トスアップする。

・第2，3，4クォーターと各オーバータイムの開始スローインのとき，ボールを手渡す。

・ゴールを得点にするかどうかで副審と意見が違うときは最終的に主審が決定する。

・事情によりゲームの没収を決める。

・主審は，規則にないあらゆる事項に決定を下す権限をもつ。

2 両審判の任務

・ボールをライブにする。

・バイオレーションやファウルの罰を科す。

・交代者を招き入れる。

・タイムアウトを宣する。

・ラインの外からスローインのボールを手渡すか与えるかをする。

・3，5，8秒ルールを黙って数えて判定する（5，8秒ルールは数える合図<p.122❾>をしながら行う）。

・得点の後は笛を鳴らさないで，合図で得点をスコアラーに伝える。

・ゲーム終了時にスコアシートにサインする。

3 スコアラーの任務

・ゲームの得点を記録し，それまでの合計得点をはっきりさせておく。

・プレーヤーやコーチのファウルを記録し，プレーヤーの5回目のファウル，コーチが失格，退場になる場合は，審判に知らせる。

2 ファウル

ファウルとは，体の接触による違反およびスポーツマンらしくない不当な行為のことをいい，p.119のようなものがある。

■ファウルが宣せられたとき

1 審判にファウルを宣せられたプレーヤーは，ただちにスコアラーのほうを向いて，手を頭上高くあげることが望ましい。

2 ファウルを宣せられたプレーヤーはすべて記録され，ファウルの内容に応じた罰則（フリースローやスローイン）が相手チームに与えられる。

3 ボールをコントロールしているチームがプレーヤーファウルを宣せられたときは，相手チームにボールが与えられ，近くのラインの外からスローインで再開する。

■ファウルの回数による罰則

記録されたファウルの回数によって，プレーヤーやチームにそれぞれ罰則が適用される。

1 プレーヤーがパーソナルファウルとテクニカルファウルを合わせて5回したときはベンチに戻り，以降のゲームに加わることはできない。

2 1チーム各クォーターに4回のプレーヤーファウルをしたあとは，その後に起こったそのチームがボールをコントロールしていないときのすべてのパーソナルファウルに対して，相手チームに2個のフリースローが与えられる。オーバータイムは第4クォーターの一部とみなされ，第4クォーターのファウルの回数に加算される。

・前半，後半３回目のタイムアウトをとったチームに審判を通じて伝える。
・プレーヤーの交代の申し出を受けたら，審判に伝える。
・オルタネイティング・ポゼション・ルールの表示器具を扱う。

4 アシスタントスコアラーの任務
・スコアボードを操作し，得点表示を行う。
・スコアラーからの連絡を受けてプレーヤー・ファウル数とそのチームのファウルを標識で両チームや周りの人たちにわかるように示す。

5 タイマーの任務
・第１クォーター・第３クォーターの開始時刻の３分前と１分30秒前に合図をする（ブザー，笛）。
・ルールにしたがって競技時間と競技の停止時間を計る。
・タイムアウトウォッチで作戦タイムや負傷者の交代のための１分を計る（50秒で笛をならし，60秒で鳴らす）。
・各時限の開始と終了の合図を大きな音（ブザー，笛）で知らせる。

6 ショットクロックオペレーターの任務
・24秒ルールによる経過時間を計り，24秒が経過すれば審判と同じ音の笛やブザーで知らせる。
・ショットしたボールがリングに触れたら，24秒を計りなおす。
・ショットの後，オフェンス側がリバウンドをとり再び攻撃する場合は14秒にリセットする。

2 審判のやり方

1 審判は下図のように２人で分担して，プレーに応じて，コートを移動する。エンドライン付近に位置する審判をリード・オフィシャル（以下リード），サイドライン付近に位置する審判をトレール・オフィシャル（以下トレール）という。攻撃の方向が変わるごとにトレールとリードが変わる。

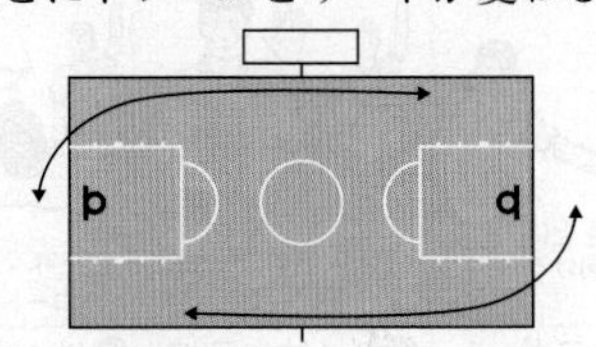

2 ゲーム中，笛は強く大きくはっきり吹く（審判の笛はゲームを止めるものであるが，音色が小さいとプレーヤーに聞こえず，プレーが止まらないときがある）。

3 バイオレーションを宣した場合は，笛を強く吹くと同時に❺の合図をし，続いてそのバイオレーションの合図をして，次に攻撃する方向を示す。ファウルを宣した場合は，笛を強く吹くと同時に⓴の合図をし，テーブル・オフィシャルズの近くへ行ってファウルをしたプレーヤーの番号とファウルの種類を示し，次に攻撃する方向を示す。

4 各クォーターの終了間際では，各チームがそれぞれの作戦でプレーをしてくる。特にシュートにかかわるプレーに対して，終了の合図が先か，ボールから手が離れていたかなど，きわどいプレーをしっかり把握しておくことが大切である。

3 審判のゼスチャー

調べてみよう

- バスケットボールに似た競技には，どんなものがあるだろうか。
- オリンピックに正式種目になったのは，いつからだろうか。男女別に調べてみよう。
- ドリームチームといわれたアメリカの男子チームは，何年のどこの大会が最初だっただろうか。
- バスケットボールが最初に考案されたとき，いくつのルールからできていたのだろうか。
- 現在のルールは，何章何条からできているのだろうか。
- 外国ではどのようなリーグがあるのだろうか。また，日本ではどのようなリーグがあるだろうか。

HANDBALL
ハンドボール

【歴史と発展】

ハンドボールには7人制と11人制があった。7人制は，19世紀末にデンマークのニールセンが創案したのが始まりである。11人制は，1915年ごろ，ドイツで男子サッカーにかわる女子用の球技として創案された。1928年，国際アマチュアハンドボール連盟が創設され，1934年に11人制フィールドハンドボールと7人制室内ハンドボールが制定され，1938年には第1回男子7人制と男子11人制の世界選手権が開催された。戦後は，1946年に国際ハンドボール連盟が設立された。1972年のオリンピックミュンヘン大会から7人制が正式種目として採用され，現在では，オリンピックや世界選手権などすべての公式戦は7人制で行われている。

わが国へは，1922（大正11）年に大谷武一が11人制を紹介した。1938（昭和13）年に日本ハンドボール協会が設立され，1949（昭和24）年には7人制が紹介されて全国各地に普及した。1963（昭和38）年には7人制が全面採用され，現在ではポピュラーなスポーツとして広く行われている。

【競技の特性】

❶コートプレーヤー6名とゴールキーパー1名からなる7名で編成された2チームが，同一コート上で，手を使ってパス，ドリブルなどを行いボールを前進させ，狭いゴールにシュートし得点を競う。

❷ゴールキーパーは，シュートに対し，全身を使って防御する。

❸ボールは，努力すれば握れるくらいの大きさ，重さである。

❹コートプレーヤーは3秒，3歩までボールを保持できる。

❺攻撃から防御，防御から攻撃へのすばやい転換が，ゲームの勝敗のカギとなる。

競技に必要な施設・用具・服装

1 競技場

・ゴールラインを除く各ラインは5 cmの幅ではっきりと引く。

・ゴールを中央にして，両側にアウターゴールラインをひき，ゴールがおかれている部分をゴールラインという。

・ラインは競技場に含まれる。各ラインは，そのラインが区画する領域に属する（センターラインを除く）。

●ゴール

・ゴールラインは，ゴールポストの幅で引く（8 cm）。

・ゴールポストとクロスバーは同じ材質のもので，8 cm角のもの。

・ゴールは2色（赤白が望ましい）で，背景からはっきり目立つようにする。

2 ゲームに必要な用具

●ボール

区　分	号数	重さ	外周
成年・高校男子*	3号球	425～475g	58～60cm
成年・高校女子，中学男女*	2号球	325～375g	54～56cm

*松やに等を使用する場合の規格

・球形の革あるいは合成の材質であること。表面は，光ったり滑りやすいものではいけない。

・試合前に代表者・審判・TD（テクニカルデレゲート）で適切に圧を決定する。原則（300±20hpa）。

●チームタイムアウト請求カード（A5サイズ）

●ストップウォッチ

3個

●笛

レフリー用2個

タイムキーパー用1個

●カード

イエローカード（警告用）

レッドカード（失格用）

3 服装

●プレーヤー

- 同一チームのコートプレーヤーは同一のユニフォームを着用する（靴下も含む）。
- ゴールキーパーは，両チームのコートプレーヤーおよび相手のゴールキーパーからも，はっきり見分けることができる色の服装を着用する。
- プレーヤーは，背中に20cm以上の，胸には10cm以上の大きさの番号をつける。

- キャプテンは，ユニフォームの色と区別できる幅4cm以上の腕章をつける。

●審判

- 公認審判員のワッペンがついたユニフォームを着用し，選手と明らかに異なる服装をしなければならない。

みるポイント

パスやドリブルでボールをつなぎながら，走り，ジャンプしながらシュートし，相手のゴールに投げ入れた回数を競う競技であるハンドボールは，走跳投という基本的な動きをもとにしている。複雑な動きのベースにある基本的な動きの連係，そのスムーズさに注目してみるとおもしろい。

また，自由に握ることができるボールを器用に扱いながらパスをし，シュートを狙うきっかけをつくるため，「パスゲーム」とも言われる。スピーディーなパス回しとその中でオフェンスチームがいかにディフェンスチームの守備態勢を崩し，シュートのきっかけをつくるか(速攻からか，セットオフェンスからか)をみるのもおもしろい。

安全チェックリスト

□屋外コートではプレー前にグラウンド整備をしよう。

□時計やアクセサリーははずそう。爪は短く切ろう。

□ウォーミングアップは十分に行おう。

□ルールを守り，乱暴なプレーはやめよう。

ハンドボールの豆知識

ハンドボールは，サッカーのもつスポーツとしての良さをもとに，女子にも男子にもできるスポーツとして成立した経緯をもつ。そのため，昔はサッカーボールを使用して，プレーしていたこともある。

その後，パス技術の高度化にともない，手で扱いやすい専用のボールが開発された。その一方，キャッチングのミスを少なくするために，手には松ヤニや両面テープ等の滑り止めを使用するようになってきた。これによって，ミスなく，よりスピーディーでアクロバティックな動作ができるようになってきた。

基本技術と用語の解説

パスの技術

ショルダーパス

肘を高く上げて投げる基本的な投球動作。さまざまなパスやシュートにつながる。

Point

リリースの際，手首のスナップをきかせるとよい。また，キャッチと同時に肩を引くとすばやく投球動作に移ることができる。

ボールの持ち方

親指と小指で持ち，残りの指は支えるだけにする。手が小さい場合は，無理に力を入れて握る必要はない。

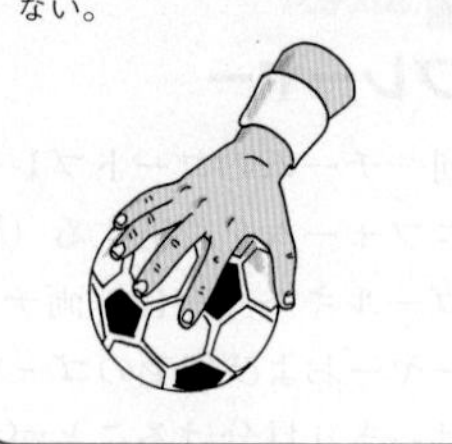

サイドパス

体の横から手首のスナップを使って投げる方法。

フックパス

体の後ろ（背側）を通して，手首のスナップを使って投げる方法。

Point

ディフェンスのプレーヤーをできるだけ引きつけ，パスの相手を見ずに（ノー・ルック）パスするとよい。

ジャンプでのフックパス

シュートと見せかけて味方プレーヤーにパスするのに有効なパス。

プロンジョンシュート（跳び込みシュート）

ゴールエリアの上に跳び込み，倒れ込みながらシュートを行う。ポストから助走なしでのシュートや角度の狭いサイドからの攻めに有効である。

シュートの技術

ジャンプシュート

跳び上がって，体が空中の高い位置にある状態でシュートする方法。ディフェンスのプレーヤーの上から打つなど，多くの場面で使われる基本的なシュート技術である。

Point

走るリズムからタイミングよく踏み切り，高く跳び上がり，バックスイングをすばやく行い，上体をムチのように使い，手首のスナップをきかせて，十分に腕を振り切ることが大切である。

ステップシュート

パスを受けてからすばやいステップでシュートコースをつくり，クイックモーションでシュートする方法。チャンスがつぶされたときに，パスあるいはドリブルに切り換えやすい利点がある。

Point

クロスステップに合わせてバックスイングを行い，体を横に向けながら脚をクロスしての体重移動を利用しながらシュートを投げるとよい。

倒れ込みシュート

ポストで多く使われるシュート技術。

Point

・腰を落として構え，パスを受け取ってからゴールに体の向きを変えながらバックスイングしてシュート。
・ラインクロスに注意する。

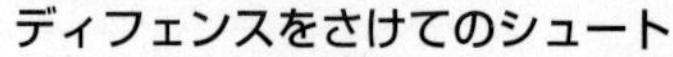

ディフェンスをさけてのシュート

ディフェンスの動きを探りながら，シュートチャンスをつくる。
ディフェンスが出てこなければ，横に倒れながらステップシュート（左端）するか，ジャンプしてディフェンスを誘い，空中で体を横に倒しながらシュート（中央左）する。
また，ディフェンスが出てきたら，フットワークで方向を変えてディフェンスをはずし，ジャンプシュート（中央右）するか，ディフェンスの脇の下を通してサイドスローでステップシュート（右端）する。

Point
シュートは，正面から打つのが一番面積が広くゴールが入る確率が上がる。さらに，ゴールにできるだけ近づきながら打つとゴールキーパーが反応できる時間が少なくなるため，有効である。ときに，ゴールキーパーが前に出てくるときがあるが，ループかバウンドシュートを用いるとよい。

スクリーンプレーからのシュート

攻撃者が，防御者の動きを走りながら交差して止め，有利な状態でシュートする。

（A2・A3＝オフェンス，B5・B6＝ディフェンス）
A2はB6を引き連れ，A3は移動しながらB5をまくようにしてA2にパス。A2はノー・マークでシュートできる。

【アドバンテージ】
レフリーが，反則があってもそれをとりあげないほうが反則された側に有利になると判断した場合，あえてその反則をとらず「見のがす」こと。

【パッシブプレー】
積極的に攻撃をしかけないで，パスをくり返してシュートしないなどの消極的プレーの反則。

【スローオフ】
競技開始時および得点後の競技再開時に，競技場の中央から攻撃側によって行われるスローのこと。

【スカイプレー】
ゴールエリアの上空に浮かせるように投げられたボールが，タイミングを合わせてジャンプしたプレーヤーが，着地前にそのボールをつかんでパスやシュートをするプレーをいう。2名が連続してのダブルスカイ，3名が連続してのトリプルスカイもある。

【セットオフェンス】
防御態勢が整っている場合に，フォーメーションを使ってそれを崩して攻める攻撃法。

【プロンジョンシュート】
跳び込んで体を横にし，角度を大きくして打つシュート。特にサイドからが効果的。

【チャージング】
攻撃側プレーヤーが，自分の目の前にいる防御側プレーヤーに突きあたる攻撃側の反則。

【ポイントオーバー】
スローオフ，スローイン，フリースロー，7mスローなどの場合，ボールを投げるプレーヤーの，いずれか基準とした足が地面から離れてしまうこと。したがってジャンプパスは反則になる。

ゴールキーパーの技術

ゴールキーパーは，シュートされたボールに対して全身を使ってゴールを阻止することができる。受け身にならず，シューターに立ち向かう最後の防御者として，攻撃的な気持ちを持つことが大切である。

●位置のとり方

通常は，ゴールラインより1ｍほど前に出た，ゴール正面である。その位置から前方につめることによって，守る面積を狭くすることができる（攻撃側がシュートできる面積が狭くなる）。その反面，ゴールキーパーの背後にできたスペースが大きくなり，シューターに浮いた（ループ）シュートをされる可能性が出てくる。

●構えと動き

いつでも，どこにでも動けるように構えるのが基本。

余裕のあるときは，両手で前に落として速攻につなげる。間に合わないときは，片手ではじき出す。

Point 低い位置や遠い位置へのシュートは，スライディングして防ぐとよい。

みるポイント

攻撃の方法としては２つがある。１つは速攻，もう１つはセットオフェンスである。

速攻では，オフェンスの人数がディフェンスの人数よりも多いというケースがある。この状態をアウトナンバーと呼んでいる。例えば，２対１のアウトナンバーでは，攻撃側は１対１と１対０の状況をつくることができ，ノーマークの状態でゴールキーパーと向かい合うことができる。オフェンスの選手がディフェンスをいかに引きつけて，ラストパスを出すかに注目すると，ハンドボールのスピード感をより理解できるであろう。

また，セットオフェンスでは，攻撃の選手はポストプレーヤー（相手ゴールに背を向けてゴールエリアの中央正面に位置する），サイドプレーヤー（ゴールエリアの側面に位置する），バックコートプレーヤー（ゴールエリア正面の外側に位置する）に分かれた隊形をつくり【位置どり】，攻撃のきっかけをつくり【きっかけ】，シュートをねらいながらパスを展開させてディフェンスを崩しにかかり【展開】，ノーマークをつくりシュートする【突破】という一連の流れを知り，攻守のかけひきに注目するとおもしろい。

基本的な位置どりと役割

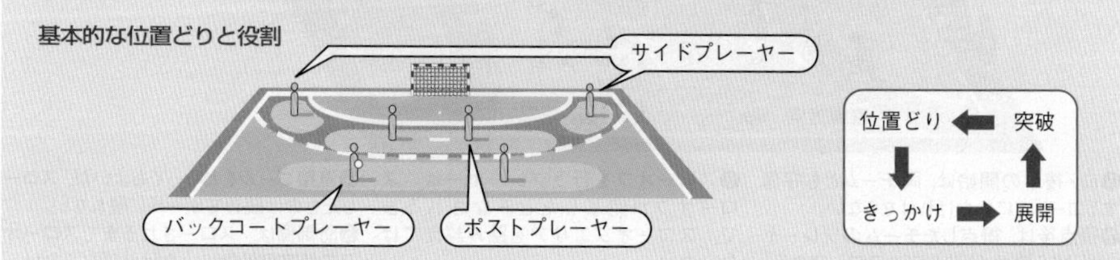

ゲームの進め方とルール

1 チームの構成

1 1チームは16名までのプレーヤーで編成する。同時に競技場に出ることができるのは，ゴールキーパー1名とコートプレーヤー6名の計7名である。なお，ゲーム中コート上にコートプレーヤーが同時に7名いることが許される（7人攻撃）。

2 競技場に入らない7名のプレーヤーは，交代プレーヤーである。

3 ゴールキーパーはコートプレーヤーと同じ服装（同じ番号）に着替えればいつでもコートプレーヤーとして競技に参加できる。同様にコートプレーヤーも着替えればゴールキーパーとして競技することができる。服装の交換は自チームの交代地域で行う。

4 監督のほかに3名のチーム役員がベンチに入ることができる（計4名の役員と7名の交代プレーヤー）。

5 プレーヤーの1名がキャプテンになる。

2 ゲームの開始前に

■メンバー票の提出

ゲームの開始前に，チームのメンバー票を提出する。これに記入したプレーヤー以外は，ゲームに出場することはできない。

■トス

1 2名のレフリーの前で，両チームのキャプテンがコインの表か裏を決めたのち，1名のレフリーがコイントスしてトスの勝者を決める。

2 トスに勝ったほうが，最初のスローオフか，サイド（守備する方向）かのどちらかを選ぶ。

3 トスに負けたほうは，勝ったほうが選ばなかったどちらかをとる。

■ベンチに入る

サイドが決まると，自分のチームがディフェンス（守備）する側のベンチに着席する。

1 ベンチに入ることができるのは，プレーヤーと監督を含む4名の役員だけである。

2 サイドを交換するとき，ベンチも同時に替わる。

3 ゲームの開始

■ゲームの始め方

両チームがあいさつしたのち，トスの結果「スローオフ」を選んだチームが，競技場の中央でスローオフを行って開始する。

1 開始時には両チームとも最低5名のプレーヤーがいなければならない。

2 両チームのプレーヤーの数と位置を確認したうえで，コートレフリーがスローオフの吹笛の合図を行い，ゲームを始める。

■スローオフの方法

スローオフエリアからどの方向へスローオフを行ってもよい。スローオフを行うチーム（攻撃側）の1人がボールを持ち，スローオ

illustrate

●スローオフの方法

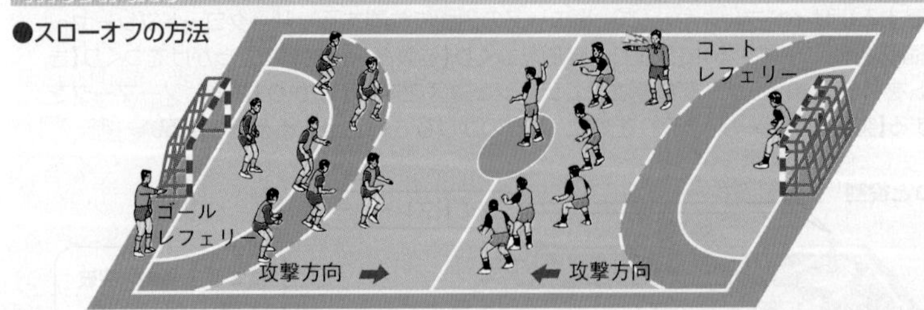

❶前・後半の開始は，両チームとも守備するコート内にいなければならない。
❷得点後は，得点したチームのプレーヤーがどちらのサイドにいてもスローできる。
❸スローオフを行うプレーヤーは，スローオフが完了したとみなされるまで，スローオフエリアを踏み越えてはならない。
❹直接ゴールをねらってもよいが，スローしたものは続けてボールに触れない。
❺防御側は，スローされるまでスローオフエリアの外側にいなければならない。

フが完了したとみなされるまで，スローオフエリアを踏み越えてはならない。吹笛後3秒以内にスローする。スローオフが完了したとみなされるまでスローオフエリアラインを踏み越えてはならない（ジャンプスローは許されない）。

■後半の再開の仕方

1 ハーフタイム中にサイドを交換し，後半は攻撃するゴールを替えて開始する。

2 後半開始のスローオフは，前半の最初にスローオフを行わなかったチームが行う。

■延長戦の仕方

1 改めてトスを行い，スローオフとサイドを決める。

2 競技時間終了の5分後に，5分間ずつの前半・後半のゲームを行う。

3 それでもなお決定しないときは，5分間の休憩ののち，第2延長戦を行う。

■7mスローコンテスト

1 延長戦を行い同点の場合は7mスローコンテストにより勝敗を決する。

2 大会により3～5名制で行う。

4 競技時間

■競技時間 （単位・分）

		一般	高校生	中学生	備考
規定時間	前半	30	30	25	トスによりサイドとスローオフを決定
	休憩	10	10	10	ベンチを交替
	後半	30	30	25	サイドおよびスローオフを交替
	休憩	5	5	5	
第一延長	前半	5	5	5	トスによりサイドとスローオフを決定
	休憩	1	1	1	サイドとスローを交替の間
	後半	5	5	5	サイドおよびスローオフを交替
	休憩	5	5	5	
第二延長	前半	5	5	5	トスによりサイドとスローオフを決定
	休憩	1	1	1	サイドとスローを交替の間
	後半	5	5	5	サイドおよびスローオフを交替

■計時の仕方

ゲームウォッチは，タイムキーパーが管理し，レフリーのスローオフの吹笛によって始動させタイムキーパーの終了の吹笛で止める。

1 ゲーム中，レフリーが必要に応じて「タイムアウト」をとるが，そのときゲームウォッチは止められ，レフリーの再開の吹笛で再び始動させる。

2 レフリーのとる「タイムアウト」以外は，すべて競技時間に含まれる。

■チームタイムアウトの請求の仕方

1 各チームは前・後半で3回（最大2回），それぞれ1分間のチームタイムアウト（作戦タイム）を請求することができる。

2 チームタイムアウトは，ボールを所持しているチームにいつでも認められる。

5 プレーの方法

●コートプレーヤーのプレー

■ボールの扱い方

1 ボールはおもに手で扱うが，膝から上の部分で扱っても反則にはならない。

2 ボールは最高3秒間持ち続けられる。

3 ボールを持って3歩まで動ける。

4 ドリブルは，そのつど1回だけできる。開いた片手での連続ドリブルは，ボールを持ったときまでを1回に数える。

5 手からボールを離さずに，片手から片手に持ち替えることはできる。しかし，片手でボールを投げ上げて持ち替えたり，空中でボールをはじき，位置を移動してボールが床に着く前にキャッチすることはできない（オーバーステップ）。

6 ボールをとるために，体を投げかけることは許されるが，その行為が危険と判断される場合は反則となる。なお，ボールを持ったまま立ち上がろうとした場合は違反となる（オーバーステップ）。

■相手のプレーヤーに対して許される行為

1 ボールを持っている，持っていないにかかわらず，相手の進路をさえぎるために，体を使うことができる。

2 ドリブルやパス，スローをするなど，プレーヤーが手に持っていないボールに対しては相手も取りに行くことができる。

■パッシブプレー

ボールを支配しているチームが，わざと攻撃しないで，シュートのチャンスをつくらずチャンスがあってもシュートせずにパスをくり返すようなプレーをパッシブプレーという。このようなプレーがあれば，レフリーは予告合図を示し，攻撃側が最大４回のパスの後，シュートをしなかった場合，相手チームにフリースローが与えられる。

■ゴールエリアへの侵入

1 ゴールエリアにコートプレーヤーは入ることができない。ゴールエリアは平面であり，ゴールエリアの上の空間はゴールエリアではないのでプレーできる。

2 コートプレーヤーの体の一部分でもゴールエリアに触れれば，ゴールエリアへ侵入したことになり，ラインクロスの反則になる。その場合の処理は次のようにする。

・ボールを持って侵入したり，侵入してボールに触れる→ゴールキーパースロー。

・ボールを持たないで侵入—侵入したことで利益を得たり，相手に不利益を与えたとき(例えば，ゴールエリアを横切って有利な位置へ行く)→ゴールキーパースロー。

・ゴールエリアへ侵入して，相手の得点チャンスを阻止した→７ｍスロー。

・ゴールエリアの上にジャンプして，シュートあるいはパスしたのちゴールエリアに落ちた→ボールがゴールに入れば得点，パスも有効。ただし，落ちたプレーヤーが相手のプレーに影響を与えるような行動をすればラインクロスの反則が適用され，ゴールキーパースローになる。

■ゴールエリアにあるボール

ゴールエリアに触れているボールに攻撃側のコートプレーヤーが触れた場合は，ラインクロスの反則でゴールキーパースローになる

illustrate

●ボールを持って歩ける歩数の数え方

着地前にボールを離せばよい。

●両足着地していてボールをキャッチしたとき

空中でボールをキャッチして一方の足で着地したとき。

着地前にボールを離せばよい。

●相手に対して許される動作

相手の進路をさえぎるために，体を使うことができる。

相手の持っているボールを開いた手で落としてとれる。

●ボールを持ったとき

3歩・3秒

1回のドリブル

3歩・3秒

ボールをキャッチしたときは，3歩以内でパスかシュート，あるいは3秒以内でドリブルかパス，シュートをしなければならない。

●ゴールエリアへの侵入

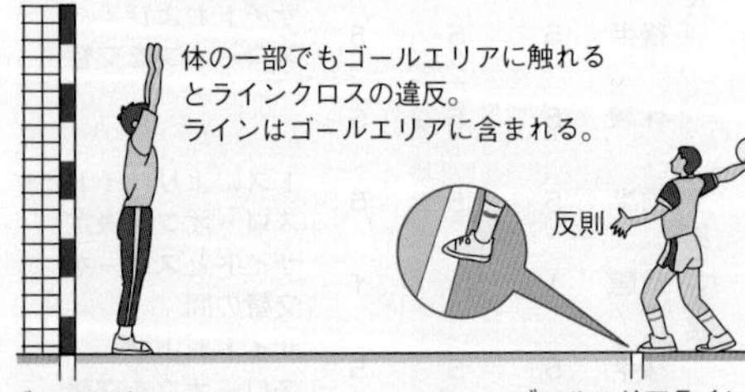

(防御側のコートプレーヤーが触れた場合は，攻撃側のフリースロー)。

■自分のゴールエリアでのプレー

自チームのゴールエリア内にジャンプして足がつく前にパスしたり，ドリブルしたりすることは許される。自チームのゴールエリアにボールを投げ入れたときは，ゴールに入れば失点(相手の得点)になる(ゴールキーパーが取った場合は相手チームのフリースロー)。

●ゴールキーパーのプレー

■ゴールキーパーのボールの扱い方

1 ゴールエリア内にいるゴールキーパーは，ゴールラインに向かっているボールに対して体のすべての部分で，あらゆる方法で触れることができる。

2 ゴールエリア内にいるゴールキーパーは，3秒・3歩ルールの制限を受けないで自由にボールを持って動くことができる。

3 ゴールキーパーがゴールエリア内で防御してとらえたボールや，ゴールエリア内にあるボールは，ゴールキーパーボールでゲームを続ける。

■ゴールエリアへの出入り

1 ゴールキーパーは，ボールを持たずにゴールエリアを出たり入ったりできるが，出たときは7人目のコートプレーヤーとしてコートプレーヤーのルールが適用される。

2 ゴールキーパースローしたボールに，他のプレーヤーが触れる前にゴールエリアから出て触れると，ボールを持って出たことになる（ゴールキーパーのラインクロス)。

3 ゴールエリア内で完全にコントロールできずに，はじき返してプレーイングエリアに出たボールは，ゴールエリアから出て続けて扱える。

■ゴールキーパースロー

ゴールキーパーは，次の場合に「ゴールキ

●ゴールエリア上空でのプレー

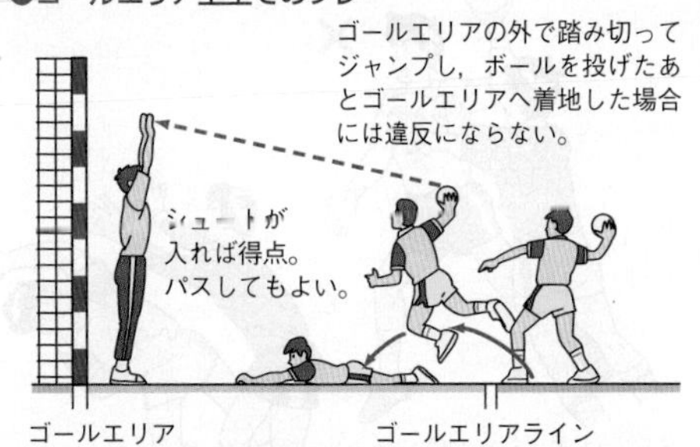

●ゴールエリア内への侵入で違反になる場合とならない場合

Aからジャンプシュートして B に着地した。シュートしたボールはゴールポストに当たってEにはね返っている。このとき，Bに着地したプレーヤーがゴールエリアを横切ってDの方向に出ればラインクロスの違反。AかCの方向（相手が不利にならない方向）に出なければならない。

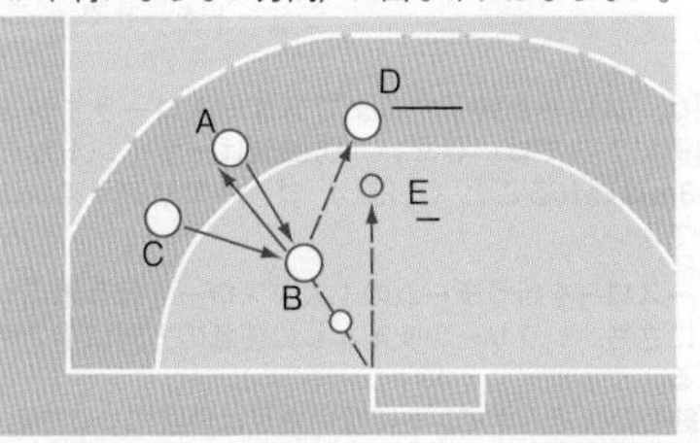

●ゴールエリアにあるボール

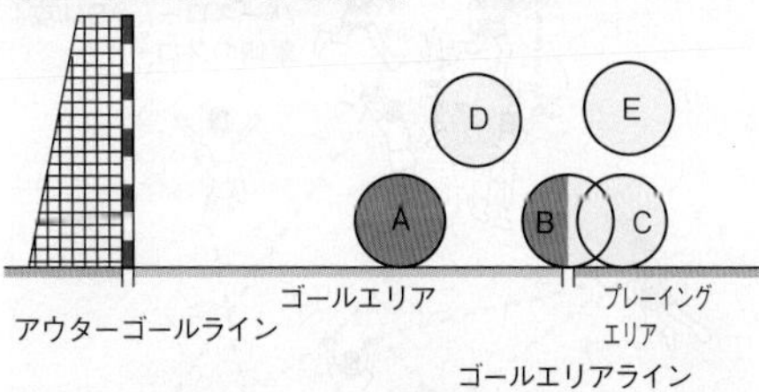

A・B＝ゴールキーパーだけが触れることができる。
C　＝コートプレーヤーが触れることができる。
D・E＝空中にあればゴールキーパーもコートプレーヤーも触れることができる。

●自チームのゴールエリアにボールを投げ入れたとき（故意に）

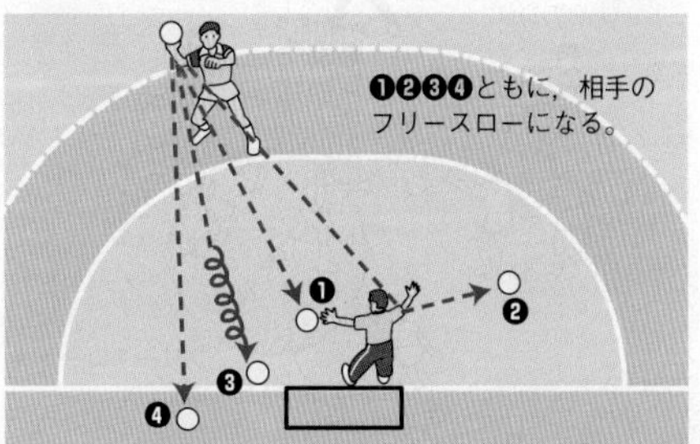

ーパースロー」によって，ボールをゴールエリア内からプレーイングエリアにスローしてゲームを続行する。スローは，レフリーの吹笛の合図なしに，随時に行うことができる。

1 攻撃側のゴールエリア進入の違反。

2 ゴールエリア内でゴールキーパーがボールをコントロールしたときや，ゴールエリアにとどまっているとき。

3 相手側チームのプレーヤーがゴールエリアにとどまっているボールに触れたとき。

4 ゴールキーパーや相手のチームのプレーヤーに触れたボールがアウターゴールラインから出たとき。

●プレーの中断と再開

ボールが競技場の外に出たり，反則があればレフリーの指示によりプレーは中断され，規定されたスローによって再開される。

■スローインで再開する場合

ボールが完全にラインを越えて外に出たときは，最後にボールに触れたプレーヤーの相手チームのスローインで再開する。

1 サイドラインから出たとき：そのボールの通過地点のサイドラインを踏んで行う。

2 防御側のコートプレーヤーに触れてアウターゴールラインまたはゴールの上を越えて出た場合：ボールが出た側のサイドラインとアウターゴールラインの交点を踏んで行う。

■フリースローによる再開

ルール違反や不法行為があったときは，それを犯したプレーヤーの相手チームが，違反のあった地点からフリースローを行って再開する。

防御側プレーヤーの違反が，ゴールエリアラインとフリースローラインの間のときは，違反地点にもっとも近いフリースローラインの外側から行う。

■7mスローによる再開

1 次のような重大な違反があったときは，相手チームに7mスローが与えられ，競技を

illustrate

●ゴールキーパーとスローイン

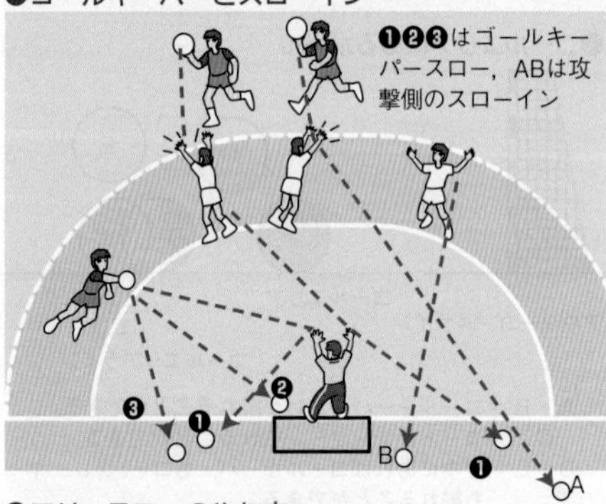

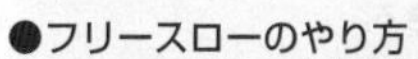

●フリースローのやり方

●7mスローになる反則の例

攻撃側は，スローが終了するまでフリースローラインを踏んだり内側に入ってはいけない。防御側は，ポイントから少なくとも3mは離れること（ただし，ゴールエリアラインにそって立ってよい）。

❶フリースローを行うチームの1人がスローを行う地点（ポイント）に立ち，レフリーの吹笛なしに任意の方向に手でボールを投げる。

❷投げ終わるまで，ポイントに置いた足は地面につけておく。

再開する。
・明らかな得点の機会を違反行為によって阻止したとき。
・防御側のプレーヤーがゴールエリアに入って相手の得点を妨げたとき。
2 7mスローは，7mスローラインの外側の位置から，レフリーの吹笛の合図によって，3秒以内に直接シュートする。
3 7mスローのとき，防御側に反則があって得点にならなかったときはやりなおす。攻撃側が違反した場合は入っても得点にならず相手にフリースローが与えられる。

●シュートと得点

■シュート

シュートはゴールエリア外から，相手チームのゴールへ，ボールを投げ入れることで，どんな投げ方をしてもよい。

■得点

攻撃側にルール違反がなく，ボールの全外周が完全にゴールポスト内のゴールラインを通過したときに，1点の得点となる。
1 防御側に違反があっても，ボールがゴールインすれば，アドバンテージルールによって反則をとらずに得点になる。
2 一瞬でもゴールの中のゴールラインをボールが通過すれば得点となる。

■得点後のゲームの再開

得点後は，レフリーの「スローオフ」の吹笛の合図により，得点しなかったチームのスローオフでゲームを再開する。

6 プレーヤーの交代

■コートプレーヤーの交代

1 ゲーム中のプレーヤーの交代は，ゲームを中断することなく，いつでも，同一プレーヤーが何回でもできる。
2 交代は，自チームの交代ラインから行わなければならない。

■ゴールキーパーの交代

1 ゴールキーパーの交代もそれぞれ交代ラインから行わなければならない。
2 12名のプレーヤーの誰とでも，いつでも交代することができる。

7 ゲームの終了と勝敗の決定

■ゲームの終了

1 ゲームの規定の競技時間終了時のタイムキーパーの吹笛によって終わる。
2 終了の吹笛と，違反を判定するレフリーの吹笛とが同時の場合は，その判定によって生じるスローを行ったのち，終了となる。

■勝敗の決定

1 前・後半の競技時間内に，得点の多かったチームを勝ちとする。
2 同点の場合は，引き分けあるいは延長戦によって勝敗を決める。
3 延長戦を行わずに勝敗を決めたいとき，または，第2延長戦後も同点のときは，7mスローコンテスト（5名）で勝敗を決める。

●得点と得点でないボール　ボールの位置で判定し，ボールが完全に通過したとき得点になる。

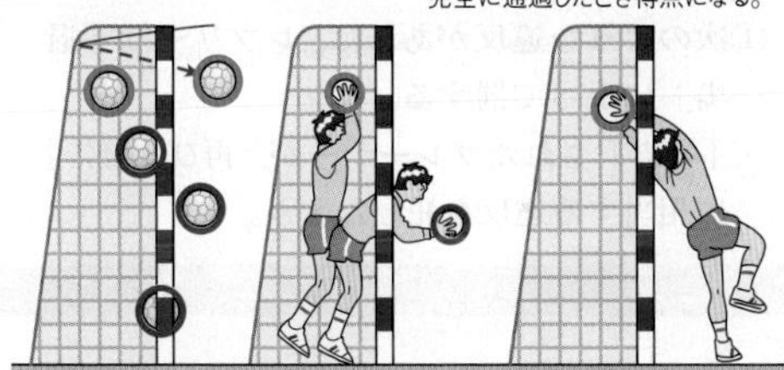

○得点　○得点でない

●プレーヤー交代の仕方　交代は必ず自チームの交代ラインから行う。

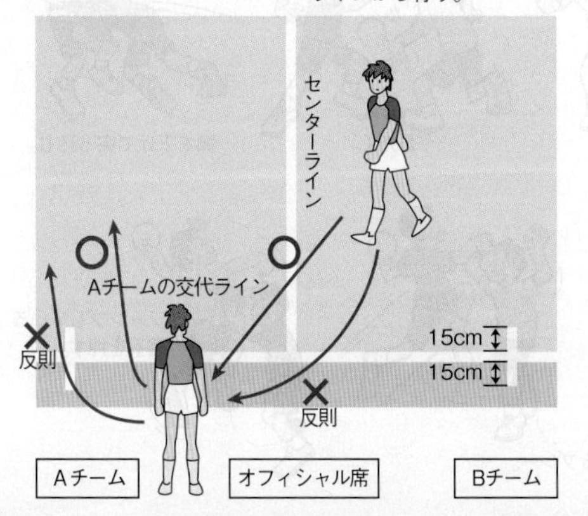

規則違反と罰則規定

1 規則違反

反則があったとき，規定にしたがってフリースロー，レフリースロー，または７ｍスローが相手チームに与えられる。

■フリースローとなる反則

①ボールの扱い方に関する反則──オーバーステップ，オーバータイム，キックボール，ジャックル，イリーガルドリブル（→p.131をみよう）。
②ゴールキーパーのプレー違反。
③ゴールエリアでの違反（→p.132，p.133をみよう）。
④相手に対するプレーの反則──ホールディング，プッシング，ハッキング，オフェンシブファウル，トリッピング，相手のボールを奪うなど。
⑤各スローのときの違反。
⑥不正交代（→p.135をみよう）。
⑦パッシブプレー（→p.132をみよう）。
⑧スポーツマンシップに反する行為。

■7mスローとなる反則

①明らかな得点の機会を違反行為で阻止する。
②コートプレーヤーが防御に入ったため，ゴールエリアに入って相手の得点を妨げたとき（→p.134をみよう）。

2 罰則

故意の反則，違反や，乱暴な行動，非スポーツマン的行為を行うと，レフリーによって罰則が適用される。罰則には違反の程度によって，もっとも軽度の「警告」から「退場」「失格」「追放」までの４段階がある。

■警告（イエローカードの罰則）

①プレーヤーおよびチームの役員に，次の違反があったとき，レフリーはイエローカードを高く示して「警告」を与える。
・相手に対する動作についての反則。およびそれをくり返したとき（→p.137をみよう）。
・相手のスローを行うときの反則。
・スポーツマンシップに反する行為。
②「警告」はプレーヤーや役員個人に対しては１回だけ，チームに対しては３回までとし，以後の警告にあたる行為は「退場」（２分間）となる。

■退場

①次のような違反があれば，レフリーは「退場」によって罰する。
・「警告」されたプレーヤーが，再び「警告」に相当する違反を犯したとき。

illustrate

●相手プレーヤーにしてはならない動作

❶ホールディング

片手，両手で相手をつかまえる。

❷プッシング

押したり，突いたりする。

❸ハッキング

❹オフェンシブファウル

たたく。

頭を下げて突っ込む。

❺トリッピング

足を出してつまずかせる。

❻相手に危険な動作

膝を前にあげるプレー。

ジャンプしている相手を押す。

・不正交代があったとき。交代するプレーヤーを「退場」とする。
・ボールを持っているチームの反則で，相手チームにフリースローが与えられたときにボールをすぐ下に置かなかったとき。
・重大な違反（過度な反則，相手のユニフォームをつかむ等），非スポーツマン的行為は，「警告」なしで「退場」させることができる。
・明らかな得点チャンス時にシューターがうったシュートボールがゴールキーパーの頭部に直撃した場合。

②「退場」を指示するとき，レフリーは片腕を２本指を伸ばしたまま高く挙げ，違反したプレーヤーとタイムキーパー，スコアラーに合図をする。

③退場時間はそのつど２分間である。その間退場者を出したチームは少ない人数でゲームをする。退場させられたプレーヤーはベンチにいなければならない。

④ゴールキーパーが退場させられて，交代のゴールキーパーが入ったときは，コートプレーヤー１名を退場させ，１名少ない人数でゲームを行う。

■失格（レッドカードの罰則）

①次の場合には，レフリーはプレーヤーやチーム役員を「失格」させなければならない。
・同じプレーヤーが３回目の退場で罰せられたとき。３回目と同時に「失格」となる。
・相手に対する動作で，危険で粗暴で重大な違反を行ったとき。
・極端なスポーツマンシップに反する行動があったとき。
・７ｍスロー時にゴールキーパーの頭部にボールが直撃した場合（下囲み 失格❾参照）。

②競技終了前30秒間の極めてスポーツマンシップに反する行為については，「失格」と７ｍスローを与える。

③「失格」を指示するとき，レフリーはタイムアウトをとってゲームを中断し，レッドカードを高く挙げて示す。

④「失格」となったプレーヤーは，ベンチから去らなければならない。失格には２分間の「退場」をともない，そのチームはその期間は少ない人数でゲームしなければならない。２分後にそのプレーヤーの補充ができる。

⑤「暴力行為」は「失格」+「報告書」そして，さらなる「懲罰の付加」がつく。

アドバンテージと罰則

アドバンテージのルール

❶防御チームに反則があったとき，攻撃チームにフリースローを与えると攻撃チームが不利になるときは，フリースローの判定をしない。
❷７ｍスローの判定をすると，反則をしたチームが有利になるときは，７ｍスローの判定をしない（ゴールインしたとき等）。
❸ボールを持っているチームが，明らかに得点できるチャンスのとき，他のチームが不正交代をしてもただちに吹笛をせず，そのシュートが終わってから罰則を与える。

警告(イエローカード)となる非スポーツマン的行為

❶７ｍスローのとき大声をあげて妨害する。
❷ゲームが中断したとき，ボールを蹴るなどしてスローができなくする。
❸相手チームや自分のチームのプレーヤーを侮辱する。
❹ベンチに転がってきたボールを，故意に相手チームに返球しない。
❺７ｍスローが行われようとするときのゆっくりしたゴールキーパーの交代。
❻ゴールキーパーが，ゴールエリア内でボール処理をわざと遅らせる。

失格（レッドカード）となる粗暴・極端な反スポーツマン的行為の例

❶コート内外での暴力行為。
❷レフリーや相手プレーヤーに対する，言葉や動作での侮辱。
❸レフリーを突きとばす。
❹レフリーの判定に，態度で不満を表したり，侮辱的な批判をする。
❺相手を蹴とばす，つまずかせる。
❻ユニフォームを破ったり,パンツを下げたりする。
❼7mスローのときに，キーパーが守ろうとしない。
❽ゲーム中断中にボールを投げつける。
❾７ｍスローやフリースローを直接頭部にぶつける。
❿回避義務があるゴールキーパーのコートプレーヤーに対する危険な行為（速攻時の衝突等）。

ゲームの運営と審判法

1 ゲームの運営

■ゲームを運営する人と役割

ゲームは2名のレフリーと，これを補佐するタイムキーパー，スコアラーのオフィシャルによって管理され，運営される。

1レフリーの任務と権限

2人のレフリーは同等の権限をもち，互いに協力して，オフィシャルと連絡をとりながら，ゲームを円滑・安全に運行する。

・プレーヤーが競技会場に入ったときから退場するまでの行動を監視する。
・すべてのプレーを正確に観察し，ルールにそって判定し，違反があれば罰則を与える。

2スコアラーの任務

・得点，罰則の適用などの競技記録をとる。
・退場，交代プレーヤーを管理する。
・ゴールイン，警告，退場，失格，追放のとき合図を出す。

3タイムキーパーの任務

・競技時間を管理し，レフリーの指示でストップウォッチを操作する。
・前半・後半の競技時間終了時には，明確な合図でゲームを停止させる。
・退場者の時間を計時し，退場時間の終了を通告するとともに，出入場を監視する。
・両チームのベンチの秩序を管理する。
・交代プレーヤーの出入場を管理し，不正交代があれば吹笛の合図をする。

■簡易ゲーム

体育の授業でのゲームや，校内大会などのゲームは，競技場の広さ，参加人数，技能レベルの差などを考えて，必ずしも正規のルールにこだわらず，実情に応じたルールで運営をする工夫をしよう。そのような簡易ルールをつくる方法としては，次のような点を考えるとよい。

①ボールの扱い方を変える。
②競技時間を変える。
③競技場に応じた人数を工夫する。
④反則を少なくする。
(p.139の簡易ゲームをみよう)

illustrate

●スコアラーの合図

❶ゴールイン

片手をあげる。

❷警告

イエローカードをあげる。

❸退場

指を2本出す。

❹失格

レッドカードをあげる。

●コートレフリー(●)と，ゴールレフリー(●)の任務分担

コートレフリー
(a)スローオフの笛を吹く。
(b)7ｍスローの笛を吹く。
(c)サイドラインを監視する。
(d)レフリースローを行う。
(e)フリースローのポイントを指示する。

ゴールレフリー
(f)ゴールエリアを監視する。
(g)得点を認定する。
(h)ゴールキーパースローを判定する。
(i)スローインを判定する。
(j)サイドラインを監視する。

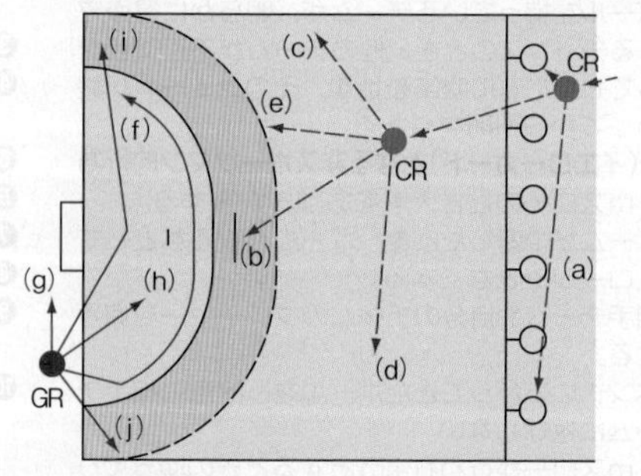

2 審判のやり方

1競技場，ライン，ゴール，ボールなどを点検し，使用ボールを決める。

2両チームのキャプテンを集め，第1レフリーがコイントスを行う。

3提出されたメンバー票とプレーヤーを照合し，服装を点検する。

■ゲームの開始時に

1第2レフリーが，コートレフリーとなって，スローオフをするチームの後方から笛で合図し，ゲームを開始する。

2第1レフリーは，ゴールレフリーとしてゴールラインに位置する。

■ゲーム中のレフリー

1常にボールを確保して攻撃しているチーム側のレフリーが，コートレフリーとして攻撃チームの後方から審判する。

2常に防御チーム側のレフリーが，ゴールレフリーとして審判する。

3ボールがどちらかのチームに移るごとに，ボールを持って攻撃する側のレフリーがコートレフリーに，攻撃される側のレフリーがゴールレフリーになる。

42人のレフリーは，原則的に対角線上に位置するが，コートレフリーはプレーに支障のない範囲で，できるだけボールに近づき，ボールとともに動く。コートレフリーからゴールレフリーになるときも，ボールから目を離さずすばやく動くことが大切である。

52人の判定が異なったときは，コートレフリーの判定をそのときの判定とする。

62人のレフリーが同じチームに対する罰則の適用に異なった判定をしたときは，重いほうの罰則とする。

■ゲームの終了

1タイムキーパーが，競技終了時の合図をする。

2フリースロー，7mスローの判定があった後に競技時間が終了したときは，そのスローの結果を確かめてから競技終了の合図をする（ノータイムフリースロー，ノータイム7mスロー）。

3スコアラーの記録を確認して，得点と勝敗を宣告し，記録用紙にサインする。

●コートレフリー（●）と，ゴールレフリー（●）の動き方

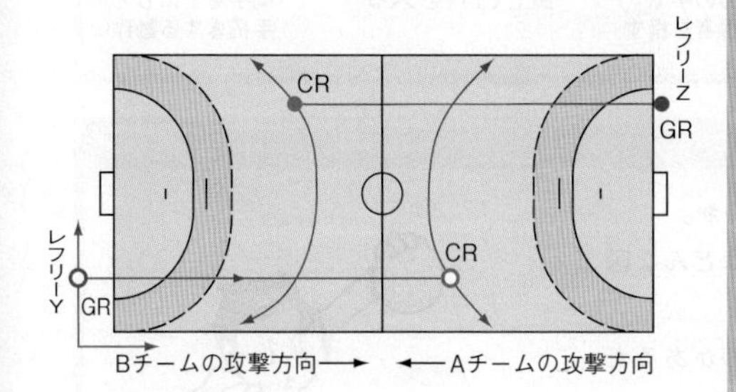

レフリーZはAチームが攻撃しているときにはコートレフリーである。
レフリーYはBチームがボールを獲得してディフェンスからオフェンスに転じたときにコートレフリーになる。状況に応じてYとZは位置を交代することが望ましい。

簡易ゲームを楽しんでみよう

●簡易ゲームのつくり方

ボールの扱い方をやさしくする。

ハンドボールは，ボールを持てる時間と，持って動ける歩数に制限があって，初心者はその制限で頭がいっぱいになり，全体をみわたす余裕がなくなるので，ルールをやさしくしてゲームを行う。

例えば，次のようにルールを変えてゲームを行う。

・時間の制限をなくして歩数を5歩までとし，ドリブルのくり返しもできる。
・時間を5秒，歩数を3歩までとし，ドリブルをくり返すことを認める。
・3秒・3歩の制限として，ドリブルのくり返しはできる。
・男子も女子用2号ボール（小さめで扱いやすい）を使用する。
・女子は1号ボールを使用する。

3 審判のシグナル

レフリーは，得点，反則，スロー，罰則の適用などの場合，必要な吹笛の合図とともに，明確なジェスチャーでその内容を示さなければならない。

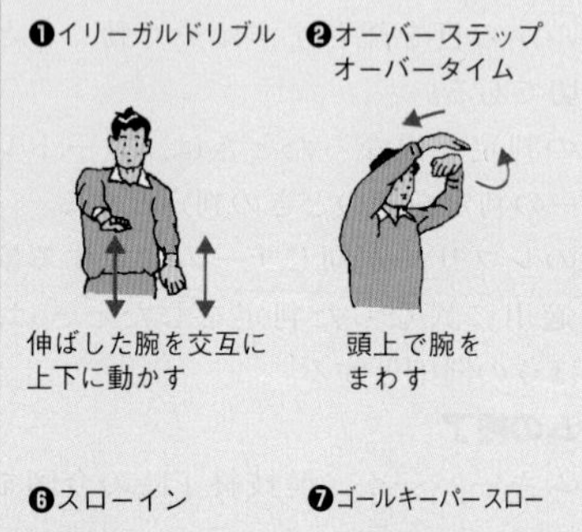

❶イリーガルドリブル

伸ばした腕を交互に上下に動かす

❷オーバーステップ
オーバータイム

頭上で腕をまわす

❸ホールディング
プッシング

肘を横に張って相手を抱きかかえる

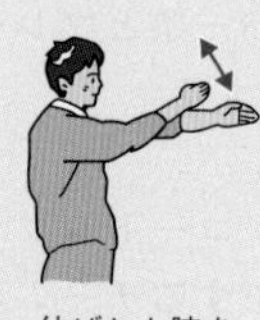

❹ハッキング

伸ばした腕をたたく

❺オフェンシブファウル

こぶしで手を2〜3回たたく

❻スローイン

両腕をサイドラインと平行に前に伸ばす

❼ゴールキーパースロー

指先を下に向ける

❽フリースロー

腕で攻撃方向を示す

❾パッシブプレーの予告

肘を直角に曲げて手をあげる

❿パッシブプレー

右手で時計を押える

⓫得点
（両レフリーとも）

片方の手を上にあげる

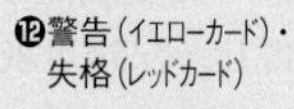

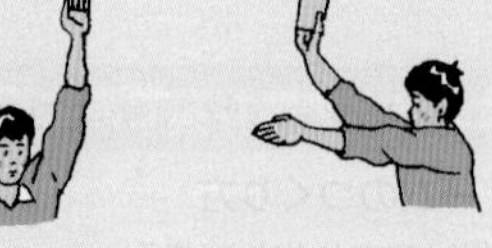

⓬警告（イエローカード）・
失格（レッドカード）

警告・失格者を指し，カードを示す

⓭退場

一方の手で退場者を指す

⓮タイムアウト

頭上で「T」をつくる

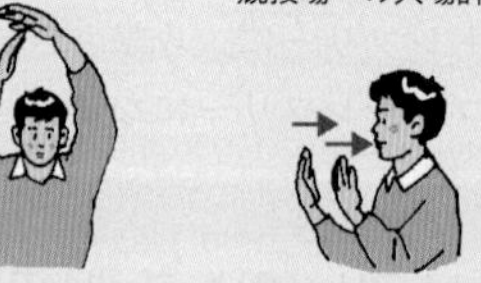

⓯タイムアウト後
競技場への入場許可

両手を上にして手招きする動作

調べてみよう

- いつ，どこの国で始められたスポーツなのか。
- これまでにオリンピックで優勝した国にはどんな国があるか。
- ハンドボール独自のルールにはどんなものがあるだろうか。
- シュートの種類とその特徴を調べてみよう。
- ハンドボール独特のプレーや技術にはどんなものがあるだろうか。

SOCCER

サッカー

【歴史と発展】

紀元前のギリシャやローマをはじめ世界各地には，球体を蹴るゲームに興じていたという記録が残されているが，12世紀頃，英国各地で行われていたFOOTBALLが現在のサッカーという競技の直接の起源だといわれている。

18世紀になると，この競技がパブリックスクールで盛んに行われるようになり，1863年にイングランドサッカー協会が結成され，協会ルールに基づいたフットボール，つまり「サッカー」が誕生した。1904年には国際サッカー連盟（略称FIFA）が創立。世界のサッカーを統括する組織の誕生により，世界的な広がりが一層進んでいった。

わが国へは，1873（明治6）年にイギリス人のダグラス海軍少佐によって紹介され，徐々に全国に普及していった。

【競技の特性】

❶1チーム11名で編成された2チームが，広い同一フィールド上で入り乱れて，ボールを奪い合い，攻撃と防御によって得点を競い合う。

❷ゴールキーパーを除く10名の者は，プレーにあたってボールを手や腕で扱うことはできない（スローインは例外）。

❸足技のほか，胸やひたいなど手や腕以外の体の部分でボールを扱う技術が要求される。

❹有効なプレーのためにお互い協力することが必要とされるので，個人プレーとチームプレーの両面に，高度な技術と戦術が求められる。

競技に必要な施設・用具・服装

1 競技のフィールド

・各ラインはフィールド，エリアに含まれる。
・ライン幅は12cm以下で，ゴールラインはゴールポストと同じ幅。
・ゴールポスト，クロスバーは白色でなければならない。
・国際試合では最大110×75m，最小100×64m。ワールドカップおよびオリンピックでは105×68mと決められている。
・コーナーキックのとき守備側が離れる距離の目安として，コーナーアーク（コーナーエリア）から9.15mのところに（ゴールラインから離して）マークをつけることができる。
・レベルの高い競技会では監督が戦術的指示をするテクニカルエリア（ベンチの左右1mの幅でタッチラインから1mの範囲）を設ける。

●ピッチ（フィールド）

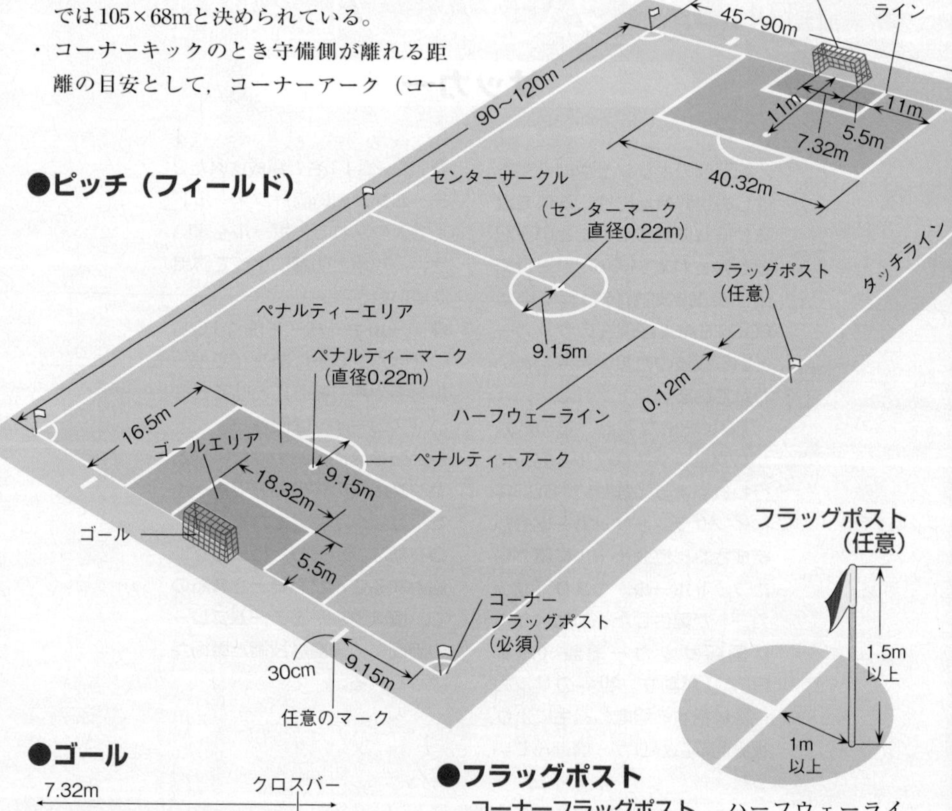

●ゴール

7.32m
クロスバー
2.44m
ゴールポスト
（幅12cm以下）
ゴールネット

ゴールポストとクロスバーの幅と厚さは12cm以内。

●フラッグポスト

コーナーフラッグポスト

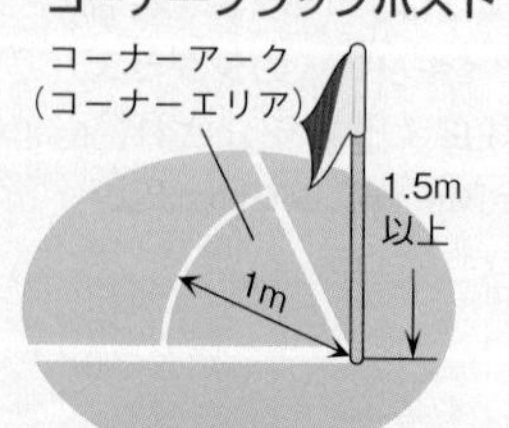

ハーフウェーラインの両側の，タッチラインから1m以上離れたところに立ててもよい。

2 ゲームに必要な用具・服装

●ボール

	号数	周囲	重さ	内圧
中学生以上	5号	68~70cm	410~450g	0.6~1.1kg/cm²
小学生	4号	62~65cm	300~350g	

●服装

フィールド・プレーヤー

ゴールキーパー(GK)

安全チェックリスト

□ゴールは，グラウンドに確実に固定しよう（移動式ゴールもこの要件を満たすこと）。
□ストレッチング等の準備運動（特に下肢の関節）を十分に行おう。
□足にフィットし，ターンやストップの際に滑らないシューズを履こう。
□膝下までのストッキング，その下にすね当て（レガース）を着用しよう。
□水分を補給しよう。暑いときは喉が渇いたと感じる前に水分をとろう。
□交代要員は試合の内容をみて，準備運動をしておこう（寒いときには体が冷えないよう，暑いときには注意力が散漫にならないよう注意する）。
□落雷の予兆があった場合には，すみやかに活動を中断しよう。

みるポイント

競技場のさまざまな席からの観戦ポイント

①中央前段：1対1の迫力ある戦いや個人技
②中央中段：個人技とグループ戦術
③中央後段：チーム全体の動き（システム等）
④ゴール裏前段：迫力あるゴール前の攻防
⑤ゴール裏後段：チームレベルのゴール前の攻防

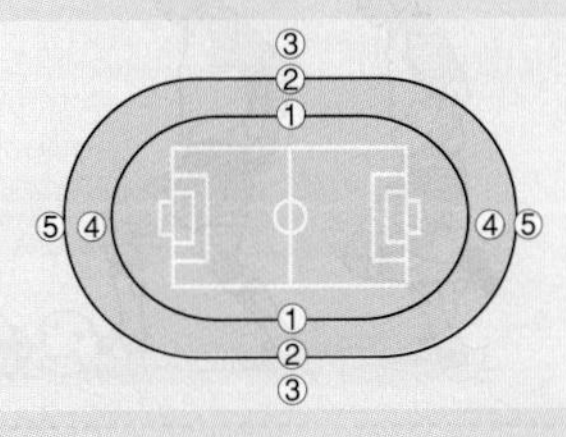

サッカーの豆知識

強いキックのためには，インパクトの際に膝や足首の関節の瞬間的な固定が重要である。そのため，スパイクの底も固い反発力のある素材で作られ，軸足が滑らないよう通常の靴にはないポイントがある。

基本技術と用語の解説

キックの技術

インサイドキック

Point
足首を曲げて足の内側くるぶし付近でボールをプッシュするように蹴る。軸足の真横より少し前（つま先部分）くらいでボールをとらえると蹴りやすい。

インフロントキック（つま先の内側）

Point
足首を伸ばして親指の付け根付近でボールを蹴る。ボールを大きく上げたり，カーブボール（フック）を蹴ることができる。ボールのやや斜め後方から踏み込むと蹴りやすい。

アウトサイドキック（足の外側）

Point
足の甲の外側でボールを蹴る。近くの味方には足首のスナップをきかせて蹴る。カーブ（スライス）をかけるためには足首をしっかり固定して蹴るとよい。

【オン・ザ・ボール】 ボールをプレーしている局面をいう。

【オフ・ザ・ボール】 ボールをプレーしていない局面。サッカーの試合におけるほとんどの動きは，このオフ・ザ・ボールの動きで占められ，その質と量がゲームの戦術的レベルを決定する。

【システム】 11名のプレーヤーの配置。単に選手の配置を示したものではなく，チームの戦い方（ゲームプラン）を背景としたものであるが，あくまで原則的なものであり，試合の中ではポジションチェンジなどにより流動的に変化する。

【プレッシング・フットボール】 今日の世界の主流となっているスタイル。前線からのボールへの積極的なチャレンジを組織的に行う。きわめて高度な連携の動きによりボール保持者へのプレッシャーを強化し，ボールを奪うと一気に攻撃に転じる。

【ボランチ】 ポルトガル語で車のハンドルを意

Point

足首を伸ばして足の甲でボールを蹴る。力強いシュートを放つためには，インパクト時の足首の瞬間的な固定が重要である。

Point

- コーンの間隔を把握し，常にどのようにドリブルしていくかをイメージしておく（慣れてきたらコーンの間隔を自由に設定する等工夫すると良い）。
- アウトサイドによるドリブルでは，ボールの斜め後方に軸足を踏み込み，足の外側の小指の付け根付近で斜め45度前方へ押し出すようにするとコントロールしやすい。

みるポイント

強烈なシュート，芸術的なカーブを描くフリーキック，正確で丁寧なポストプレーなど，プレーヤーはさまざまな状況を打開するための最適のキックを瞬時に選択しプレーしている。優れたプレーヤーとは，単にボールを扱う技術だけが上手ということではない。

味する。今日のプレッシャーの強いサッカーでは，中盤での優雅なゲームメイクは困難となり中盤の底に位置するボランチが実質的な司令塔として機能している。

【クロス】 攻撃側が外側からゴール前にパスボールを送ること。

【プル・アウェイ】 弧を描くようにボールから離れる動き。この動きにより，フォワードはディフェンダーの視野から消えマークから逃れ，フリーでパスを受けたりシュートを放つ。

【ゾーン・ディフェンス】 マンツーマン・ディフェンスでは，ディフェンダーのポジショニングが相手フォワードの動きに大きく影響される。組織的な連携を基本とした今日の守備戦術では，ディフェンダー間で相手フォワードのマークを受け渡すゾーン・ディフェンスが主流となっている。しかし，危険な動きをする相手プレーヤーをマークする重要性に変わりはない。

リフティングの技術

Point ①ボールをとらえる部位の面が地面に水平になっているか。
②立ち足の膝が伸びきっていないか（膝を軽く曲げる）。
①ができていないとボールを正確に上方にコントロールできない。また②の状態では，柔らかなボールタッチもスムーズな体の動きもできない。まずは一人で，一回一回，手でボールをキャッチして①と②に注意して反復するとよい。

ボールコントロールの技術

インステップのクッションコントロール

アウトサイドのウェッジコントロール

インサイドのウェッジコントロール

Point

ボールをとらえる面づくりと軸足の柔軟性が大切。インステップでのクッションコントロールでは，足の甲を伸ばすこと。

一方，インサイドとアウトサイドのエッジコントロールでは，足の甲を軽く屈曲したほうがコントロールしやすい。軸足の膝が伸びきっていると柔軟さに欠け，体のバランスを崩しやすい。

チャージングの技術

相手に故意にぶつかること。相手の肩に自分の肩をぶつけるのが正しいチャージで，このとき肘が体側についていれば腕の部分でチャージしてもよい。正しいチャージで相手の体勢を崩してボールを奪うことは違反ではない。

Point

相手に負けない基本は，①相手よりも低い体勢で，②膝を少し曲げた状態でチャージングに入ることである。膝が伸びきった状態では，相手を押しのけることはできない。肘が体側から離れることは違反であるばかりではない。体側から離れた腕は衝撃に対して弱く，自分自身のけがにもつながる。また，肘で相手の顔面を打つなど相手を傷つけたりもする。

タックルの技術

タックリング

スライディングタックル

サッカーの戦略（システム）

今日の世界のサッカーは，ディフェンスラインが積極的に押し上げられ，フォワードプレーヤーとの間が30m程度のコンパクトな状態に保たれ，ボールを保持したプレーヤーに対しては，常に強いプレッシャーがかけられている。システムは，後方からディフェンダー（DF），ミッドフィルダー（MF），フォワード（FW）の順にその配置される人数により呼称される。

4-4-2システム

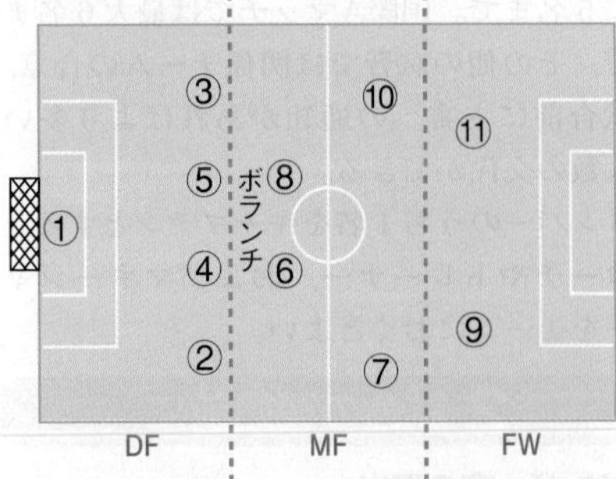

４名のDFとボランチ（ドイス・ボランチ）と呼ばれる守備的MFを配置することで安定した守備組織を形成する。モダンサッカーにおいて，攻守のバランスのとれた基本的なシステム。

4-2-3-1システム

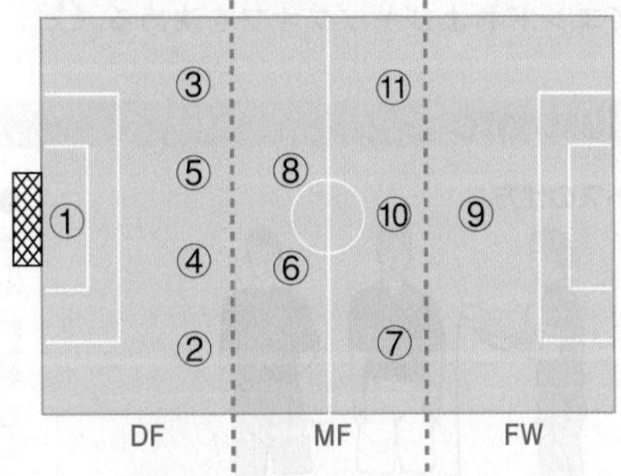

4-4-2システムの２名のFWの１人を下げた１トップFWのシステム。FW⑨が，ポストプレーヤーとして攻撃の起点となったり，左右あるいは下方に移動することで生じる攻撃のためのスペースにMF，あるいは両サイドのDFが後方から攻撃参加する。

ゲームの進め方とルール

1 チームの編成

1 1チームは11名のプレーヤーで編成する。試合をするためには最小限7名が必要で，それ以上なら11名に足りなくても試合に参加できる。

2 メンバーのうち1名を必ず「ゴールキーパー」とする。ゴールキーパー以外を「フィールドプレーヤー」という。

3 公式試合の交代要員は，最大15人まで登録できる。試合中交代できるのは原則的に5名まで。国際Aマッチでは最大6名まで，その他の試合では関係チームの合意，試合前に主審への通知があればより多い人数の交代ができる。

4 メンバーのうち1名をキャプテンとする。

5 コーチやトレーナー，およびマネージャーをチームにおくとよい。

2 試合の開始前に

■メンバー表の提出

大会などの規定にしたがって，プレーヤーや交代要員を大会本部および主審に届け出る。

■トス

主審は，両チームのキャプテンを呼び，表か裏かを提示し，コインのトスを行ってエンドおよびキックオフを決める。⬇

1 トスに勝ったほうが，試合の前半に攻めるゴールかキックオフかを決める。

2 負けたほうは相手の結果に応じて，キックオフかゴールを決める。

3 試合の開始

■キックオフ

試合の前半，後半，延長戦の前半，後半の開始，および得点があった後のプレーは，キックオフによって行われる。キックオフは，主審が合図する。コイントスに勝ったチームが，前半に攻めるゴールか，またはキックオフを行うかを決める。その結果により相手チームのキックオフか，または前半に攻めるゴールが決まる。

1 キックオフを行うときは，両チームのプレーヤーは自チームのエンド内にいなければならない。また，キックオフを行わないチームのプレーヤーは，ボールから9.15m以上離れていなければならない（センターサークル内に入ってはいけない）。⬇

2 キックオフを行ったプレーヤーは，インプレーになったボールに，他の競技者(味方でも相手でもよい）が触れるかプレーされた後でなければ，再びそのボール

illustrate

●トスの仕方

主審がコインを親指にのせてはじきあげる。地上に落ちたコインの表か裏かを当て合うことによってトスの勝ち負けを決める。

●キックオフの位置とインプレー

をプレーすることはできない。

3 ボールが蹴られて明らかに動いたとき「インプレー」となる。

4 キックオフから直接得点できる。

4 試合時間

■試合時間

	国際・国内各種大会名	前半		後半
国際大会	ワールドカップ，オリンピック，ワールドユース，アジア大会等	45分	ハーフタイムのインターバル5～15分	45分
国内大会	天皇杯，Jリーグ，大学選手権等	45		45
	高校選手権，女子選手権*	40		40
	高校総体（インターハイ），その他高校大会	35		35
	中学校大会	30		30
	少年サッカー	20		20

ゲームは前半と後半に分け，その間に15分以内のハーフタイムのインターバルをとる。（*準決勝・決勝は90分）

1 試合時間は，両チームが合意した場合を除いて，前・後半それぞれ45分間で，ハーフタイムのインターバルは5～15分間である。

2 高校の選手権大会では40分ハーフの80分間で行われ，ハーフタイムのインターバルは5～10分間である。高校生のゲームは70分，80分が多い。90分でも行っている。

●試合中のアディショナルタイム

①競技者の交代　②競技者の負傷の程度の判断や競技者のフィールドからの退出　③時間の浪費　④懲戒の罰則　⑤「飲水」タイム（1分間を超えるべきではない）や「クーリング」ブレーク（90秒間から3分間で）など，競技会規定で認められる医療上の理由による停止　⑥VARのチェックやレビューに関わる遅延　⑦得点の喜び　⑧プレーの再開を著しく遅らせる行為（例えば外的要因による妨害）を含む，その他の理由

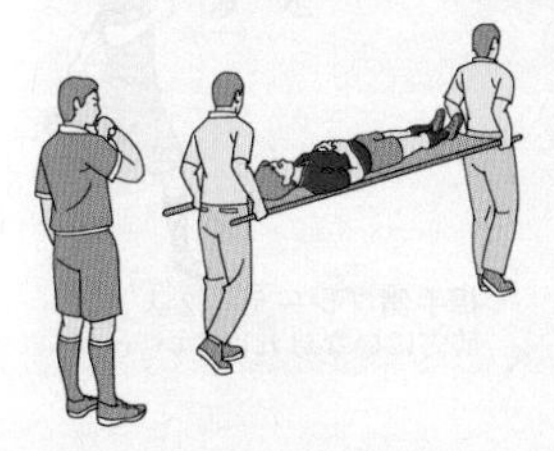

■試合の延長

1 試合時間中に空費された時間（アディショナルタイム）は，主審の判断で延長する。したがって，実際にゲームを行う時間が試合時間となる。

2 前半，後半のゲーム終了時にかかってしまった「ペナルティーキック」は時間を延長し，その結果が判明したときをもって試合を終了させる。

■後半の試合の再開

ハーフタイムのインターバルの後は，エンドを交替し，前半キックオフをしなかったチームがキックオフを行って試合を再開する。

みるポイント

チームプレーのポイント

サッカーチームは11人の選手で構成されます。一人ひとりの選手には，それぞれ異なったフットボール・パーソナリティーがあります。性格だけでなくシュートがうまい，スピードがある，パワーがある，テクニックがある，ゲームを読む力があるなど様々な能力をもっています。そして，サッカーには11のポジションがあります。チームプレーとは，それぞれのチームメートのフットボール・パーソナリティーを生かした戦略（こんなサッカーがしたい）を立て，ゲームをして，問題点を修正し，さらに楽しいゲームを目指していくことです。モダンフットボールの父，故リヌス・ミケルス監督の選手への指導上の言葉に「よく見て，よく考えて，よく話し合いなさい」があります。ワールドクラスのサッカーも，体育授業でのサッカーも，チームプレーの基本的な考え方に違いはありません。

戦術

ゲーム観戦前の情報収集で，あるいはゲーム開始後すぐにサッカーのピッチを描いた用紙に両チームの選手の配置を記入することで，スピーディーでダイナミックなゲーム展開の中での選手のポジションチェンジなどの変化がみえてくる。このことにより，攻撃の特徴や守備の崩れがみえてくるようになる。

5 プレーの方法

■**ボールの扱い方**

1 フィールドプレーヤーおよび自チーム側のペナルティーエリア外に出たゴールキーパーは，意図的に手でボールを扱うことはできない。これに反すると「ハンドリング」の反則で，直接フリーキックとなる。

2 ゴールキーパーは，自チーム側のペナルティーエリア内にあるボールのみ手または腕を使ってボールを扱ってよい。⬇ ただし，①ボールを手から離すまでに，ボールを手でコントロールしている間に6秒を超える，②持ったボールを手放してから他のプレーヤーに触れる前に再び手で触れる，③味方プレーヤーによって意図的にゴールキーパーにキックされたボールに手で触れる，④味方プレーヤーによってスローインされたボールを直接受けて手で触れる，などの行為は反則となり，間接フリーキックとなる。

■**ショルダーチャージ**

ボールを持っている相手の肩に，肘を体側につけた肩で，不用意な・無謀な・過剰な力でない方法でチャージすることは許される。

■**オフサイド**

1 オフサイドの位置：相手側のエンド内で，ボールよりも相手側ゴールに近い位置にいて，そのプレーヤーが少なくとも2人目および最後尾にいる2人の相手側プレーヤーより相手側ゴールラインに近い位置にいるとき，「オフサイドポジション」にいることになる。

2 オフサイドの反則：「オフサイドポジション」にいるというだけでは反則ではなく，その位置にいて①味方プレーヤーがパスした，②触れたボールをプレーする，③触れることによって相手のプレーを妨害する，④ボールに向かう相手プレーヤーに挑む，は反則となるが，相手プレーヤーが意図的にプレーしたボールを受けたとき，意図的なハンドの反則をした場合を含め反則とはならない。ただし意図的なセーブからのボールを除く。

3 オフサイドポジションにいたか否かの判定は，そのプレーヤーがボールを受けた瞬間ではなく，後方の味方プレーヤーがボールに触れるかプレーした瞬間のプレーヤー

illustrate

●ゴールキーパーが手や腕を使える範囲

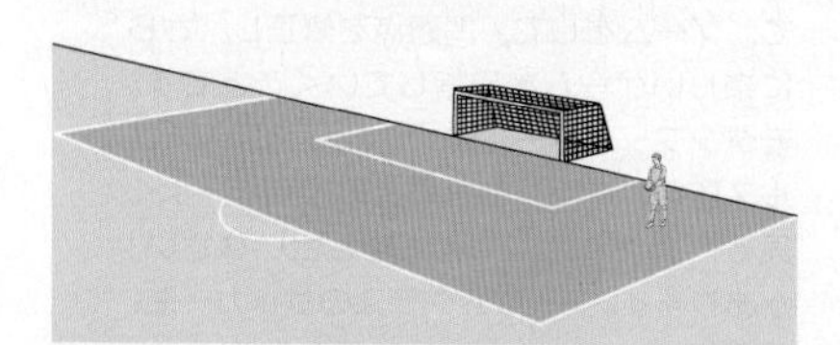

●オフサイドの判定のタイミング

●オフサイドラインとオフサイドの位置

の位置により決定される。

4 オフサイドの反則の起きた地点で相手チームに間接フリーキックが与えられる。

5 オフサイドポジションにいる競技者が，ゴールキック，スローイン，コーナーキックからボールを直接受けたときはオフサイドの反則にはならない。

■オフサイドになる例とならない例

	プレーを妨害する		相手プレーヤーを妨害する	その位置にいることによって利益を得る
オフサイドの違反の例	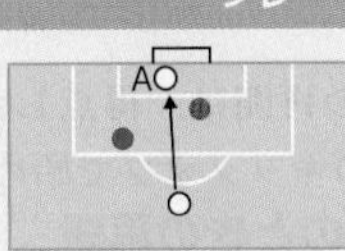 オフサイドポジションにいた攻撃側プレーヤーAは，相手プレーヤーに干渉しなかったが，ボールに触れた。副審は，プレーヤーがボールに触れたときに旗を上げなければならない。	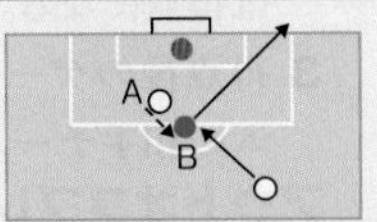 オフサイドポジションにいる攻撃側プレーヤーAは，ボールに向かって走り，相手プレーヤーBがプレーする，あるいはプレーする可能性を妨げた。Aは身振りや動きでBを惑わした，あるいは混乱させた。	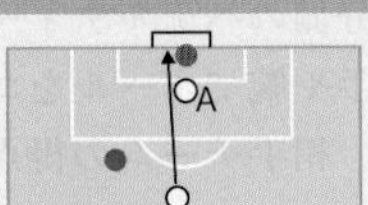 攻撃側プレーヤーAがオフサイドポジションにいて，ゴールキーパーの視線を遮った。プレーヤーは，相手プレーヤーのプレー，あるいはプレーする可能性を妨げたことで罰せられなければならない。	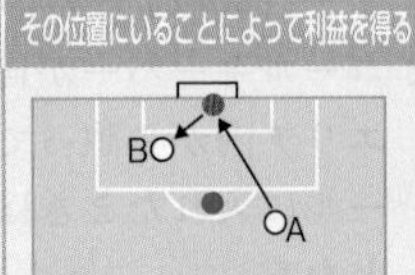 味方プレーヤーAがシュートしたボールがゴールキーパーから跳ね返り，プレーヤーBのところに来た。プレーヤーBは，すでにオフサイドポジションにいてボールをプレーしたので罰せられる。
 オフサイドの違反にならない例	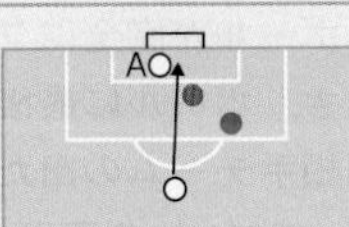 オフサイドポジションにいた攻撃側プレーヤーAは，相手プレーヤーに干渉することなく，またボールにも触れなかった。	 オフサイドポジションにいた攻撃側プレーヤーAが，ボールに向かって走った。オンサイドポジションにいた味方プレーヤーBもボールに向かって走り，ボールをプレーした。プレーヤーAはボールに触れなかったので，罰せられることはない。	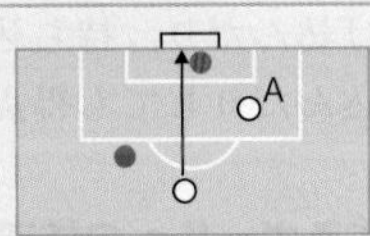 攻撃側プレーヤーAはオフサイドポジションにいるが，ゴールキーパーの視線を遮ったり，身振りや動きでゴールキーパーの視線を遮ったり，混乱させていない。	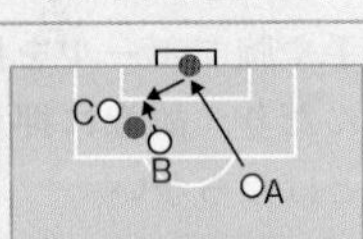 味方プレーヤーAがシュートしたボールがゴールキーパーから跳ね返って，オンサイドポジションにいたプレーヤーBがボールをプレーした。プレーヤーCはオフサイドポジションにいたが，ボールに触れず，オフサイドポジションにいたことによって利益を得ていないので罰せられない。

●◍は相手プレーヤー（◍はゴールキーパー）

●インプレー

プレーヤーがプレーを続けることができる状態を「インプレー」という。次の場合もインプレーでプレーできる。

- ・ボールがゴールポスト，クロスバー，コーナーフラッグポストに当たってフィールド内にはね返ったとき。
- ・反則があっても，判定が下されないとき。

●アウトオブプレー

プレーの一時停止を「アウトオブプレー」といい，次の場合に停止となる。それ以外はボールは常にインプレーである。

- ・ボールが地上または空中で，ゴールラインあるいはタッチラインを完全に越えたとき。
- ・ボールが主審（または，その他の審判員）に当たり，攻守が変わったり，新たな攻撃が始まった場合。
- ・主審がゲームを停止したとき。

アウトオブプレーの例

ボールが空中にあっても，ゴールラインやタッチラインを越えていれば，アウトオブプレーとなる。

フィールド外へ出たときにアウトオブプレーとなり，戻ってもインプレーにはならない。

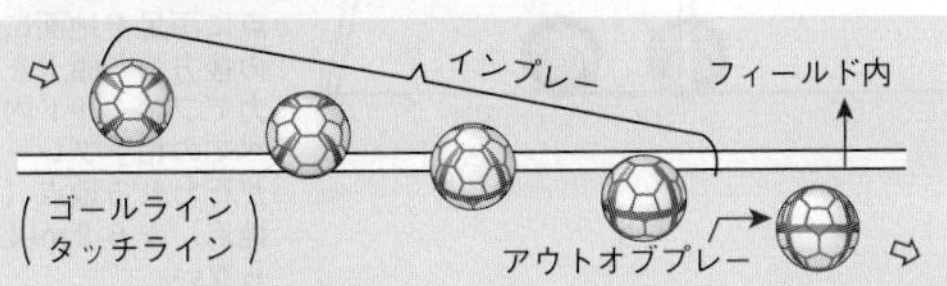

サッカー

シュートと得点

■得点

1 ボールが両ゴールポストの間のクロスバーの下で，ラインを完全に越えると，相手チームの1点の得点となる。

2 ゴールキーパーが自分側のペナルティーエリア内から誤って手や腕でボールをゴールに入れたときは，相手チームの得点となる。

3 自分側のゴールにボールを入れると，相手側の得点となる。

■シュート

1 シュートは，手や腕以外の体の部分で，ボールをゴールに入れることをいう。

2 手や腕でボールを投げ込んだり，持ち込んだり，故意に押し込んだりしても得点とはならない。

■ゴールインしようとするボールへの妨害

1 ゴールに入ろうとするボールが，外部から何らかの要因によって妨げられたときゲームは停止され，その地点で主審のドロップボールで再開する。ただし，ペナルティーキックの場合は，ゴールキーパー，ゴールポスト，クロスバーからはね返る前に，妨害があった場合にのみ，ペナルティーキックのやりなおしとなる。

2 観客がフィールドに入って得点に影響を与えた場合は，その地点で主審のドロップボールになる。フィールドに入っても影響がないときは，ボールがゴールインすれば得点になる。

3 得点後のゲームの再開は，得点したチームの相手チームのキックオフで始める。

アウトオブプレーのときの再開

ボールがフィールドの外に出ると，「アウトオブプレー」となってプレーが中断される。そのときは，ボールが出たときの状態によって次の方法で試合を再開する。

■スローインによる再開

タッチラインからボールが完全にフィールドの外に出たとき，ボールに最後に触れたプレーヤーの相手チームの出た地点からの「スローイン」でプレーを再開する。

1 スローインを与えられたチームの一人のプレーヤーが，ボールをスローインする。地点が違うとファールスローとなり，相手チームのスローインとなる。

2 スローインされたボールがフィールド内に投げ入れられた瞬間に，再び「インプレー」となる。

illustrate

●ゴールとノーゴールの判定

完全にゴールポストを通過したときゴールインとなる。

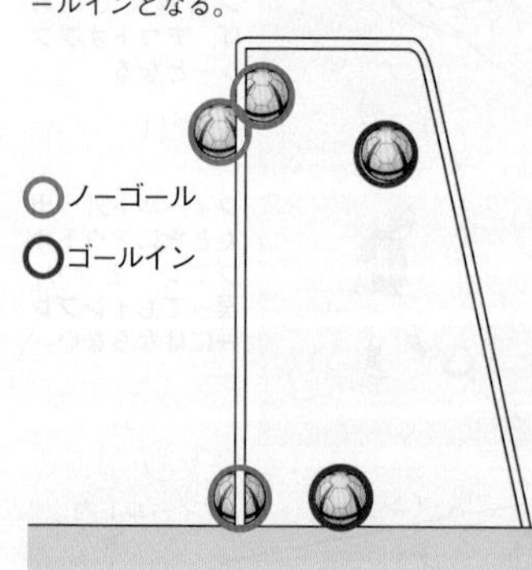

●スローインのやり方

ボールがタッチラインを横切った地点に両足を地面に接し，ボールは頭の後方から頭上を通して両手均等な力でフィールド内に投げ入れる。すべての相手プレーヤーはスローインが行われる地点（タッチライン上の地点）から2m以上離れなければならない。

●ゴールキックのやり方

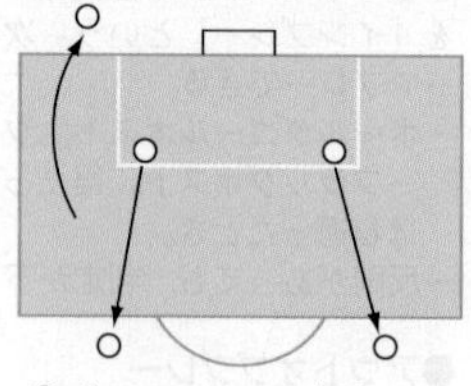

①ゴールエリアの任意の地点にボールを置いて蹴り出す。

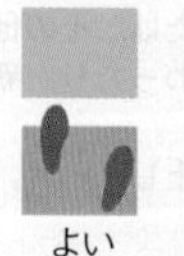

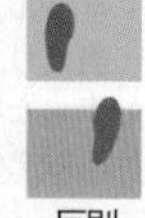

3 正しい投げ方でスローインをしたがボールがフィールドに入らなかったときは，スローインをやりなおす。

■ゴールキックによる再開

ゴールインしたボールを除き，ボールがゴールラインを完全に越えてフィールドの外に出たとき，ボールに最後に触れたプレーヤーが攻撃側であるときは，守備側チームによりゴールエリアの任意の地点からの「ゴールキック」によってプレーが再開される。

1 ボールが蹴られて明らかに動いたときインプレーとなることから，ボールがペナルティーエリアを出る必要はない。

2 ゴールキックを行わないチームのプレーヤーは，インプレーになるまでペナルティーエリアの外，かつ9.15m以上離れなければならない。

3 しかし相手プレーヤーがペナルティーエリアから出ようとしている間に，あえてゴールキックが行われた場合は，やり直しはなくプレーは続行される。

4 相手チームのゴールに限り，ゴールキックから直接得点することができる。

■コーナーキックによる再開

ゴールインした場合を除き，ボールがゴールラインを完全に越えてフィールドの外に出たときに，ボールに最後に触れたプレーヤーが守備側である場合は，攻撃側チームの「コーナーキック」によってプレーを再開する。

1 攻撃側チームのプレーヤーが，コーナーエリア内にボールをおいて，フィールド内に蹴り入れる。

2 相手チームのゴールに限り，コーナーキックから直接得点することができる。

3 ボールが蹴られて明らかに移動したときに「インプレー」となる。

4 コーナーキックを行わないチームのプレーヤーは，ボールがインプレーになるまでは，コーナーアークから9.15m以上離れていなければならない。

■ドロップボールによる再開

得点や反則のあったとき，およびスローイン，ゴールキック，コーナーキックとなるアウトオブプレー以外に，主審が一時的にゲームを中断することがある。そのときは，主審の「ドロップボール」によってプレーを再開する。

相手側プレーヤーがペナルティーエリアから出ようとしている間のゴールキックはプレー継続。

②ボールが蹴られて明らかに動いたとき，インプレーとなる。
③相手プレーヤーがペナルティーエリアから出ようとしている間に，ゴールキックが行われた場合は，やり直しはなくプレーは継続される。

●コーナーキックのやり方

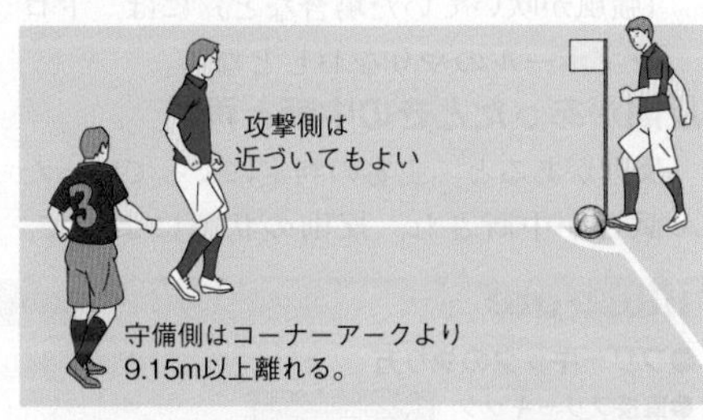

①ボールが出た側のコーナーアーク内にボールを置いて蹴る。
②インプレーになったボールに，他のプレーヤーが触れる前に続けてキッカーがそのボールをプレーしたときは，守備側の間接フリーキックとなる。
③ボールはコーナーアーク内にボールの一部が入っていればよい。

1 ドロップボールとなるのは，上記の競技規則に規定していない理由による場合で，次のようなときである。

・試合中にプレーヤーが重傷を負ったとき。

・ボールの空気が抜けたり，破裂したりして，主審がボールの交換を指示したとき。

・観客や犬などの外的要因でゴールに入るボールが妨げられたとき。

・ボールが主審（または，その他の審判員）に当たりゴールに入ったり，攻守が変わったり，新たな攻撃が始まった場合。

2 プレーが停止されたとき，ボールがあった位置，またはボールが最後に触れられたのがペナルティーエリア内であった状況では，ボールはペナルティーエリア内の守備側チームのゴールキーパーにドロップされる。

その他のすべてのケースにおいて，主審は，ボールが最後に競技者または審判員に触れた位置で，最後にボールに触れたチームの競技者の１人にボールをドロップする。他のすべてのプレーヤーは，ドロップ位置から4m以上離れなければならない。

3 ドロップボールはボールが地面に触れたときにインプレーとなる。

4 ドロップしたボールが地面に触れる前に，プレーヤーがボールに触れたり，タッチラインまたはゴールラインを越した場合（強風が吹いていた場合など）には，ドロップボールのやりなおしとなる。

反則があったときの中断と再開

反則があると，主審の判定によっていったん試合が中断され，反則の状態によって，あらためて次の方法で再開される。

■フリーキックによる再開

フリーキックには，相手側ゴールに直接シュートして得点のできる「直接フリーキック」と，ゴールに入る前にキックしたプレーヤー以外のプレーヤーが，ボールに触れるかプレーした後でなければ得点にならない「間接フリーキック」がある。反則や不正行為によって，相手チームにそのどちらかが与えられる。

1 フリーキックは，反則のあった地点にボールをおき，静止させたうえでキックする。

2 ボールが蹴られて明らかに動いたとき，インプレーとなる。

3 フリーキックを行わないほうのチームのプレーヤーは，ボールがインプレーとなるまではボールから9.15m以上離れていなければならない。ただし，相手側の間接フリーキックの際に自陣側のゴールポストの間のゴールライン上に立ったときは，9.15m以内でもよい。

4 自陣側のペナルティーエリア内でのフリーキックのとき，相手側はボールがインプレーになるまでペナルティーエリアの外でボールから9.15m以上離れていなければならない。しかし相手プレーヤーがペナルティーエリアから出ようとしている間にゴールキックが行われた場合は，やりなおしはなくプレーは続行される。

5 守備側チームが３人以上で壁を作った場合，すべての攻撃プレーヤーは壁から1m以上離れなければならない。1m以内に侵入した場合は，守備チームの間接フリーキ

illustrate

●フリーキックのやり方

●直接フリーキック

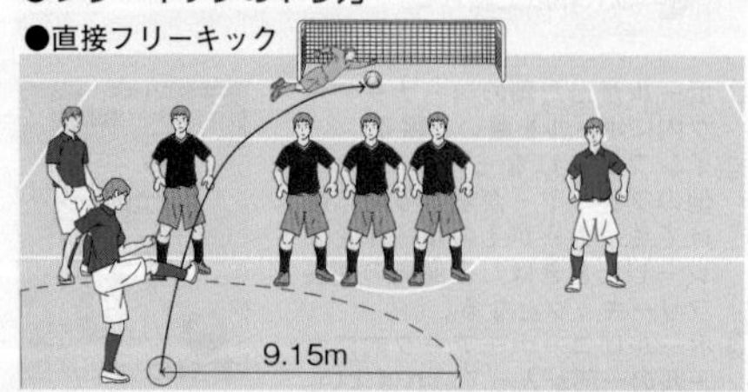

●間接フリーキック

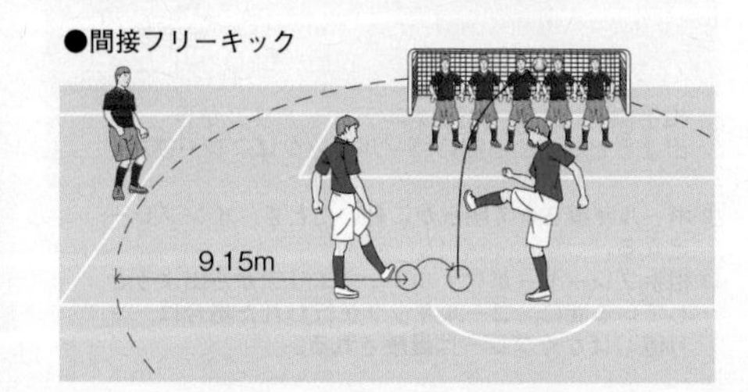

●フリーキックとなる場合

直接フリーキック・ペナルティーキックとなる場合

❶キッキング

相手を蹴る，または蹴ろうとする。

❷トリッピング

相手をつまずかせる，またはつまずかせようとする。

❸ジャンピングアット

相手にとびかかる。

❹タックリング

相手競技者の安全を脅かすタックル。

❺ファウルチャージ

不用意に，無謀に，あるいは過剰な力で相手をチャージする。

❻ストライキング

相手を打つ，または打とうとする（ゴールキーパーが，ボールを相手に強く投げつけたときも，打ったとみなされる）。

❼プッシング

相手を押す（キーパーが持っているボールで相手を押すことも許されない）。

❽ホールディング

相手を押さえる。

❾ビティング・スピッティング
人をかむ，または人につばを吐く。

❿ハンドリング
ボールを手や腕で扱う。偶発的にボールが攻撃側プレーヤーの手や腕に当たった場合，ゴールキーパーを含め，自分の手や腕から直接，またはボールが自分の手や腕に触れた直後に得点した場合のみ罰せられる。「直後」とはボールの移動距離が短い，数少ないパスしか行われなかった場合。

⓫コンタクト・インピーディング
身体的接触によって相手を妨げる。

⓬ボール，相手または審判に物を投げる。あるいは持った物をボールに当てる。

間接フリーキックになる場合

❶主審が危険と判断するようなプレーを行ったとき

❷ボールをプレーせずに故意に相手の進路を妨害したとき

❸ゴールキーパーがボールを手から離すのを妨げる

❹ゴールキーパーが自分側のペナルティーエリア内で次の行為をしたとき（ゴールキーパーの反則）。
・味方競技者からの「足」による意図的パスを「手」で扱ったとき（手以外の足や体で触れることは許される）。
・ボールを手から離すまでに，ボールをコントロールしている間に6秒を超えたとき。
・ボールを手から離して，しかも他の競技者（味方プレーヤー・相手プレーヤーを問わず）に触れる前にそのボールに手で再び触れたとき。
・味方プレーヤーによってスローインされたボールを直接手で触れたとき。

❺警告や退場が与えられ，試合を停止したときには，その違反が直接フリーキックに該当する反則の場合は，直接フリーキックかペナルティーキックで再開することになるが，それ以外の違反の場合は間接フリーキックで再開する。

❻オフサイドが宣告されたとき。

❼フリーキック，ペナルティーキック，キックオフ，ゴールキック，コーナーキック，スローインのときに，それを行ったプレーヤーが，インプレーになったボールを他のプレーヤーがボールに触れるかプレーする前に，続けてボールに触れたとき。

ックとなる。

6 自陣側のゴールエリア内での守備側のフリーキックは，そのゴールエリア内であれば，どこから行ってもよい。

7 相手側のゴールエリア内での攻撃側の間接フリーキックは，反則の起きた地点にもっとも近いゴールラインに平行なゴールエリアのライン上から行う。

■ペナルティーキックによる再開

守備側のプレーヤーが，自陣側のペナルティーエリア内で，「直接フリーキック」に相当する10項目の反則をしたときは，相手チームに「ペナルティーキック」が与えられる。

1 反則を犯した相手側チームの一人のプレーヤーが，ペナルティーマークの上にボールをおき，主審の合図によって前方にキックする。

2 ペナルティーキックから直接得点することができる。

3 ボールが蹴られて前方へ移動したときにインプレーとなる。

4 キックを行うプレーヤーと，守備側のゴールキーパー以外のすべてのプレーヤーは，インプレーとなるまで，ペナルティーエリアの外のフィールド内で，ペナルティーマークから9.15m以上離れていて，しかもペナルティーマークよりも後方にいなければならない。

5 守備側ゴールキーパーは，ボールが蹴られるまで両ゴールポスト間のゴールライン上に，キッカーに面していなければならない。

6 ペナルティーキックを行ったプレーヤーは，他のプレーヤーがボールに触れるかプレーする以前に，続けてボールに触れると守備側の間接フリーキックとなる。

7 ペナルティーキックが，前半・後半の試合時間の終了時，または終了後および再び行われるときは，そのキックの結果が判明するまで，試合時間を延長して試合を終了する。

6 プレーヤーの交代

■メンバーチェンジ

1 公式戦でのプレーヤーの交代は，登録した交代要員の中から原則的に５名までの交代ができる。延長時にもう１名交代要員を用いることを競技会規定に定めることができる（それまでに，すべての交代要員を使っていなくても）。ユース年代においては，交代人数に制限を設けないことができる。

2 主審の許可なく交代要員がフィールドに入った場合，プレーは停止され（そのプレーヤーは警告または退場），プレー停止時にボールのあった地点からの間接フリーキックとなる。

■ゴールキーパーの交代

1 フィールドプレーヤーは，ゴールキーパーと交代することができる。

2 交代は試合の停止中に，主審に通告した

illustrate

●間接フリーキックの場合

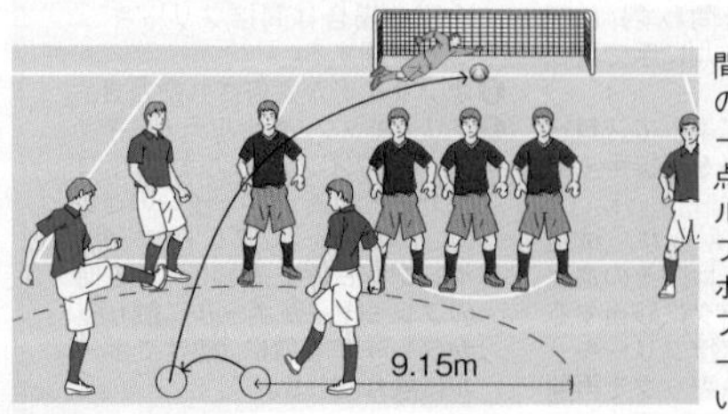

間接フリーキックの場合は，直接ゴールに入っても得点とならず，ゴールキックになる。フリーキックしたボールを他の味方プレーヤーがシュートすることが多い。

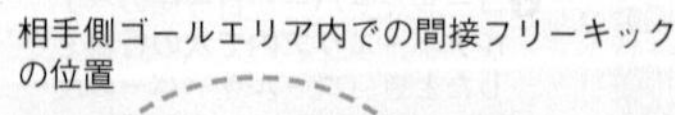
相手側ゴールエリア内での間接フリーキックの位置

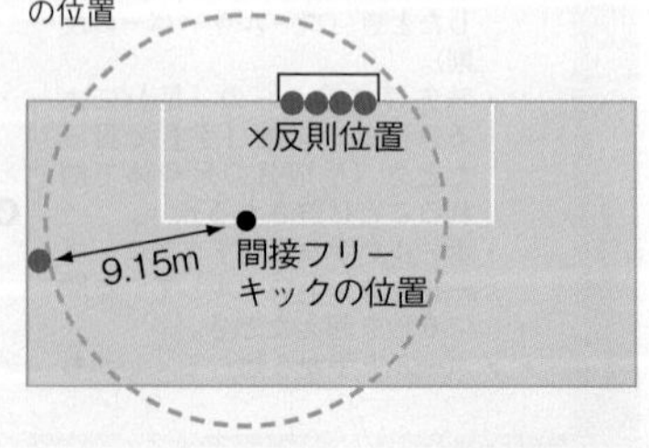

●ペナルティーキックのときの違反とその判定

	違反行為	キックの結果	判定 試合時間内のキック	判定 試合終了時・終了後のキック
攻撃側の違反	インプレーになる前に攻撃側の競技者がペナルティーエリア内またはペナルティーマークから9.15m以内に入ったとき。また，ペナルティーマークより前方に動く	ゴールに入る	やりなおし	やりなおし
		ボールがゴールキーパー，クロスバー，ゴールポストからフィールド内にはね返ったとき	守備側の間接フリーキック	終　了
		ゴールキーパーがとった	守備側の間接フリーキック	終　了
		ゴールキック，あるいはコーナーキックになった	守備側の間接フリーキック	終　了
	キッカーが２度続けてボールをプレーしたとき	どのような結果になっても	守備側の間接フリーキック	終　了
守備側の違反	インプレーになる前に守備側の競技者がペナルティーエリア内またはペナルティーマークから9.15m以内に入ったとき。また，ペナルティーマークより前方に動く	ゴールに入る	得　点	得　点
		ゴールに入らない	やりなおし	やりなおし
	ボールが蹴られる前に，ゴールキーパーがゴールライン上から前に動いたとき	ゴールに入る	得　点	終　了
		ゴールに入らない	キッカーに影響を与えた場合はやりなおし	
両チームの違反	両チームの競技者がペナルティーエリアに入る	どのような結果になっても	やりなおし	やりなおし
	ゴールキーパーとキッカーが同時に反則をおかす		守備側の間接フリーキック（キッカーに警告）	終　了

●ペナルティーキックのときのプレーヤーの位置

GKはキックされるまでゴールライン上にいなければならない。ライン上を横に動くのはよい。

キッカーとGK以外はボールが蹴られるまでペナルティーエリアに入れない。

みるポイント

メンバーチェンジのポイント

監督は，常にどう戦うかのプランに基づいてゲームを分析している。例えば，意図する攻撃はできているか。守備の乱れは生じていないかなどである。残り時間20分くらいからは，得点の状況に応じて積極的に攻撃に転じるか，あるいはゲームの流れを落ち着かせるために守備的な選手を投入すべきかなど，両監督の判断に基づくメンバーチェンジのもっとも多い時間帯である。

うえで行う。

■退場を命じられたときの補充

1 ゲーム開始前に，主審によって退場を宣告されたプレーヤーがあったときは，交代要員の中から補充することができる。

2 ゲーム開始後に，退場を命じられた場合は，そのプレーヤーの補充は認められない。

■交代の仕方

1 交代の前に主審に交代の通告をする。

2 交代で退くプレーヤーがフィールドから出たのちに，交代するプレーヤーが主審の合図によってフィールド内に入る。

3 交代要員がフィールド内に入るときは，ゲームの停止中に，ハーフウェーラインのところから入らなければならない。

7 試合の終了と勝敗の決定

■試合の終了

1 後半の試合時間が終わったときに，主審の合図により試合が終了する。

2 ペナルティーキックによる時間の延長の場合は，その結果が判明したとき，試合の終了となる。

■勝敗の決定

1 試合時間中に，前半と後半の合計得点が多かったチームが勝ちとなる。

2 両チームとも無得点，または同点のときは，引き分けとなる。

●試合時間を延長したペナルティーキックの試合終了

①得点と判定されて終了となる場合
- 直接ゴールインをしたとき。
- ゴールポストやクロスバーに当たってゴールインしたとき。
- ゴールキーパーに当たるかプレーされてからゴールインしたとき。
- ゴールポストやクロスバーに当たってから，キーパーに触れたりプレーされたのちゴールインしたとき。

②得点にならずに終了となる場合
- ゴールインせずにアウトオブプレーとなったとき。
- キーパーに当たるかプレーされて，フィールド内に戻り，ゴールインしなかったとき。
- ゴールポストやクロスバーに当たり，フィールド内にはね返り，ゴールインしなかったとき。

● PK戦のときのポジションと得点例

●試合の勝者を決定する方法＝PK戦

両チームが同点または無得点の場合，トーナメントに続いて出場するチームを次の方法で決める。

①主審がコインをトスしてキックを行うゴールを選ぶ。

②主審のコイントスで，トスに勝ったチームが先に蹴るか後に蹴るかを決める。

③ペナルティーキックの方法で，両チームが交互に5人ずつキックをする。

④5人がキックをしたのち，得点の多かったチームを勝ちとする。または両チーム5人がキックする以前に，他方が5本のキックをしてもあげることのできない得点を一方のチームがあげたとき勝ちとする。

⑤5人ずつキックしたが同点のときは，どちらかが多く得点をあげるまで，交互に同人数のキックを続ける。

⑥このキックができるのは，試合終了時にプレーしていたプレーヤーだけである。一方のチームの人数が少ないときは，他のチームも同じ人数にして行う。

	1人目	2人目	3人目	4人目	5人目	
Aチーム	○	○	○	●	○	勝ち
Bチーム	○	○	●	○	●	負け

例：○…ゴール成功　●…ゴール失敗

規則違反と罰則規定

プレー中に，ルール違反や不正行為があると，罰則および相手チームにフリーキックかペナルティーキックが与えられる。

1 警告が与えられる7項目の違反

プレーヤーが次の7項目の違反をすると警告され，イエローカードが示される。

イエローカード

・主審をあざむくことを意図して相手方の反則を装う行為をする。

❶反スポーツ的行為を犯す（ラフプレーを含む）

・味方の肩を借りてヘディングする。

・アウトオブプレーの笛が鳴ってから意識的にボールを大きく外に蹴り出す。

❷言葉または行動によって異議を示す

・ペナルティーキックを行うプレーヤーのトリックモーション。

・得点した喜びの表現としてジャージを脱ぐ。

・スローインのとき，ボールを無謀に相手に投げつける。

❸くり返し競技規則に違反する

❹プレーの再開を遅らせる

❺ドロップボール，コーナーキック，フリーキック，またはスローインでプレーを再開するとき，規定の距離を守らない

❻主審の承認を得ずにフィールドに入る，または復帰する

❼主審の承認を得ずに意図的にフィールドから離れる

2 退場が命じられる7項目の違反

プレーヤーが次の7項目の違反をすると退場を命じられ，レッドカードが示される。

レッドカード

❶著しく不正なプレーを犯す（相手の安全に危険をおよぼすプレー，後方からのタックルなど）

❷乱暴な行為を犯す

❸相手プレーヤーあるいはその他の者をかむ，またはつばを吐きかける

❹プレーヤーが意図的に手でボールを扱って，相手の得点，あるいは決定的な得点の機会を阻止する（自分のペナルティーエリア内にいるゴールキーパーが行ったものには適用しない）

❺フリーキックあるいはペナルティーキックとなる違反で，ゴールに向かっている相手プレーヤーの決定的な得点の機会を阻止する

❻攻撃的な，侮辱的な，あるいは下品な発言や身振りをする

❼同じ試合の中で2つ目の警告を受ける

試合の運営と審判法

1 試合の運営

■試合を運営する人と役割

試合の運営は主審と２名の副審と第４の審判員によって行う。

1 主審の職権と任務

・競技の記録をとり，競技規則を守らせて所定の試合時間のゲームを行わせる。アディショナルタイムがあれば，それだけ延長する。

・ルール違反による試合の停止，天候や観客の妨害などによる試合の中断，打ち切りなどを決定する。

・不正行為やルール違反を犯したプレーヤーに警告を与え，重ねてくり返したプレーヤーには退場を命じる。

・罰則を適用することが，違反したチームの利益になると判断したときには罰則を与えない（アドバンテージルールの適用）。

・試合の進行・停止中に，プレーヤーがフィールドに出入りする許可を与える。

・ゲームに用いるボールを決定する。

2 副審の任務

副審は，２名任命される。決定は主審が行うが，副審の任務は以下のときに合図することである。

・ボールの全体がフィールドの外に出たとき

・どちらのチームにコーナーキック，ゴールキックまたはスローインを与えるか

・プレーヤーがオフサイドポジションにいることによって罰せられるとき

・プレーヤーの交代が要求されているとき

・主審に見えなかった不正行為やその他の出来事が起きたとき

・反則が起き，主審より副審がよりはっきりと見えるときはいつでも（特定の状況下で，反則がペナルティーエリア内で起きたときを含む）

・ペナルティーキックのとき，ボールが蹴られる前にゴールキーパーが前方へ動いたか否か，そしてボールがゴールラインを越えたか否か

3 サッカー活動中の落雷事故の防止対策

落雷の予兆があった場合には，すみやかに活動を中止し，安全な場所に避難する。

2 審判のやり方

■審判の動き方

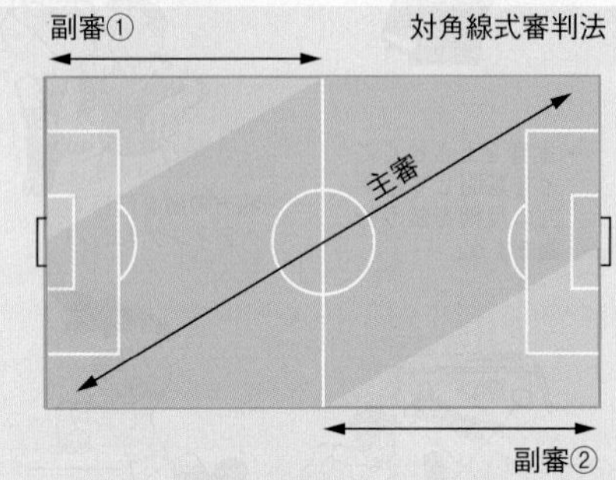

①主審は，図のように幅広く動き，プレーに近い位置で反則や違反などを判定する。

②副審は，タッチラインに沿って移動しながら，タッチラインとゴールラインを監視し，担当するエンド側のオフサイドや反則をみる。

■試合の開始のとき

1 主審は両チームのプレーヤーの位置を確かめたうえで，キックオフの合図（笛を吹く）をし，試合を開始させる。

2 キックオフの反則があれば，必要な処置によってやりなおしをさせる。

簡易ゲームを楽しんでみよう

授業や，校内球技大会で行う試合は，参加者の技能や能力，人数，フィールドの広さなどの条件に応じて，実情に適したルールを工夫してよい。ただ，サッカーの特性を失わないために，競技規則では16歳未満・女子・35歳以上および障害のある競技者の試合について，下記５項の規則の変更が許されている。

①競技場の大きさ　②試合時間　③ボールの大きさ，重さ，材質　④ゴールポストの間隔とクロスバーの高さ　⑤交代

3　審判のシグナル

主審のシグナル

笛およびシグナルによって指示する。

❶プレーオン
（またはアドバンテージ）

両手または片手で前方へ押し出す。

❷間接
フリーキック

片手を上に高くあげる（ボールが蹴られ，他のプレーヤーに触れるまで片手をあげている。また，直接得点することができないと明らかにわかる場合は手を下ろすことができる）。

❸直接フリーキック

キックする側が攻めているゴールラインの方向をさす。

❹ペナルティーキック

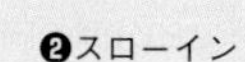

ペナルティーマークをさす。

❺ゴールキック

ゴールエリアのほうをさす。

❻コーナーキック

コーナーアークのほうをさす。

❼警告・退場

警告は黄色，退場は赤色のカードをあげる。

副審のシグナル

旗を広げて持ち，試合が停止したとき，違反，反則があったとき，主審を助けるための合図をする。

❶オフサイド

第１の動作
オフサイドの違反があったことを，主審に合図するとき。

第２の動作
笛が鳴ったら旗を下げる。

違反地点が遠い位置であるとき。

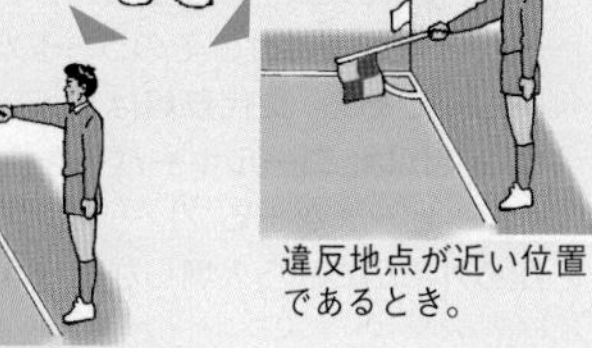

違反地点が中央付近であるとき。

違反地点が近い位置であるとき。

❷スローイン

スローするチームの攻める方向をさす。

❸コーナーキック

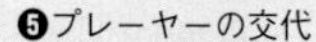

コーナーエリアをさす。

❹ゴールキック

ゴールエリアをさす。

❺プレーヤーの交代

旗を横にして頭上にあげる。

調べてみよう

- これまでオリンピックやワールドカップで優勝した国は，どんな国があるだろうか。
- ディフェンスシステムの３バックと４バックの違いと特徴を調べてみよう。
- どこの国にどのようなリーグがあるのか調べてみよう。
- Ｊリーグの理念を調べてみよう。

5:5の フットサルをやってみよう

フットサルとは

サッカーよりもひとまわり小さいローバウンドボールを用いて，小さいピッチ（競技場）で行う競技を「フットサル」と呼ぶ。攻守の切り替えがはやく，スピーディーで，しかも多くのボールタッチが可能なので，誰にでも得点のチャンスがある競技である。

ラインまたはマークの幅は8cmとする　（単位:m）（　）は国際試合

ベンチ
テクニカルエリア
交代ゾーン
コーナーエリア
ペナルティーエリア
追加マーク（半径4cm）
ペナルティーマーク（半径6cm）
10mマーク（半径6cm）
5mマーク
ハーフウェーライン
センターマーク（半径6cm）
ゴールライン
センターサークル
コーナーアーク半径25cm
追加マーク
タッチライン
16〜25（20〜25）
25〜42（38〜42）

競技者の数

試合は，5人以下の競技者からなる２つのチームによって行われ，そのうち１人はゴールキーパーである。交代要員は９人以内で，試合中の交代は，ゴールキーパーを含めて制限はない。ピッチを出るプレーヤーが交代ゾーンから外に出てから入場しなければならない。

競技の進行

①試合は，プレーイングタイム（アウトオブプレー中は時計を止める）で20分間の同じ長さからなる２つのピリオドで行われ，ハーフタイムは15分を超えないインターバルを取ることができる。
②コイントスに勝ったチームが，第1ピリオドに攻めるゴールかキックオフを行うかを決める。コイントスに負けたチームは，その結果によりエンドか，キックオフになる。第2ピリオドはエンドを替え，キックオフは第1ピリオドと反対のチームが行う。キックオフから相手競技者のゴールに直接得点することができる。
③シュートはピッチ内のどの位置からでもできる。両ゴールポストの間とクロスバーの下でボール全体がゴールラインを越えたとき得点となる。一方のチームが得点をあげたあと，他方のチームがキックオフを行う。
④ボールがタッチラインから出たり，天井に当たった場合，相手チームがタッチライン上からキックインしてプレーを再開する。キックインから直接得点できない。
⑤ゴールキーパーは，自陣ペナルティーエリア内では手を使える。
⑥攻撃側がボールをゴールラインから出した場合，ゴールキーパーが手で投げるゴールクリアランスでプレーを再開する。ゴールクリアランスから直接得点することはできない。守備側がボールをゴールラインから出した場合，コーナーキックでプレーを再開する。コーナーキックから直接得点することができる。
⑦各ピリオドそれぞれ１回，１分間のタイムアウトを取ることができる。
⑧十分な空気圧のフットサル専用ボールを使用し，ピッチ表面がなめらかな場所で行う。

特有のルール

主要なルールはサッカーと同じであるが，フットサルとして次の規定がある。
①４秒ルール：直接および間接フリーキック，コーナーキック，ゴールクリアランスは４秒以内に行う。インプレー中，自陣でのゴールキーパーのボールコントロールも４秒以内である。違反したら，相手チームの間接フリーキックとなる。キックインの違反の場合は，相手チームのキックインとなる。
②退場：退場を命じられたプレーヤーは再び参加することはできない。ただし，２分間双方に得点がなかった場合は，交代要員からプレーヤーを補充できる。人数の多いチームに得点があった場合，少ないチームが補充できる。
③反則の累積：直接フリーキックの反則が各ピリオドチーム累計で６つ目以降10mマークから直接フリーキックとなる。10mマークより前方（ペナルティーエリアを除く）では，10mマークからか，反則地点か選ぶことができる。キッカーは，直接得点しようとしなければならない。守備のために「壁」は作れない。
④オフサイドがない。

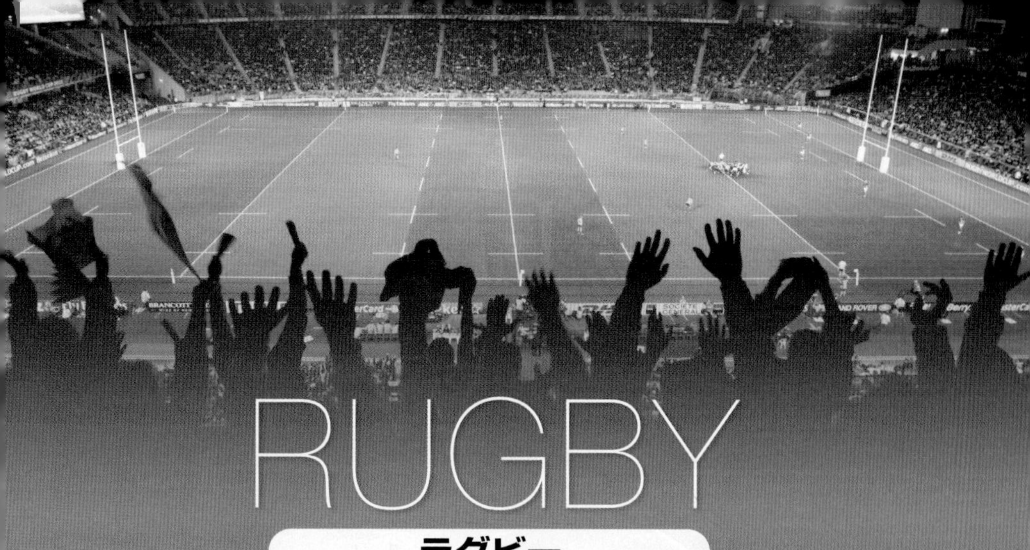

RUGBY

ラグビー

【歴史と発展】

19世紀にイギリスのパブリックスクール，ラグビー校で行われていた手を使うフットボールを原形としている。1871年ラグビー校出身者を中心にイングランドラグビーフットボール協会が設立され，統一競技規則のもとプレーされるようになった。

1886年国際統括団体インターナショナルボードが組織された。現在，100ヵ国以上の国々でプレーされている。1987年からワールドカップが開催され，オリンピック，サッカーワールドカップに続くスポーツイベントに発展している。2019年にはアジアで初めて日本で開催された。また，2016年リオデジャネイロオリンピックから7人制ラグビーが，男女正式種目に加わった。

わが国では，1899（明治32）年，イギリス人英語講師E.B.クラークとケンブリッジ大学で学んだ田中銀之助によって慶応義塾大学に伝えられたのが始まりである。その後，各大学にラグビー部ができ，1918（大正7）年には第1回全国高校（当時は中学）ラグビー大会が開かれた。また，1926（大正15）年には日本ラグビーフットボール協会が設立され，急速に発展した。

【競技の特性】

❶1チーム15名あるいは7名で編成された2チームが行う陣取りボールゲーム。トライによる得点（5点）あるいはトライの阻止を目指して攻防をくり返す。
❷楕円のボールを持って走る，蹴る，ドリブルしてもよく，ボールを持っている相手へのタックルなどの体への接触も許される。
❸ボールを前に投げたり，落としたりしてはいけない。原則としてボールより前方のプレーヤーは，プレーしてはいけない。
❹ポジションによって役割分担があり，個人的技能と集団的技能がうまくかみあうことが必要である。
❺レフリーは競技のすべての事実判定に絶対的権限をもち，プレーヤーの抗議は許されない。

競技に必要な施設・用具・服装

1 競技場

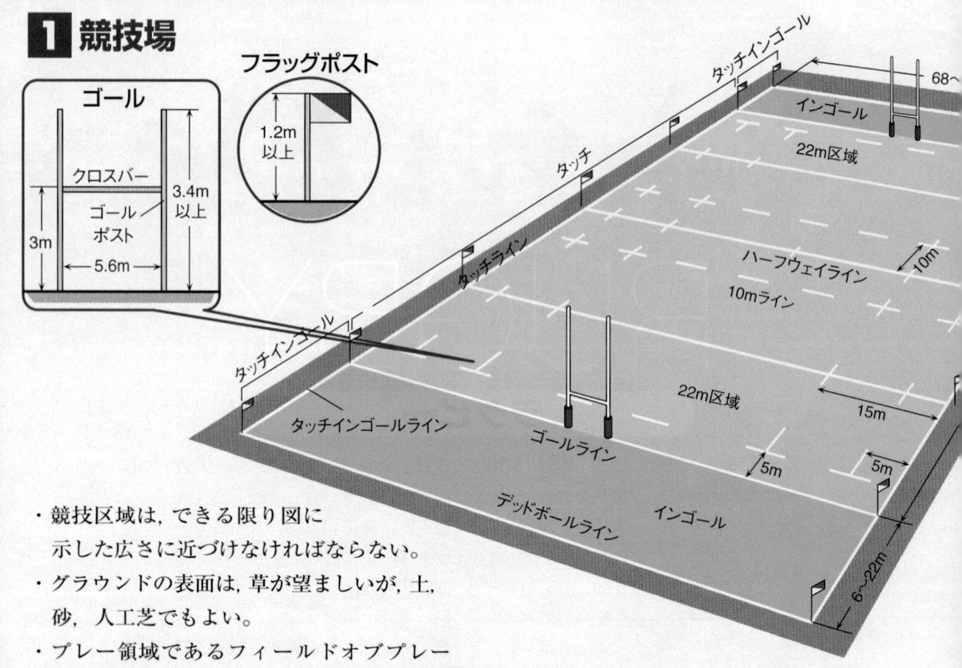

・競技区域は，できる限り図に示した広さに近づけなければならない。
・グラウンドの表面は，草が望ましいが，土，砂，人工芝でもよい。
・プレー領域であるフィールドオブプレーは，タッチラインとゴールラインに囲まれた区域である。
・タッチラインはタッチに，22mラインは22m区域内に，ゴールラインはインゴールに含まれる。
・デッドボールラインとタッチインゴールラインはインゴールではない。
・ゴールラインとタッチインゴールラインの交点に立つフラッグポストは，インゴールではない。

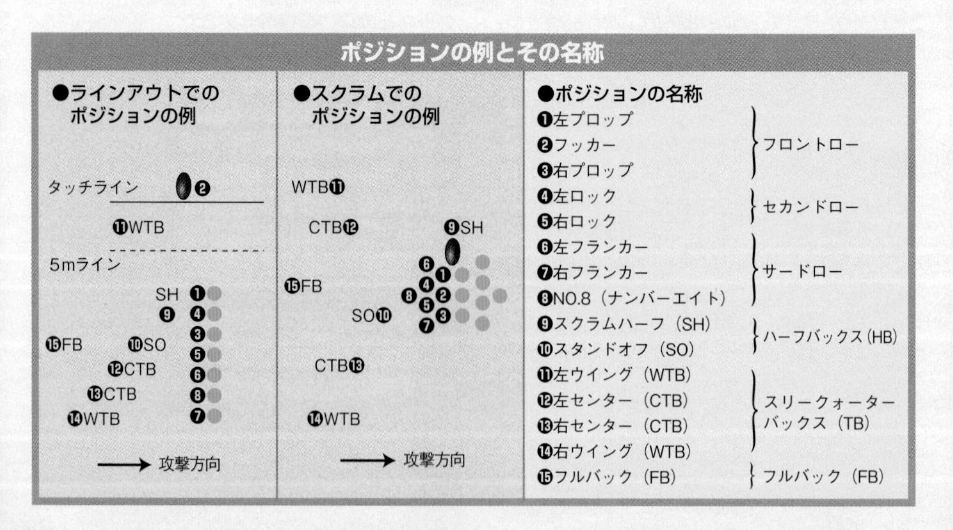

2 ゲームに必要な用具・服装

・シューズのスタッドは，高さ21mmを超えてはならず，尖っていてはならない。
・ヘッドキャップはワールドラグビーの承認マークが付いているものを必ず着用する。
・マウスガードを必ず装着する。
・ワールドラグビーの承認マークがついたゴーグルであれば着用できる。
・女性プレーヤーは，ワールドラグビー承認の胸当てパッド，ロングタイツ，他のプレーヤーに危険を及ぼさないヘッドスカーフを着用することができる。
・プレーヤーをモニタリングする機器をつけることができる。

●ボール

長　さ	28～30cm
縦の周囲	74～77cm
横の周囲	58～62cm
重　さ	410～460g
内　圧	0.67～0.70kg/cm²

●時計

●笛

●タッチジャッジ用の旗

みるポイント

観客席の位置によってラグビーの楽しみ方はいろいろ。例えば，次のように見え方，楽しみ方が変わってきます。
- **タッチラインの近く**：選手が間近に見えるため，プレーヤーのスピード，コンタクトプレーの醍醐味を肌で感じてみてください。
- **高い位置から**：ボールの動きに加え，プレーヤーの動きを追うことができるため，ラグビーをじっくり見たいときに最適の場所である。ボールを持っていないとき，プレーヤーはどのように動いているのか観察してみてください。
- **ゴールポストの裏から**：グラウンド横方向へのボールの動きを観察できるため，コーチになったつもりで，戦術をチェックしてみてください。

安全チェックリスト

□プレー前に体調（体重変化，睡眠状況，食欲等）を確認しよう。
□天候（気温と湿度）を確認しよう。
□服装（ジャージ，パンツ，ソックス，シューズ，ヘッドキャップ，マウスガード）を整えよう。
□十分に準備運動をしよう。
□競技場（ゴールポストカバー，グラウンド表面の硬さと凹凸，タッチライン外側のスペース等）を確認しよう。

ラグビーの豆知識

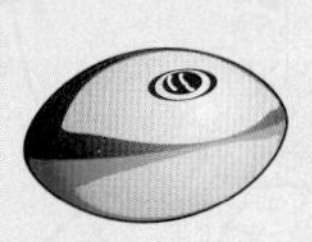

スピンのかかったラグビーボールには，次のような特徴があります。
・回転数が少ないほどボールは不安定で姿勢を崩しやすい。
・右脚で蹴り出されたキック：回転数が増すほど飛行経路は左方向へドリフトする。向かい風は左方向へのドリフトを増加させ，追い風はドリフトを減少させる。

基本技術と用語の解説

ボールを持って走る技術

基本的な走り方

Point
ボールを両手に持ち，膝にゆとりをもたせて走る。

独走態勢での走り方

Point
独走になったときは，ボールを片手で持って走ってもよい。

みるポイント

ボールの持ち方

防御側プレーヤーが密集している場面では，ボールを両手で持つことによってコンタクト後のボール保持が確実になります。また，走りながらボールを動かすことによって相手にフェイントをかけることができます。

一方，オフロードパスや相手からボールを遠ざけてコンタクトする場合には，片手でボールを持つことがあります。

サイドステップ

●相手が近くにきたときに有効な走法

スワーブ

●相手との間合があるときに有効な走法

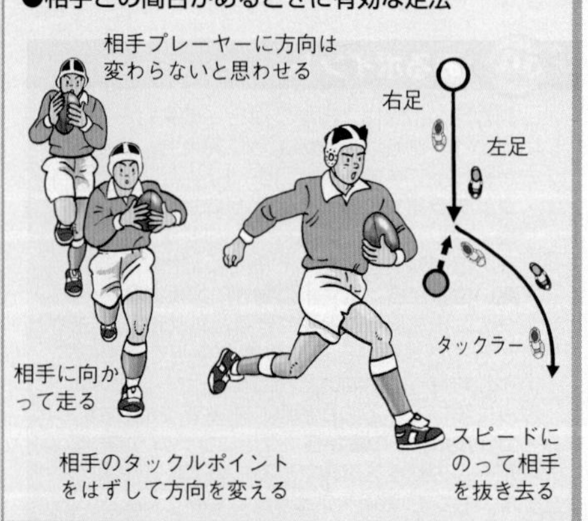

パスの技術

●走りながらのパス

ボールの持ち方

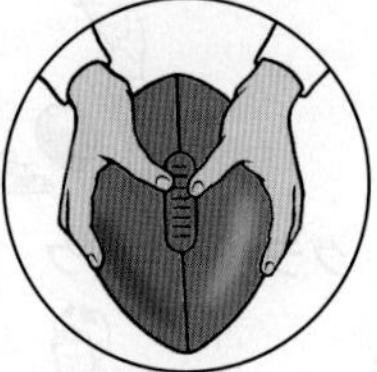

腕をリラックスさせ，手のひら全部を使って握る。

●空中にあるボールのパス

タップパス

Point 手首のスナップをきかせるとよい。

●グラウンド上にあるボールのパス

両手で地面をはくように腰を落としてパスをする。

ダイビングパス

体を投げ出しながらパスをする。

Point 上方向にとばないように。

キャッチングの技術

パスのレシーブ

Point ボールが低いときは手首をかえすとよい。

高いボールのキャッチング

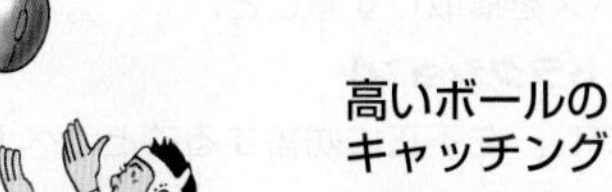

Point ボールをよく見て，わきをしめる。両腕にていねいに抱き込むように。

キックの技術

パントキック

ボールは放り上げず，軸足に体重をのせ，ボールをよく見て足首を伸ばしてミートする。

プレースキック

ジャストミートできるように助走を定める。フォロースルーも大切。

ドロップキック

ボールを地面に落とし，バウンドする瞬間に十分踏み込み，足首をしっかり伸ばしてキックする。

グラバーキック

防御側の背後をねらって，ボールを地上低く転がるようにける。

プレースキックの種類

トウキック

インステップキック

インフロントキック

【インジャリータイム】
負傷者の手当てのために失った時間を，規則により延長する時間。

【インターセプト】
相手のパスを横取りすること。

【オブストラクション】
相手のプレーを不正に妨害すること。ペナルティキックが科せられる。

【オープンサイド】
スクラム，ラインアウトなどのセットプレーで，広い方のサイドのこと。狭い方をブラインドサイドと言う。

【ゲインライン】
スクラム，ラインアウト，ラック，モールなどで両チームの攻防の境界線。

【サポート】
ボールを持っていないプレーヤーが，味方のプレーヤーの動きを支援すること。

【シザース】
方向転換のためにボールを持ったプレーヤーが交差して走る味方にパスする動き。スイッチ，クロスと同意語。

【ジャッカル】
タックル直後に防御側プレーヤーがボールを奪おうとするプレー。

【ダミープレー】
プレーするとみせて，そのプレーをせずに相手を惑わすプレー。ダミーパス，ダミーランなどがある。

【チャージ】
相手のプレーヤーのキックを阻止するため，そのボールに体を投げかける動作。この場合，チャージされたボールが前方へ落ちてもノックオンにはならない。

セービングの技術

両肘を伸ばし，ボールを両手でおさえる。セービングしたら，すぐプレーするか，立ち上がるか，ボールから転退しなければならない。

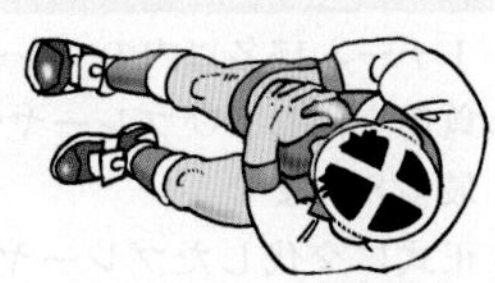

タックルの技術

フロントタックル
正面で相手の腰をめがけて肩を当て，両腕を相手の脚に巻きつけて倒す。

サイドタックル
相手の横方向から肩で当たり，両腕を相手の脚に巻きつけて倒す。

リアタックル
相手の背面から当たり，両腕を相手の脚に巻きつけ両腕を足首に向かってずらしながら倒す。

スマザータックル
体を密着させたまま，ボールごと相手を引き倒す。

みるポイント

タックルの正しい技術を身につけましょう。
相手に当たる瞬間までしっかり目を開けて，頭の位置はボールを持ったプレーヤーのお尻側になるように捕まえます。そして，相手を引き倒したら自分の体がボールを持ったプレーヤーの上になるようにします。実際のプレー中のタックルのしかたに注目してみましょう。

【デンジャラスゾーン】
防御側として守りにくい危険な区域。

【ハンドオフ】
タックルにくるプレーヤーを，ボールをもっていないほうの片手で阻む(はば)プレー。

【ハンドリング】
ボールを手で扱うことの総称。

【ヒールアウト】
スクラムまたはラックの中のボールを足で後方にかき出すこと。

【フッキング】
スクラムにおいてフッカーが，ボールを後方へ蹴る技術。

【フォーメーション】
攻撃，防御時の集団としてのポジショニング。

【サポーティング】
ラインアウトやオープンプレーで空中に跳び上がっている味方のプレーヤーを支える技術。

【フライングウエッジ】
ボールを持ったプレーヤーが相手にコンタクトする前に，そのプレーヤーの両側を味方がバインディングして集団でコンタクトするプレー。

【ホイール】
スクラムが回ること。

【ラッチ】
コンタクトする前に味方にバインディングしている状態のこと。

【ループ】
ラインを形成して攻撃するとき，パスした後，ボールを受けたプレーヤーの後方に回り，すぐにパスを受けるプレー。

【オフロードパス】
相手にコンタクトしながら，あるいはタックルを受けながら行うパス。

ゲームの進め方と競技規則

1 チームの編成

1 1チーム15名以内のプレーヤーで行う。

2 負傷交代およびプレーヤーの入れ替えは，最多８名まで。

3 正式に交代したプレーヤーは，再びその試合に加わることはできない。

4 出血したプレーヤーは，出血がおさまり傷口がおおわれるまで，競技区域から出ていなければならない。この場合，交代のプレーヤーが一時的にプレーすることができる。

5 チームに指導者，セーフティーアシスタントをおく。ゲーム中，指導者は，ハーフタイムを除きレフリーの許可なしに競技区域に入れない。

6 プレーヤーの１名をキャプテンとする。

2 ゲームの開始と再開の方法

1 ゲームに先だち，両チームのキャプテンは，レフリー立ち合いのもとにトスを行う。

2 トスに勝った側が，キックオフをするかサイドを選ぶかのどちらかを決める。

3 ゲームは，トスで権利を得たチームのハーフウェイラインの中央またはその後方からのドロップキックによるキックオフによって開始される。

4 後半開始のときは，試合開始にキックオフしたチームの相手側が，同じ方法でキックオフを行う。

5 得点後のゲームの再開は，ハーフウェイラインの中央，または後方からのドロップキックで行われる。

6 後半は前半とサイドを交替して行う。

3 競技時間

■競技時間

1 競技時間は80分以内，19歳未満は70分以内と決められている。

2 試合は相等しい時間の前・後半に分け，ハーフタイムに15分以内の休息をとる。

■競技の休止と遅延

1 ゲーム中レフリーが承認した休止により失われた時間は，その時間だけ競技時間を延長する。

2 コンバージョンキックは，トライ後90秒以内に行わなければならない。

3 重症者を搬送する場合を除き，プレーヤーの負傷対応時の休止は１分間である。

4 高温や多湿時には給水のため１分間の休止時間が設けられる場合がある。

illustrate

●キックオフの方法

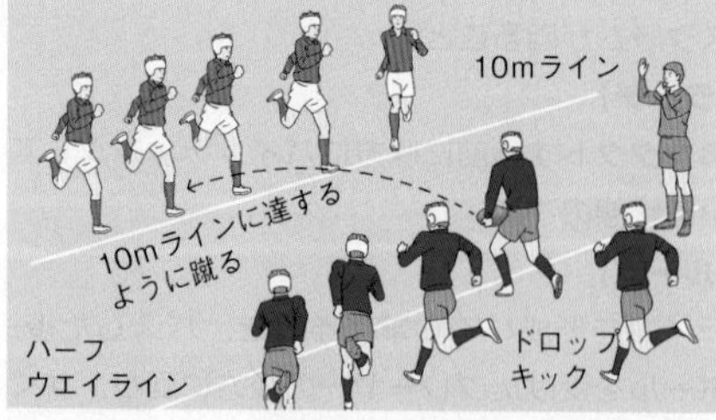

❶キックしたボールが相手側の10mラインまで達しなかった場合
〈再開方法〉相手側は，キックオフをやりなおすか，ハーフウェイライン中央でのスクラムを選択する。
❷キックしたボールが直接タッチかタッチインゴールに落ちた場合
〈再開方法〉相手側は，キックオフをやりなおすか，ハーフウェイライン中央でスクラム，またはラインアウトのどれかを選択する。

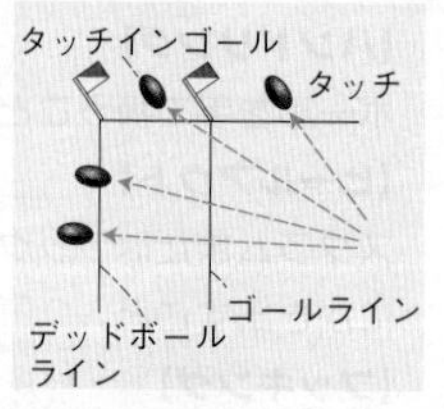

❸キックしたボールがデッドボールラインを越える，またはゴールラインを越えて相手側がボールを地面につけた場合
〈再開方法〉相手側は，キックオフをやりなおすか，ハーフウェイライン中央でのスクラムかを選択する。
❹キッカー側チームが，ボールの前方に位置している場合
〈再開方法〉ハーフウェイライン中央でのスクラム。
❺相手側が，ボールが蹴られるまでは10mラインの前方に位置している場合
〈再開方法〉キックオフをやりなおす。
※再開方法としてスクラムまたはラインアウトを選択した場合には，キックをしなかった側がボールを投入する。

4 プレーの方法

■オンサイドでのプレー

競技開始後，オンサイド（プレーすることができる位置）にいるプレーヤーは，ルールの範囲内で次のプレーができる。

・ボールをとる，拾いあげる，持って走る。
・ボールをパスする，投げる，ノックする。
・ボールを蹴るなどしておし進める。
・ボールに倒れ込む（近くに倒れているプレーヤーがいない場合）。
・ボールを持った相手側プレーヤーにタックルする。
・スクラム，ラインアウト，ラック，モールに加わる。
・インゴールにボールをつける。

■オフサイド

プレーヤーがプレーできない位置がオフサイドである。オフサイドになったプレーヤーが，プレーに加わろうとしたり，相手側プレーヤーを妨害したりするとオフサイドの反則となる。

1 オフサイドの位置のプレーヤーが次の反則を犯すと，ペナルティキックが科せられる。
・ボールをプレーする。
・ボールの方向へ動く。
・相手側を妨害する。
・10m規則に違反する。

2 スクラム，ラック，モール，ラインアウト，タックルでは，それぞれオフサイドラインが決められ，その前方にとどまったり，それを越えて進んだり，その他決められた規定に違反するとオフサイドとなる。

3 一般プレーにおいてオフサイドの位置にいるプレーヤーは，次のときオンサイドとなり，プレーができる。
・ボールをキックしたプレーヤーおよびその後方の味方プレーヤーが，オフサイドプレーヤーよりも前に走り出たとき。
・ボールを持った味方のプレーヤーがオフサイドプレーヤーより前に走り出たとき。
・オフサイドプレーヤーがボールをプレーした味方のプレーヤーよりも後方に退いたとき。
・相手側のプレーヤーがボールを持って5m以上走るか，パスまたはキックをしたとき，または，故意にボールに触れ，しかもボールを受け損なったとき（10m規則が適用されているプレーヤーを除く）。

■スローフォワードとノックオン

1 ボールを相手側のデッドボールラインの方向にパスしたり，投げたりするとスローフォワードの反則となる。

2 相手のデッドボールラインの方向に，ボールを落とす，または手や腕で，ボールをおす，たたくなどして進め地面や相手にボールが触れるとノックオンの反則となる。

●10mルールによるオフサイド

オフサイドの位置にあるプレーヤーが，キックされたボールをプレーしようと待っている相手プレーヤー（またはボールが地面に着く地点）から10m離れた仮想ライン（ゴールラインと平行）の後方まで戻らない。
オフサイドの位置にあるプレーヤーは，自分が後退あるいは味方側のプレーによってオンサイドになるまで，ボールの方向に近づいてはいけない。

●オフサイドの位置

後方の味方のプレーヤーがボールをキックするか，持つか触れた場合，前方の味方のプレーヤーはオフサイドの位置にいることになる。

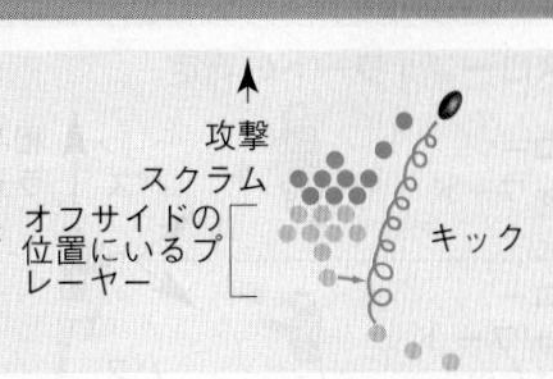

●オフサイドの反則の例外

❶オフサイドの位置のプレーヤーが，やむをえずボールに触れたり，ボールを持ったプレーヤーに触れたときは，偶然のオフサイド（アクシデンタルオフサイド）として，反則した側に利益とならなければプレーを続行する。もし利益を得たときはスクラムになり，相手側がボールを投入する。
❷故意ではないスローフォワードを受けとっても，オフサイドにならない。
❸急激なゲームの変化によって，ボールをプレーしようと待ちうけている相手側プレーヤー（またはボールが着く地点）から10m離れた仮想ライン（ゴールラインと平行）よりも前に位置してしまった場合でも，相手側を妨げずにすばやく後退すればオフサイドにならない。

3 ノックオンやスローフォワードを故意に行うと相手側にペナルティキックが与えられ，故意でないときはスクラムとなる。

4 スローフォワードまたはノックオンしたボールがタッチに出たとき，反則しなかった側は，スクラムまたはラインアウトを選択できる。クイックスローイングも行うことができる。

■マーク

1 相手がキックしたボールを22m区域やインゴール内，またはその空中で地面や他のプレーヤーに触れる前にキャッチし，同時に「マーク」と叫べば，キャッチしたプレーヤーにフリーキックが与えられる。

2 ボールがゴールポストまたはクロスバーに触れたり，はね返った場合でもマークはでき，味方のインゴールでもできる。

■タックル

相手側プレーヤーがボールを持っているとき，その攻撃を阻止し，ボールを獲得する手段がタックルである。

1 ボールを持ったプレーヤーが，相手側チームのプレーヤーに捕えられ，そのまま地面に倒れるか，片膝でも地面に着くとタックルとなる。

2 たとえ地面に倒されても，タックルが成立しなければ走り続けたりパスできる。

3 タックルされるとボールを離さなければならない。ただちにボールをパスし，投げ，またはボールを置いて離れて立ち上がる。

4 プレーヤーが惰性でインゴールに入れば，たとえタックルされたままでもトライできる。

5 次のような場合，反則となり相手側にペナルティキックが与えられる。

・タックルされてもボールを離さない。

・タックルのあと，倒れたままボールをプレーしたり，相手を妨害する。

・タックルなどで倒れているプレーヤーの上に倒れ込んだり，そのプレーヤーを越えて前方に倒れ込む。

6 タックル後，少なくとも1名のプレーヤーが，立って地上にあるボールをまたいでいればオフサイドラインができる。

■タッチ

タッチラインの外にボールが出ることをタッチという。

1 ボールがタッチラインまたはラインの外の地面，人，物に触れるとタッチとなる。

2 ボールを持ったプレーヤーが，タッチライ

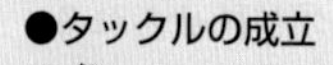

つかまって片膝でも地面に着く。

つかまって地面に倒される。

タックルしたプレーヤーは，タックルが成立したら，タックルされたプレーヤーとボールから離れなければならない。

illustrate

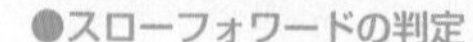

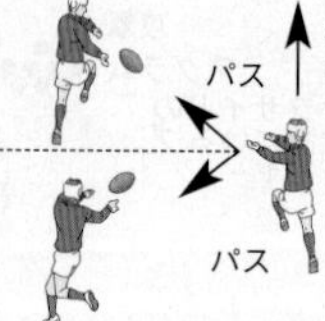

スローフォワード

スローフォワードではない

パス

パス

相手のデッドボールラインの方向

後方へのパスが，プレーヤーまたは地面に当たって前方へバウンドしても，スローフォワードにならない。

●マーク

マーク

ボールをキャッチすると同時に「マーク」と叫ぶ。

●ノックオンの判定

反則

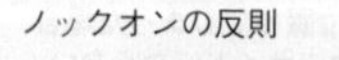

✕

反則でない

○

つかみそこねたが地面に落ちる前につかむ。

反則でない

○

相手のキックを阻止してチャージしたとき

反則でない

○

自陣サイド

相手のデッドボールラインの方向

ンまたはラインの外の地面に触れるとタッチとなる。

3 タッチラインの外にいるプレーヤーが，競技区域内の空中にあるボールをキックあるいは手でたたいても，タッチにならない。

4 両足とも競技区域にあるプレーヤーが，タッチラインを横切ったボールを受けてもタッチにはならない。跳び上がってボールを受けたときは，両足が競技区域内に着地すればタッチにならない。

5 タッチになったときは，ラインアウトまたはクイックスローインでゲームを再開する。

■ラック

地上にあるボールを獲得するため，両チームのプレーヤーが立ったまま体を密着させて組み合い，ボールのまわりに密集するプレーがラックである。

1 ラックに参加するとき，少なくとも片方の腕をラックの中の味方のプレーヤーの体にまわしてバインドしなければならない。

2 ボールが地上にあり，双方のプレーヤーがボールをはさんで少なくとも１名ずつ組み合えばラックが形成されたことになり，オフサイドラインができる。

3 ラックの中のボールを手で扱ってはならない。

4 倒れているプレーヤーはボールをプレーできない。

5 ボールがラックから出たとき，ボールがインゴールに入ったとき，ボールがプレーできなかったときに終了する。

6 明らかにボールが獲得され，プレーできる状況にありながら，レフリーの合図に従わず５秒以内にプレーしないとき，ラックは終了する。

■モール

両チームのプレーヤーが立ったまま，体を密着させ，ボールを持ったプレーヤーの周囲に密集するプレーがモールである。

1 モールの中のプレーヤーは，他のプレーヤーとバインドしていなければならない。

2 ボールを持っているプレーヤーをはさみ，双方１名ずつのプレーヤーの最少３名が組み合うとモールが形成され，オフサイドラインができる（p.174を見よう）。

3 次の場合に終了する。

・ボールがインゴールに入ったとき。

・ボールが地面に触れたとき（ラックにかわる）。

・ボールまたはボールを持ったプレーヤーがモールから出たとき。

・モールの中のボールが停止したまま，あるいは前進が止まり５秒経過したとき。

・モールの中のボールがプレーできない状態になり，レフリーがスクラムを命じたとき。

●タッチの判定

プレーヤーがタッチの状態でも，ボールがタッチ上の立平面を越えなければ，ボールをキックしてもタッチにならない。

●ラックとモール

ラック

両チーム各１名の最少２名で成立する。

モール

モールはボールを持っている側２名，相手側１名の最少３名で成立する。

ラック，モールからボールが出ない状態になったとき，レフリーはスクラムを命じ，ラックの場合はラックが停止する直前に前進していた側がボールを入れ，モールの場合はモールの開始時にボールを持っていなかった側がボールを入れる。

バインディング
ラックやモールに参加するときは，プレーヤーは少なくとも片方の手から肩までを味方プレーヤーの体に回してバインディングしなければならない。

ラックの反則

次のような場合は反則となり，その地点でペナルティキック（PK）やフリーキック（FK）が相手側に与えられる。
❶ボールをラックの中へ戻す。……（→FK）
❷ラックの中のボールを手で扱う。または手や足で拾いあげる。……（→PK）
❸故意にラックを崩す。……（→PK）
❹ラックの中のプレーヤーにとびかかる。…（→PK）
❺ラックの中で故意に倒れたり，膝を着く。（→PK）
❻地上に横たわってラックの中のボール，ラックから出てくるボールをプレーしたり，妨害する。……（→PK）
❼頭や肩が腰より低い姿勢で参加する。…（→FK）
❽味方のプレーヤーにバインドしない。……（→PK）
❾ラックの中のボールを蹴り出したり，蹴り出そうとする。……（→PK）
❿ラックから出てきたボールの上に倒れこむ。…（→PK）
⓫オフサイドする。……（→PK）

モールの反則

次のような場合は反則となり，その地点でペナルティキックが相手側に与えられる。
❶モールの中のプレーヤーにとびかかる。
❷モールを故意に崩す。
❸他のプレーヤーをモールの中から引きずり出す。
❹モールの中のプレーヤーとバインドしない。
❺オフサイドする。

ラックとモールでのオフサイド

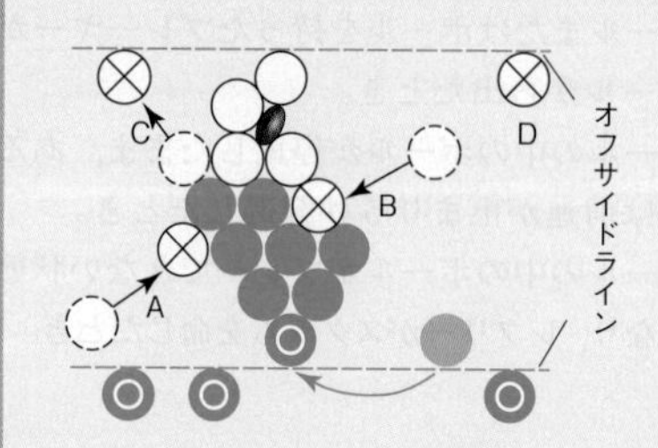

⊗オフサイド
◎オフサイドではない
ボール

A－相手側から加わる。
B－味方の最後尾のプレーヤーの前方で加わる。
C－離れたのち，オフサイドラインの後方に退かない。
D－参加しないプレーヤーが，オフサイドラインより前方にとどまる。

ラックとモールのオフサイドの反則は，相手側にペナルティキックが与えられる。

5 得点の方法

得点は次の場合に，それぞれの定められた得点となる。

トライ ……………………………… 5点
ペナルティトライ ……………………… 7点
コンバージョンゴール（トライ後のゴール） 2点
ペナルティキックのゴール …………… 3点
その他のドロップキックのゴール …… 3点

■トライ

次の場合にトライとなる。

1 相手側のインゴールに持ち込んだボールや，相手側のインゴールにあるボールを地面につけたとき ………………………… **A**
2 相手側がインゴールに入れたボールを，攻撃側が最初に地面につけたとき
3 スクラム，ラック，モールで押し込んでインゴールに入り，攻撃側プレーヤーが最初にボールを地面につけたとき（19歳未満ではスクラムを1.5m以上押すことは反則になるので，スクラムを押し込んでトライすることはできない）………………………… **B**
4 タックルされながら惰性でインゴールに入り，ボールを地面につけたとき ……… **C**
5 相手側のゴールライン上にボールをつけたとき ………………………………… **D**

※ボールを持たずにタッチあるいはタッチインゴールにいて，相手側のインゴールにあるボールをおさえたとき

●トライになる場合

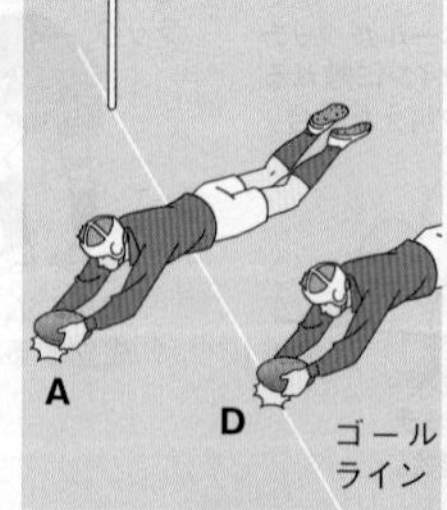

■ペナルティトライ

不正なプレーがなければほぼ間違いなくトライが得られたと判断された場合，ゴールポストの真下にペナルティトライが与えられる。トライ後，コンバージョンは行わない。

■ゴール

フィールドオブプレーからプレースキックまたはドロップキック（キックオフ，ドロップアウト，フリーキックは除く）で蹴ったボールがゴールポスト間，クロスバー上を通過すればゴールとなる。次の場合もゴールと認める。

1 地面にも味方のプレーヤーにも触れずゴールポスト間，クロスバー上を越えたとき。

2 相手側のプレーヤーがボールに触れて，ゴールポスト間，クロスバー上を越えたとき。

3 キックの際に相手側プレーヤーが反則を犯しても，キックされたボールが，ゴールポスト間，クロスバー上を越えたとき。

6　ゲーム再開の方法

得点，反則，ボールがタッチへ出るなどして中断したゲームは，キックオフ，スクラム，ラインアウト，ドロップアウトなどでゲームを再開する。

■得点後の再開

得点後の再開は，得点したチームの相手側がハーフウェイラインの中央または後方からのドロップキックによって行う。

■スクラムによる再開

ノックオン，スローフォワードなど軽い反則でゲームが停止したときは，スクラムで再開する。反則をしなかった側がボールを投入する。

1 スクラムは反則のあった地点，またはそれにできるだけ近い場所で組む。ただし，タッチラインから５m以内のときは５mの地点で組む。また，ゴールラインから５m以内のときも５mの地点で組む。

2 スクラムにボールが入れられるまでは，スクラムの中央線がゴールラインと平行になるように静止する。

3 スクラムの形成をわざと遅らせてはならない。

4 スクラムでのプレーは，スクラムハーフの手からボールが離れたときに開始する。

5 投げ入れられたボールが地面に触れたときから，双方のフロントローは片足を使ってボールを後方へ蹴る。両足を同時に地面から離してはいけない。

6 ボールを投げ入れたチームのフッカーは，投げ入れられたボールに足を当てなくてはならない。

7 スクラムの中のボールが，スクラムから出たとき，インゴールに入ったときにスクラムは終了する。

8 スクラムが90度以上まわった場合には，新しくスクラムを組み，ボールを保持していなかった側がボールを投入する。

9 19歳未満では，スクラムが45度以上まわった場合にはスクラムを組み直し，ボールを投入した側が再び投入する。

10 19歳未満では，スクラムを1.5m以上押すと反則となり，反則をしなかったチームにフリーキックが与えられる。

■ペナルティキックによる再開

重大な反則があったときは，反則をしなか

illustrate

●コンバージョンキックのやり方

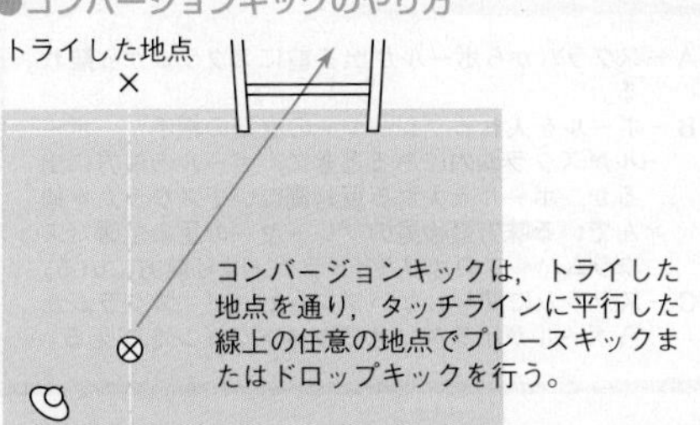

コンバージョンキックは，トライした地点を通り，タッチラインに平行した線上の任意の地点でプレースキックまたはドロップキックを行う。

ゴールポスト間，クロスバー上を通過すれば，バーに当たっても，風に押し戻されてもゴールと認められる。

スクラム

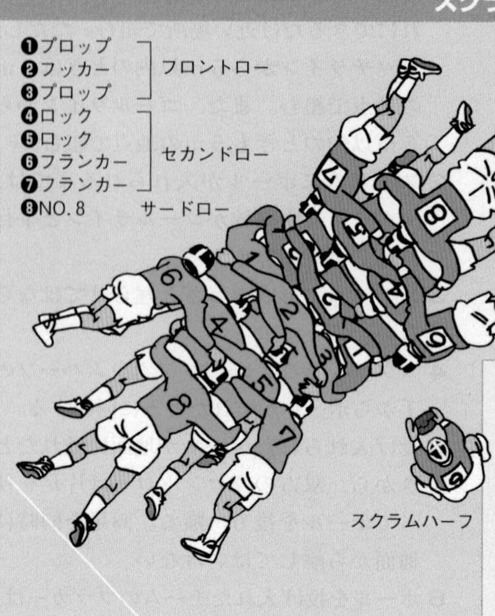

正しいスクラム

背すじを伸ばし，胸を反らした正しいフォーム。肩が腰よりもさがっていては危険。

●**スクラムの組み方**

❶ 3人ずつのフロントローが頭を交互に組み合わせる。1番はつねに相手の3番の左側に頭を入れる。

❷双方のフロントローの肩の接する線の真下に想定される線が，スクラムの中央線となる。

❸両チームそれぞれ8名ずつで組む。スクラムが組まれている間，8名のプレーヤーはバインドしていなければならない。

❹レフリーはボールを投げ入れる状態になってから，フロントローを組ませる。

❺レフリーの合図に従って組む。フロントローは，腰を落とした姿勢をとる。次にプロップ同士が外側の腕で相手をバインディングする。この間フッカーは片足を前に置かなければならない。そして，安定し静止した後に組み合う。

●**ボールの投げ入れ方**

❶スクラムの外側から膝と足首の間の位置でボールを両手で持ったスクラムハーフが，組み合った両チームのフロントローの下に形成されるトンネルの中で地面に触れるよう投げ入れる。

❷投げ入れられたボールが，トンネルの横から出たらやりなおす。

●**スクラムの反則**

次の反則を犯すとその地点でペナルティキック（PK）またはフリーキック（FK）が相手側に与えられる。

❶正しい姿勢や足がまえをしない。…………（→FK）
❷正しくバインドしない。……………………（→PK）
❸相手を下に引っぱる。………………………（→PK）
❹距離を隔てて突進して組む。………………（→PK）
❺ 9名以上でスクラムを組む。………………（→PK）
❻フロントローがボールが投入される前に足を出す（フットアップ）。…………………………（→FK）
❼フロントローがボールを故意にトンネルから蹴り出す。…………………………………………（→PK）
❽フロントロー以外のプレーヤーがトンネルの中のボールをプレーする。……………………（→FK）
❾ボールをスクラムの中に戻す（リターンザボール）。…………………………………………（→FK）
❿NO.8がセカンドローの足下のボールを拾うことを除き，スクラムの中のボールを手で扱う(ハンド)。…………………………………………（→PK）
⓫故意にスクラムを崩す(コラプシング)。……（→PK）
⓬故意にスクラムの中で膝を地面につける（ニーリング)。………………………………（→PK）
⓭ロックまたはフランカーが相手側スクラムのプレーヤーをつかむ。…………………………（→PK）
⓮スクラムハーフが相手にボールが出たと思わせる動きをする。……………………………（→FK）

●**スクラムのオフサイドの反則**

スクラムを組んでいるプレーヤーとスクラムハーフを除いたプレーヤーのオフサイドラインは，スクラムを組んでいる最後尾のプレーヤーの足の位置より5m後方のゴールラインと平行なラインである。下図のような場合にオフサイドとなり，反則地点で相手側にペナルティキックが与えられる。

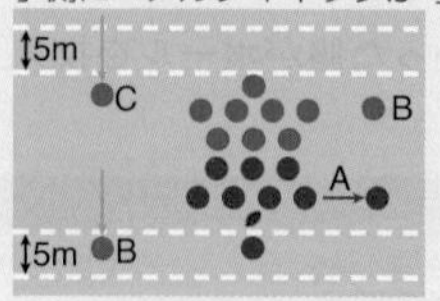

A－スクラムからボールが出る前にスクラムから離れる。
B－ボールを入れるプレーヤーの直接の相手が，ボールがスクラム内にあるときに，ボールの前方に出るか，ボールを入れる反対側にいてスクラムを組んでいる味方最後尾のプレーヤーの足の位置（スクラムハーフのオフサイドライン)より前方にいる。
C－スクラムに関与しないプレーヤーが，スクラムからボールが出る前にオフサイドラインを越える。

ったチームのペナルティキックで再開する。

1 キックは，反則のあった地点，またはその後方のタッチラインに平行な線上で行う。反則地点がインゴールおよび相手側ゴールラインの５ｍ以内の場合，反則の地点を通るタッチラインに平行な線上，ゴールラインから５ｍの地点で行う。

2 キックは遅滞なく行わなければならない。

3 直接ゴールキックをすることができる。

4 ペナルティキックが与えられた側は，スクラムを選択することができる。

5 ラインアウトにおいてペナルティキックを与えられた場合，ラインアウトを選択することもできる。

■フリーキックによる再開

マークが認められたとき，または特定の反則があったときはフリーキックで再開する。

1 マークをしたプレーヤーが，マークした地点からボールをキックする。

2 反則による場合は，反則の地点，またはその後方のタッチラインと平行な線上で反則をしなかったチームがキックする。

3 ゴールおよびドロップゴールをねらうことはできない。

4 自陣22mラインより相手側の陣地では，フリーキックから直接タッチへ蹴り出すと地域獲得ができない。

5 フリーキックが与えられた側は，スクラムを選択することができる。

6 ラインアウトにおいてフリーキックを与えられた場合，ラインアウトを選択することもできる。

■ラインアウトによる再開

ボールがタッチになると，ラインアウトによってゲームを再開する。

1 ボールをタッチライン外に出したチームの相手側チームが投入権をもち，タッチへ出た地点からボールを投げ入れる。

2 ペナルティキックから直接キックしてタッチへ出した場合や，自陣からキックしたボールが敵陣の22m以内のフィールドオブプレー内でバウンドしてタッチへ出た場合，タッチへ出た地点からキックしたチームがボールを投げ入れる。

3 キックオフや得点後あるいはドロップアウト後のキックが直接タッチになった場合，キックが行われた地点またはボールがタッチへ出た地点から，キックしたチームのゴールラインに近い地点から，キックしたチームの相手チームがボールを投げ入れる。

4 ラインアウトは，ボールまたはボールを持ったプレーヤーが，ラインアウトを離れる，タッチラインと5mラインの間または15mラインを越える，ラックやモールが形成されその中にいるプレーヤーの最後尾の足の位置がラインアウト中央線を越え

illustrate

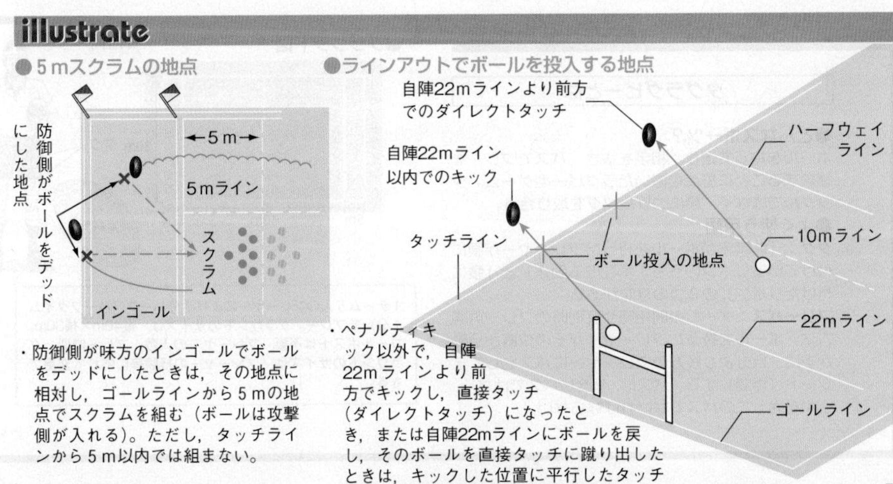

・防御側が味方のインゴールでボールをデッドにしたときは，その地点に相対し，ゴールラインから５ｍの地点でスクラムを組む（ボールは攻撃側が入れる）。ただし，タッチラインから５ｍ以内では組まない。

・ペナルティキック以外で，自陣22mラインより前方でキックし，直接タッチ（ダイレクトタッチ）になったとき，または自陣22mラインにボールを戻し，そのボールを直接タッチに蹴り出したときは，キックした位置に平行したタッチラインの位置がボール投入の地点となる。

た場合終了する。

■5mスクラムによる再開

次の場合はゴールラインから5mの地点のスクラムで再開。攻撃側がボールを入れる。

1 ボールを持った防御側プレーヤーが味方のインゴールにおいてボールを地面につけること，あるいはプレーすることができない。

2 防御側が味方のインゴールにボールを持ち込んでおさえる。

3 防御側が味方のインゴールにボールを持ち込んだあと，攻撃側にキックをチャージされて，そのボールを防御側が最初に地面につけるか，タッチインゴールに出るか，デッドボールラインを越える。

4 スクラムまたはラックで防御側がおされて，インゴールでボールを最初におさえる。

■ドロップアウトによる再開

次の場合は防御側がドロップアウトによりゲームを再開する。キックはドロップキックを行う。

1 攻撃側ペナルティゴールやドロップゴールの失敗，またはドロップアウトによって防御側のインゴールに入ったボールがタッチインゴールを出るか，デッドボールラインを越えたとき，あるいはキックされたボールを防御側がインゴールで地面につける（防御側22mライン上でドロップアウトを行う）。

2 攻撃側がキックして防御側インゴールに入ったボールを防御側が地面につける，または攻撃側がインゴールでノックオンする（防御側ゴールライン上でドロップアウトを行う）。

3 攻撃側が相手のインゴールにおいてボールを地面につけること，あるいはプレーすることができない（防御側ゴールライン上でドロップアウトを行う）。

■クイックスローインでの再開

ラインアウトの成立を待たずにボールを投げ入れるクイックスローインは，タッチへ出たボールをとったプレーヤーが，直接投げ入れる場合に認められる。投げ入れる場所は，ラインアウトのスローインが行われる地点から自陣ゴールラインの間であればどこでもよい。

7　ゲームの終了と勝敗の決定

■ゲームの終了

1 試合時間が終了したとき，レフリーが笛で終了の合図をし，ゲームを終わる。

2 試合の終了をノーサイドという場合がある。

■勝敗の決定

1 試合時間内に，より多くの得点をしたチームを勝ちとする。

2 同得点の場合は引き分けとする。トーナメント試合では，協会が認めた方法により，次の試合に出場するチームを決定する。

簡易ゲームを楽しんでみよう

タグラグビーとは

●どんなスポーツ？

ボールを持って走り，相手を抜き，パスでプレーを継続することに重点を置いたラグビー型ゲーム。タックルではなく，腰につけたタグを取り合う。

●よく使う用語

タグ：「防御側がボールを持ったプレーヤーが腰に付けているリボンのうち1本を取る動作」と「腰に付けたリボン」の2つの意味がある。

フリーパス：ゲームの開始時や反則時のプレー再開方法。ボールを持ったプレーヤーがその位置から動かずに，自分より後方のプレーヤーにパスをしてスタート（再開）する。パスは，手渡しパスではなく，空中を通ってのパスでなければならない。

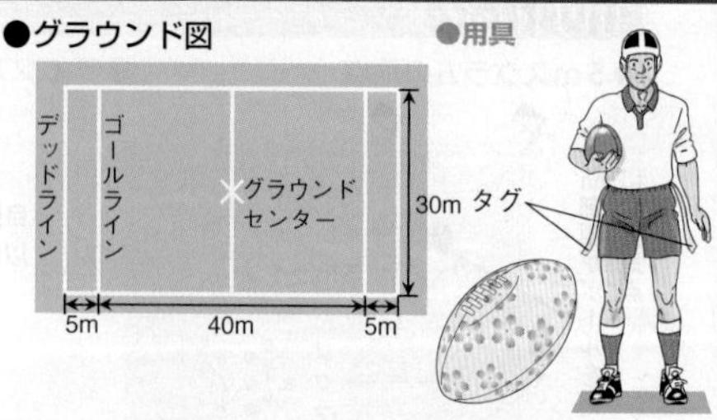

1チーム5人のプレーヤーにより7分ハーフ（ハーフタイム1分）でプレー。グラウンドのサイズは，縦40m×横30m。ゴールポストは不要。プレーヤーの人数，プレー時間，グラウンドのサイズは，プレーヤーの経験等に応じて変更できる。

ラインアウト

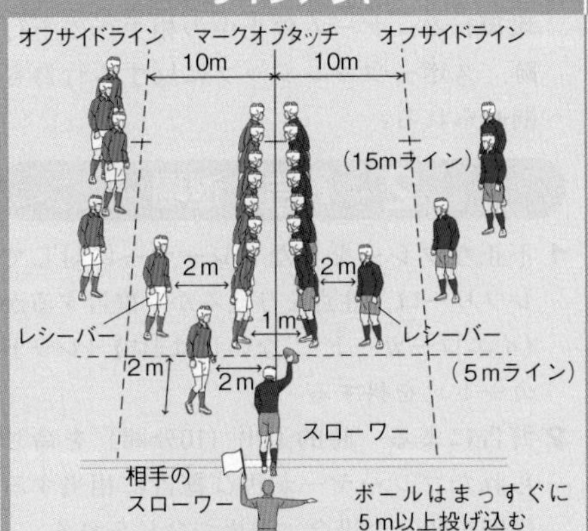

ボールを投げ入れる地点からタッチラインと直角に交わる想定線を「マークオブタッチ」と呼び，その両側，5mラインと15mラインの間に双方のチームの2名以上のプレーヤーがそれぞれ1列に並ぶ。並ぶ人数は，ボールを投入するチームが決める。1列に並んだプレーヤーの自陣側に1名（レシーバー）が位置する。ボールを投入しないチームは，タッチラインと5mラインの間にプレーヤーを置かなければならない。ボールはマークオブタッチに沿って投げ入れる。

ラインアウトに参加していないプレーヤーは，ラインアウトが終了するまでマークオブタッチから10m離れたオフサイドラインを越えてはならない。

ラインアウトに参加しているプレーヤーの反則

次のような反則を犯すと15mライン上でペナルティーキック（PK）が相手側に与えられる。

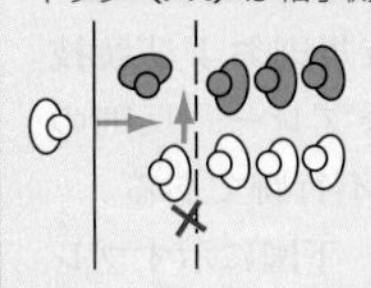

相手のスローワー以外のプレーヤーが，タッチラインから5m以内に立つ，またはボールが5m投入されるのを妨害する。(→PK)

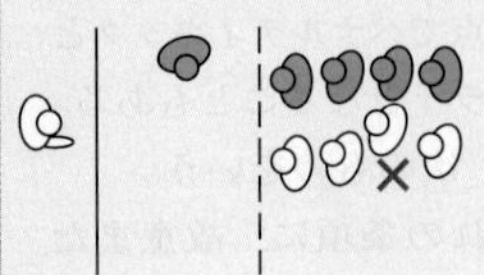

ボールを捕ろうと自陣側から跳び上がる場合を除き，ボールがプレーヤーまたは地面に触れる前にマークオブタッチを踏み越えると，オフサイドになる。(→PK)

投げ入れるのを妨げる（→PK）。
ボールをキャッチするとき他のプレーヤーを支えとする（→PK）。
相手プレーヤーを押したりつかまえたりする（→PK）。

7人制ラグビーとは？～15人制ラグビーとの主な相違点～

競技時間：14分以内。2分以内のハーフタイムをはさみ，前・後半7分で競技を行う。
コンバージョンキック：ドロップキックで行う。
一時的退出：時間は2分間。
得点後の再開：得点したチームがキックオフを行う。次の場合には，ハーフウェイラインの中央で相手にフリーキックが与えられる。
・キックされたボールが相手側の10mラインに達しない。
・直接タッチになる。
・インゴールに入りタッチあるいはデッドになる，または相手側がグラウンディングする。
スクラム：3人で形成する。
ペナルティーキックおよびフリーキック：プレースキックをすることはできない。
インゴールジャッジ：両インゴールに各1名配置し，ゴールキックの結果やインゴールでのタッチおよび不正なプレーの合図をする。

●ゲームの進め方

1 前・後半は，フィールド中央からのフリーパスでスタート。
2 攻撃側は，走るかパスをしながら相手インゴールを目指す。自分より前方の味方へのパスは反則，キックは禁止。
3 防御側は，タグ（ボールを持ったプレーヤーの腰のリボン）を取る。タグを取ったら自分の頭上に差し上げ「タグ」と叫び，タグを返す。その後タグを取られたプレーヤーがパス地点より自陣側に戻ってプレーに参加する。タグを取られたプレーヤーは，すぐに前進をやめ，3歩以内で味方にパス（取られたタグを腰に付けるまでプレーに参加できない）。
4 タグを2本とも付けたプレーヤーが，相手ゴールラインを越えてボールを持ち込み，地面につけるとトライになる。得点は1点。得点後，フィールド中央から，得点されたチームのフリーパスでプレー再開。
5 反則が起きたら，その地点で相手側のフリーパスになる。ボールを前に投げたり，ノックオンしたり，キックしたり，タグを取られた後に3歩以上走ることは反則。また，接触プレーや地上にあるボールをダイビングしてとることは反則。
6 ボールあるいはボールを持ったプレーヤーがグラウンドの外に出たら，相手チームにタッチラインの外からフリーパスが与えられる。
7 フリーパスのとき，防御側プレーヤーはフリーパスを行う地点から5m自分のゴールライン方向へ下がらなければならない。また，ボールがパスされるまで前方へ動いてはならない。最初にパスを受ける攻撃側プレーヤーは，パスするプレーヤーの2m以内にいなければならない。
8 反則がゴールラインを越えて，あるいはゴールラインから5m以内で起きた場合，フリーパスはゴールラインから5mの地点で行われる。
9 タグ4回で攻撃権交代。攻撃権が交代するとその地点で相手側のフリーパスになる。

規則違反と罰則規定

1 不正なプレー

不正なプレーとは，競技規則および競技精神に反する妨害，不当なプレー，反則のくり返し，危険なプレー，不行跡である。

1 妨害にあたる違法行為は，下図に示すプレーであり，反則の地点でペナルティキックとなる。ペナルティトライとなることもある。

2 不当なプレーとは，次のものをいう。

・競技規則のそれぞれの条項に，故意または不当に違反する。

・故意に時間の引き延ばしをする。

・故意にボールをノックしたり投げたりして，タッチまたはタッチインゴールに入れたり，デッドボールライン外に出す。

反則の地点でペナルティキックとなる。インゴールでの反則の場合，攻撃側の反則はゴール前5mの地点でペナルティキック，防御側の反則はペナルティトライまたはゴール前５mの地点でペナルティキックとなる。

3 いずれのプレーヤーも反則をくり返してはならない。

4 相手を殴る，故意に踏みつける，蹴る，脚でつまずかせる，グラウンドから持ち上げて落とす，胸骨より上にタックルする，ボールを蹴り終わったあるいはボールを持っていない相手にプレーする，タックラーを飛び越える，故意にスクラム，ラック，モールを崩す行為，フライングウェッジは危険なプレーである。また，報復行為，ゲーム停止中の相手への不行跡，スポーツマンシップに反する行為も罰せられる。

2 警告・退場

1 不正なプレーをしたプレーヤーに対してレフリーは，注意を与えるか，警告するか（イエローカード），ないしは退場（レッドカード）を科する。

2 警告による一時的退出（10分間）を命じられたプレーヤーが再び警告に相当する反則を犯した場合，退場が命じられる。

3 10分間の一時的退出はハーフタイムの時間を含まず，試合終了と同時に終了する。

4 退場を命じられたプレーヤーは，競技区域から退き，プレーを続けられない。

5 レフリーは，退場を命じたプレーヤーの氏名とその理由を，試合を管轄する機関に報告する。

■アドバンテージ

ゲーム中に反則があって，反則をしなかったチームが利益を得たと判断したとき，レフリーは反則の笛を吹かない。ただし，次の場合はアドバンテージを適用しない。

・ボールまたはボールを持ったプレーヤーが，レフリーに触れ，一方のチームが利益を得たとき。

・スクラムでボールがプレーされずにトンネルのどちらかの側から出たとき。

・スクラムが崩れたり，90度を超えて回転したり，プレーヤーが上方に押し出たとき。

・プレーを継続させるのが危険，または重症の負傷者が発生した疑いのあるとき。

妨害プレー

ボールに向かって走る相手側プレーヤーを押す。

オフサイドにあるプレーヤーが，ボールを持った味方のプレーヤーの前で相手を妨害する。

スクラムなどから出たボールを持って，前方の味方プレーヤーの間を無理に押し通る。

スクラムなどで外側のプレーヤーが，相手側プレーヤーが前進するのを妨げる。

ゲームの運営と審判法

1 ゲームの運営

■ゲームを運営する人と役割

ゲームは，１名のレフリーと２名のタッチジャッジまたはアシスタントレフリーのマッチオフィシャルによって運営される。国際試合等ではテレビジョンマッチオフィシャルを配置できる。

1 レフリーの主な任務と権限

・競技時間と得点に全責任をもち，競技規則を変更，省略せず公平に適用する。

・アシスタントレフリーがタッチあるいは不正なプレーのあったことを示した場合，一度判定した決定を変更できる。

・タッチジャッジの判定を変更したり不適当なタッチジャッジを交代させることができる。

2 タッチジャッジの主な任務と権限

・レフリーの指揮下にあり，双方のタッチに１名ずつ位置し，タッチおよびゴールキックの判定をする。

・ゴールキックの際は，ゴールポスト後方に立ち，キックの結果をレフリーに合図する。

3 アシスタントレフリーの主な任務と権限

アシスタントレフリーは，タッチジャッジの任務と権限に加え，危険なプレーあるいは不行跡のあったことをレフリーに報告する。

2 審判のやり方

■レフリーの行動

1 ゲーム中，次の場合に笛を吹いてゲームの開始，進行，停止を指示する。

・ゲーム前・後半の開始と終了のとき。

・得点があったときやタッチダウンのとき。

・反則などでプレーを停止するとき。

2 試合の停止は反則のほか次のような場合に行う。

・プレーの続行を危険と認めたとき。

・ボールがプレーできなくなったとき。

・ボール，またはボールキャリアがレフリーに触れ，いずれかのチームの利益となったとき。

■タッチジャッジおよびアシスタントレフリーの行動

1 タッチジャッジは旗を持ち，ボールまたはボールを持ったプレーヤーがタッチに出たとき，旗を上げ，ボールを投げ入れる地点と，投げ入れるチームを示す。

2 ゴールキックのときは，ゴールポスト後方に移動して，ゴール成功のときに旗を上げる。

3 危険なプレーあるいは不行跡等の不正なプレーがあったことを旗を使って合図する。

3 審判のシグナル

レフリーのシグナル

故意の倒れ込み

スクラムのホイール

スクラムにおける
フットアップ

スクラムにおける
ノットストレート

ラックまたはモールに
おけるコラプシング

スクラムまたは
ラックにおけるハンド

ラインアウトにおける
ノットストレート

オブストラクション

ラインアウトに
おけるオフサイド

ラックまたは
モールにおける
オフサイド

ハイタックル

パンチング

ドロップアウト

タッチジャッジおよびアシスタントレフリーのシグナル

投げ入れたらおろす。

タッチ
旗を上げ，他の腕でボールを投入する側を示す。

ダイレクトタッチ
旗の両端を持ち，両腕を上げる。

ゴール
頭上に旗を上げる。

不正なプレー
旗を水平にタッチラインと直角にフィールドに向かって上げる。

調べてみよう

- 7人制ラグビーの特徴を調べてみよう。
- 1823年イギリスのラグビー校で起こったラグビーの歴史に関わる出来事とは，どんなことだったのだろうか？
- ショートライン攻撃とワイドライン攻撃の特徴，長所，短所を調べてみよう。
- なぜボールは楕円形をしているのか？

SOFT TENNIS

ソフトテニス

【歴史と発展】

1870年代にイギリスのウィングフィールドが近代テニスを考案したといわれている。わが国には1878（明治11）年にアメリカのリーランドによって紹介された。そして普及していく過程でローンテニスのボールの輸入が高価であるため，1890（明治23）年にやわらかいゴムボールが開発・製造されたことにより日本独自のソフトテニスが誕生した。それ以来，学校を中心に普及し，80万人以上を超える競技人口と700万人余と推定される愛好者のいる大衆的競技スポーツになっている。

はじめは軟式テニスと呼ばれていたが，1992（平成4）年にソフトテニスと名称が変更された。

近年では，国際普及の努力が実り，国際ソフトテニス連盟，アジアソフトテニス連盟などの組織が整備されて，国際的にも発展の道を歩んでいる。毎年，国際大会が開催され，アジア選手権大会，アジア競技大会，世界選手権大会などが開かれており，現在，オリンピックへの道を模索している段階である。

【競技の特性】

❶コート上に備えつけられたネットをはさんでラケットでボールを打ち合い，得点を競う競技である。

❷ゲーム形式としては，シングルスもあるが，ダブルスのほうが広く行われている。

❸老若男女を問わず幅広い年齢に適応でき，生涯スポーツとしての価値が高い。

❹プレーする相手とネットをはさんで対戦しているので，人間同士の接触もほとんどなく，非常に安全制の高いスポーツである。

競技に必要な施設・用具・服装

1 競技場

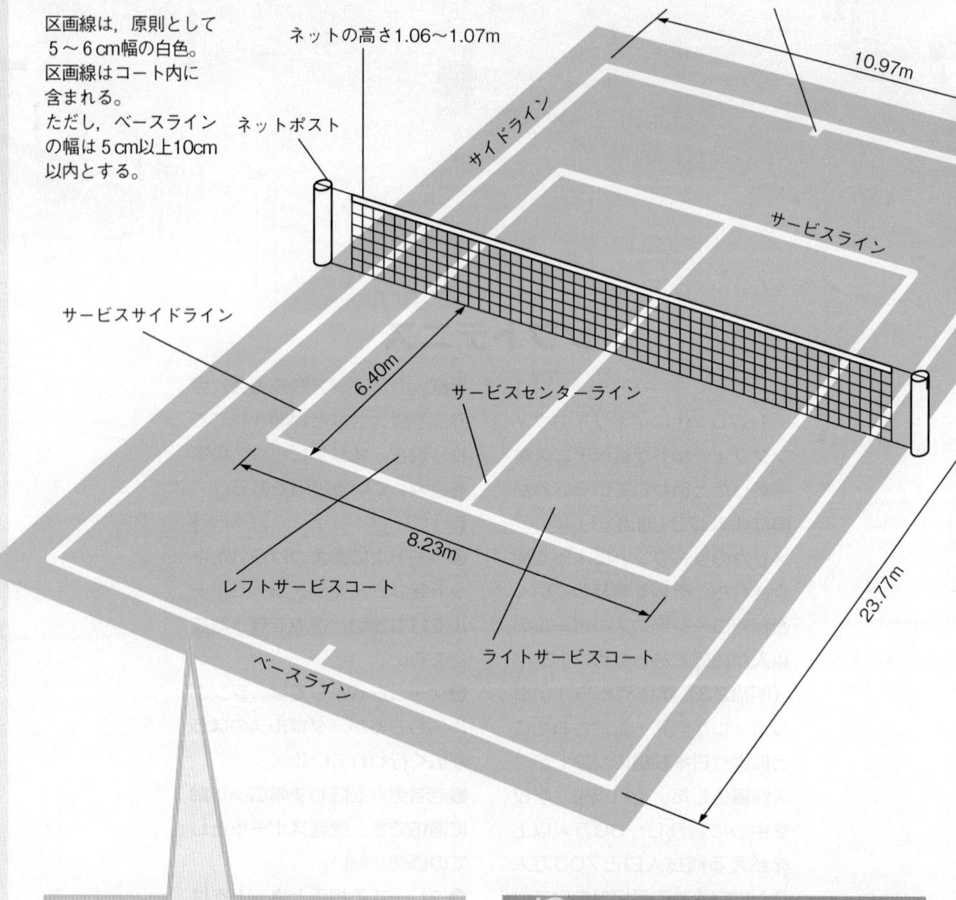

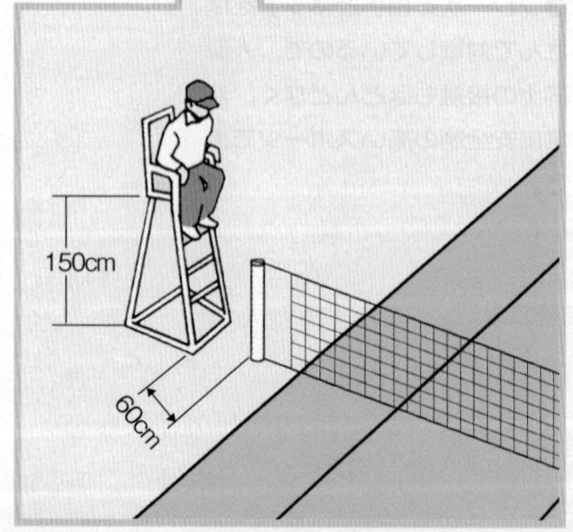

安全チェックリスト

- □コートの状態が軟弱であると，足が滑ったりして危険なので注意しよう。
- □ネットのつけはずしに時間がかかったり，危険をともなうことがあるので，できればネットは張ったままで管理しよう。
- □コートの面数に合った活動人数になるよう調整しよう。
- □テニスコート以外の場所で実施する場合は，他の運動種目との接触に注意しよう。
- □ウォーミングアップをしっかりと行おう。
- □自分の体調を考えながら自分のペースでプレーしよう。

2 ゲームに必要な用具

●コート整備用具

●ラケット

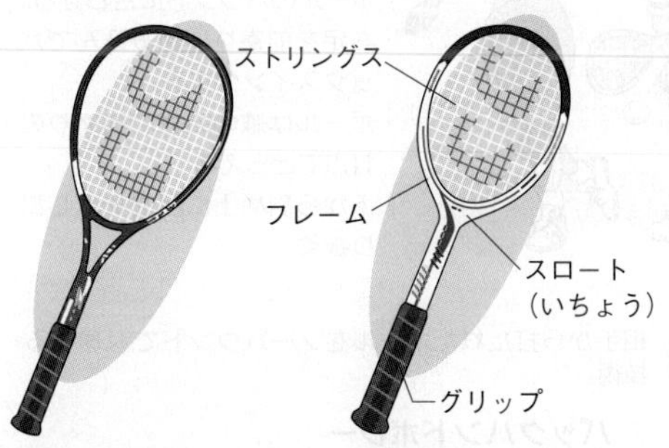

3 服装

●ボール

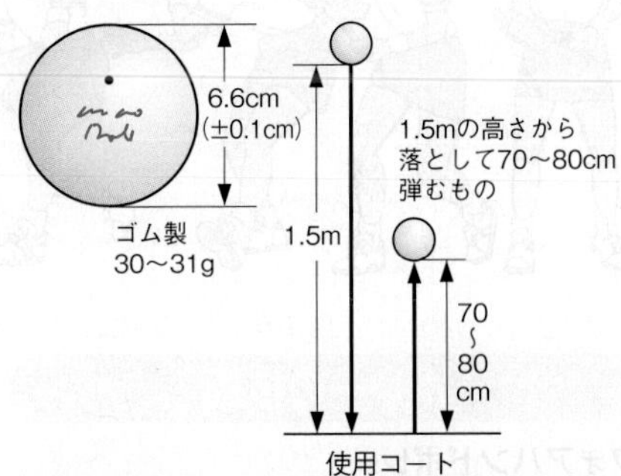

ソフトテニスの豆知識

●ラケットの選び方

- **初心者**
  ソフトテニスで必要な筋力がついていない初心者は，軽いラケットがよい。
- **ストロークプレーヤー**
  重心（ラケットのバランス）が先にあるものを選ぶとよい。
- **ネットプレーヤー**
  ラケットの先が軽いもの（重心はグリップエンド）を選ぶとよい。

みるポイント

1 ボールの特性をみる

- 打ち方によってボールのバウンドが変化する（勢いよく弾んでくる，止まる，左右に曲がる等）。

2 構え方とポジション

- 次の球に対しての準備。
- 自分が打球したボールに対して相手方の打球予測（打つコース，打球の種類）。

3 技術

- テイクバック，インパクト，フォロースルー等の技術をみる。
- 返球時の全身の動きをみる。

基本技術と用語の解説

グラウンドストロークの技術

地面に一度バウンドしたボールを打つ技術である。打ち方は打点の高さによって，アンダー，サイド，トップの 3 つのストロークに分けられる。

フォアハンドのアンダーストローク

Point
- バックスイングしながら軸足（右足）を決める。
- ボールは膝の高さでとらえる。
- ラケットを斜め上に振り抜く。

バックハンドのアンダーストローク

Point
- 軸足（左足）を決め，ラケットを引き終わるタイミングをボールのバウンドに合わせる。
- 右足を前寄りに踏み込んでバックスイングする。
- ボールは膝の高さで前寄りの打点でとらえる。
- 下から斜め上に肘を伸ばし振り抜く。

ボレーの技術

相手から打たれたボールをノーバウンドで返球する技術。

フォアハンドボレー

Point
- 右足をしっかり踏み出す。
- ラケットを前に押し出し，フラット面でとらえる。
- 打った後も面を残す。

バックハンドボレー

Point
- 体を横向きにしながら，左足を一歩踏み込む。
- インパクト後，右足を踏み出す。
- ラケット面も打った方向に押し出す。

サービスの技術

フラットサービス

Point

トスは左肩のやや前方に上げ，上体を反り，手首を使わずに高い打点（面はフラット）でとらえ，大きく振り抜く。

トップスライスサービス

Point

頭部から左肩のやや前方に左腕を伸ばした状態で，高くトスしたボールの右斜め上部にラケット面を当てて，スピンをかけ，フォロースルーでは大きく左下に振り抜く。

リバースサービス

Point

右肩のやや斜め前方にトスしたボールの左側にラケット面を当てて，左スピンをかける。

アンダーカットサービス

Point

上体を曲げ，トスは膝あたりに低くして，ボールの手前の下部にラケットを当て，ラケットの先端を右から左に振り抜くようにボールに鋭い回転をかける。

スマッシュの技術

ロビングに対応する技術で，効果的で破壊力のあるストロークである。

Point

- ネットに対して横向きになり，落下点を予測する。
- ラケットをかつぐようにして，左足を踏み出す。
- なるべく高い打点でインパクトする。
- ラケットを止めずにしっかり振り抜く。

【スマッシュ】 高く上がってきたボールを頭の上から相手コートにたたき込む打法。

【コンビネーションプレー】 2人が互いに息の合った連係をとりながら共同して行うプレー。

【サービスエース】 すばらしいサービスで相手が返球できずポイントにしたとき。

【センターセオリー】 ネットへ前進するとき，相手コートの中央部へ深く打球し，返球する範囲をせばめておいて，ネット中央部でボレーをねらう戦術。

【ハーフボレー】 コートに弾んだ直後，ショートバウンドのボールを打ち返す方法。

【パッシング】 前進してくる相手の左右を抜く打球。

【ポーチ】 パートナーが返球すべきボールを，もう一方がボールのコースに入ってネットプレーをすること。

【ラリー】 ボールの打ち合い。

【ロビング（ロブ）**】** 相手の頭上を越えるように高い弧を描いて相手のベースラインに深く落ちるボール。

ゲームの進め方とルール

1 マッチ(試合)の開始と進め方

(国際競技規則)

■マッチの開始

1 両ペアは，整列してからネットに歩み寄り，相手と審判にあいさつする。

2 ジャンケンの敗者がラケットをまわし，勝ったほうが表（ラケットの公認マークの側）か裏をいいあてるトスを行う。トスに勝ったほうがサービス（レシーブ）かサイドの選択ができる。

3 サイドとサービス順が決まったら，マッチ前の乱打練習（通常1分以内）を行う。プレーヤーは正クロスと逆クロスで打ち合う。

4 正審の「レディ」の合図ののち，マッチ開始の位置につく。

5 正審は選手を紹介し，マッチの開始を宣言する（プレーボール）。

■ゲームの勝敗

1 ゲームの勝敗は4ポイントの先取で決める。すべてのコールは，サービス側からその得たポイントをワン，ツー，スリー，で表現し，双方が3ポイントのときはデュースといい，それ以降は2ポイントの連続先取で決する。

2 マッチは7または9ゲームで行う。3対3または4対4ゲームのときはファイナルゲームとなり，7ポイント先取で行う。

■マッチの終了と勝敗の決定

1 7ゲームでは4ゲーム先取，9ゲームでは5ゲームを先取したほうが勝ちになる。

2 プレーの方法（ダブルス）

■プレーの一般的事項

1 サービスで始め，それを返球して双方が交互に打ち合う。サービス側をサーバー，サービスを受ける側をレシーバーという。

2 サービスの返球は，ワンバウンドののち打ち返さなければならないが，それ以降のラリー（打ち合い）では，ノーバウンドまたはワンバウンドで打球する。

■チェンジサービスとチェンジサイズ

1 サービスとレシーブは，1ゲームを終わるごとに相手側と交替しなければならない。

2 サイドのチェンジは，ゲームの進行によ

illustrate

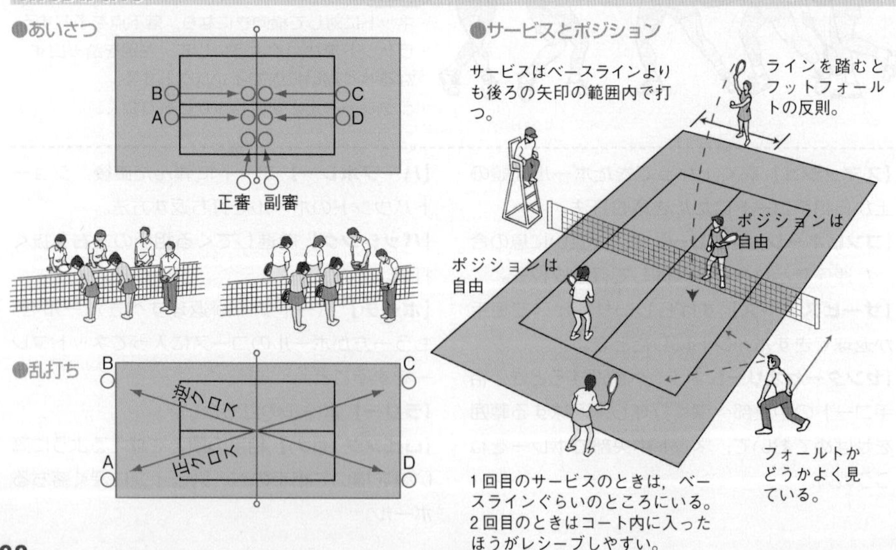

1回目のサービスのときは，ベースラインぐらいのところにいる。2回目のときはコート内に入ったほうがレシーブしやすい。

って奇数ゲームが終わるたびに行う。

3ファイナルゲームのサービスは，2ポイントごとに相手方とサービスのチェンジを4人で交互に行う。サイドの交替は最初は2ポイント，以降4ポイントごとにする。双方が6ポイントの時はデュースとなり，以降は2ポイントの連続先取で決める。

■サービスのやり方

1サービスは，トスしたボールが地上に落ちる前にラケットで打球し，決められた相手サービスコートに入れなければならない。

2サービスは，サーバー側のどちらか1人がまず2ポイント行い，次にそのパートナーが2ポイント，それをくり返す。

3サービスは2回打つことができ，第1サービスが失敗したときは，第2サービスができる。

4各ゲームの最初のサービスは，ネットに向かってセンターマークの右側から行い，対角線上の相手サービスコート内に入れる。その後は1ポイントごとに交互に位置を替える。

5サービスは，正審の「プレーボール」やカウントのコールののち，レシーバーの用意ができているのを確かめてから行う。

6サービスは，サイドラインおよびセンターマークのそれぞれの仮想延長線間で，ベースラインの外側で行う。また，そのパートナーのポジション（位置）は自由で制限されることはない。

7サービスしたボールが，ネットやネットポストに触れたのち，正しいサービスコート内に入ったり，コートに落ちる前にレシーバーの体やラケットに触れたときは，サービスのやりなおし（レット）となる。

8次の場合は，サービスの失敗（フォールト）となる。

・サービスしたボールが正しいサービスコート内に直接入らなかったとき。
・サービスでトスしたボールを打たなかったり，打ちそこなったとき。
・サービスで2個のボールを同時にトスしたとき。
・ラケットにボールが2度以上触れたとき。
・サービスをする位置の規定に違反したとき（フットフォールト）。

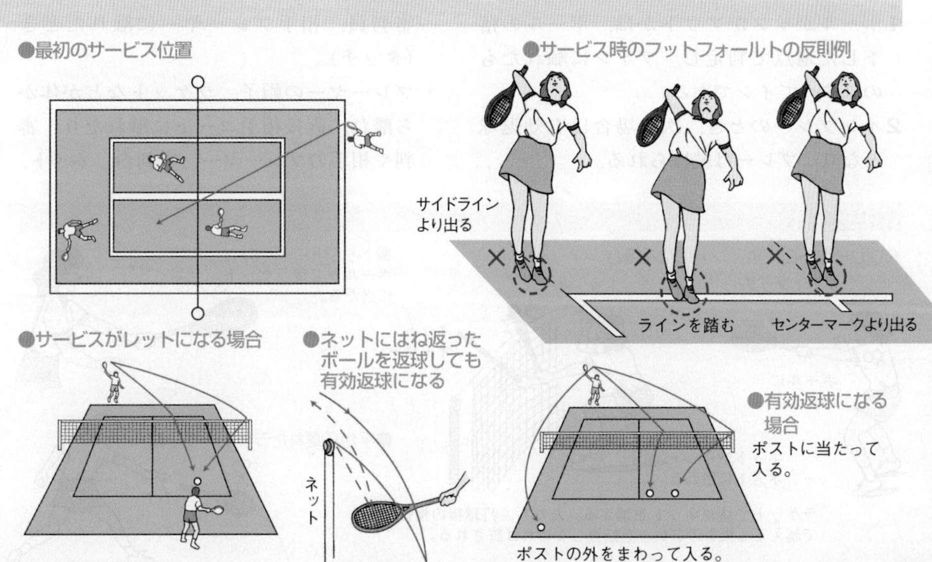

■レシーブのやり方

1 レシーブは，サービスのボールがワンバウンドしてツーバウンドするまでに打ち返す。

2 各ゲームの最初のレシーブはライトサービスコートから行い，以降，左右交互に行う。

3 レシーブ側の２人は，左右それぞれのサービスコート内のボールをレシーブし，同一ゲーム中はレシーブコートを交替できない。

4 次の場合はレシーブ側の失ポイントとなり，相手側に１ポイントが与えられる。

・レシーブしなければならないボールを，相手側コートに返球できなかったとき。
・サービスのボールがノーバウンドで直接レシーバーのラケットや体に触れたとき。
・正しいコートにサービスされたボールに，レシーブする人のパートナーがツーバウンドする前に触れたとき（インターフェア）。
・レシーブをするプレーヤーがレシーブを終える前に，パートナーがそのサービスコートに触れたとき（インターフェア）。
・レシーブをするプレーヤーのパートナーのポジション（位置）は，サービスされるコート内以外はまったく自由で制限されることはない。

■プレー中の判定

1 ボールがインかアウトかは，ボールの落下した地点で判定し，ラインに触れたものはすべてインである。

2 インプレーのとき，次の場合は有効返球となり，プレーは続けられる。

・ボールが，ネットやネットポストに触れたり，ネットポストの外側をまわっても相手コートに正しく入ったとき(p.189をみよう)。
・相手のボールが一度コートにバウンドしてネットにはね返り，そのボールを正しく返球したとき。
・コート内に落ちていた帽子やボールなどにボールが当たっても，正しく返球したとき。
・打球の惰性でラケット，体などがネットを越しても，相手を妨害しないとき。

3 インプレーのとき，次の場合はそれを行ったプレーヤー側が失ポイントになる。

・打ったボールがネットを越えないとき。
・打ったボールがコート外に出たり，審判台，審判員，パートナーなどに触れたとき。
・ツーバウンドする前に返球できないとき。
・ボディタッチ，ネットタッチ，ネットオーバーしたとき。
・手から離れたラケットで返球したとき。
・コート内の他のボールや，体より離れた帽子などに当たり返球できないとき。
・打球時にボールが２度以上ラケットに触れたり，打ったとき（ドリブル）。
・ボールがネットの下や，ネットとネットポストの間を通って入ったとき（スルー）。
・プレーヤーのラケットや体が，審判台や審判員，相手プレーヤーに触れたとき（タッチ）。
・プレーヤーの帽子，ラケットなどが体から離れ，直接相手コートに触れたり，審判や相手のプレーヤー，審判台，ネット，

illustrate

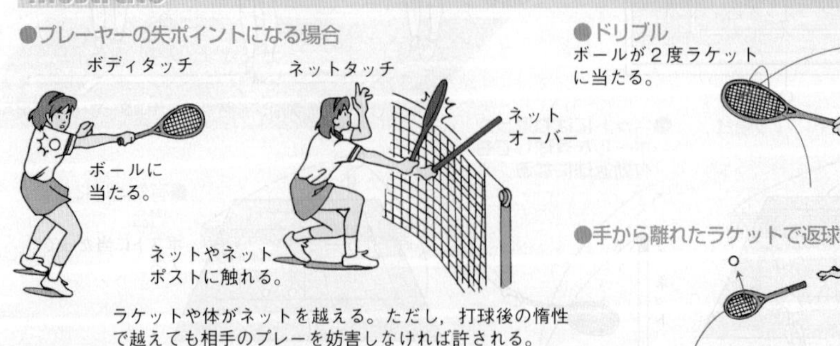

ネットポストなどに触れたとき。
・相手側のプレーを明らかに妨害したとき（インターフェア）。

■ノーカウントになる場合

インプレーにおいて次の場合はノーカウントになる。

1 アンパイヤー（審判）が判定を誤ったためにプレーに支障が生じたとき。
2 突発事故でプレーが妨害されたとき。
3 失ポイントになることが両方のペアに同時に発生したとき。

■タイムが認められる場合

マッチ中，次の場合にはタイムが許される。

1 プレーの進行に支障が生じたとき。
2 プレーヤーに身体上の故障が生じ，これを正審が認めた場合。このタイムは同一人が1回につき5分以内とし，かつ同一マッチで2回以内とする。
3 上記のほか，正審が特に必要と認めた場合（ただし，ガット切れ修理のためのタイムは認められない）。

（ヒートルール）
・会場での気温（乾球温度）が35℃以上となり，ファイナルゲームとなった場合，ファイナルゲームに入る前に3分間のコート内の日傘による日陰（アンパイヤーの目の届く範囲）での休憩を許可する。

3 ルール違反と罰則

次の場合，アンパイヤーはレフェリーと協議の上，違反した相手側に「勝ち」を宣告する。

1 大会要項に示した条件に違反したとき。
2 大会本部から試合出場の通告をうけたプレーヤーが，コートに出場しない場合。
3 アンパイヤーやレフェリーの裁定を不満とし，正審のマッチ続行の指示に従わない場合。
4 プレーヤーが身体上の故障でタイムを認められ，許容時間内に回復できない場合。
5 アンパイヤーの警告が3回に及んだ場合。

〈警告の対象項目〉
・アンパイヤーの指示に従わなかったり，連続的にプレーをしないとき。
・コートマナーに違反し，過度のかけ声，または相手を不快にする発声をしたとき。
・チェンジサイズおよびファイナルゲームに入る際に前のゲーム終了から1分以内に次のゲームを開始しないとき。

プレーヤーの心得

プレーヤーは互いにマナーを尊重し，次の事項を守らなければならない。

(1) 過度のかけ声，または相手を不快にする発声をしないこと。
(2) マッチの開始から終了まで連続的にプレーし，次の行為をしてはならない。
ただし，サイドチェンジおよびファイナルゲームに入る場合は，ポイント終了から1分以内に次のポイントを開始する態勢に入るものとする（レッツプレイ）。
ア　相手がレシーブの構えをしているのにサービスせず，または相手方がサービスをしようとしているのにレシーブの構えをしないこと。
イ　故意にゲームを長びかせる行為をすること。
ウ　マッチの進行に支障となる状態でパートナー同士の打ち合わせをしたり，休息をすること。
エ　ゲーム終了後，次のゲームに移る構えをしないこと。
オ　ファイナルゲーム内のサイドのチェンジの場合に休息をすること。
カ　ラケットの修理をすること。
(3) アンパイヤーの指示に従いプレーすること。

みるポイント

試合観戦するときの視点

・各プレーヤーの各技術および配球のコースの特徴を知り，理解する。
・各プレーヤーの心理的変化を観察する。表情，態度，しぐさ（ポイント時，ミス時）。
・自分自身をプレーヤーの立場において，特にピンチやチャンス時に，その時点でどんなプレーができるかを考えてみる。

ゲームの運営と審判法

1 ゲームの運営

■ゲームを運営する人と役割

1マッチは，アンパイヤー4名（正・副審各1名，線審2名）で行う。場合によってはアンパイヤーのうち線審を省略できる。省略部分は正審が担当する。

2レフェリーは審判委員長と審判副委員長のことで，ルールの解釈と適用について最終裁定を下す。

3アンパイヤーは，競技規則に従い，プレーヤーの円滑なプレーの進行を促し，公正かつ迅速に正確な判定を下さなければならない。

・副審・線審は，定められた担当区分の判定をするとともに正審を助ける。

・区画線による判定区分はそれぞれが分担区画を担当し，サインで正審に通告する。

・その他の判定区分については，副審・線審ともサインとコールで通告する。

■アンパイヤーの判定区分

1アンパイヤーのそれぞれが，下図のような区画線の判定区分を担当して行う。

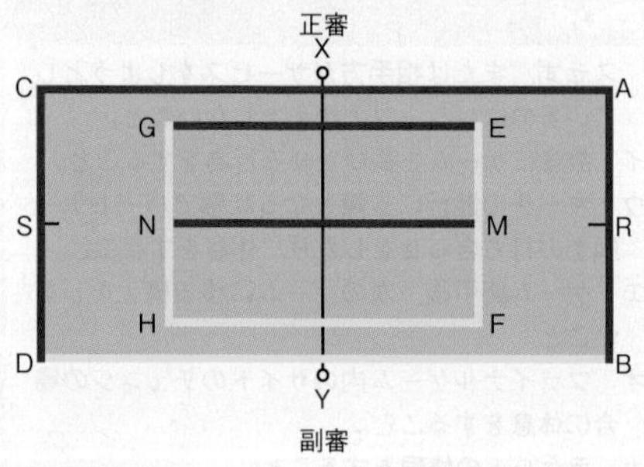

2副審は，サービス時にはレシーブ側に動いてサービスとレシーブ時の判定を行い，すぐ中央に戻ってラリー時の判定を行う。

3区画線の判定以外に，次の判定も行う。

・**正審・副審**

ツーバウンズ，ドリブル，キャリー，ダイレクト，インターフェア，ボディタッチ，タッチ，チップ，ネットオーバー，ネットタッチ，スルー，フットフォールト，レット，ノーカウント。

・**線審**

ダイレクト，フットフォールト，ボディタッチ，チップ。

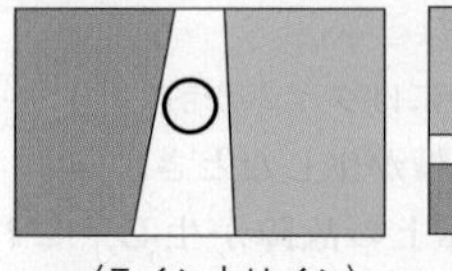
〈ライン上はイン〉

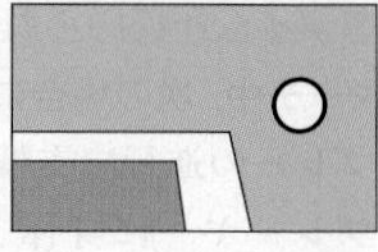
〈アウト〉

2 審判の仕方

■正審のコールの仕方

・マッチの開始前の練習を中止させ，プレーヤーを定位置につかせる▶「レディ」

・プレーヤーの紹介と試合開始の宣告▶「サービスサイド○○ペア，レシーブサイド○○ペア，プレーボール」

・サーバーが1ポイント得たとき▶「ワン・ゼロ」

・コールはサーバー側よりその得たポイントをコールする。2対1▶「ツー・ワン」2対2▶「ツー・オール」

・どちらも3ポイントを得たとき▶「デュース」

・デュース後にサーバー（レシーバー）がポイントを得たとき▶「アドバンテージサーバー（レシーバー）」

・再び同点となったとき▶「デュース・アゲン」

・ゲームが終了したとき▶「ゲーム」

・ゲームの進行によって奇数ゲームの終了時にコートを交替するとき▶「ゲーム，チェンジ・サイズ」

・偶数ゲーム終了時に，サイドはそのままでサービスを交替させるとき▶「チェンジ・サービス」
- ゲームカウントのコールは，次のゲーム開始時にサービス側から行う▶「ゲーム・カウント○・○」
- ゲームカウントが3対3，4対4で最終ゲームのときは，ゲームカウントに続けて「ファイナル・ゲーム」とコールする。
- ゲームが終わり，同時にマッチ（試合）も終わったとき▶「ゲームセット」
- 最初のサービスの失敗▶「フォールト」２度目のサービスの失敗のとき▶「ダブル・フォールト」
- サービスのやりなおしのとき▶「レット」このあとに「ツーモア（ワンモア）・サービス」とコールする。
- 何かの事故でそのポイントを採点しないでやりなおす場合▶「ノーカウント」

※その他のコール▶「アウト，フットフォールト，タイム，ネットタッチ，タッチ，ボディタッチ，ダイレクト，ネットオーバー，チップ，ツーバウンズ，ドリブル，インターフェア，コレクション」など。

正審の役割

①採点票に必要事項を正確に記入する（プレーヤーの確認）。
②プレーヤーより先に準備を整えて，プレーヤーの出場を促すこと。
③プレーヤーの確認をする。言動が適切であること（コールは大きな声で）。
④マッチが円滑で明瞭で明確に進行するよう努めること。
⑤判定は公正に行うとともに，時機を失しないようにすること。
⑥コールの前にサーバー，レシーバーの確認とその態勢の確認をしてから「コール」する。
⑦他のアンパイヤーの判定区分については，その権限を侵さないこと。
⑧サービスのフォールトはすべてコールすること（大きな声で）。
⑨副審または線審が判定区分を間違えてインプレーを停止するサインまたはコールをした場合，その判定が誤りであるならば，正審は「タイム」とコールし，ノーカウント（レシーブを終える前はレット）にするかまたは判定の訂正を行う。
⑩ゲームが終了したらただちに審判台から降りてあいさつを済ませ，そのあと最後のポイントを記入する。

簡易ゲームを楽しんでみよう

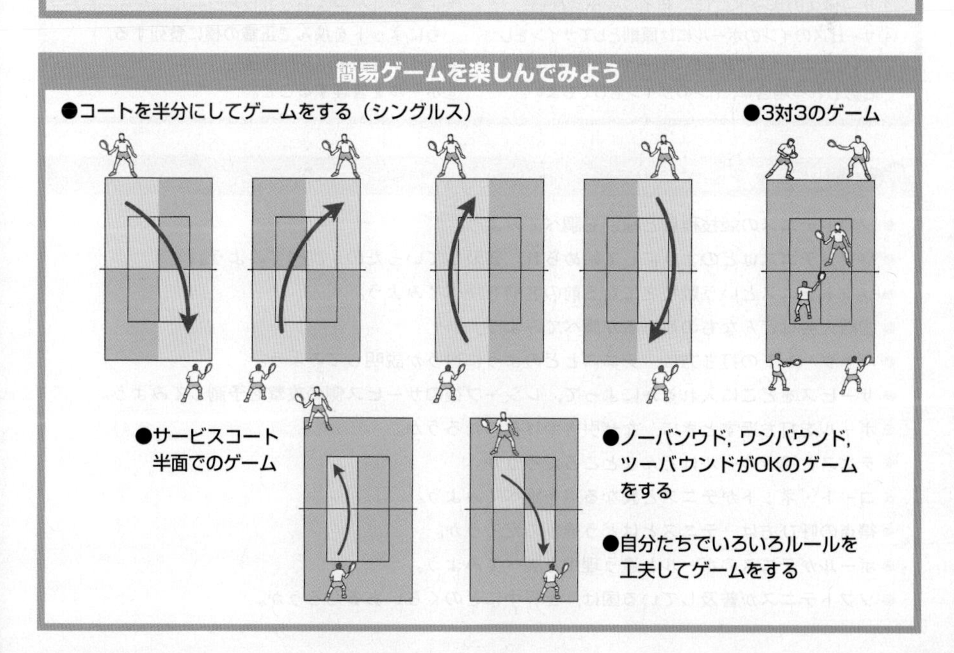

3 審判（副審）のサイン

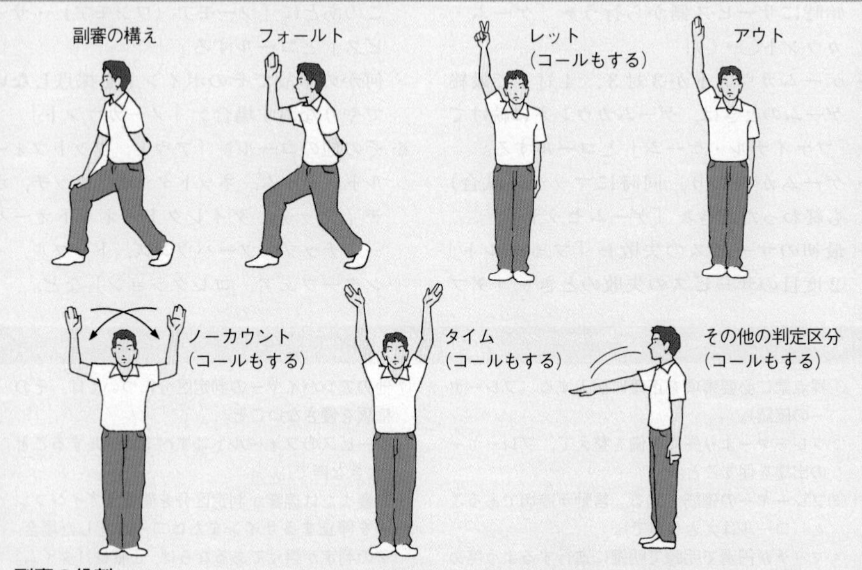

副審の役割

①機敏に動作する。
②副審は判定区分の中で失ポイントの判定をするときに，アウトとフォールト以外はすべてコールする（定められたサインで判定すること）。
③サービスのネットには，サインを出さない。
④サービスのインのボールには原則としてサインをしない。ただしインであるがプレーヤーが判断に迷うと思われる場合は，インのサインをしてもよい。
⑤サービスの判定をした後は，すみやかにネットポストの後ろ約60cmの位置に移動してラリーを見守る（戻りも機敏に動作する）。
⑥落下点に正対し注目する。
⑦正審が「ゲームセット」とコールしたら，ただちにネットを挟んで正審の横に整列する。
⑧サインは長め（3秒程度）。
⑨ボールを管理すること。

調べてみよう

- ソフトテニスの競技種目と種別を調べてみよう。
- ソフトテニスはどのようにして始められ，普及していったのか調べてみよう。
- ソフトテニスという競技名になる前の名前を調べてみよう。
- 国際大会はどんなものがあるか調べてみよう。
- バックハンドの打ち方は，テニスとどのように違うか説明してみよう。
- サービスをどこに入れるかによって，レシーブ後のサービス側の攻撃を予測してみよう。
- ボールを打ち返すときに，なぜ引きつけるのだろうか。
- テニスと違うルールはどんなところだろうか。
- コート・ネットがテニスと異なる点を調べてみよう。
- 得点の呼び方は，テニスとはどう違うのだろうか。
- ボールがテニスのボールと違う理由を調べてみよう。
- ソフトテニスが普及している国は，世界中にどのくらいあるだろうか。

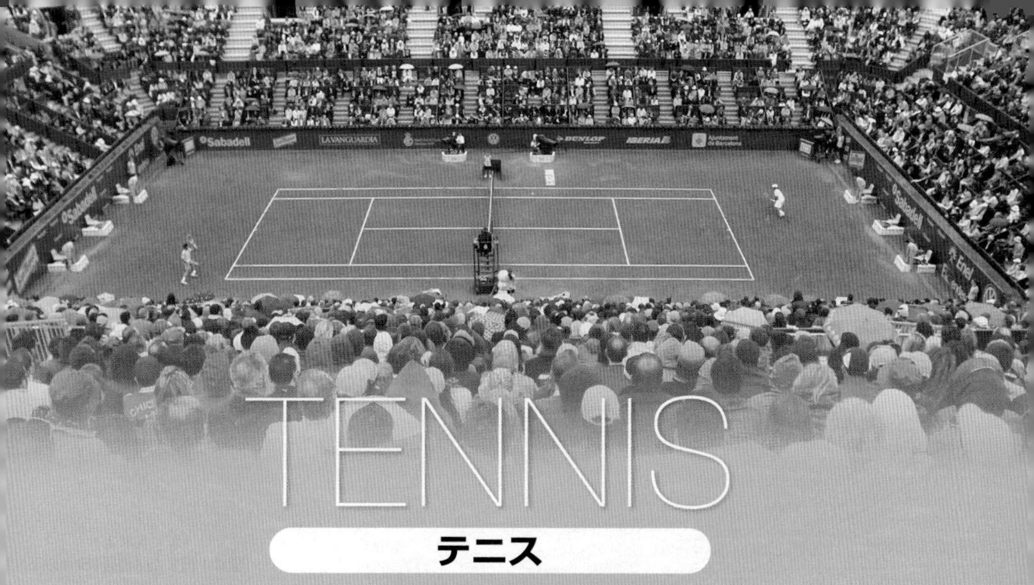

TENNIS

テニス

【歴史と発展】

テニスの語源については諸説あるが，現在のテニス競技の原型ともいえるものは，11世紀にフランスを中心に行われるようになった「ジュ・ドゥ・ポーム」と呼ばれるゲームであったといわれる。その後，イギリスに伝わり，コートやラケット，ボール，ルールを改良して，1870年代にイギリスのウィングフィールドが近代テニスを考案したといわれている。

1877年にはウィンブルドン（全英オープン）選手権が，引き続いて1881年全米オープン，1891年全仏オープン，1905年全豪オープンが創設され，現在の4大大会の基礎ができた。

わが国には，1878（明治11）年，アメリカのリーランドによってテニスが紹介され，体操伝習所でスポーツとして取り入れられた。その後，日本で誕生したソフトテニスとともに2通りのスポーツとして普及，発展している。

【競技の特性】

❶ラケットを用いて，ネット越しの相手コートへ返球し，得点を競うスポーツで，ラケットワーク，フットワーク，ヘッドワークが要求される。

❷幅広い年齢層や男女の性別差もなくプレーができ，生涯スポーツとして適している。

❸技術的にはさまざまな状況に応じたショット，体力的には敏捷性，瞬発力，持久力，柔軟性が要求され，心理的にはプレッシャーに勝つ強い精神力，ゲームへの集中力・判断力が必要である。

❹“紳士のゲーム”といわれ，エチケットやマナーが非常に重んじられる。

競技に必要な施設・用具・服装

1 競技場

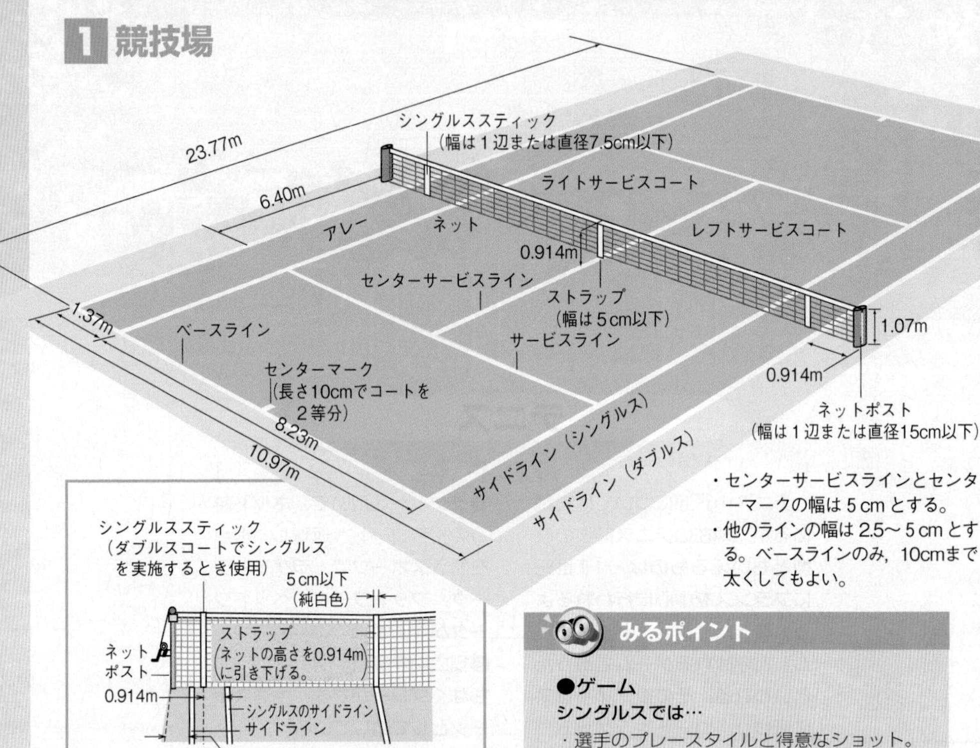

・センターサービスラインとセンターマークの幅は５cmとする。
・他のラインの幅は2.5～５cmとする。ベースラインのみ，10cmまで太くしてもよい。

安全チェックリスト

試合前

□道具(ラケット・ストリング〔ガット〕等)をチェックしよう。
□服装(シャツ・ショーツ・帽子・シューズ等)をチェックしよう。
□コート(安全・風上下・太陽等)をチェックしよう。
□ウォーミングアップ（特に手足のストレッチ等）をしよう。

試合中

□自分のリズムとゲームの主導権を握るプレー方法を見つけ出そう。
□ボールへの執着心とゲームへの集中力を持続しよう。
□水分補給と汗の処理をしよう。
□自コート・他コートからのボールを適切に処理しよう。

みるポイント

●ゲーム

シングルスでは…

・選手のプレースタイルと得意なショット。
・オープンコートの作り方(作戦・戦術)。

ダブルスでは…

・チーム（ペア）のフォーメーション。
・ネットでの攻防・ポーチ等の多彩なショット。

●コートの種類（サーフェイス）と作戦・戦術

・ローン（芝）コートではネットプレー，クレーコートではベースラインプレー等を中心とした作戦・戦術をみる。

●観戦する場所

縦方向からの観戦

・ボールの配球とコートポジションをみる。
・選手になったつもりでゲームをみる。
・ボールを追わずに片方の選手だけに注視すると細かなフォームやフットワークが理解しやすい。

横方向からの観戦

・ネットを越えるボールとコート上の落下点，選手がボールを打つ高さ(打点)をみる。
・ネットからのポジション(距離)のとり方をみる。
・主審および選手(休憩時等)の様子をみる。

2 ゲームに必要な用具

●ボール

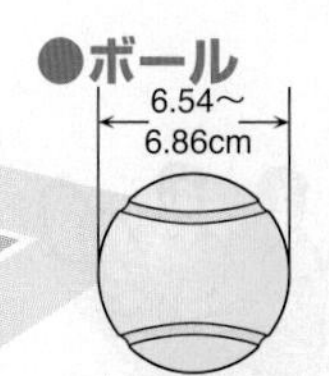

表面が平らでなめらかな繊維製のカバーで包まれ，白または黄色であることを要する。継ぎ目のある場合は縫い目のないもの。

●ラケット

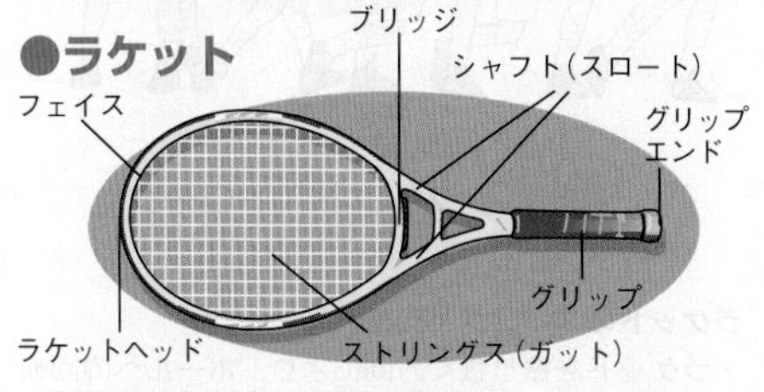

・全長73.7cm以内　全幅31.7cm以内
・ストリングス面は全長39.4cm以内　全幅29.2cm以内

3 服装

女子はワンピースまたはシャツと，スコートまたはショーツ

※高体連の試合においてはテニス専門部による服装規定がある。http://koko-tennis.com/を参照のこと。

テニスの豆知識

ボールコントロールの各要素

要素	ラケットワーク	グラウンドコントロールの例
ボールの方向	・ラケットの向き ・上から見たラケットスイングの方向	ダウン・ザ・ライン　クロス　逆クロス
ボールの回転	・ラケット面の角度 ・横から見たラケットスイングの方向	フラット　トップスピン　アンダースピン
ボールのスピード	・ラケットスイングの大きさ ・ラケットのスイングスピード	スピード大　スピード小
ボールの距離	・ラケットスイングの大きさ ・ラケットのスイングスピード ・ラケットの面の角度 ・ラケットスイングの方向	深い　浅い
ボールの高さ	・ラケット面の角度 ・ラケットスイングの方向	上方　ストレート　下方

ボールの回転

球種	回転方向	球種の特徴
フラット(回転なし)	打球方向 ほとんど回転なし。	弾道は直線的であり，バウンド前後の球速の変化は小さい。
トップスピン(順回転)	打球方向へ回転する。	落下が大きく，バウンド後の弾み方は大きい。「ドライブ」とも呼ばれている。
アンダースピン(逆回転)	打球方向とは逆方向へ回転する。	滞空時間が長く，バウンド後の弾み方は小さい。「スライス」とも呼ばれている。
サイドスピン(右・左回転)	打球方向に対して横回転する。	右横回転ではバウンド後に右方向へ大きく曲がる。左回転では左方向へ曲がる。

基本技術と用語の解説

グラウンドストロークの技術

フォアハンドストローク

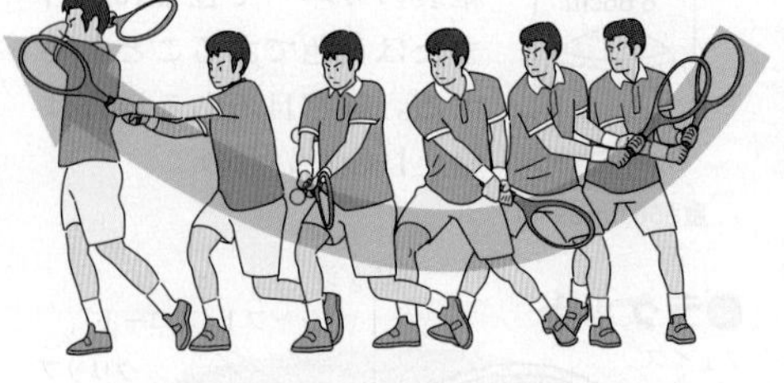

バックハンドストローク

Point

ボールに対する準備
- ボールがネットを越えるタイミングでラケットを引き始める
- ボールの真後ろへすばやく移動する
- ボール近くでは，細かいステップを踏む

ボールのとらえ方
- ボールと体との距離から軸足を決める
- バウンドした後に肩から腰の高さで打つのが基本

ラケットのスイングと回転
- ラケットを振り抜く方向により，ボールへの回転が決まる（【スピン】【スライスショット】を参照）

グリップチェンジ（フオアハンドからバックハンド等）
- 左手でラケットのシャフト（スロート）部分等を持ち，テイクバックと同時にラケットを時計回りにまわし準備する

サービスの技術

Point

サービスの動作は，ボールを打つ前の動き（トスアップとバックスイング）とボールを打つための動作がスムーズに行われることが大切である。
- 適切なグリップ（肘・手首に負荷をかけず肩関節を使える）
- 正確なトスアップ（サービスの種類によって違う）
- 全体のリズム（ゆっくりとした動作から打つ瞬間にむけてラケットヘッドが加速していく）がスムーズ

【アプローチショット】 打球後ネットにつく（接近）ために打つショット。

【インパクト】 ラケットとボールが当たる瞬間。

【クロスラリー】 対角線方向の打ち合い。右側でのラリーを順クロス，左側を逆クロスという。

【サーブアンドボレー】 サービス後，そのまま前進してネットプレーを行う。

【トップスピン】 下から上のスイングでボールに順回転をかけること。

【スライス（アンダースピン）】 ダウンスイングでボールに逆回転をかけること。

【トス】 ①サービスのためにボールを投げること。②試合前にサーブかエンドを決める方法。

【ドロップショット】 グラウンドストロークで相手のネット際にボールを落とすショット。

スマッシュの技術

Point

・すばやくラケットをかつぎ，ボールの落下点までクロスステップで移動する
・右足を固定させ，落下してくるボールにタイミングを合わせて打つ

ボレーの技術

Point ・すばやくラケットを準備し，体の前でボールをブロックするつもりで打つ

ドライブボレーの技術

Point

・山なりのボールに対してすばやく落下地点に入る。
・打点は肩の高さでボールにトップスピンをかけてとらえる。

みるポイント

1 技術
・構え，テイクバック，インパクト，フォロースルー（一連のフォーム）をみる。
・フォアハンド，バックハンドストローク，ボレー，サービスのグリップおよびグリップチェンジをみる。

2 ボールコントロール（コース・深さ）
・コースは，ボールをとらえる位置，ラケット面の角度，スイングの方向で決まる（一般的に，ボールをとらえる位置を前にするとクロス方向に打てる。また，ボレー時はラケットを立てるとクロス方向に打ちやすい）。
・ボールの深さは，ネットを通過する高さ・勢い・スピン量で決まる（相手コートに深いボールを打つためには，ネットの上を常にねらう）。

3 フットワーク（状況に応じた動き方）
・相手が打つときは，返球されるボールへの対処をすばやくするために，母指球で接地して地面に沈みこむ（スプリットステップ）。
・ベースラインで打った後に次のポジションへ戻るときは，相手の様子を見ながら，サイドステップやクロスオーバーステップで戻る。
・サービスダッシュをするときは，相手のレシーブに備えて一度止まって構える。

【ネットプレー】 ネット付近でボレー，ドライブボレー，スマッシュなどを駆使するプレー。
【パッシングショット】 ネットに前進してきた相手の脇を抜くショット。
【ハーフボレー】 バウンド直後のボールをボレーのように打つこと。
【ベースラインプレー】 ベースライン付近でのグラウンドストロークを主体とするプレー。
【ポーチ】 ダブルスで，自分のペアに向かって打たれたコースに動き，横取りしてボレーをすること。
【ボディショット】 相手の体に向けて打つショット。
【ライジングショット】 ボールが地面にバウンドして上がってくる最中に打つショット。
【ロブ】 高く打たれた山なりのボール。

ゲームの進め方とルール

1 試合(マッチ)の開始と勝敗の決定

■試合の開始(トスによって決める)

トスは一方がラケットをまわし，回転しているうちに他方が「スムース／アップ(表)」か「ラフ／ダウン（裏)」をいいあてる。トスに勝った者は次の（a）または（b）を自分で選ぶか，相手に選ばせることができる。トスに負けた者は残りの選択肢を得る。

(a) サーバーまたはレシーバーになる権利

(b) エンド（コート）を取る権利

■競技の得点構成と試合の勝敗

1 ポイント　対戦するプレーヤーのどちらか一方が正しく返球できなかったとき，その相手プレーヤーがポイントを得る。

2 ゲーム　4ポイントを先取したほうがゲームを取得する。ただし，3ポイントオールになった場合，スコアは「デュース」となる。デュース後の第1のポイントのスコアを「アドバンテージ」と呼び，続けて次のポイントを得たとき，ゲームを取得する。

アドバンテージのプレーヤーが続けてポイントを得られなかった場合，再びスコアはデュースとなり，以降どちらかのプレーヤーが2ポイント続けて取るまで行う。

3 セット　6ゲームを先取したほうがセットを取得する。ただし，5ゲームオールになった場合は，あらかじめ定められた試合方式によってセットの取得が異なる。アドバンテージセットの場合，その後2ゲームをリードしたほうがセットを取得する。タイブレークセットの場合，6ゲームオールになったとき「タイブレークゲーム」を行い，勝ったほうがセットを取得する。

4 マッチ（試合）　5セットマッチの場合は3セット，3セットマッチの場合は2セット，1セットマッチの場合は6ゲームを先取したほうが試合の勝者となる。

8ゲームプロセット方式の場合は，8ゲームを先取したほうが試合の勝者となる。スコアが7ゲームオールとなった場合には以後2ゲームをリードしたほうが勝者となる。ただし，8ゲームオールになったときは，タイブレークセットで勝者を決める。

5 その他　以下の採用は主催者の裁量。

●**ゲーム中のポイントスコア**

〈ノーアド〉

デュースの場合は，次の1ポイントでそのゲームの勝敗を決する。レシーバーはサービスを右か左か受けるコートを選択できる。

●**セット中のゲームスコア**

〈ショートセット〉

相手に2ゲーム以上の差をつけて，先に4ゲーム取ったほうがそのセットの勝者となる。

4ゲームオールの場合はタイブレークを行い，勝者がセットの勝者となる。また（公認団体が承認すれば）3ゲームオールになったとき，タイブレークゲームを行う。

〈マッチタイブレーク（7・10ポイント)〉

セットスコアが1セットオール，または2セットオールになった場合，そこでタイブレーク(7あるいは10ポイント)を行い，その勝者が試合の勝者となる。

2 プレーの方法

■サービスのやり方

1 サービスはそれぞれのサービス位置から，肩を中心に腕でボールを空中にトスして，そのボールが地面に落ちる前に打つ。

2 各ゲームとも第1ポイントは右コートから始め，以降左右交互のコートから行う。

■サービスの順序

1 サーバーとレシーバーは1ゲームごとに交替する。ダブルスでは，AB対CDの試合で，第1ゲームにAが，第2ゲームでCがサービスしたら，第3ゲームはB，第4ゲームはＤの順序で，そのセットの間を行う。

2 パートナーが順序を誤ってサービスしたときは，発見しだい訂正する。しかし，発見される前のポイントおよびフォールトはそのまま適用する。誤りが発見される前にゲームが終わったときは，以降そのセットのサービスは入れ替わったままで行う。

■レシーブ

1 レシーバーはどの位置で構えてもよいが，サービスのボールが必ずワンバウンドしてからレシーブする。

2 ダブルスでのレシーブの順序は各セットの最初のレシーブゲームで，いずれのサイドでサービスを受けるかを決めたら，そのセットの間にこの隊形を変えることはできない。間違ったときは，そのゲームが終わるまでそのまま続け，次のレシーブゲームのときもとに戻す。

■エンドの交代（コートチェンジ）

第１，３……など奇数ゲームが終了した時点と，各セットが終了したとき，合計ゲーム数が奇数ならエンドを交代するが，偶数の場合は，次のセットの第１ゲームの終わりまで交代しない。

illustrate

●サービスの判定とその位置

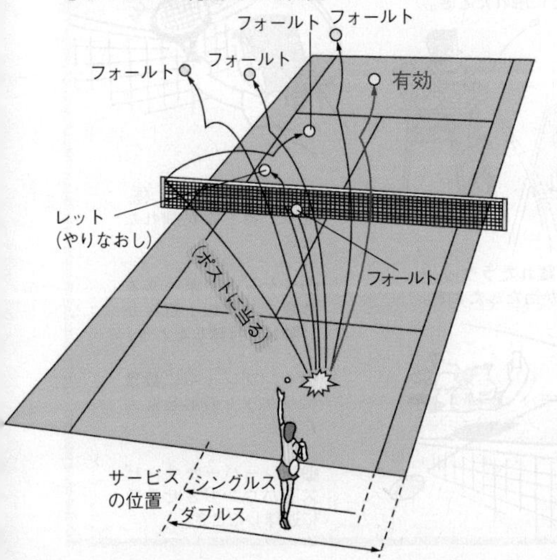

3 プレーのおもなルール

サービスがフォールトになる場合

❶入れるべきサービスコートにサービスがノーバウンドで入らなかったとき。
❷サービスが終わるまでにラインを踏んだりラインを越して入ったとき（どちらかの足が空間でラインを越えてサービスしてもよい。また，ボールを打つ前にコート内に触れていなければ両足ジャンプしてサービスしてもよい）。
❸ボールをトスして打とうとしたが空振りして打てなかったとき。
❹サービスをしたボールが審判員や審判台，ダブルスのパートナーに当たったとき。
※第１サービスのフォールト→第２サービスを行う。
第２サービスのフォールト→失点。

サービスがレットになる場合

❶ボールがネットやストラップ，バンドに触れて相手方のサービスコートに正しく入った場合（ポストに当たって入った場合はフォールトになる。ただし，「ノーレットルール」採用以外）。
❷ボールがネットやストラップ，バンドに当たったのち，地面に落ちる前にレシーバーまたはそのパートナーの体やラケットに触れたとき。
❸レシーブが返球の用意ができていないときにサービスが打たれた場合。

※サービスのレット→
該当サービスだけやりなおす。

競技中の有効な返球

❶ライン上に落ちたボール。

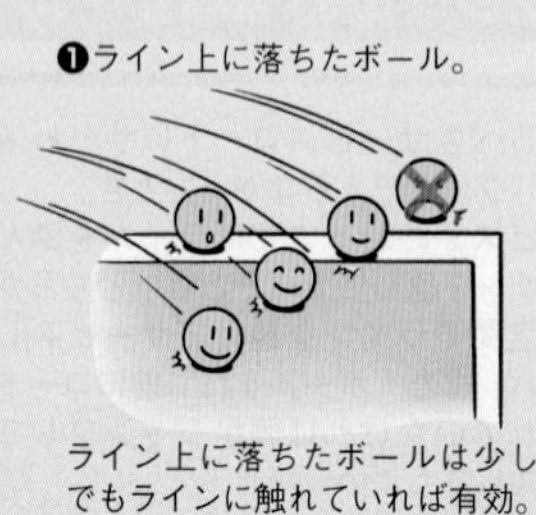

ライン上に落ちたボールは少しでもラインに触れていれば有効。

❷一度，自分のコートに入ったボールが，風などのため相手コートに逆戻りした場合，ネット越しに打ったとき（オーバーネットにはならない）。

❸ラリー中のボールがネットやポスト（シングルスの場合はシングルスティック）に触れ，しかも正しく相手コートに入ったとき。

❹コート外のボールを正しく相手のコートにボレーで返球したとき。

❺ボールがポストの外側をまわって正しいコート内に入ったとき。

ポストまわしは，有効な作戦

❻自分のコート内のボールを正しく打ったあと，自分の体やラケットがネットを越したとき（オーバーネットにはならない）。

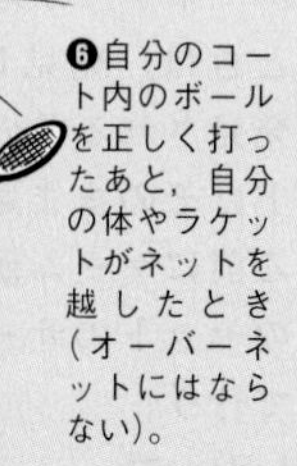

オーバーネットしても，打った後でならOK。

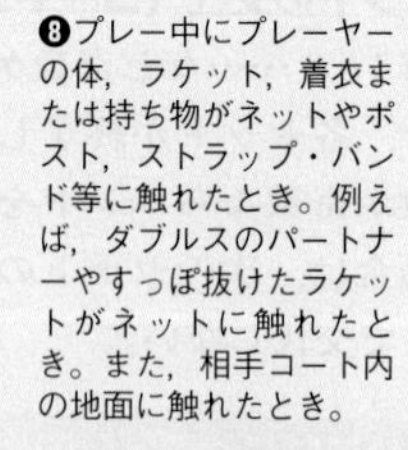

❼コート内に転がっていた別のボールに当たったがインプレーのボールを返球したとき。

競技中に失点となるおもな事項

❶サービスを2本ともフォールトしたとき。

❷サービスされたボールが，地面に落ちる前に返球したり，直接レシーバー側のラケット，体，着衣などに触れたとき。

❸ボールがネットを越してくる前に直接打球したとき。

❹たとえコートの外側に立っていても，ボールを直接打球して，それが有効な返球にならなかったとき。

❺二度バウンドする前に返球できなかったとき。

2バウンドボールを打ったとき。

❻返球が直接相手のコート外に落ちたり，審判台，パーマネント・フィクスチュアなどに触れたとき。

❼手から離れたラケットにボールが当たったとき。

❽プレー中にプレーヤーの体，ラケット，着衣または持ち物がネットやポスト，ストラップ・バンド等に触れたとき。例えば，ダブルスのパートナーやすっぽ抜けたラケットがネットに触れたとき。また，相手コート内の地面に触れたとき。

❾ボールに直接，体，着衣，持ち物が触れたとき。

❿ラケットでボールを故意に二度以上打ったり触れて打球したとき。

⓫インプレー中に故意にラケットの形を変えたとき。

⓬レシーバーがサービスをバウンドさせる前に返球したとき。

4 ルール違反と罰則

■コードオブコンダクト（通称：コード）
試合コートで，プレーヤーに対しスポーツマンシップを高揚させ，プレーヤーとしての責任のある言動やコートマナーおよび規則を遵守させることを目的とする。

■連続的プレー
試合開始から終了まで連続的にプレーすることが，テニス競技の基本となっている。

1 1つのポイントの終わりから，次のポイントの第1サービスが打たれるまでの時間は25秒を超えてはならない(25秒ルール)。
2 サーバーがサーブしようとしたときにレシーバーは，サーバーの理にかなったペースに合わせてプレーしなければいけない。
3 エンドの交代は，90秒以内に，各セット終了時は120秒以内にプレーを行わなくてはいけない（90・120秒ルール)。
4 各セットの第1ゲーム終了後（セットブレークルールの場合）と，タイブレーク中は，プレーは連続的でなければならない。休憩なしでエンドを交代しなければならない。
5 体調を回復するために，定められた時間以外に余分な時間は与えられない。
6 けが等の手当てが必要なプレーヤーに対しては，1回3分間の治療時間が認められる（体力消耗・ケイレンによる中断は認めない。けが等による中断はレフェリーの判断による)。

■コーチングの禁止
プレーヤーは競技中いかなる情報伝達・助言・指図等も受けられない。違反したプレーヤーはペナルティーを科せられる。ただしチーム対抗戦（団体戦）では，奇数ゲーム終了後のエンドチェンジの間に限って，コートサイドのベンチにいるコーチからコーチングを受けられる（タイムブレーク中は不可)。

■その他のコード
言葉による侮辱／ボールの乱用／ラケット用具の乱用／ひわいな言葉・しぐさ／スポーツマンシップに反する行為　ほか

■バイオレーション
1タイムバイオレーション（時間オーバー）
25秒，90秒，120秒ルール違反に対しては，1回目は警告，2回目以降は違反ごとに1ポイントを失う。
2コードバイオレーション（ポイントペナルティ制度） 試合のコート上で，コードに違反したプレーヤーは，1回目は警告，2回目は1ポイント，3回目以降そのつど1ゲームを失う。違反が悪質な場合は，レフェリーの判断により失格になることがある。

みるポイント

1 ゲーム運びおよび流れ
●サービスキープの展開であるか（4ゲームごとの展開はどうか)。
●大切なポイントおよびゲーム展開はどうか。

2 作戦・戦術
●相手のミスを誘うために，相手の弱点をどのように攻めているか（苦手なサイド・ショットを打たせる，走らせる等)。
●オープンコートを作るためにどのようなショットを使うか（アングル・ストレートショットの使い方，ダブルスではセンターにボールを集める等)。
●相手のペースを変えるためにどうするか（ネットプレーを交える，打つボールのスピードを変える，プレーする間を変える等)。

3 ポジション・フォーメーション
●シングルスはひとりでコートを守るため，合理的にコートをカバーできる位置にポジションをとることが重要である。相手の打ち出す可能性のある打球エリアを判断し，そのセンターにポジションをとっているかどうか。
・ネットでのポジション（ネットとサービスラインの中間あたりにポジションをとる)
・ベースラインでのポジション（ベースラインよりやや後ろあたりにポジションをとる)

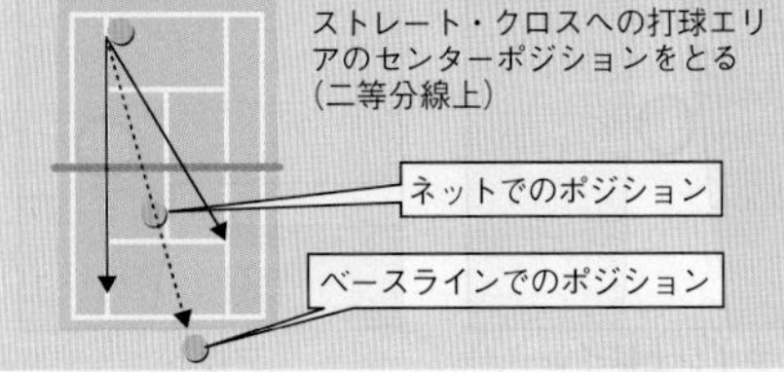

ゲームの運営と審判法

1 ゲームの運営

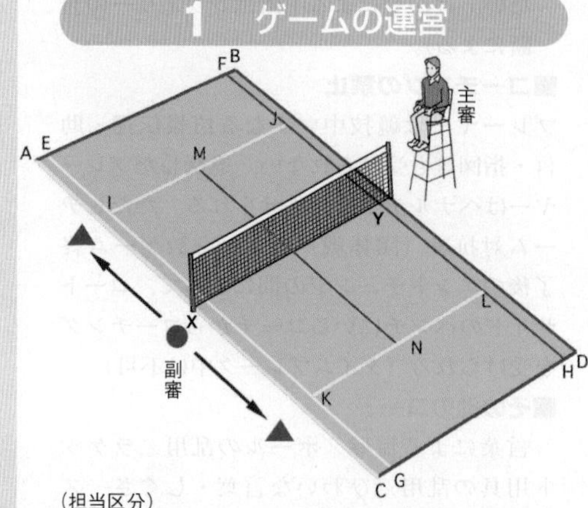

（担当区分）
主審＝FH（BD）
EF（AB）
GH（CD）
MN JL
フットフォールト
ジャッジ

副審＝EG（AC）
IK IJ KL
ネットジャッジ
ナットアップ

（ ）内はダブルスゲーム
▲はサービス時の副審の位置

■チェアアンパイア（主審）

1 ボールの準備とコートの確認。

2 試合開始から終了までのアナウンスやコール（ポイント，ゲーム，セット等）。

3 ラインアンパイアの判定が明らかに間違いであったと確信したとき，ただちにオーバールールをし，訂正する。

4 スコアカードの記入。

■ラインアンパイア（線審）

担当ラインのジャッジを行う。ボールが接地したときに「アウト」「フォールト」と大きな声でコールし，ハンドシグナルを添える。

■ネットアンパイア

ネットポスト近くに位置し，サービスのボールがネットを通過するまでボールがネット等に触れたかを判定する。

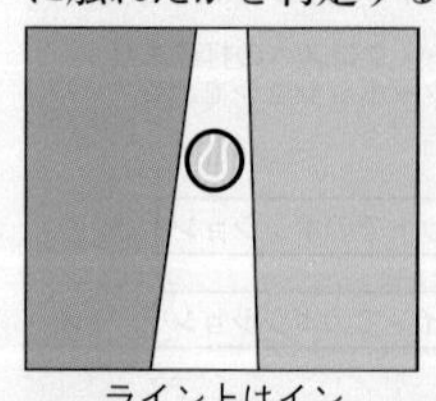
ライン上はイン

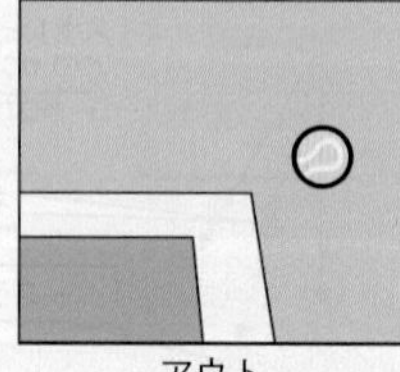
アウト

2 審判のやり方

■チェアアンパイア(主審)のコール（X対Yの試合の例）

1 試合開始前のコール

・選手にボールを渡してから▶「ファイブミニッツ フォウォームアップ」

・ウォームアップ終了時▶「タイム」

2 試合開始時のコール

・3セットマッチ（6ゲームオール，タイブレークスコアリング方式で決着）で，Xのサーブから始まる場合▶「ザ ベスト オブ 3 タイブレークセッツ，ファーストセット，X トゥ サーブ，プレー！」

3 サービスのコール

・第1サービスの失敗▶「フォールト」

・第2サービスの失敗▶「フォールト」

4 ポイントのスコアのコール

ポイント	スコア	コール
0点	0	ラブ
1点	15	フィフティーン
2点	30	サーティ
3点	40	フォーティ
3点対3点	デュース	デュース
デュースでの1ポイントリード	アドバンテージ	アドバンテージ

・サービス側のスコアを先にコールする▶「フィフティーン ラブ（1-0）」/「フィフティーンオール（1-1）」/「サーティ フォーティ（2-3）」

・デュースではリードしたほうをコールする▶「アドバンテージ，X」

5 ゲーム終了のコール

・Xが第1ゲームを取った場合▶「ゲーム X，ファースト ゲーム」

・Xがゲームを取得，Xが3–2でリードした場合▶「ゲーム X，X リーズ，3 ゲームズ トゥ 2」

6 セット終了のコール

・Xが第1セットの第10ゲームを取って，6–4でセットを取得した場合▶「ゲーム アンド ファースト セット，X，6 ゲームズ トゥ 4」

7 タイブレークのコール

・Xがゲームを取得，第1セットが6ゲームオールになり，Xのサーブでタイブレークが開始される場合▶「ゲーム X，6オール，ファースト セット，タイブレーク，X トゥ サーブ」

・タイブレークのスコアはポイントをそのままコールする

ポイント	スコア	コール
0点	0	ゼロ
1点	1	ワン
2点	2	トゥ
3点	3	スリー

・リードしているほうのポイント(大きい数字)のスコアを先にコールし，最後にリードしている選手の名前をアナウンスする(1−0でXがリードしている場合)▶「ワン ゼロ，X」

・第1セットのタイブレークがXの勝利で終わった場合▶「ゲーム アンド ファースト セット，X，7トゥ6，セカンド セット」

8 試合終了のコール

・Xが，4−6，6−4，7−5(セットカウント2−1)で勝った場合▶「ゲーム，セット アンド マッチ，X，2セッツ トゥ1，4トゥ6，6トゥ4，7トゥ5」

9 その他のコール

・コートの外にボールが落ちた場合▶「アウト」

・コールまたはカウントを間違えた場合（訂正する前に）▶「コレクション」

・2バウンド直後に返球した場合▶「ノット アップ」

・ボールがネットを通り抜けた場合▶「スルー」

・サービスが終わるまでに，どちらかの足がラインを踏んだり，ラインを越えてコートに入った場合▶「フット フォールト」

・何らかの不都合が起こり，サーブを打つのを待つような場合▶「ウエイト プリーズ」

・ノーカウントでやりなおし(ポイントレット)，あるいはサービスのやりなおし(サービスレット)の場合▶「レット リプレイザポイント」

・故意に2度打ちした場合▶「ファウル ショット」

・プレーヤーが相手方を妨害した場合▶「ヒンダランス」

・インプレーのボールに体等や持ち物が触れた場合，あるいはネットタッチした場合▶「タッチ」

簡易ゲームを楽しんでみよう

●特別なルールでの簡易ゲーム

コート：ダブルスハーフコート，シングルスコート

ルール：❶ネットプレーでポイントを取ったら，2ポイントとする(ネットプレーを練習)
❷サービスラインより手前のボールは失点とする（深いラリーを練習）
❸ボレー等で返球した場合には失点とする（フットワークを練習）
❹サーブはファーストサービス(1本)のみでゲーム(サービスを練習)

●シングルス，ダブルスのハンディゲーム

コートエリアをハンディとするゲーム

❶ダブルスコート対シングルスコートでゲーム
❷シングルスコートとダブルスハーフコートでゲーム

ポイント・ゲームスコアをハンディとするゲーム

❶ポイント(0−15)やゲーム(0−2)のハンディをつけてゲーム

●集団ゲーム

3対3

コート：ダブルスコート

ルール：❶7ポイント先取
❷右サイドからアンダーサービス(ダブルスコート内であれば有効)でゲーム開始
❸ミスしたチームはポジションを時計まわりで変更
❹得点はサービスポイント制とする

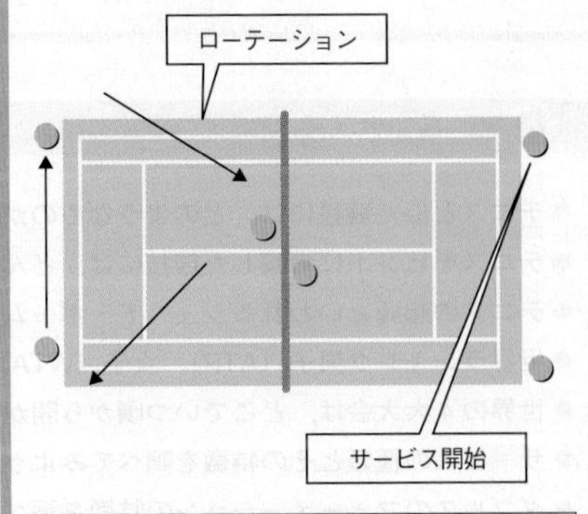

X対X（4人以上）

コート：ダブルスハーフコート，シングルスコート

ルール：❶ひとり1球交代でラリーする
❷ミスしたり，ポイントを取られた者はチームから抜ける
❸0人となったチームが負け

テニス

3 アンパイアのハンドシグナル

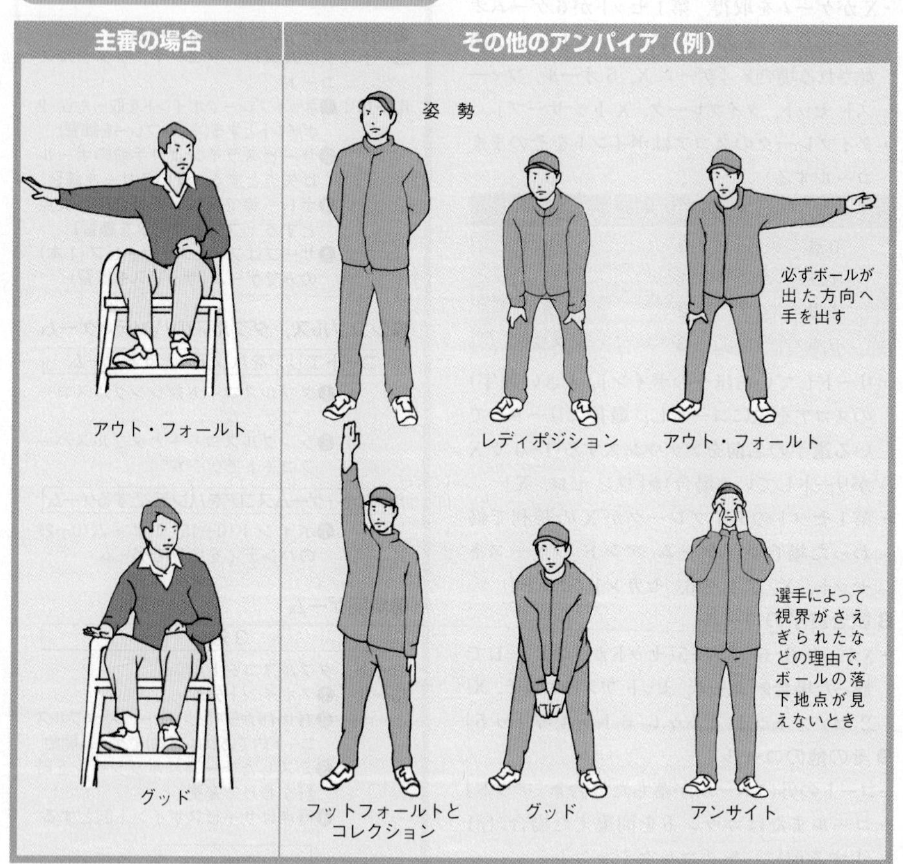

調べてみよう

- テニスと似た競技には，どのようなものがあるだろうか。
- テニスをヒントに考案した競技には，どんなものがあるだろうか。
- テニスの起源といわれるジュ・ド・ポームは，どのようなゲームなのか調べてみよう。
- 世界ランキング男子（ATP），女子（WTA）1位～5位の選手をそれぞれ調べてみよう。
- 世界の4大大会は，どこでいつ頃から開かれているのか調べてみよう。
- サービスの種類とその特徴を調べてみよう。
- ダブルスのフォーメーションの特徴を調べてみよう。
- テニスの国別対抗戦を男女それぞれ「何カップ」と言うか。
- ラケットの素材の変遷を調べてみよう。
- コートの種類（地面）にはどんなものがあるだろうか。
- 日本テニス協会（JTA）等が定めたテニスの日は何月何日か。

卓球

【歴史と発展】

テニスを楽しんでいた人たちが，雨天でゲームを中断している間の時間つぶしに，クラブハウスの床やテーブルを使って思いつきのルールを決めて楽しむようになったのが始まりだといわれているが，その起源にはさまざまなものがある。

近代卓球は，1898年にイギリスのJ.ギブがセルロイドのボールを使ったのが始まりだといわれ，1926年には，イギリスに国際卓球連盟が設立された。

当初は，ボールをラケットで打つと「ピン」「ポン」と音がすることから「ピンポン」と呼ばれていたが，これが用具の名称として登録されたので，1922年に「テーブルテニス」と改められた。

日本で正式に卓球が行われるようになったのは，1902（明治35）年，坪井玄道がイギリスから卓球を紹介してからである。

【競技の特性】

❶ボールをテーブル（卓球台）の上でラケットを使って打ち，テーブル中央のネットを越して相手のコートに入れ合うことを競う。

❷自分側のコート内に打たれた相手からのボールを自分側のコートでワンバウンドののち打ち返すこと（リターン）によりラリーを続け，相手側の失敗，または反則によってポイント（得点）となる。

❸シングルス，ダブルス，混合ダブルスがある。

❹安全で手軽であるので老若男女を問わず親しまれ，生涯を通じて楽しめるスポーツである。

競技に必要な施設・用具・服装

1 競技場（卓球台）

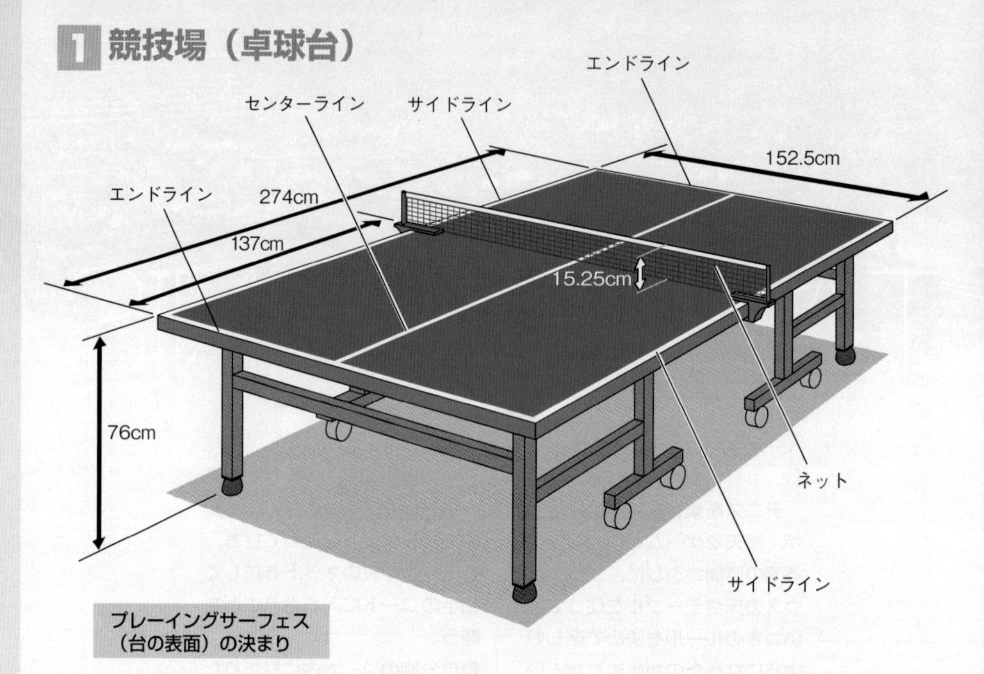

プレーイングサーフェス（台の表面）の決まり

色　：光沢のない，均一の濃色
材質：どのような素材でもOK
（ボールを30cmの高さから落とした場合，約23cmの均一なバウンドがあるもの）

●カウント器

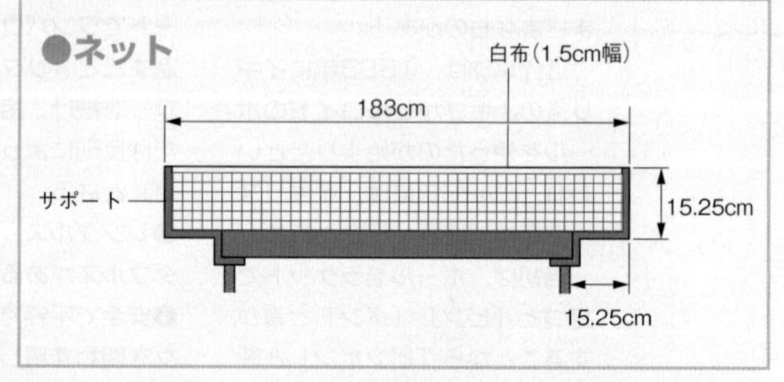

安全チェックリスト

□準備体操およびウォーミングアップをしよう。
□ラケット，ラバー，服装，シューズの確認をしよう。
□会場内の照明やコートの床の状態をチェックしよう。
□ベンチコーチを確保しよう。
□効率よく水分補給ができるドリンクを用意しよう。

みるポイント

・サービスの種類（回転）とコースはどうか。
・攻撃と守備のバランスはどうか。
・プレースタイルは守備型，攻撃型，速攻型のどれか。
・主戦技術はなにか。
・選手の身体的要素や精神面はどうか。
・相手の弱点はどこか。

2 ゲームに必要な用具

●ボール

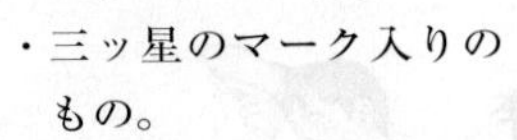

ITTF
☆☆☆
MADE IN JAPAN
40mm
重量＝2.7g

・プラスチック製。
・三ッ星のマーク入りのもの。
・白またはオレンジで，無光沢のもの。

●ラケット

日本式角型

中国式丸型

シェーク型

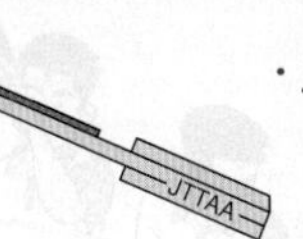

・J.T.T.A.Aのマークがないものは試合で使用できない。
・大きさ，形状，重量は自由。

●ラバー

裏と表に貼る場合は，黒と赤・桃・紫・青・緑の５色のいずれかにすること。

種　類	形　状	厚　み	スピード	回転	コントロール	変化プレー
一枚（ツブ）ラバー		2mm以下	○	△	◎	△
表ソフトラバー		上部ラバー2mm以下。スポンジとの合計で4mm以下。	◎	△	○	△
裏ソフトラバー			○	◎	△	○

3 服装

卓球の豆知識

決められた握り方はない。代表的なものに以下の２つがある。

●ペンホルダーグリップ
鉛筆やペンを持つように握る。

●シェークハンドグリップ
人と握手をするように握る。

良いグリップとは，ラケット面の全体に均等に力が入っている状態である。

ペンホルダー（角形）ラケット

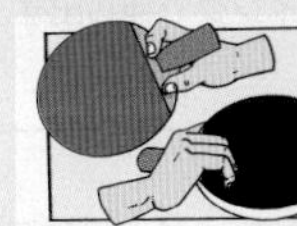
ペンホルダー（丸形）ラケット

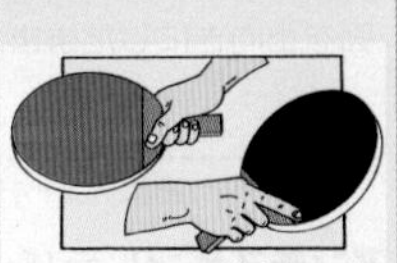
シェークハンドラケット

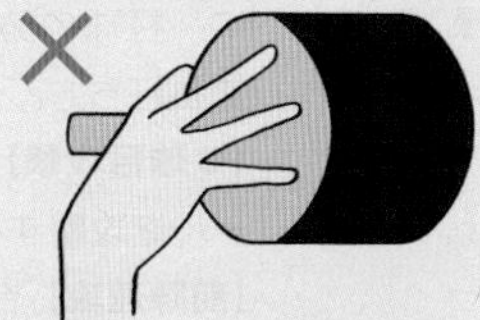
ペンホルダーグリップの悪い例
３本の指を大きく広げてしまう

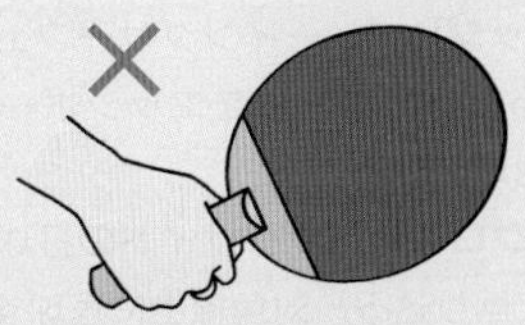
シェークハンドグリップの悪い例
柄の部分を全部の指で握る

基本技術と用語の解説

スイングの技術

シェークハンドのフォアハンド

Point

・ラケットは台から下げずに台と同じ高さから振り出し，前方に振る。

ツッツキ

Point

・ラケットを打球点の後ろに持っていき，ラケット面を上向きにしたまま，短いスイングで押し出す。

ドライブ

Point

・ボールをしっかり引きつけて体を沈めるような姿勢から上に向かってボールをこすり上げながらスイングをする。

【アンチスピン】 ラバーの一種で，ボールに回転がかかりにくい特徴がある。

【エッジ】 プレーイングサーフェスの縁。ここに当たったボールをエッジボールといい，有効返球になる。

【逆クロス】 バックサイドの打球をフォアハンドで回り込み，対角線上に返球すること。

【サポートイン】 サポートに触れて入った打球。

【ショート】 飛んでくるボールのバウンド直後を打球する打ち方。

【ストップ】 相手が台から離れているときなどに，打球の勢いを止めて，ネットぎわに返球する打ち方。

【3球目攻撃】 サービスから相手レシーブのボールを攻撃すること。

【前陣速攻】 台に近づき，バウンドの直後あるいは頂点付近で打球し，打球タイミングの早さとボール返球時間の短さで攻撃すること。

サービスの技術

下回転サービス

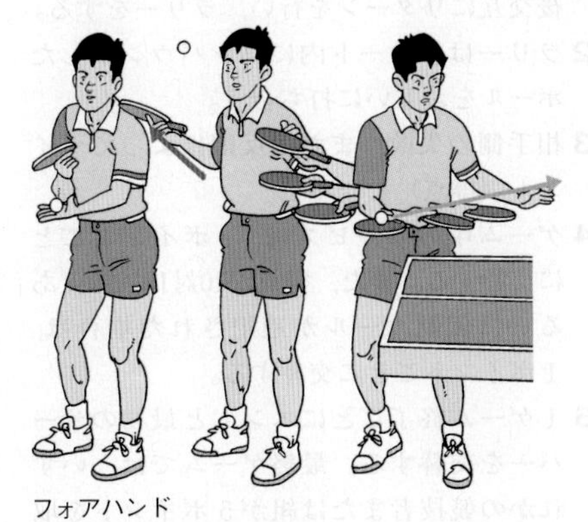

フォアハンド

Point
・ラケットが卓球台と平行になるように構え，ボールの下側を打つ。
・ラケットの先のほうにボールが当たるようにすると，バックスピンがよくかかる。

バックハンド

ドライブ性ロングサービス

Point
・ボールの中心部分をとらえて押し出す。

カットサービス

Point
・ラケットを後方からこするように振りおろす。

サービスのPoint

サービスはボールの上下左右および中心をとらえることによって，いろいろなサービスが可能となる。

横回転サービス

Point
・ボールの横をこするように手首を使って行う。

【ツッツキ】 台上，または台のそばにおける短いスイングでのカット打法。
【トップ打ち】 飛んでくるボールのバウンドの頂点で打つこと。
【ドライブ】 前進回転のボール。ドライブボールの略。
【ナックル】 無回転ボール。
【プッシュ】 押し出すようにする打球法でスピードのあるもの。

みるポイント

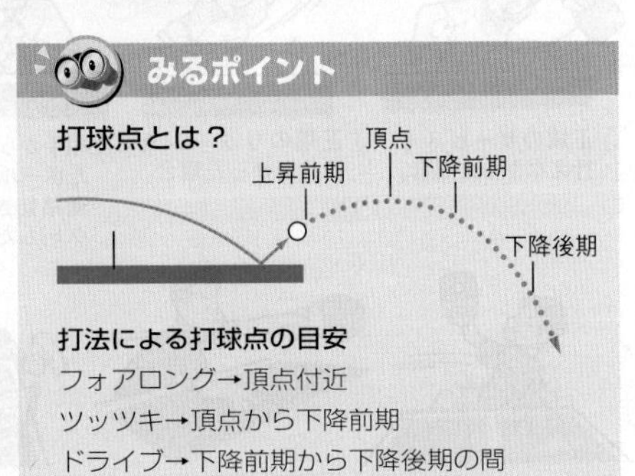

ゲームの進め方とルール

1 試合（マッチ）の開始と進め方

■試合の開始

1 呼び出されたら，服装を整えて競技場に入り，主審に申し出る。

2 主審は競技者の氏名，所属，服装等を点検する。また，ラケットには公認マーク(J.T.T.A.A)と商標，ラバーには(J.T.T.A.AまたはITTF)があるか確認する。

3 ジャンケンを行い，勝ったほうが次のどちらかの選択権を得，負けたほうが残りの選択権を得る。

・どちらかのエンド（コート）

・サービスまたはレシーブ

4 競技開始前に2分間以内の練習を行う。

5 主審の「ストップ」の宣告で練習をやめ，「○○　ヴァーサス　○○　ベストオブ5（7）ファーストゲイム　○○　トゥ　サーブ，ラブ・オール」の宣告によってゲームを開始する。

■プレーの進め方の基本

1 ゲームはサーバーのサービスによって始め，それをレシーバーがリターンし，その後交互にリターンを行い，ラリーをする。

2 ラリーは，コート内にワンバウンドしたボールをお互いに打ち合う。

3 相手側の失敗，または反則によってポイント（得点）となる。

4 ゲーム中のサービスは，2ポイントごとに交替する。また，得点が10対10以降，あるいは促進ルールが適用された場合は，1ポイントごとに交替する。

5 1ゲーム終了ごとにエンドと最初のサーバーを交替する。最終ゲームでは，いずれかの競技者または組が5ポイントを取ったとき，エンドを交替し，ダブルスの場合はレシーバーも交替する。

■ゲームの終了と勝敗の決定

1 どちらかの得点が11点に達したらゲームを終了する。

2 10オール（10対10）以降は，2ポイント差先取した競技者または組が勝ちとなる。

3 団体戦は構成するマッチの過半数を先取したチームが勝ちとなる。個人戦はマッチを構成するゲームの過半数のゲームを先取した競技者または組の勝ちとなる。

illustrate

●次の場合は相手競技者のポイントになる

①正規のサービスを行えなかった場合。

②正規のリターンを行えなかった場合。

③相手からリターンされたボールをコート上で進路妨害（オブストラクト）した場合。

④故意にボールを続けて2回以上打った場合。

⑤自分側のコートにリターンされたボールが2回バウンドした場合。

⑥コートを動かした場合。

⑦フリーハンドがコートに触れて打球した場合。

⑧ラケットや衣服がネットに触れた場合。

⑨促進ルールで，レシーバーに13回の正規のリターンをされた場合。（p.214をみよう）

2 プレーの方法

■サービスのやり方

1 サービスは，審判が見えるように行う。

2 ラケットを持たないほうの手を静止して平らに開き，手のひらの中央にボールを置いてトスする。

3 サービスの開始からボールが打たれるまでの間，ボールはコートの高さよりも上で，エンドラインより後方でなくてはならない。

4 サービスの開始からボールが打たれるまでの間，体の一部（フリーハンド：ボールを投げた手）または着用している物でボールをレシーバーから隠してはならない。さらにボールが手のひらから離れたら，すぐにフリーアームとフリーハンドを，ボールとネットとの間の空間の外に出さなければならない。

5 トスは，ボールに回転を与えないようにほぼ垂直方向に16cm以上投げ上げ，ボールが頂点から落下する時点で打球する。

6 ボールは投げ上げられてから打球される前まで，何ものにも触れてはならない。

7 打球後，ボールはまず自分のコート上でワンバウンドさせ，ネットを越して相手コートでバウンドするようにサービスする。

8 打球時のボールの位置は，エンドラインの後方で，体の前方または横からでなければならないが，エンドラインの後方であれば，サイドラインの外でもよい。

■リターンのやり方

1 正しいリターン（返球）とは，ボールがネットを直接越えるか，またはサポートの外側やサポートの下方を通って相手競技者のコートに触れるように打たれたものをいう。

2 コート上で相手競技者がボールの進路を妨害した場合を除いて，打ったボールが直接相手競技者コートのエンドライン，サイドラインを越えた場合は，相手競技者のポイントとなる。それが直接相手競技者のラケットに当たっても，ポイントにはならない。

3 ボールがネットやサポートに触れても，相手競技者のコートに入れば正規のリターンになる。

4 ラケットを持つ手首から先の手に当たってリターンされても，正規のリターンとなる。

5 リターンのとき，手がラケットから離れていても，返球時にラケットに手が触れていればよいが，離れたラケットがネッ

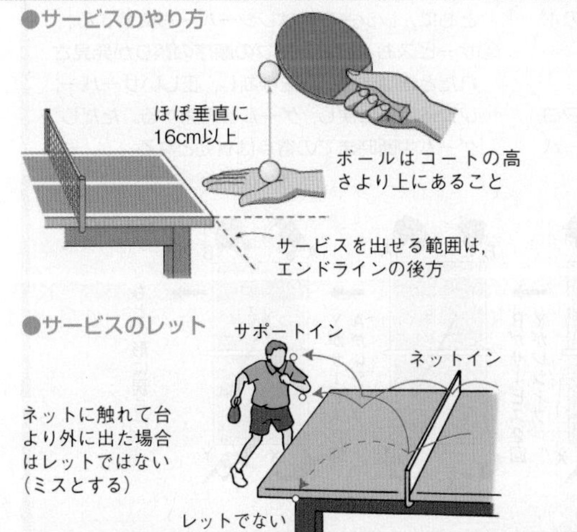

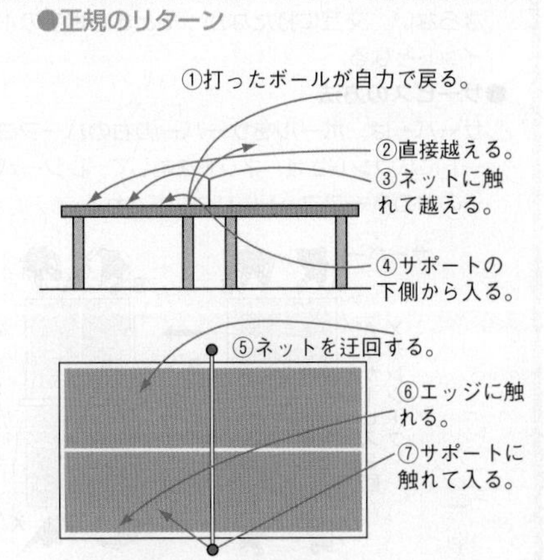

※サービスのオブストラクト（ネットされたボールを台上でボレーした場合）→レットである。

トやサポートに当たると相手競技者のポイントとなる。

■レット（もう一度やりなおし）

1 サービスがネットやサポートに触れてから相手競技者のコートに入ったり，レシーブ側のコートにワンバウンドする前にオブストラクトになった場合（台上でのボレー）。

2 レシーバーがまだ用意をしていないのにサービスが行われたとき。ただし，レシーバーがそのボールを打ち返そうとしたときは用意があったものとみなす。

3 他のボールでプレーがじゃまされたとき。

4 サービスやエンド，レシーブ順序の誤りが発見されたとき（ラリー終了時は得点は有効となる）。

5 主審のコール前にサービスしたとき。

6 促進ルールでタイムが宣告されたとき。

■促進ルール

1 ゲームが10分経過しても終了しない場合，促進ルールが適用される。しかし，両者のスコアの合計が18以上の場合，そのゲームには適用しない。

2 促進ルールは，双方の競技者から要求があれば，ゲームの始めからでも途中からでも適用できる。

みるポイント

ダブルスではサービスとレシーブに注目！

①サービスの種類（下回転か，上回転か等）
②長いサービスか短いサービスか
③レシーブ側がサービスの種類によってツッツキ，ストップ，軽く打って返球などをどのようにしているか

ダブルスのルール

●プレーの方法

①最初のゲームで，最初にサービスを行う組は，どちらの競技者が最初にサービスするのかを決める。レシーブ側も同じようにどちらが最初のレシーバーになるかを決める。
②以降の各ゲームでは，最初にサービスを行う組が最初のサーバーを決めたら，レシーブをする組は，前のゲームでそのサーバーにサービスした競技者がレシーバーとなる。
③打球は，各組の競技者が交互に行わなければならない。交互に打たなかったときは相手のポイントとなる。

●サービスの方法

①サーバーは，ボールをサーバーの右のハーフコートにバウンドさせ，ネットを越して，レシーバーの右のハーフコートにバウンドさせる。
②センターラインもライトハーフコートの一部である。ボールが左のハーフコートにバウンドした場合は正規のサービスにならない。

●サービスとレシーブの順序

①サービスとレシーブは図のような順序で行う。
②得点が10対10になったとき，および促進ルール適用後は，サービスは1回ずつ，同じ順序でくり返す。
③勝敗を決める最終ゲームでは，どちらかの組の得点が5点に達したとき，エンドを交替するとともに，レシーブ組はレシーバーも交替する。
④サービスおよびレシーブの順序の誤りが発見されたときは，ゲームを中断し，正しいサーバー，レシーバーに戻し，ゲームを再開する。ただし，ゲーム中断時までの得点は有効となる。

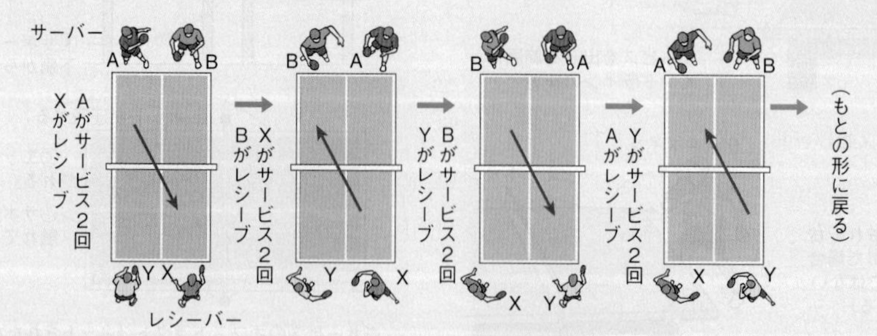

3 促進ルールでは，サービスを１本ずつ交替する。10分経過したときがラリー中であれば，そのラリーのサーバーのサービスで再開する。ラリー中でなければ，その直前のラリーでレシーバーだった者のサービスで再開する。

4 レシーバー側が，13回正しいリターンをできれば，レシーバー側の得点となる。

5 促進ルールが適用された場合，残りのゲームもすべて促進ルールで行われる。

ゲームの運営と審判法

1 ゲームの運営

■ゲームを運営する人と役割

1 主審

・用具，服装の点検。

・サービス，レシーブの決定。

・ラリー，ポイント，レットの判定。

2 副審

・練習時間および試合時間の計測。

・ネットサービスおよびサービスフォルトの判定。

・カウント器の操作。

2 審判のやり方

1 試合の審判は，審判員２名（主審，副審）で行う。

2 主審は競技開始から終了まで，進行に関する責任を持ち，判定を宣告する。

3 副審は，主審と反対側に位置し，決められている範囲内のジャッジを行う。

4 ストロークカウンターは，促進ルールに入った場合，レシーバーの返球回数を数える。

5 主審または副審の判定に対して，競技者から抗議があった場合ビデオ判定が実施される。

主審の合図

サーバーを示す	レットおよびタイムなど	ポイント
サーバー側の腕を差し伸べる	片手を高く上げる	ポイントしたほうの手を頭の位置へ上げる

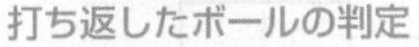

打ち返したボールの判定

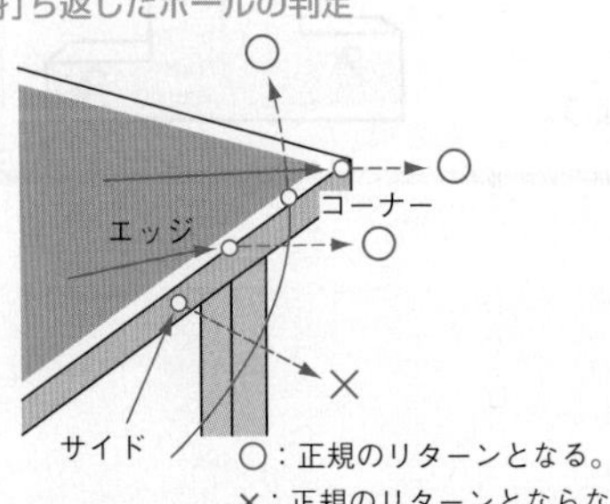

簡易ゲームを楽しんでみよう

●試合方法

１マッチを３ゲームとし，１ゲームは11点先取とする。しかし，参加人数や用具等の関係で変えてもよい。

●サービスおよびエンド

❶サービスは手のひらを開いてボールを投げ上げ，下降段階で打球する。

❷サービスは５本交替，２本交替，１本交替等いずれの方法でもよく，あらかじめ決めておく。

❸エンドの交替は１ゲームごとに行う。ただし，１マッチ１ゲームで行うような場合は，どちらかが中間の得点に達したときにエンドを交替する。

審判のコール

1	競技開始前，規定の練習時間が終わったとき	タイム
2	競技を開始するとき（Aがサービスで始まる）	○○ ヴァーサス ○○，ベストオブ5（7） ファーストゲイム A トゥ サーブ，ラブ・オール
3	最初にサーバーが得点したとき（1対0）	ワン・ゼロ
4	得点が同点になったとき（2対2）	ツー・オール
5	サービスを交替するとき	ジェスチャーで示す
6	ゲーム終了したとき（11対9でAの勝ち）	11-9ゲイム トゥ A
7	第2ゲームに入るとき（Bがサービス）	セカンドゲイム B トゥ サーブ，ラブ・オール
8	両者の得点が10対10になったとき	テン・オール ※「デュース」とはいわない
9	0オール後，最初のサーバーが得点したとき（10対11）	テン・イレブン
10	レット（ノーカウント）のとき	レット
11	サービスの失敗	フォルト
12	ボールがエッジやコーナーに接触	エッジ
13	ボールがサイドに接触	サイド
14	ネットに体やラケットが接触	タッチ・ネット
15	フリーハンドがコートに接触	ハンド・オン・テーブル
16	進路妨害したとき	オブストラクション
17	同じコートでツーバウンドしたとき	ダブル・バウンズ
18	同じプレーヤーがボールを続けて2回打ったとき	ダブル・ヒット
19	競技の中断	ストップ
20	促進ルール導入のための中断	タイム
21	誤った判定の訂正	コレクション
22	マッチの終了（11対9でAの勝ち）	11-9ゲイム アンド マッチ トゥ A

調べてみよう

- テニス，バドミントンと異なる点をいくつかあげてみよう。
- 卓球と呼ばれる前の呼び名を調べてみよう。
- 前陣速攻やシェークハンド攻撃という攻撃方法の特徴を調べてみよう。
- 「チキータレシーブ」とはどのようなレシーブか調べてみよう。
- 正規のサービスとはどんなサービスか調べてみよう。
- ラバーの種類を調べてみよう。
- ラケットにはいくつかの種類がある。調べてみよう。
- オリンピックの卓球の団体戦は1チーム何人か調べてみよう。
- 世界と日本の競技人口を調べてみよう。
- ピンポン外交とはどんなことだったのか調べてみよう。
- 世界選手権で金メダルをとった日本人選手を調べてみよう。

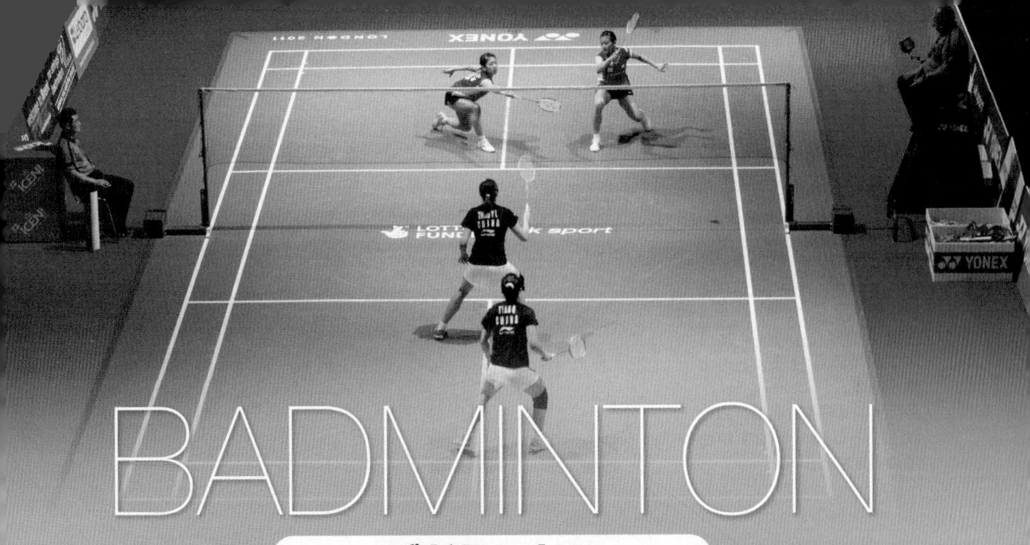

BADMINTON

バドミントン

【歴史と発展】

バドミントンの起源については諸説あるが，現在では英国に古くから伝わるバドルドーアンドシャトルコックと呼ばれる羽根つき遊びが進化してバドミントンというスポーツになったという説がもっとも有力である。

1899年には統一ルールのもとで第1回全英選手権が開催され，それ以後スポーツ競技として全世界に広がり，1934年には国際バドミントン連盟が組織された。

わが国へは大正初期に伝えられたといわれ，1937（昭和12）年には横浜YMCAにクラブが結成された。しかし，本格的な普及・発展は戦後になってからであった。

オリンピックにおいて1972年ミュンヘン大会，1988年ソウル大会では公開競技に，1992年のバルセロナ大会より正式競技となった。2012年に行われたロンドン大会では，女子ダブルスで日本初の銀メダルを獲得した。また，2014年第28回トマス杯（男子バドミントン国別対抗戦）で日本は初優勝，第25回ユーバー杯（女子バドミントン国別対抗戦）で準優勝となった。さらに，2016年のオリンピックリオデジャネイロ大会では，女子ダブルスで金メダル，女子シングルスで銅メダル，2021年の東京大会では，ミックスダブルスで銅メダルを獲得した。メダルの期待が寄せられる競技である。

【競技の特性】

❶コート中央のネットをはさみ，ラケットで互いにシャトルを打ち合い，得点を競う。

❷男女それぞれのシングルス，ダブルス，および男女がペアを組むミックスダブルスの5種目がある。

❹ラケット，シャトル，ネット，ポスト，小広場があれば，老若男女だれでも楽しめるレクリエーション的な面と，激しいゲームを展開するスポーツとしての面がある。

❺シャトルが生み出す独特の飛行特性とスピードの変化によって，他のスポーツにないおもしろさが味わえる。

競技に必要な施設・用具

1 競技場

・天然光線をさえぎり，風の進入を防ぐ。
・コート中央の明るさは1200ルックス以上。
・天井の高さ12m以上，各コートの周囲は2.0m以上の余地が必要。
・各ラインは幅4cmとし，白か黄，または見分けやすい色ではっきりと引く。

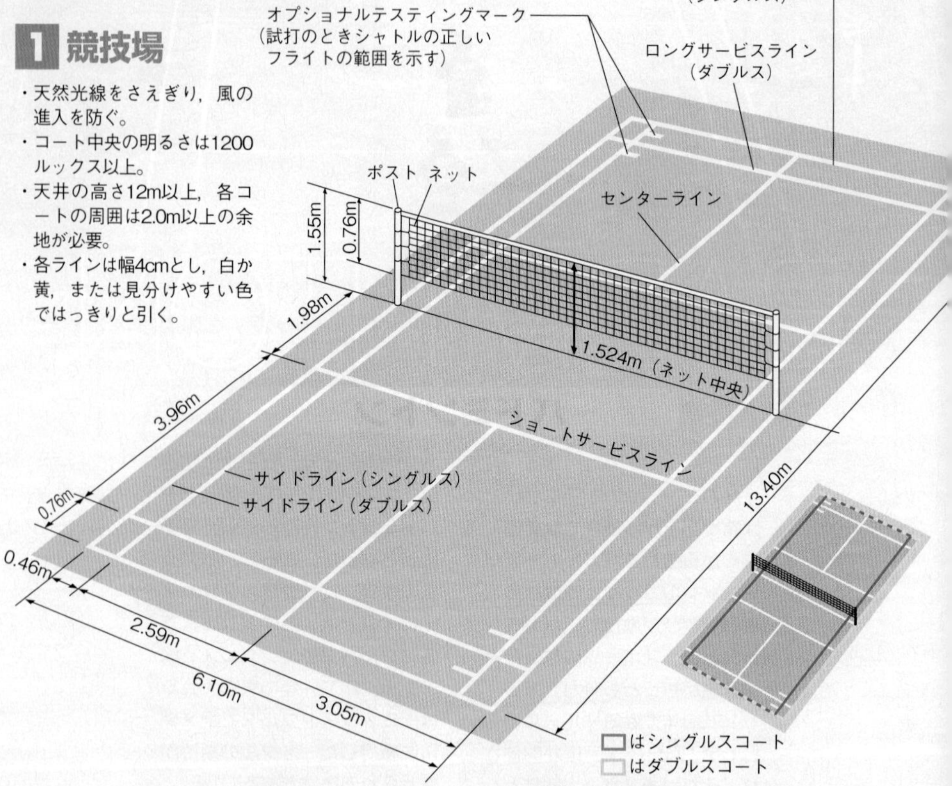

バックバウンダリーライン
ロングサービスライン（シングルス）
オプショナルテスティングマーク（試打のときシャトルの正しいフライトの範囲を示す）
ロングサービスライン（ダブルス）
ポスト
ネット
センターライン
1.55m
0.76m
1.98m
1.524m（ネット中央）
3.96m
ショートサービスライン
サイドライン（シングルス）
サイドライン（ダブルス）
13.40m
0.76m
0.46m
2.59m
6.10m
3.05m
□はシングルスコート
□はダブルスコート

●シングルスのサービスコート

Ⓐ Ⓑ
シングルス
サービスコート

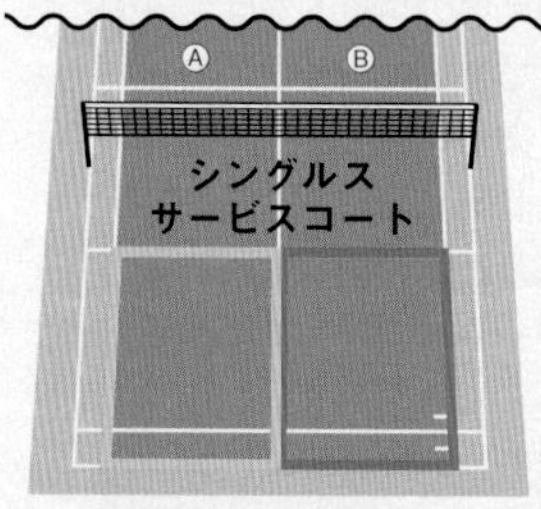

シングルスではⒶからサービスを打つときは□の中に，Ⓑから打つときは□の中に入れなければならない。

●ダブルスのサービスコート

Ⓒ Ⓓ
ダブルス
サービスコート

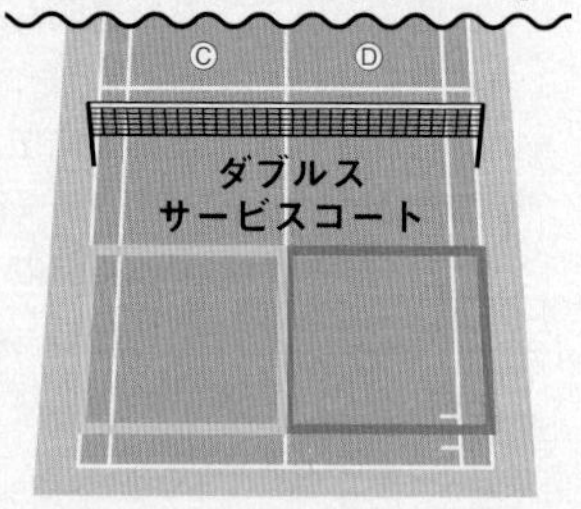

ダブルスではⒸからサービスを打つときは□の中に，Ⓓから打つときは□の中に入れなければならない。

安全チェックリスト

□ラケットのガットが切れていないか確認しよう。
□ラケットの予備を準備しよう。
□シューズのひもがむすんであるか確認しよう。
□ウォーミングアップを十分に行おう。
□水分補給の用意をしよう。

2 ゲームに必要な道具

●ラケット

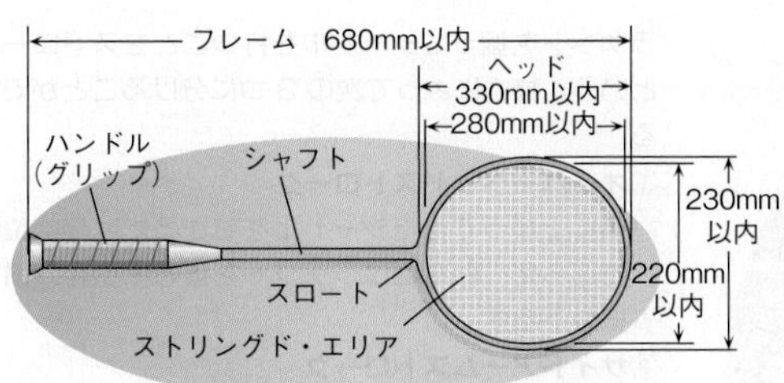

●シャトル

・コートの端から下手打ちで打って，ネットを越して反対のバックバウンダリーラインから530〜990mmの間に落ちるものがよい(オプショナルテスティングマークの間)。
・飛び方がブレるようなものはプレーに使用できない。

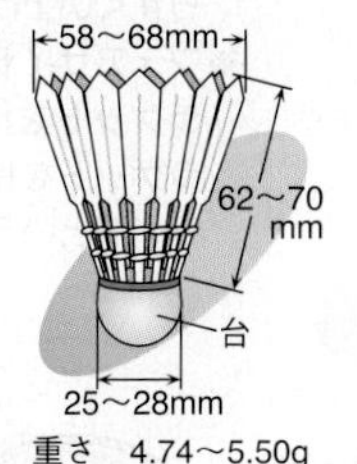

3 服装

みるポイント

シングルス，ダブルスともにコートの真後ろからみるとよい。

シングルスの場合

・サービスを打ち返すときに1本目はどこをねらって打っているか。
・ロングハイサービスがしっかりと奥まで打たれているか。
・ラリー中にいかに相手を動かしているか。
・コートの四隅をねらって打っているか。
・スマッシュのレシーブの返球はどこに打っているか。

ダブルスの場合

・ショートサービスの打ち方，ねらう場所はどこなのか。
・攻撃しているとき，守っているときの二人のポジションはどうなっているのか。
・二人が重なるところはどこなのか。
・どこを攻めているのか。
・ペア同士で声をかけ合って協力しているか。
・守っているところから攻撃に移るとき，どのような返球から変わっているのか。

バドミントンの豆知識

シャトル〈shuttle〉の語源は，古代ノルウェー語の紡（もり）を意味する語〈skutill〉や，古代イングランド語の矢を意味する〈scytel〉に由来すると言われている。

最初はコルクの台か，布ないし薄皮を貼ったコルク台に，任意の枚数の羽根を植え込んだだけの釣鐘状のものであった。

やがて羽根が抜けたり折れたりするのを防止するために，羽根の支幹部分を横糸でかがる工夫がなされ，こうしたシャトルは〈強化シャトル〉と呼ばれていた。

現在では，天然素材のものだけでなく，合成素材のものや，両方を組み合わせたものもある。

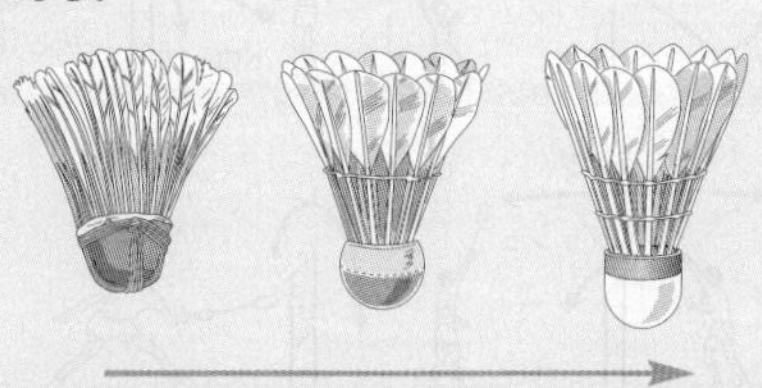

基本技術と用語の解説

ストロークの技術

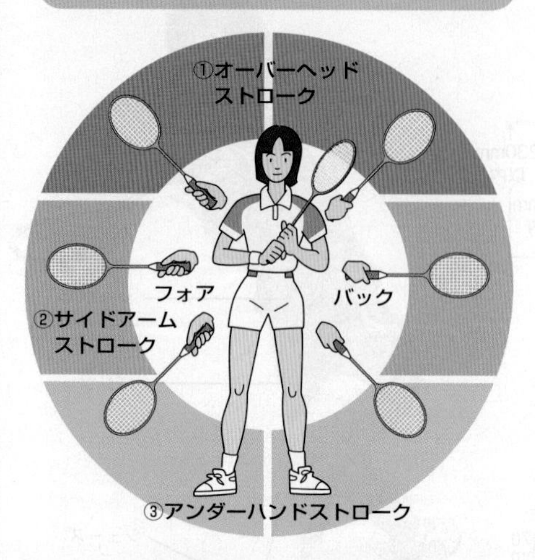

ラケットを振ってシャトルを打つことをストロークという。高さによって次の３つに分けることができる。

①オーバーヘッドストローク

高く上がってきたシャトルをできるだけ高い位置でとらえ，肘を曲げラケットを後方に引き，前に振り下ろす。

②サイドアームストローク

体の左右の低めに打たれたシャトルを水平にラケットを振り，横手打ちする。

③アンダーハンドストローク

サービスや相手が下手に打ったシャトルを，下からすくい上げるように打つ。

※フォアサイドとバックサイドの違い

ラケットを持つ利き手のサイドをフォアサイド，ラケットを持っていないサイドをその人のバックサイドという。

握り方

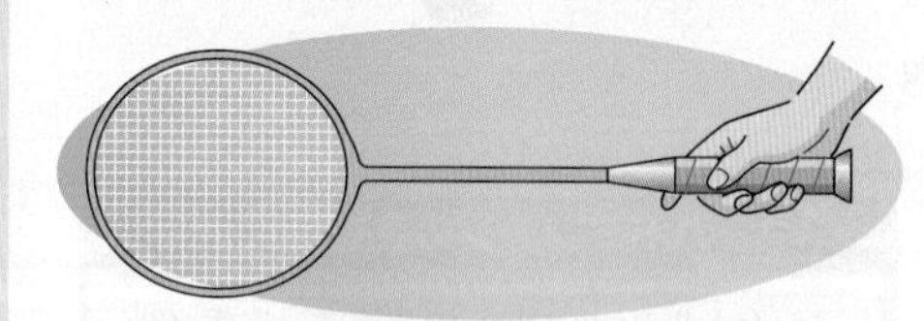

イースタングリップ

- 包丁を持つように，または握手をする感じでグリップを握る。
- 多くのショットに対応でき，力強いストロークができる。

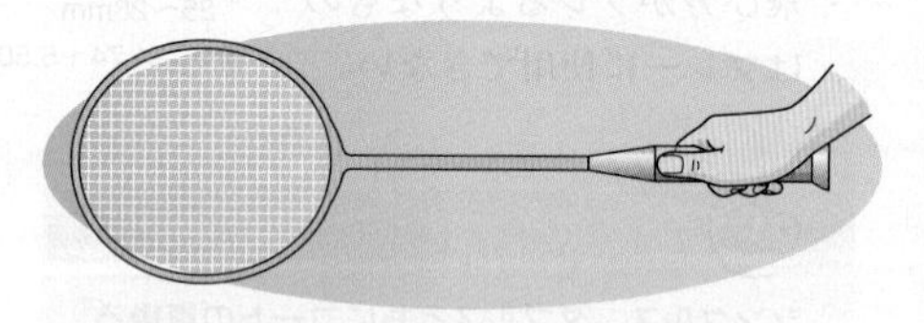

バックハンドグリップ

- グリップを握るときにラケット面と同じ向きに親指を立てて，シャトルが当たる際，その親指でラケットを押すように握る（サムアップ）。
- グリップの側面に親指を立てて，返球の際，ストレート・クロスに打ちやすい握り方。

フライトの種類

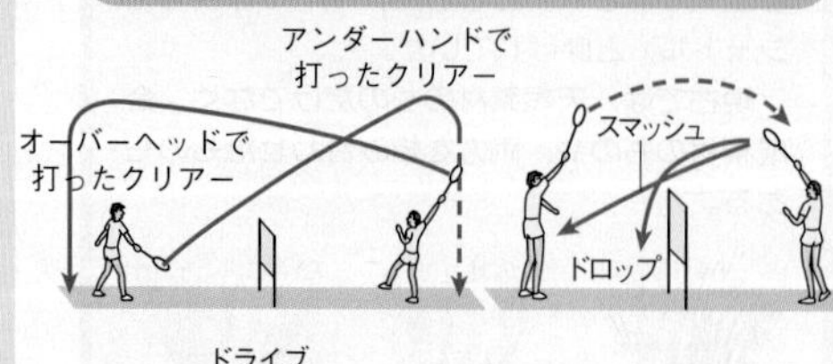

【クリアー】相手コート深くに飛ぶ打球。

【ドロップ】相手コート前方に打球の勢いを極力ぬいて落とす打球。

【スマッシュ】高い打点・角度でラケットを鋭く振り切る打球。

【ジャンピングスマッシュ】ジャンプし，打点をクリアーよりやや斜め前にして，スピードとパワーを加え鋭く振り切る打球。

【ドライブ】ラケットヘッドで押さえ込むようにして打ち，シャトルのラリーが床面と平行になるようにスピードをつけて打つ打球。

オーバーヘッドストローク（フォア）

Point

足の左右の入れ替えと同時に腰より上半身をひねり，腕のスイングに入り，肩→肘→手（腕）→ラケットに伝え，腕＋ラケット全体をムチのようにしならせて振る。そのとき，ラケットを持っていない手は斜め前方に上げ，バランスをとるようにする。

オーバーヘッドストローク（バック）

Point

フォアのストロークが間に合わなかったときに使う。相手に対して背中を向け（半身になり），親指を立てバックハンドに握り替え，肘を上げ斜め前方でタイミングよく親指を押すようにシャトルに当てスイングする。

サイドアームストローク（バック）

Point

バックサイド側の足を小さく１歩バックサイド側に踏み出し，そのとき肘を曲げ親指を立てる（バックハンド）。２歩目は大きくクロスさせ斜め前方に踏み出すと同時に肘を伸ばし，親指でラケットの面を押し出すように振る。

【プッシュ】ネット近くに浮いてきたシャトルをバックスイングなしで押すようにして打つ打球。

【ヘアピン】ネット際に落とされたシャトルをネットすれすれに這わせるように，力を入れず指にゆとりを持ち指先で打つ打球。

【インプレー】サービスで始まったラリーが終了するまでの間。

【フォーメーション】ダブルスで二人が位置する陣型の総称。

【サイドバイサイド】ダブルスで二人が横に位置する陣型。主に守備時に用いることが多い。

【トップアンドバック】ダブルスで二人が縦（前後）に位置する陣型。主に攻撃時に用いることが多い。

サービスの技術

ロングハイサービス

Point 体の前方で，アンダーハンドで手首をきかせて高く深くヒットする。

ショートサービス

フォアハンド

Point シャトルに勢いをつけないように，手首を使わず前へソフトに押し出す。

バックハンド

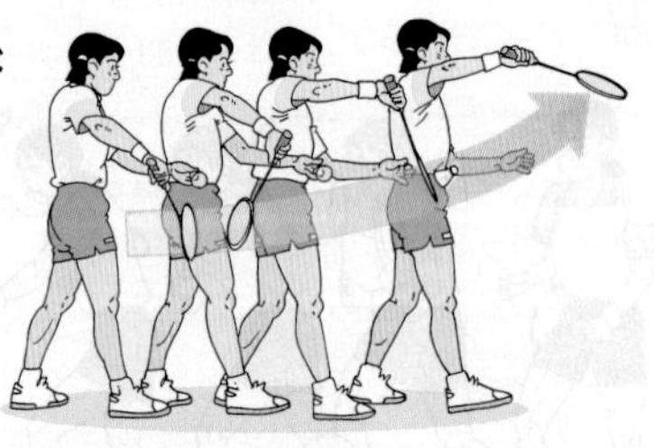

Point バックハンドに持ち（親指を立てて），前へシャトルを押し出す。

Point ロングサービス

高く打ち上げて，相手コートの最後部へ入るように打つサービス。

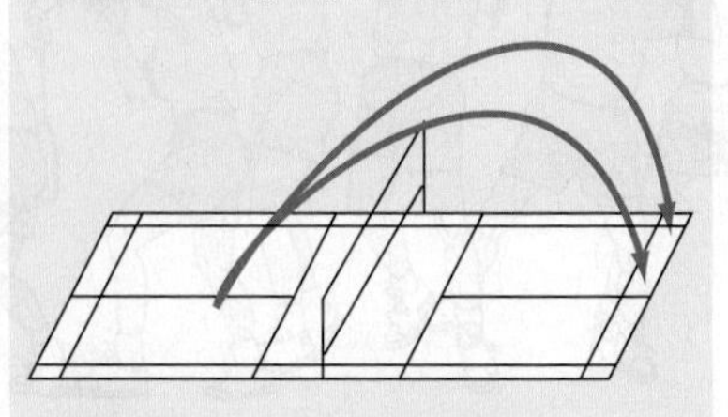

Point ショートサービス

ネットすれすれに越え，両コーナー際に入るように打つサービス。小さな動作で軽く打つ。ダブルスでよく使う。シングルスでもよく使われるようになった。

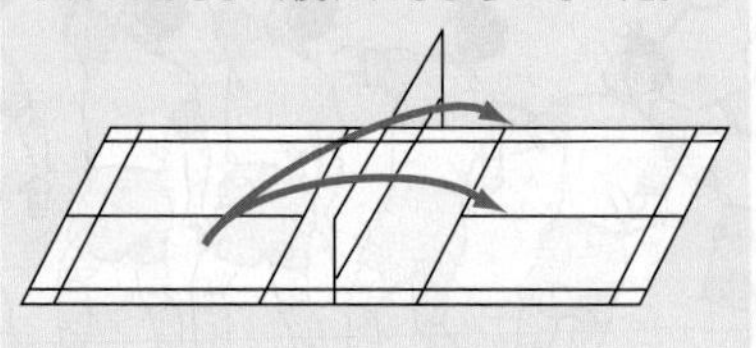

サービスでのシャトルの持ち方

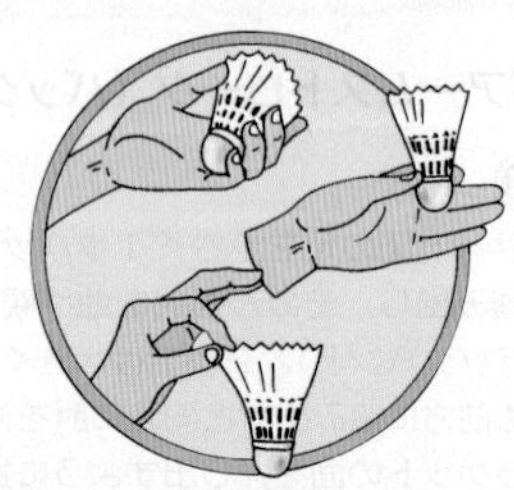

みるポイント

戦術のいろいろ

シングルスの場合

・コート四隅を確実にねらう。
・同じコースをリピートショット（二度つき：続けてねらう）する。
・オーバーヘッドストロークよりクリアーやドロップ，スマッシュをおりまぜながら相手をより動かし，相手の反応を遅らせる。
・サイドのスマッシュを打ち，返球コースをよみ，次の攻めにつなげる。

ダブルスの場合

・ショットに緩急をつける。
・センターにスマッシュを打ち，リターンをパートナーに攻撃させる。
・スマッシュレシーブをドライブでリターンし，ネット前につめる。
・スマッシュレシーブをネット前にリターンし，守りから攻撃に切り換える。
・相手が重なる部分をねらう。
・センターにドリブンクリアーを打ち相手のタイミングをずらす。

ゲームの進め方とルール

1 ゲームの開始

■マッチ（試合）の開始

1選手は審判，相手に握手ののち，トスで最初にサービスするプレーヤーを決める。

2主審が「オンマイライトAさんX（チーム名），オンマイレフトBさん，ラブオールプレー」とコールして試合を開始する。

3サービス権を持っている側（サイド）を「サービングサイド」，相手を「レシービングサイド」といい，サービス側がラリーに勝つと1点を得て，ラリーに負けると相手サイドの得点となり，同時にサービス権が相手サイドにうつる（ラリーポイント制）。

2 プレーの方法

■サービスのやり方

1ゲームの最初のサービスは，右側のサービスコートから，斜め向かい側のサービスコート内へサービスを送る。

2サービスは，シャトルを手に持ち，ヒットする瞬間に離すか，手を離して落ちるところを打って相手サービスコート内に入れる。このとき，シャトルの台の部分を打つこと。

3サーバーのラケットで打たれるときに，シャトル全体が必ずコート面から1.15m以下で打たなければならない。

4サービスは，相手レシーバーがレシーブの用意ができたのち，両足の一部を床につけたままサービスコート内から行う。このとき，コートのラインに触れたり踏み越すとラインクロスの反則になる。

5サービスをわざと遅らせたり，相手をまどわすような行為をしてはならない。

6サーバーが続けてポイントを得たときは，サービスコートを交互に変えて行う。

※サービスの順番やサービスコートの間違いが見つかったときは，その間違いを訂正しスコアはそのままとする。

7サービスでのネットインは認められている。

■レシーブとラリーのやり方

1レシーバーは，常にサービス側がサービスする対角線上のコート内に位置する。

2サービスが打たれる瞬間まで，レシーバーは両足の一部を静止して床につけておく。

3レシーバーは，シャトルが床に落ちる前に相手コート内に打ち返し，以降どちらかがラリーに失敗するか，フォルトの反則があるまで続ける。

illustrate

●トスのやり方

じゃんけんで決めるか，コインを投げたりし，トスに勝ったほうがA-Bのどちらかを選択する。

A，最初にサービスするか，レシーブするか。

B，エンドを選ぶ。

トスに負けたほうは，残りから選ぶ。

●どのサービスコートへサービスするかわからなくなったとき

自分のポイントが0か偶数なら右サイド，奇数なら左サイドよりサービスを行う。

●サービスのやり方　シャトルを打つ瞬間のサーバーの持っているシャトル全体の位置関係

サーバーのラケットで打たれる瞬間にシャトル全体が必ずコート面から1.15m以下にならなければならない。

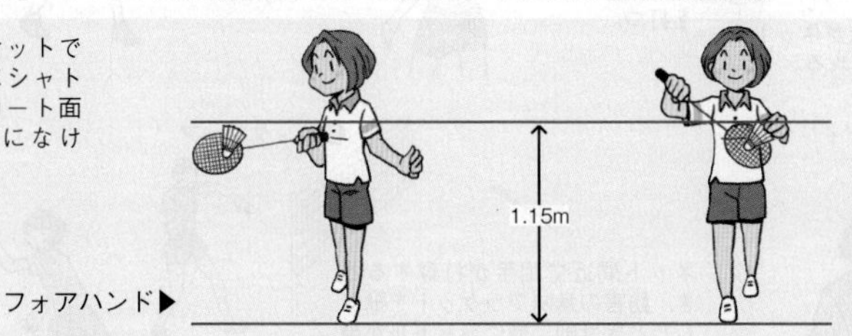

4次のような場合は，フォルトになる。

①シャトルをコート外に出したり（アウト），ネットの上を越えないときや，ネットにひっかけ，それが自コート内に落ちる（フォルト）。

②シャトルが自分やパートナーの体や着衣に触れる（タッチザボディ）。

③シャトルを打ったときにラケットまたは体が相手コートに入る（オーバーザネット）。ただし，打者がネットを越えてきたシャトルを，1回のストロークで打つ場合，ラケットがシャトルを追ってネットを越えてしまうのはやむを得ない。

④ラケットや体，着衣の一部がネットに触れる（タッチザネット）。

⑤同一プレーヤーが連続してシャトルを打つ（ドリブル）。

⑥ダブルスで，同一チームの二人が続けて打つ（ダブルタッチ）。

⑦ラケットでシャトルを保持したり，振り投げる（ホールディング，スリングともいう）。

⑧相手のプレーを妨害する(インタフェア)。

■ゲームと勝敗の決定

1全種目21点3ゲームで行う。2ゲーム先取で勝者となる。サービス権にかかわらずポイントが加算される（ラリーポイント制）。

2ゲームの終盤になって，両者のポイントが20オールになった場合には，その後最初に2点リード（2点差）したサイドが勝者となる。29オールになった場合には，30点目を得点したサイドが勝者となる。

3ゲームに勝ったサイドが次のゲームで最初にサービスをする。

4指定した時間までにプレーヤーが来ない場合（パートナーが欠けても変更は認められない）は，相手の不戦勝となる。

●インプレー時のフォルト

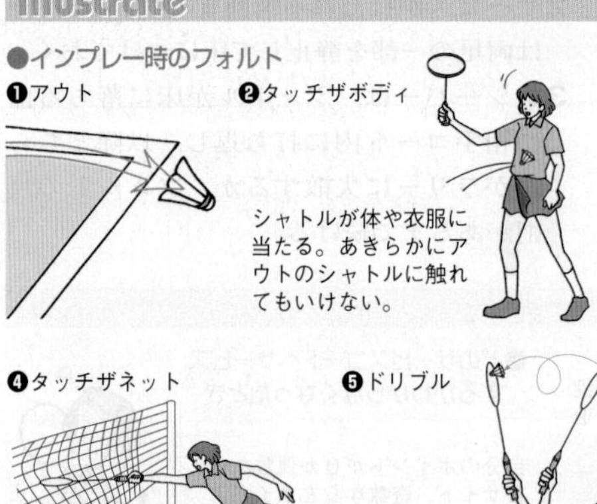

シャトルが体や衣服に当たる。あきらかにアウトのシャトルに触れてもいけない。

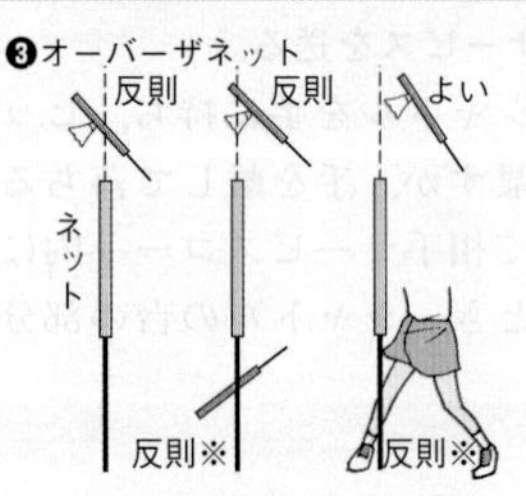

※相手プレーヤーを著しく邪魔しない場合は反則でない。

「インプレー」のとき，プレーヤーのラケット，体，着衣がネットやそれを支えるものに触れる。

同じプレーヤーが2回連続でシャトルを打つ。

プレーヤーとパートナーが続けてシャトルを打つ。

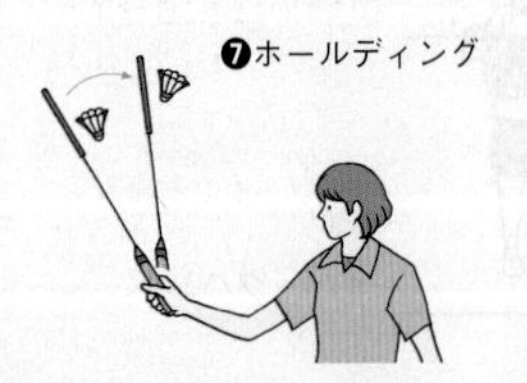

ネット間近で相手が打球するとき，妨害の意味でラケットを飛ばしたとき反則。顔にシャトルが当たるのを防ぐのはよい。

■チェンジエンズ

1 第1ゲームを終了したとき，第2ゲームを終了したとき，第3ゲームを行う場合は，一方の得点が11点になったときにエンドを交替する。

2 不注意で交替を忘れたときは，気がつきしだい交替し，スコアはそのまま生かされる。

■インターバル

1 すべてのゲームで一方のサイドの得点が11点になったとき，60秒を超えないインターバルをとることができる。ただし，3ゲームのときはチェンジエンズする。

2 ゲームとゲームの間に120秒を超えないインターバルを認める。

3 マッチ（試合）の終了の際は，選手は審判への感謝と，お互いの健闘を称えて握手をする。

みるポイント

観戦のマナー

・バドミントンはシャトルの打球音を聞きながらショットの判断をする競技でもあるので，あまりにも騒ぎすぎているとその音が聞こえなくなる。試合会場では，「応援は拍手のみでお願いします」とアナウンスされることもある。そんな中，練習でできてもなかなか試合で発揮できない選手が多い。メンタル面でも多くの葛藤の中，その1本1本に集中し，素晴らしいプレーをしている選手には拍手を送りたいものである。

・ゲーム中に主審・線審に暴言を吐いたりする行為はいけない。

・カメラ撮影の際，フラッシュをたいてはいけない。競技場内には，外の光を遮断しているため，試合中の選手にとっては大きな妨害となってしまう。

・シャトルは約5g程度と軽量であるため，会場のエアコンの風に大きく影響を受ける競技である。

●シングルスゲームの進め方

（シングルスのスコアリング）

○A対Bの試合でAがサービスして始まる場合

①トスで最初にサービスするサイドが決定したら，右側から対角線上の相手にサービスをしてゲームを開始する。

②サーバーのスコアが0か偶数のとき，それぞれ右サービスコートでサービスし，レシーブする。また，サーバーのスコアが奇数のときサーバーは左サービスコートからサービスし，レシーブする。

試合開始

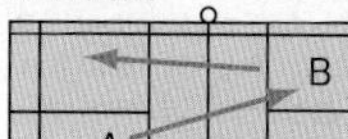

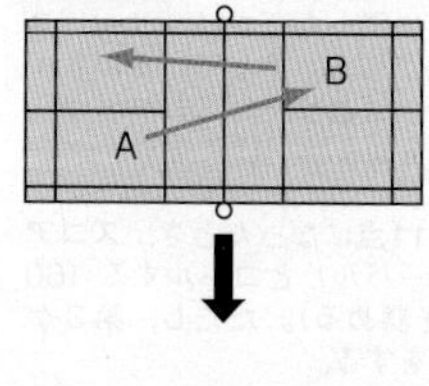

両プレーヤーの名前と所属，最初のサーバーの紹介後「ラブ・オール，プレー」とコールして試合開始。Aが右サイドからサービスしてBに決められサービス権が移ると同時にBに1ポイント入る。「サービスオーバー，ワン・ラブ」

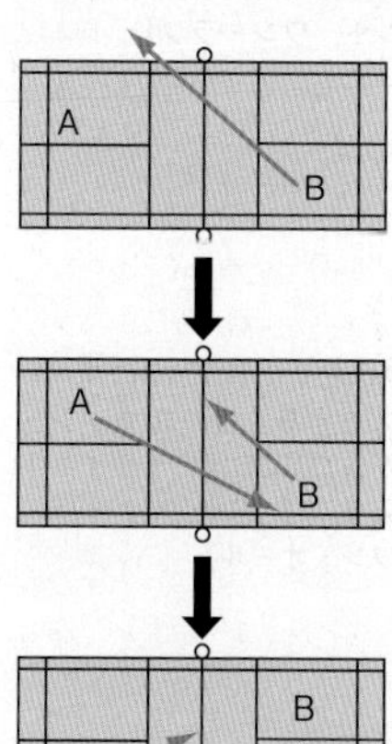

Bは左サイドからサービスしてアウト。サービス権が移ると同時にAに1ポイント入る。「サービスオーバー，ワン・オール」

Aが左サイドからサービスして，Bがネットにひっかけてフォルト。Aに1ポイント加算される。「ポイント，ツー・ワン」

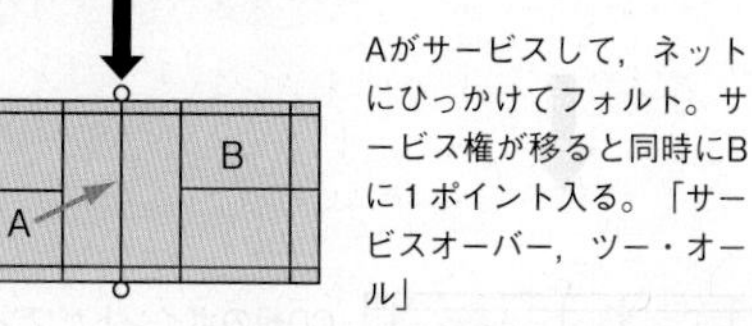

Aがサービスして，ネットにひっかけてフォルト。サービス権が移ると同時にBに1ポイント入る。「サービスオーバー，ツー・オール」

その後，ラリーポイント制で進行する。

＊どちらかのサイドの得点が11点になったとき，スコアをコールし，続いて「インターバル」とコールする（60秒を超えないインターバルを認める)。ただし，第3ゲームのときはチェンジエンズをする。

●ダブルスゲームの進め方

1 トスで最初にサービスするサイドが決定したら，そのサイドの右側からサーバーが，対角線上の相手方サービスコートのプレーヤーにサービスをしてゲームを開始する。

2 サービス側がラリーに勝った時は，同じ人が左右を替えてサービスを行う。

3 レシーバー側がラリーに勝った時は，次のサービスを行うが，自チームの得点が偶数なら右側から，奇数なら左側からその位置にいる人がサービスを行う（その位置とは，その直前のラリーのサービスを受けた位置のこと）。

4 サーバーに対して，斜め向かい合ったレシービングサイドのプレーヤーがレシーバーとなる。

5 サービングサイドのプレーヤーは，得点をするまで，それぞれのサービスコートを替えてはならない。

＊サービスで得点した時は左右を交替し，サービスが戻ってきた時は，前回と異なるプレーヤーがサービスを行うことになる。

illustrate

●ダブルスのスコアリングと審判のコール例

○AB対CDの対戦で，AB組がサービス権を得て開始した場合

両チームのプレーヤーの名前・所属，最初のサーバー・レシーバーを紹介後，「ラブ・オール，プレー」とコールして試合を開始。

第１ゲームの開始　0対0

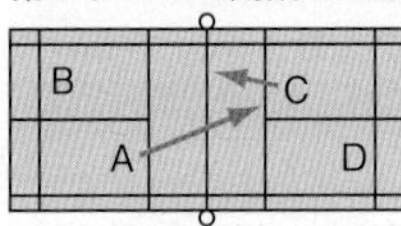

AからCにサービスをする。Cがネットにひっかけ AB組に１ポイント入る。「ポイント，ワン・ラブ」

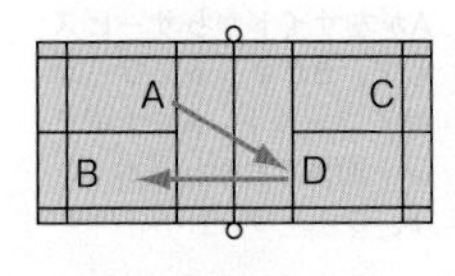

Aは左サイドからDにサービスをする。Dのスマッシュが決まりCD組に１ポイント入る。「サービスオーバー，ワン・オール」

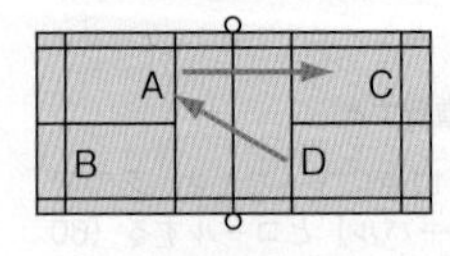

CD組のポイントがワン（1）で奇数なので左サイドにいるDからAにサービスをする。Aのスマッシュが決まり，AB組に１ポイント入り，サービス権も得る。「サービスオーバー，ツー・ワン」

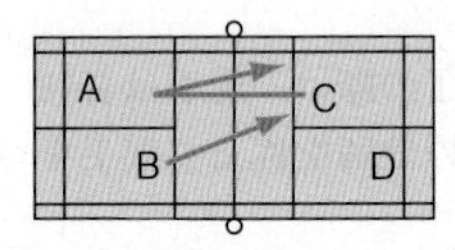

AB組の得点がツー（2）なので，右サイドにいるBからCにサービスをする。ラリーが続き，AB組に1ポイント入る。「ポイント，スリー・ワン」

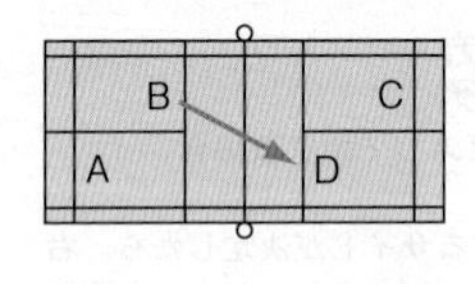

AB組の得点がスリー（3）なので，Bが左サイドに移動し，Dにサービスをする。Dがミスをして AB組にポイントが入る。「ポイント，フォー・ワン」

その後，ラリーポイント制で進行する。

＊サーバーのサービスコートはシングルスの場合と同じようにサービングサイドのスコアが奇数か偶数による。

＊サービングサイドがラリーに勝ったときは，同一サーバーが左右のサービスコートを替えてサービスをする。レシービングサイドがラリーに勝ったときは，サービスオーバーとなり，サービス権が移る。そして，そのサイドのスコアによって偶数のときは右サービスコートから，奇数のときは左サービスコートからサービスをする。

＊どちらかのサイドの得点が11点になったとき，スコアをコールし，続いて「インターバル」とコールする（60秒を超えないインターバルを認める）。ただし，第３ゲームのときはチェンジエンズをする。

＊ゲームとゲームの間には120秒以内のインターバルをとることができる。

3 規則違反と罰則規定

■フォルト

次のようなフォルト（反則）を犯すと，相手に1ポイントの得点を与える。

■サービス時のフォルト

1 サーバーのラケットで打たれる瞬間に，シャトル全体がコート面から1.15m以下になかったとき。

2 シャトルの最初の接触点が，シャトルのコルク（台）でなかったとき。

3 アウト：サービスしたシャトルが，相手側サービスコート外に落ちたとき。

4 ラインクロスをしたとき。

5 フットフォルト：サービスでシャトルが打たれるまで，サーバーとレシーバーの両方の足の一部が，静止の状態でコート面についていないとき。

6 ボーク：一度サービスの構えに入ってから，相手をまどわす行為をしたり，わざとサービスを遅らせたとき。

7 サービス時のインタフェア：パートナーがサーバーやレシーバーを相手から見せないように構えたとき。

8 サービスを空振りしたとき。

■レシーブやラリー中でのフォルト

（p.224をみよう）

■レット

次の場合はレット（ノーカウント）になる。

1 突然の停電や，隣のコートからシャトルが飛び込むなど不測の事態が起きたとき。

2 サーバーとレシーバーの同時フォルト。

3 レシーバーの態度が整う前にサーバーがサーブしたとき。

4 ラリー中，シャトルがネットを越えたのち，ネットにひっかかったり，乗ったとき。

5 線審が判定できなくて，主審も判定できないとき。

●違反行為と失格

■警告が与えられる場合

1 プレーヤーが故意にシャトルのスピードが変わるようにシャトルを変形する。

2 プレー中，耳障りなかけ声や叫び声を発する。

3 審判員や観客に対して横柄な振る舞いをしたり，無礼な態度や言動をとる。

4 主審が警告しても続けるような場合は，フォルトが宣せられる。

■失格になる場合

1 一度，警告して再び違反した場合は，そのサイドをフォルトにする。そのサイドによる二度目のフォルトは違反とみなされ，違反が続けられた場合，競技役員長（レフェリー）に報告して失格させることができる。

2 勝手にプレーを中断して休んだり，コートを離れたりすると失格になることがある。

illustrate

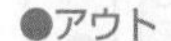

●アウト

【注】ネットに触れてコート内に入っても，正しいサービスと認められる。

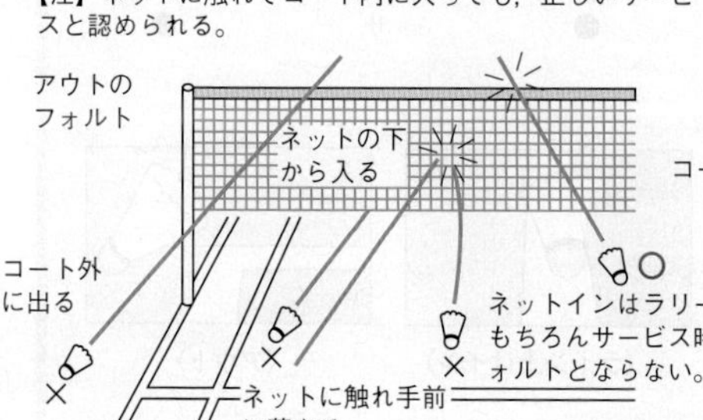

●フットフォルト

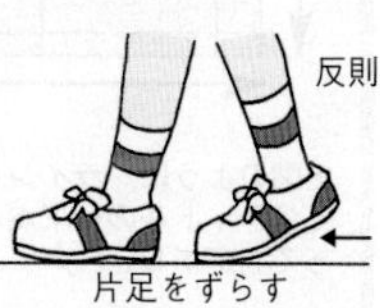

片方の足を図のようにずらすのはよい。

ゲームの運営と審判法

1 ゲームの運営

■ゲームを運営する人と役割

試合の審判は，主審１名，サービスジャッジ１名，線審４名が行うが，状況により，サービスジャッジを省略したり，線審の数を増減または省略できる。

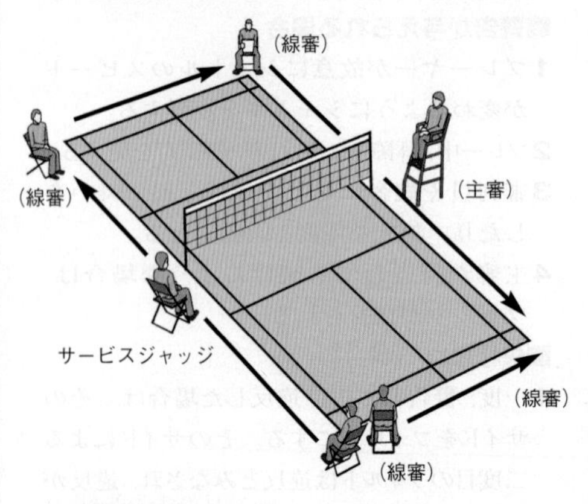

1 審判の任務と役割

競技規則にしたがって，ゲームのスムーズな進行をつかさどり，次の任務を行う。

- ・本部から審判用紙とシャトルを受け取り，所定の位置につく。
- ・試合開始前にコートの状況，ネットの高さなどを確認したのち，トスを行わせる。
- ・プレーヤーの氏名，サービスジャッジや線審の位置を確かめたら，試合開始を宣する。
- ・ゲームの記録をとりながら，得点，フォルト，レット等，必要なコールと宣告を行う。
- ・線審やサービスジャッジの担当する判定については，その判定を確認して宣告する。
- ・線審の担当以外のラインについては，主審が責任をもって判定する。

2 サービスジャッジの任務と役割

ふつう主審の反対側に位置し，サービスに関するフォルトを判定する。

2 審判のやり方

■主審のコールのやり方

1 試合開始のコールでは，向かって右側のプレーヤーの名前，所属，最初のサーバ

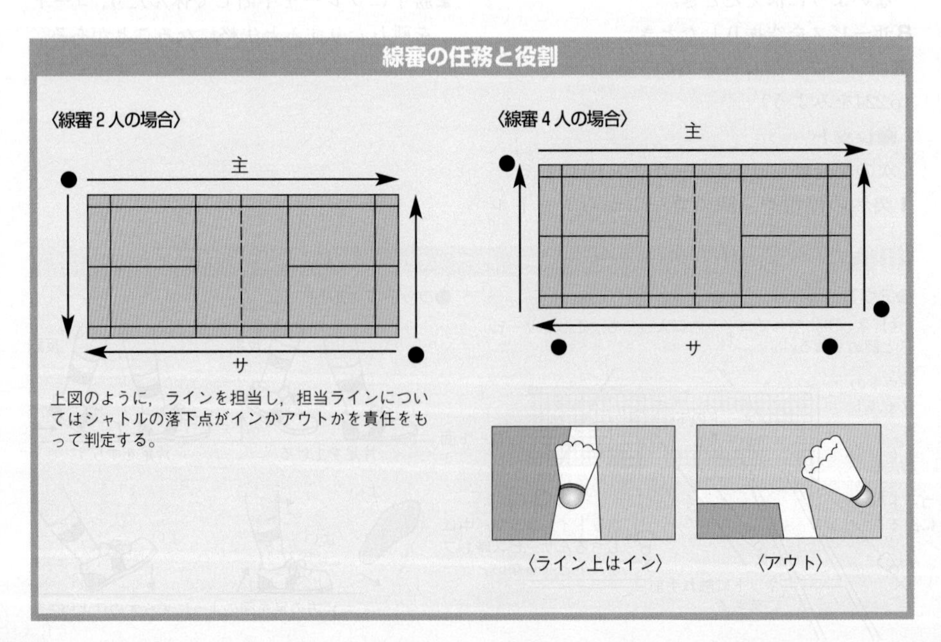

上図のように，ラインを担当し，担当ラインについてはシャトルの落下点がインかアウトかを責任をもって判定する。

〈ライン上はイン〉　〈アウト〉

ーの名前（ダブルスでは続いて最初のレシーバーの名前）を紹介し，「ラブ・オール　プレー」で開始する。

2 得点のコールは次のようにコールする。

・常にサーバー側の得点を先にコールする。

・サービス権が相手方に移るときは，「サービスオーバー」とコールし，続いてサーバー側の得点からコールする。

・シャトルがラインより外に出たとき▶「アウト」

・プレーヤーのミスがあったとき▶「フォルト」

・ゲーム中にどちらかのサイドのスコアが11点になったとき▶「インターバル」

・どちらかのサイドが20点（または29点）になったとき▶「ゲームポイント」または「マッチポイント」

・各ゲームが終わったとき▶「ゲーム」

■サービスジャッジのやり方

サービスでフォルトがあったとき，ただちに大声で「フォルト」とコールし，主審に聞こえたことを確認する。

■線審のやり方

1 シャトルがラインの外に落ちたときは，「アウト」とコールし，主審に両腕を水平に開いて合図する。

「アウト」のサイン

2 シャトルが，ラインの上か内側に落ちたときは，無言で，右手でラインを示す。

「イン」のサイン

3 プレーヤーのかげになったりして，見えなかったときは，すぐに両手を交差させ目をおおう合図をして主審に知らせる。

判定できないときのサイン

■〈主審のコール〉（ダブルス AB 対 CDの場合）

・試合開始直前（プレーヤーの紹介）▶「オンマイライト　Aさん　Bさん（チーム名），オンマイレフト　Cさん　Dさん（チーム名），（AさんがサーバーでCさんがレシーバーの時）Aさん トゥ サーブ トゥ Cさん，ラブ・オール　プレー」

・サービングサイドが勝ったとき▶「ポイント」

・レシービングサイドにサービス権が移るとき▶「サービスオーバー」

・ノーカウントのとき▶「レット」

・試合を中断させるとき▶「プレー　イズ　サスペンテッド」

・試合を再開させるとき▶「アー　ユー　レディ」

・どちらかのサイドがあと1点でゲームが終了するとき▶（例）「20ゲームポイント6」または「29ゲームポイント28」

・どちらかのサイドがあと1点で試合（マッチ）が終了するとき▶（例）「20マッチポイント8」または「29マッチポイント28」

・最後にポイントが同点になったとき▶「29ゲーム（またはマッチ）ポイントオール」

・第1ゲームが終了したとき（21対9でAB組が勝ち）▶「ファーストゲーム　ワンバイ　AB組（チーム名），21－9，チェンジエンズ」

・第2ゲームを開始するとき▶「セカンドゲーム，ラブ・オール，プレー」

・第2ゲームが終了したとき（29対28でCD組が勝ち）▶「ゲーム　ワン　バイ　CD組（チーム名），29－28，ワン・ゲーム・オール，チェンジエンド」

・第3ゲームを開始するとき▶「ファイナルゲーム，ラブ・オール，プレー」

・第3ゲームでどちらかのサイドのスコアが11点になったとき▶場合により「サービスオーバー」とコールして続いて「インターバル　チェンジエンズ」

・インターバルの後，ゲームを続けるとき▶スコアを繰り返した後に「プレー」

・試合の終了（AB組の勝ち）▶「マッチ　ワンバイ　AB組（チーム名，全スコア）」

簡易ゲームを楽しんでみよう

学校の授業や初心者の多い校内大会などでは，次のようなダブルスの簡易ゲームを行うと，試合時間も少なく数多くの試合ができる。

●10点先取ゲーム（シングルス）

❶トスによりサービス権かエンドを選ぶ。
❷１試合10点先取で，どちらか先に５点先取したときにエンドを交替する。
❸９点オールになれば，先に11点を取ったほうが勝ちになる。
❹あとは正式ルールに準じる（ラリーポイント制）。
❺時間を短縮するため，第２，３ゲームはしない。

●2イニングゲーム（ダブルス）

❶トスにより，サービス権かエンドを選ぶ。
❷どちらのサイドにも２人のサービス権を持たせる。
❸AB対CDの場合，サービングサイドのＡがサービスしてABが負けるまで何点ポイントしたか，さらにＢがサービスして負けるまで何点ポイントしたかの合計と，CDの２人がサービスして得たポイントの合計を比較して勝負を決める。
❹エンドの公平さを考えて，エンドを交替して同様のゲームを行い，１ゲームと２ゲームの合計得点で勝負を決めるのもよい。

●15点先取ゲーム（ダブルス）

❶１試合15点先取で，どちらか先に８点先取したときにエンドを交替する。
❷時間の関係で，１ゲームの得点を10点や８点にすれば，試合の回転も早く，クラスマッチなどを体育の授業時間中に行うことも可能になる。
❸あとは正式ルールに準じる。

調べてみよう

- バドミントンの起源といわれるバトルドーアンドシャトルコックについて調べてみよう。
- 国際バドミントン連盟，現世界バドミントン連盟（BWF）が発足したのはいつごろか。
- 日本でバドミントンは漢字でどう書くのだろう。
- オリンピックに正式種目として採用されたのはいつごろか。
- ルール改正でラリーポイント制になったのはいつからか。
- スピードが一番遅いショットは何か。
- サービスは1.15mより下で打たなければならないのはどうしてだろうか。
- ラケットの素材の変遷を調べてみよう。
- シャトルの素材にはどんなものがあるか調べてみよう。
- 現在バドミントンの盛んな国はどこか調べてみよう。
- スマッシュしたとき，シャトルは時速何kmまで出るのだろうか。
- 日本バドミントン協会の登録者数を調べてみよう。
- 過去に行われていたルールやポイントを調べてみよう。
- スピンサーブがなぜ禁止になったのか調べてみよう。

野球

【歴史と発展】

野球の起源については，今日では，イギリスで行われていた「クリケット」とか「ラウンダー」であるという説が有力である。それらがやがてアメリカへ伝えられ，さまざまな形をへて，今日のような姿に発達してきた。

わが国では，1873（明治6）年，神田一ツ橋にあった開成学校のアメリカ人教師ウィルソンが学生に教えたのが始まりだといわれている。しかし，本格的に行われるようになったのは，1876（明治9）年，新橋鉄道局の平岡熈（ひろし）が，本場アメリカの野球をじっくり研究して持ち帰ってからである。やがて野球は大学から中学へとひろまり，1915（大正4）年には全国中等学校野球大会が幕をあけ，1924（大正13）年には選抜大会も始まった。今日の春夏の甲子園高校野球大会の前身である。野球の普及について，子どもにも安全な軟らかい球が考案され，軟式野球が始まった。野球は今日では，他のスポーツに比べ圧倒的に競技人口が多いが，日本における野球の隆盛は軟式野球の存在を無視して語れない。

【競技の特性】

❶同人数の2チームが攻撃と守備を交互に行い，攻撃側がボールを打って塁に進み，ホームベース（本塁）に帰るごとに1点とする。この得点を競う球技。

❷硬式と軟式があるが，競技規則はほぼ同じ。ゲームの性格上，2〜3点差では一発逆転の意外性があり，最後までスリルを味わうことができる。

＊『公認野球規則』（日本野球規則委員会）に準拠

競技に必要な施設・用具・服装

1 競技場

・投手のマウンドは，本塁より10インチ(25.4cm)の高さの土を盛る。
・本塁より左右両翼の外野フェンスまでの距離は，250フィート(76.199m)以上を必要とするが，理想的には両翼320フィート(97.534m)以上，中堅400フィート(121.918m)以上あることが望ましい。

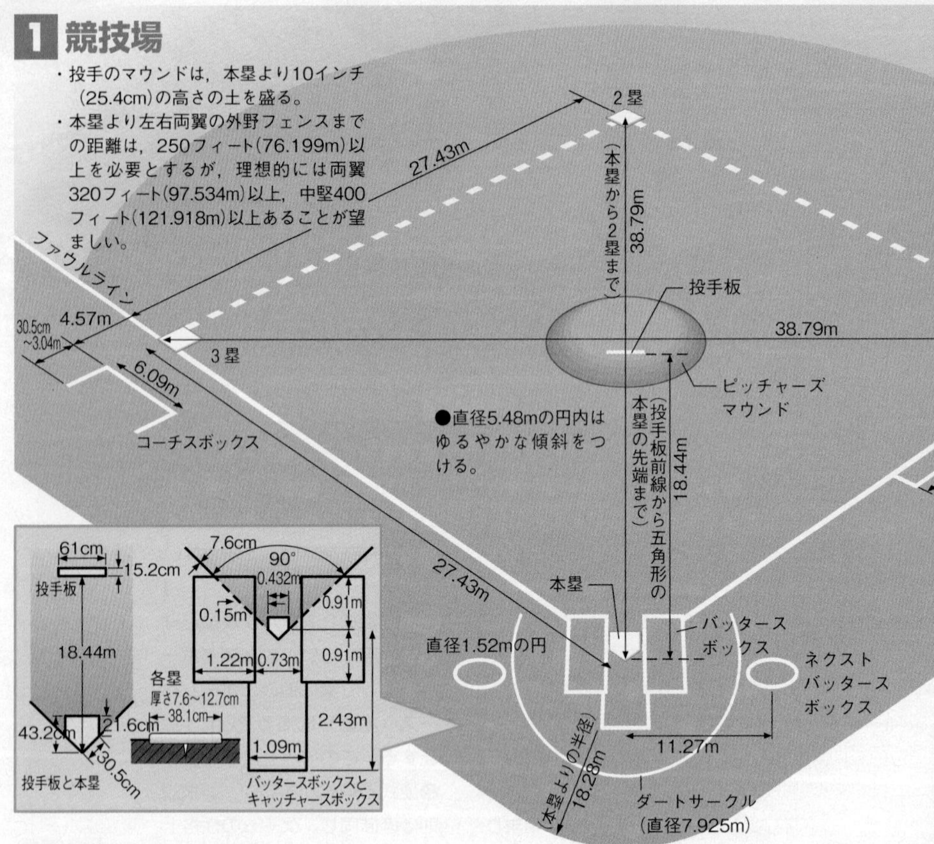

●競技者とポジション

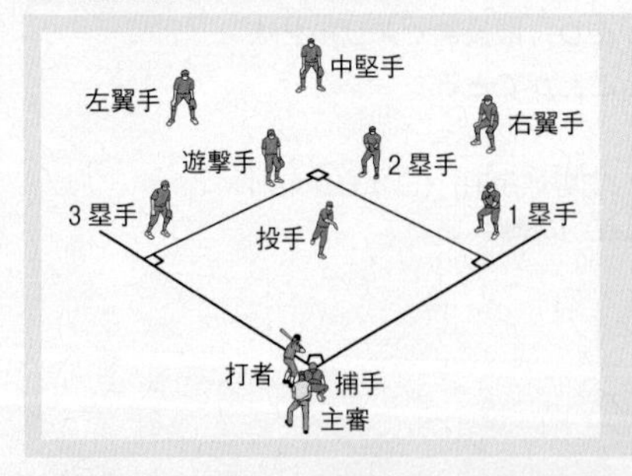

守備位置名称	略号	守備位置番号	
投手 (pitcher)	P	1	バッテリー
捕手 (catcher)	C	2	
1塁手 (first baseman)	1B	3	インフィールダー
2塁手 (second baseman)	2B	4	
3塁手 (third baseman)	3B	5	
遊撃手 (short stop)	SS	6	
左翼手 (left fielder)	LF	7	アウトフィールダー
中堅手 (center fielder)	CF	8	
右翼手 (right fielder)	RF	9	

みるポイント

・ネット裏から観戦するときは，投手の配球，投球の組み立てに関心を持ってみてみよう。
・2階席や高い席からは，各打者に対する野手の動きや，打球に対する全体の動きに注目してみよう。
・ブルペン横では，投手の投球練習をみて，投手の特徴をつかもう。

2 ゲームに必要な道具・服装

●硬式球（公認球）

2片で包み，綿糸で縫い合わせる。

重さ141.7〜148.8g
周囲22.9〜23.5cm

（ゴム芯の反発力）
4mの高さから落とし，190±10cmの反発上昇となるものを公認球とする。

4m
190±10cm
大理石板

●軟式球（公認球）

日本の野球界だけが使用している独特な野球ボール。外周はゴム製で，中は空洞。

種類	直径	重量
A号ボール（一般用中空）	71.5〜72.5mm	134.2〜137.8g
B号ボール（中学生用中空）	69.5〜70.5mm	133.2〜136.8g

スリーフットライン
0.91m
0.91m
1塁
コーチスボックス
13.71m

●バット

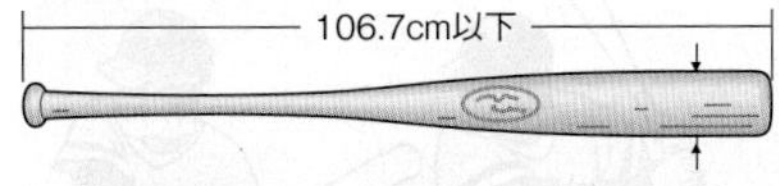

もっとも太い部分が直径6.6cm以下

アマチュア野球では，各連盟が公認すれば，金属製バットの使用を認める。その場合，最大直径は6.7cm未満，質量は900g以上とする。この規定は軟式野球には適用しない。

●グラブとミット

グラブ
（縦33.0cm以下）

1塁手用ミット
（縦33.0cm以下）

捕手用ミット
（縦39.4cm以下）

安全チェックリスト

- □グラブ，ミット，キャッチャーの防具およびヘルメットは，ひもが切れたり破損したりしていないか確認しよう。
- □バットにクラック（亀裂）が入ったり，折れたりしていないか確認しよう。
- □ウォーミングアップ，準備運動を十分に行おう。
- □飲み物，救急医療品はそろっているか確認しよう。

●その他の用具

同じチームの各プレーヤーは，同色，同形，同デザインのユニフォームを着用し，15.2cm以上の背番号をつけなければならない。

スパイクシューズ
針状の危険なものは禁止

野球の豆知識

“飛ばないボール”とは?

公認球は反発力が決められており，下限値に近いほど“飛ばない”ボールとなる。反発力を落とすには，材質を変えて重くしたり，コルクの芯を包むゴムを変えるなどする。飛びすぎる危険に考慮するとともに，国際大会使用球の規格に合わせ，低反発球を採用することになった。

基本技術と用語の解説

ピッチングの技術

オーバースロー

Point

・体全体を大きく使って伸び伸びと投げる。
・無駄のないフォームで重心と体重移動を正しく行い，軸足の蹴りを十分に生かして，体のバネを使う。左足着地後（右投手の場合），体の捻転力と腕の遠心力を活用し，腕は柔らかく，しなやかに振り切る。

バッティングの技術

Point
・野球とは打つ（strike）スポーツである。
・好球必打。鋭くたたく，鋭く振りぬく。

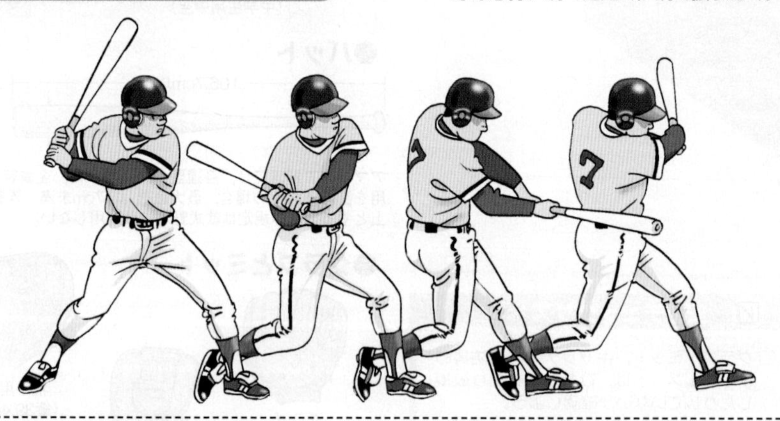

【インフィールドフライ】 無死または１死で走者が１，２塁または満塁の場合，内野手が捕球できると判断されたフェアのフライのこと。審判は内野手が普通の守備行為をすれば捕球できると判断したときに宣告し，打者はアウトとなる。内野手が故意に落球してダブルプレーを狙う行為を避けたルール。

【オーバーラン】 走者が走りすぎて塁を通り越してしまうプレー。滑る勢いがあまって塁を離れてしまうのをオーバースライドという。

【犠打（犠牲打）】 打者自身が犠牲となって走者を進塁させるための打撃法。犠牲飛球と犠牲バントがある。

【重盗（ダブルスチール）】 ２人の走者が同時に盗塁を企て，２人とも次塁への進塁を果たす行為。

【スクイズ（セーフティバント）】 ３塁に走者がいるとき，投手の投球に合わせて走者が本塁に向かって走り，打者がバントしてその走者を生還させようとするプレー。

【タッグアップ】 塁上の走者が，打者の打った飛球により自分の占有する塁に戻って，その飛球が捕らえられた後，再び次塁へ進塁を企てるプレー。

【ダブルプレー】 守備側の選手が，一回のプレーで２人の走者をアウトにする守備行為。併殺あるいはゲッツーともいう。

【ディレードスチール】 投手が投球動作を開始した直後にスタートを切る盗塁行為ではなく，投手や捕手のけん制球の合間，あるいは捕手の

ボールの握り方　バットの握り方

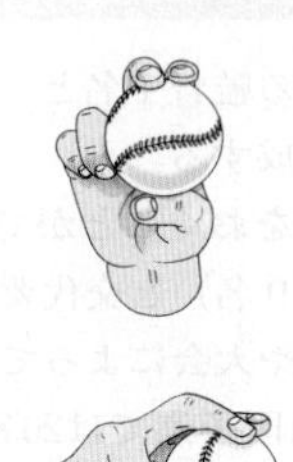

スライディングの技術

フックスライディング

・スライディングの目的は，伸ばした足で早く，確実にベースに触れることと，タッチをうまくかわすこと。
・伸ばす足のスパイクの刃がグラウンドにひっかからないように注意する（骨折防止）。
・足を上げてスパイクの刃を野手に向けることは危険なので禁止されている。

返球のスキをついて行う盗塁行為をいう。

【ドラッグバント】 左打者が右方向へのバントを試み，１塁に生きようとする軽打法。

【ヒットエンドラン】 投手の投球と同時に走者が次塁へスタートを始め，それに合わせて打者がその投球をすかさず打ち，一気に走者を２つ先の塁へ進めようと試みる攻撃方法。通常１塁に走者がいるときに用いる戦法。

【振り逃げ】 規則により第３ストライクの投球を捕手が捕えなかった場合，打者が１塁に走れる場合があり，そのときのプレーをいう。

【フィルダースチョイス】 フェアのゴロを扱った内野手が，１塁で打者走者をアウトにする機会があるのに，先行走者をアウトにしようと先の塁へ送球し，すべての走者を生かしてしまうプレー。

【フォースアウト】 打者の打球によって進塁しなければならない走者を，その塁に送球してアウトにすること。封殺ともいう。

【ランダウンプレー】 走者をけん制球などで塁間にはさみ，アウトにすること。挟殺（きょうさつ）プレーともいう。

みるポイント

・投手の配球の組み立て方，投球の種類，コントロールの良さ。
・打者の選球眼，バットスイングのスピード，内側，外側どちらのボールが得意か。
・走塁のテクニック，スライディングのうまさなどに着目して走者をみてみよう。

ゲームの進め方とルール

1 チームの編成

1試合での指揮官となる監督1名と，9名の選手で1チームを編成する。

2このほかに交代要員をおくことができる。

3先発出場メンバー（9名）と交代要員との合計人数は，各連盟や大会によって多少異なり，高校野球の地区予選では20名前後，甲子園の本大会では18名，東京六大学野球リーグ戦等では25名となっている。

4チームに専任技術コーチをおいてもよい。

2 ゲームの開始と進行

■ゲームの開始前に

1少なくとも試合開始30分前か，前の試合の7回終了時に，攻守交代の順序を両チームの責任者（通常は主将）が，コイントスかジャンケンで決める。

・ホームチームとビジティングチームが明確な場合は，前者が後攻となる。

・大会規定などであらかじめ決められている場合は，その規定にしたがう。

2試合開始前にメンバー表を交換する。

3試合前の守備練習(シートノック)は，後攻チームが先に，両チーム同じ時間行う。

■ゲームの開始

1「集合準備」の合図で両チームはベンチ前に並び，「集合」で本塁をはさんで向き合い，審判の合図であいさつをする。

2あいさつをしたら守備側は守備位置につき，攻撃側はベンチに入る。投手が準備投球（8球，1分以内)を終え，投手板上に立ち，攻撃側の第1打者がバッタースボックス内に位置したとき，球審は「プレー」を宣告し，試合が開始される。

3このとき，次打者はネクストバッタースボックス（次打者席）で，低い姿勢で待機する。また1塁と3塁のベースコーチは，所定の位置についていなければならない。

■攻撃と守備

1攻撃側は，打順表の順序で1人ずつバッタースボックスに立ち相手投手の投球したボールを打つ。打者や走者が3人アウトになるまで攻撃を続ける。

2守備側は，打者の打球を捕球したり，走者の進塁を防いだりして相手をアウトにする。

■得点

攻撃側の選手（走者あるいは打者走者）がスリーアウトになる前に，1塁・2塁・3塁・本塁の順序で各塁に正しく触れたとき1点が記録される。ただしスリーアウトが次の場合には，アウトにいたるプレー中に走者が本塁を踏んでも得点は認められない。

1打者が1塁へ到達するまでにアウトになったり，走者がフォースアウトになったとき。

2前位の走者が塁に触れそこねてアウトにさ

illustrate

●ボールデッドの例

走者が打球に触れれば，ボールデッドでアウト。打者は安打の記録で1塁へ進む。ただしトンネルしたボールに走者が触れても，他の内野手に守備の機会がなかったと認められればボールインプレー。

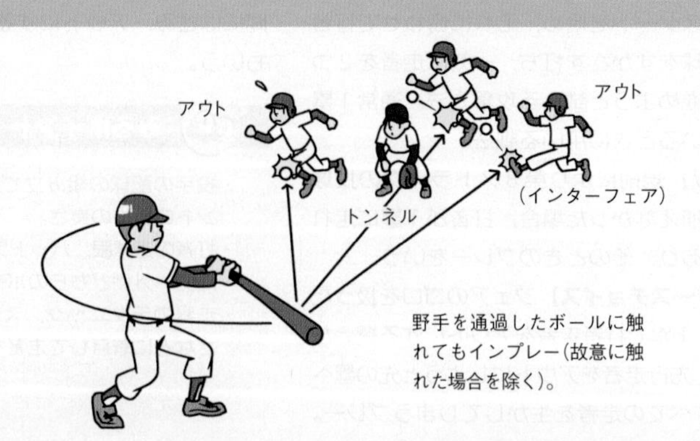

れたとき。

■イニング（回）

各チームが攻撃と守備とを交代に行う試合の１区分をイニングといい，先攻チームの攻撃場面を「表（おもて）」，後攻チームの攻撃場面を「裏（うら）」という。

3 ゲームの成立と勝敗の決定

■正式試合

1 正式試合は９イニングとし，試合終了時の得点の多いチームが勝ちとなる。

2 ９イニングの攻撃終了時に両チームの得点差がないときは延長戦に入り，原則として得点差がつくまでイニングを続ける（高校野球では15回・引き分け再試合）。

■コールドゲーム

理由のいかんを問わず，球審が試合の中止を命じ，その試合が正式試合となりうる条件をそなえていたとき，コールドゲームとなり，正式試合と認められる。

■ノーゲーム

球審が試合の終了を命じたとき，正式試合となりうる条件をそなえていない試合をいう。

■没収試合（フォーフィッテッドゲーム）

球審がプレーを宣告後５分してもグラウンドに出ず，試合を拒否した場合などは，没収試合として相手チームに勝ちが与えられる。

4 ゲーム進行の基本ルール

■ボールインプレーとボールデッド

試合中，規則にしたがってプレーを自由に行える状態を「ボールインプレー」といい，逆にプレーを一時停止させてしまう状態を「ボールデッド」という。審判員が「タイム」を宣告すれば，いかなる場合でも「ボールデッド」になる。

次の場合には自然と「ボールデッド」となり，プレーは一時停止される。

1 ボールデッドとなって走者がもとの塁へ戻される場合。

・ファウルボールが捕球されなかったとき。

・球審が捕手の送球動作を妨害した場合。また，妨害されても捕手が送球してランダウンプレーが始まった場合。

・バッタースボックスから踏み出して打ったり，規則に違反したバットで打ったとき（反則打球で打者はアウトになる）。

2 ボールデッドとなって走者が次塁へ進塁できる場合。

①ボークが宣告されたとき。

②打者が次の理由で１塁への安全進塁権を得て走者となり，塁上の走者が塁をあけわたさなければならなくなったとき。

・ヒット・バイ・ピッチ（死球）が宣告されたとき。

・内野手に触れていない，あるいは通過していないフェアの打球が，フェア地域で走者や審判員に触れた場合。

・打撃妨害が宣告されたとき。

③投球が，球審や捕手の使用しているマスクや用具にはさまって，止まった場合。

野手が飛球を捕らえた後，ベンチやスタンドに踏み込んだり，倒れ込んだらボールデッド。
打者はアウトになるが，走者は１個の進塁。

送球がスタンドへ入るとボールデッド。

④野手が飛球を捕らえた後，ベンチまたはスタンド内に倒れ込んでしまったとき。
⑤フェアの打球，あるいは投球や送球がデッドゾーンに入ったとき。
⑥投手の正規の投球が，ホームスチールを敢行した走者に触れたとき。

■プレーヤーの交代

1 投手の交代では次の規定を守ること。
①先発投手は，第一打者がアウトになるか，1塁へ出塁するまで投球しなければ，次の投手と交代できない。
②救援投手は，そのときの打者または代打者がアウトになるか，1塁へ出塁するか，攻守交代になるまで投球しなければならない。
③監督やコーチが1イニングに同じ投手のところへ2度行ったときには，その投手は自動的に交代しなければならない。

2 代わって出場したプレーヤーは，必ず退いたプレーヤーの打順を受け継いで打つ。

3 一度試合を退いたプレーヤーは，その試合に再び出場することはできない。

4 打順表に記載されているプレーヤーは，他のプレーヤーの代走をすることは許されない（ただし，高校および大学野球では特別の場合に限り認めることがある）。

5 代打者や代走者によって退けられたプレーヤーは出場資格を失い，次回から守備につ

みるポイント

・野球は組織プレー。一つひとつのプレーに対して，それぞれの選手がどんな動きをしているか。
・走者の有無など，ゲームの状況に応じて審判員の位置，動きがどのように変わるか。

illustrate

●フェアボールとファウルボールの判定

フェアボール

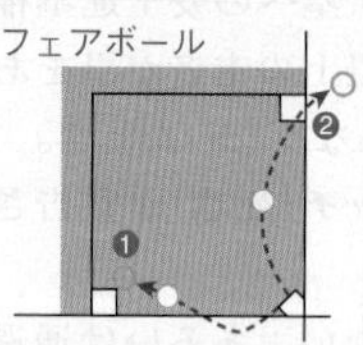

❶ファウル地域に出て再び内野内に入り，止まった打球。
❷バウンドして，1,3塁を過ぎるとき，フェア地域内かその上方空間にあった打球。

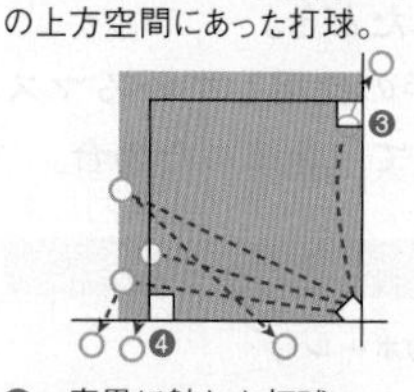

❸一度塁に触れた打球。
❹最初に落下した時点が塁を結ぶ線上か外野のフェア地域内であった打球。

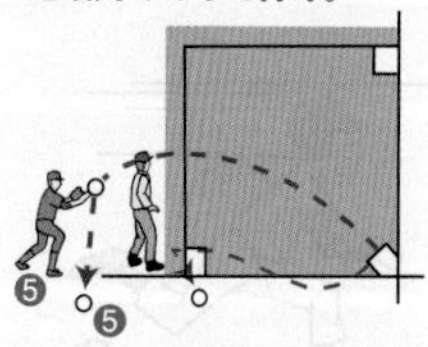

❺フェア地域内で審判員やプレーヤーに触れた打球。

ファウルボール

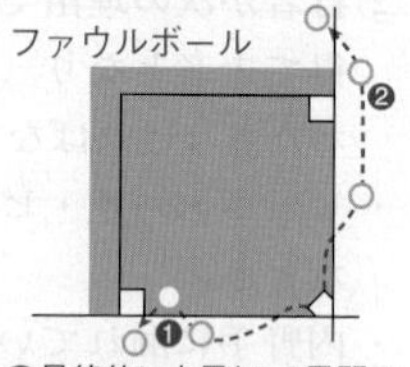

❶最終的に本塁と1,3塁間のファウル地域に止まった打球。
❷バウンドしながら1,3塁の外側を通過した打球。

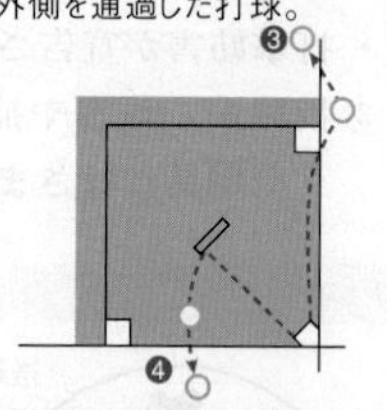

❸外野のファウル地域に落ちた打球。
❹投手板ではね返り，ファウル地域に出た打球。

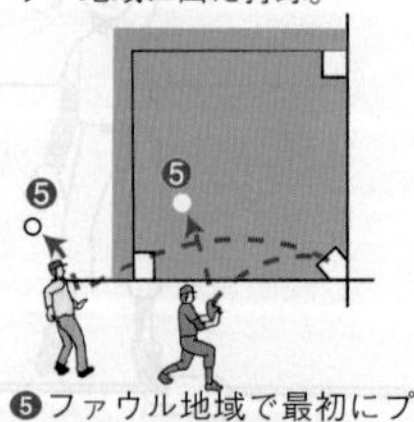

❺ファウル地域で最初にプレーヤーや審判員に触れた打球。

●ストライクゾーン

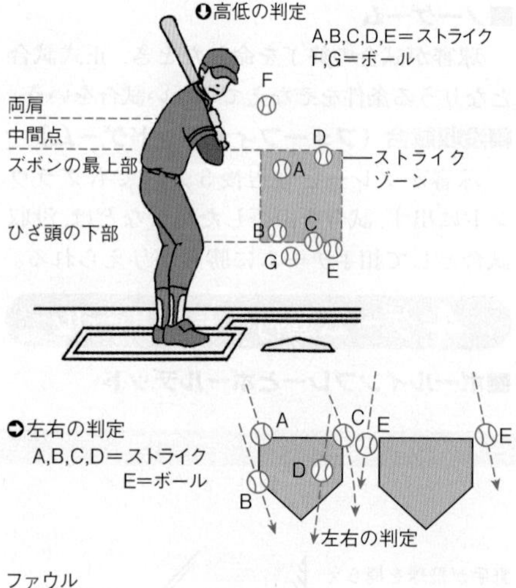

飛球がベース上を横切っても，ラインより外で野手に接触すればファウルである。

くことは許されない。

5 投手の規定

投球姿勢には，ワインドアップポジションとセットポジションの2つがあり，自分の意志で，どちらでも使うことができる。

■ワインドアップポジションの投球

1 投手がこの姿勢で投球動作を起こしたら，必ず打者に投球しなければならない。

2 この姿勢で投球する場合は，実際に投球するとき以外，投手はどちらの足も地面から上げてはいけない。ただし実際に投球するときには，軸足でない足を1歩後方に引いてから前方に踏み出すことが許されている。

3 この姿勢をとった投手は，打者への投球以外に次の動作が許される。

・塁上にいる走者をけん制するための送球。

ただしアマチュア野球では，この姿勢からの右投手の3塁，左投手の1塁へのけん制，および右投手の右まわり，左投手の左まわりの2塁へのけん制は禁止されており，行うとボークとなる(p.240をみよう)。

・投手板に触れている軸足を後方にはずすこと。はずす場合は軸足からはずし，その後必ず両腕を体の両側におろす。

4 ワインドアップポジションからは，セットポジションに移ったり，ストレッチ（両腕を体の前方に長く伸ばし，体の前面で保持する準備動作）をすることはできない。

セットポジションの投球

5 セットポジションをとるとき，投手はストレッチを行うことができる。しかし，ストレッチに続いて打者に投球する前には必ずボールを体の前面で保持し，両手の動きを

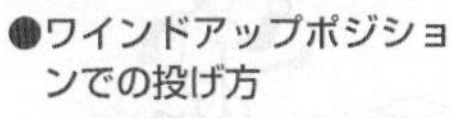

●ワインドアップポジションでの投げ方

①打者に対して正面に向かって立つ。
②軸足は投手板に触れて置く。
③自由な足の置き場所には制限がない。ただし，自由な足を投手板から離して置くときは，足全体を投手板の前縁より前に置くことはできない。
④ボールを体の前方に保持する。

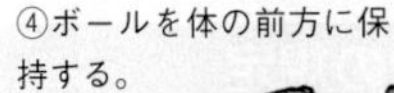

●セットポジションでの投げ方

①打者に面して立つ。
②軸足は投手板に触れて置く。
③自由な足は必ず投手板より前方に置く。
④ボールを両手で体の前方に保持し，完全に動作を静止する。

(右投手)
軸足(右)
自由な足(左)

ワインドアップポジションでの足の位置（軸足は右）

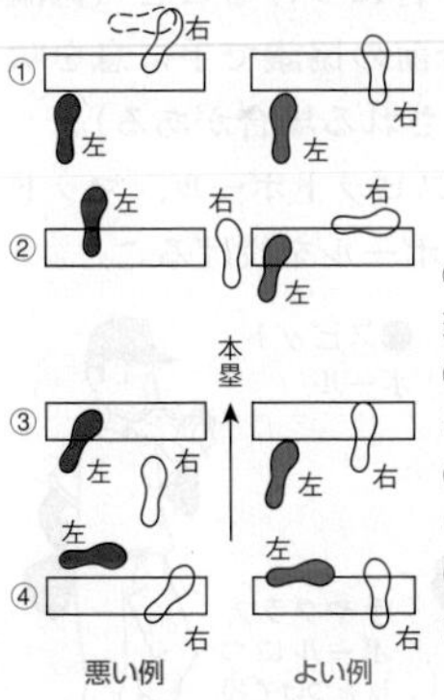

（悪い例）
①最初は触れているが，投球のときに離れている。
②軸足が投手板から離れている。
③軸足が投手板から離れている。
④自由な足全体が投手板の前縁より前方にあるから正しくない。

セットポジションでの足の位置（軸足は右）

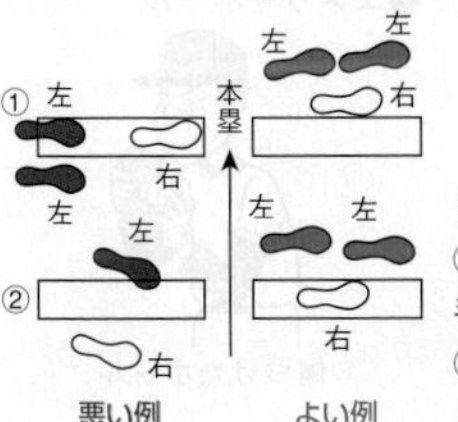

（悪い例）
①軸足は正しいが，左足が投手板の前縁より後方にある。
②軸足が投手板より離れ，左足も投手板の前方にない。

野球

一度完全に静止させなければならない。

2体の前面で両腕の動きを一度完全に静止したら，その後，首以外はどこも動かすことは許されない。ボールを保持する位置は，顔面や胸の前，あるいは腰の前など，体の前面ならどこでもよい。しかし，いったんボールを保持して止めたら，その位置から再び移動させることはできない。

3正しいセットポジションをとった投手は，投球動作を起こすことができる。このとき，軸足でない足は投手板の前方ならばどこへ踏み出してもかまわないが，投手板の真横に踏み出すことは禁じられている。

4セットポジションをとった投手は，打者への投球以外に次の動作が許される。

・塁上にいる走者をけん制するための送球。

・軸足を投手板の後方にはずすこと。はずした後は，必ず両手を離して両腕を体側にそっておろすこと。

■投手の禁止事項

・投球する手を口や唇につけること（低温の日などは，試合前の協議で手に息を吹きかけることが許される場合がある)。

・シャインボール，スピットボール，マッドボール，エメリーボールを投げること。

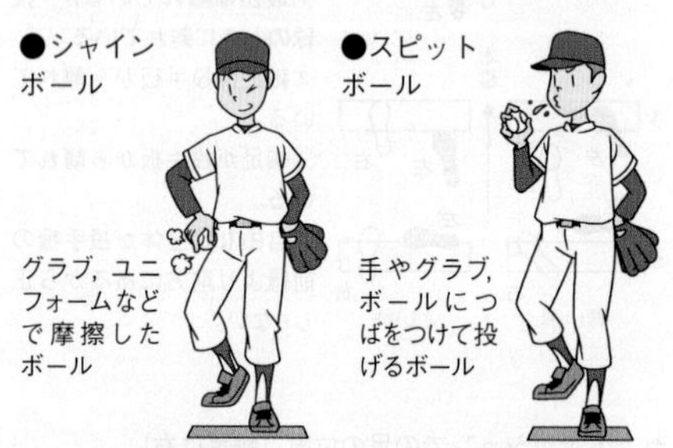

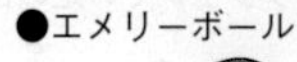

●マッドボール

ドロをこすりつけたボール

●エメリーボール

傷つけたボール

・走者がいないとき，捕手以外の野手に送球し，試合をわざと遅らせること。

・プレーに不必要な余計な物品を身につけたり，白や灰色のグラブを用いること。

・打者をねらって投球すること。

■ボーク

ボークとは，塁上に走者がいるときの投手の違反行為である。審判員によってボークが宣告されると，次のような処置がとられる（ボーク即ボールデッドではない)。

1ボールデッドとなり，塁上の走者は1個の進塁ができる。

2ボークをしたが，打者が安打・四球・失策などで1塁へ進み，しかも塁上の各走者も少なくとも1個以上の進塁ができたときは，ボークは取り消され，そのままプレーを続ける。

3ボークの送球が悪送球になった場合，走者はボークによって与えられた塁よりも先の塁へ危険を犯して進塁してもよい。

ボークが宣告されたときは，塁上の走者は次塁へ進塁。

6 打者の規定

■打撃の順序

1攻撃側のプレーヤーはそのチームの打順表に記載されている順序にしたがって打つ。

2第2イニング以後の各回の第1打者は，前イニングに打撃を完了した次の打者である。

■打者の義務

1打者は自分の順番を待つとき，ネクストバッタースボックスに入り，低い姿勢で待つ。

2攻撃の順番がきたら，すみやかにバッタースボックスに入り，打撃姿勢をとる。打撃を完了するまで，バッタースボックスをみだりにはずさない。

3両耳ヘルメットは必ず着用する。

■打者が走者となる場合

1フェアボールを打った場合。

2無死または1死で走者が1塁にいないとき，走者が1塁にいても2死のとき，第3ストライクを捕手が正しく捕球しなかったとき（振り逃げ可能な状態）。

3内野手（投手を含む）に触れたか，または内野手（投手を除く）を通過したフェアボールが，フェア地域で走者や審判員に触れた場合。

4フェアの打球がデッドゾーン（フェンスの外側）に入り，安全に進塁する権利が生じた場合。

・フェア飛球が直接スタンドへ入った場合は本塁が与えられる。

・フェアの打球が地面に触れて，バウンドしながらフェンスを越えるか，フェンスにはさまった場合は2塁が与えられる。

■打者が安全に進塁できる場合

打者は次の場合走者となり，アウトにされることなく安全に1塁が与えられる。

1フォアボール（四球）の場合。

2ヒット・バイ・ピッチ（死球）の場合。

3捕手が打撃妨害をした場合。

4フェアの打球が内野手（投手を除く）を通過する以前に，走者や審判員に偶然当たった場合（ボールデッドで，打球に触れた走者はアウト）。

■打者がアウトになる場合

1フェアまたはファウル飛球(ファウルチップを除く)を,野手が正規に捕球した場合。

2第3ストライクと宣告された投球を，捕手が正しく捕球した場合。

3無死または1死で走者が1塁にいるとき第3ストライクが宣告された場合（捕手が落球しても打者はアウト）。

4 2ストライク後の投球をバントして，ファウルボールになった場合。

5フェアボールを打つか，第3ストライクを宣告されてもまだアウトになっていない打者走者が，1塁ベースを踏む前に，体あるいは1塁ベースに触球された場合。

7 走者の規定

■進塁の順序

進塁するときは，必ず1塁，2塁，3塁，本塁の順序で各塁に触れる。また逆走するときも，ボールデッドの状態でないかぎり，すべての塁を逆の順序で戻る。

■走者の権利

アウトになる前に他の走者が到達していない塁に触れれば，その塁を占有する権利を得る。この権利はアウトになるか，他の走者に明けわたすまで認められる。

■塁の占有権

2人の走者が1つの塁を同時に占有することはできない。占有権は常に先の走者が持つ。ただし，打者と1塁走者の2人が1塁に同時に触れていた場合，占有権は打者にある。

■走者の安全進塁権Ⅰ（1個の進塁）

1審判員がボークを宣告した場合。

2打者が安全に1塁へ進む権利を得て，塁を明けわたさなければならなくなった場合。

3投手の打者への投球，あるいは投手板を踏んだまま投げた塁へのけん制球が暴投となり，デッドゾーン（スタンドやベンチ）に入った場合。ただしこのような状態のとき，ボールがバックアップした野手などに再度触れてから入ったときは，2個の塁が与えられる。

4野手が飛球を捕らえたあと，スタンドやダッグアウト，ベンチなどに倒れ込んだ場合。

5捕手が打者の攻撃を妨害したとき。

■走者の安全進塁権Ⅱ（打者とともに1個以上の進塁）

1打者と走者がともに得点できるとき。

・ホームランで，打者を含む各走者が正しい順序で各塁に触れた場合。

・明らかにホームランであろうと審判が判断した打球に，グラブ，帽子などを投げつけ，その進路を変えた場合。

2 3個の進塁が可能なとき。

フェアの打球に野手がグラブや帽子，マスクなどを故意に投げつけて触れた場合。ボールインプレーなので，本塁をついてもよい。

3 2個の進塁が可能なとき。

・野手がグラブや帽子を故意に投げて送球に触れさせたとき（ボールインプレー）。

・フェアの打球がバウンドしながらフェンスを越えるか，はさまって止まった場合。

・送球がフェンスや金網などにはさまったり，通り抜けたり，越えて競技場外に出たり，ベンチなどに入った場合。

4 1個の進塁が可能なとき。

・四球，三振の投球が，球審か捕手のマスク，プロテクターなどにはさまって止まった場合。

・野手が帽子やマスクを投球に故意に触れさせた場合。

8 プレーの妨害

■走塁妨害（オブストラクション）

野手が走者の走塁を妨げる行為をいう。

illustrate

●走者がアウトになる場合

①ボールインプレー中に塁を離れていて，野手に触球された場合。

②タッグをさけようとして3フィート以上離れた場合。ただし，守備しようとしている野手をさけて走った場合はアウトではない。

③飛球が捕らえられた後，リタッチ（塁へ戻る）を果たす前に，その塁あるいは体に触球されたとき。

④フォースアウトのとき。

⑤オーバーランした場合。タッグされたらアウト。

⑥投手および内野手に触れていないフェアの打球に当たってしまった場合。

⑦無死または1死で，走者が得点しようとしたとき，本塁での打者の守備妨害。2死のときは打者アウト。

⑧後ろの走者が，前の走者を追い越した場合。

⑨打球を処理しようとしている野手を走者が妨げた場合。

⑩守備を混乱させようと逆走した場合。審判員は「タイム」を宣告し走者をアウトにする。

オブストラクションが発生したら審判員はただちにその宣告をし，次の処置をとる。

1 走塁を妨げられた走者に対してプレーが行われている場合…ただちにボールデッドとなり，妨害発生時に占有していた塁より少なくとも1個先の塁への進塁を許す。

2 プレーが直接行われていない走者が妨害された場合…プレーの終了を見とどけてからタイムを宣告。妨害がなければその走者はどうなっていたかを判断し，不利益をとり除く。

■その他の妨害（インターフェアランス）

1 攻撃側の妨害…攻撃側が，プレーしている野手を妨げたり，さえぎったり混乱させた場合，攻撃側プレーヤーはアウトとなり，特別のケースを除き（打者走者が1塁に到達していないうちに妨害が発生したときなどは，投手の投球当時の占有塁へ戻る），他のすべての走者は，妨害発生時占有していた塁に戻される。

2 守備側の妨害…捕手が投球を打とうとしている打者を妨げたり，じゃまをした場合，原則として打者は1塁に出塁できる。

3 審判員の妨害。

・捕手の送球動作（投手への返球を含む）を妨げた場合…走者はもとに戻される（妨害発生時に占有していた塁）。

・野手を通過する以前の打球に，フェア地域で審判員に触れた場合…ボールデッドとなり，打者は1塁へ出塁できる（記録は安打）。

9 アピールプレー

アピールがあれば，次の場合，走者はアウトになる。ただしアピールは，投手が打者へ投球する前か，他のプレーをする前に行わなければならない。また，攻守交代時のアピールは，投手と内野手がフェア地域を離れるまでに行わなければ，その権利は消滅する。

・飛球が捕らえられたとき，リタッチを果たす前に，体か塁に触球された場合。

・進塁または逆走でベースを踏みそこねたとき，踏みなおす前に体か塁に触球された場合。

・1塁をオーバーランまたはオーバースライドして，ただちに帰塁しなかったとき，あるいはその走者がダッグアウトや守備位置へ向かおうとしたときなどに，体または塁に触球された場合。

・本塁に触れず，しかも踏みなおそうとしないとき，本塁に触球された場合。

●インターフェアランスの例

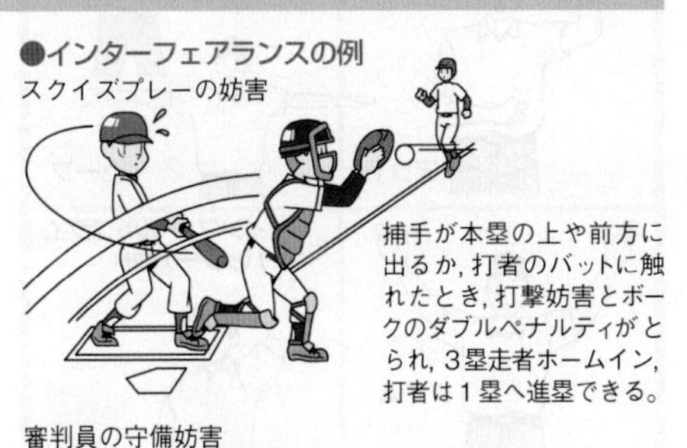

スクイズプレーの妨害

捕手が本塁の上や前方に出るか，打者のバットに触れたとき，打撃妨害とボークのダブルペナルティがとられ，3塁走者ホームイン，打者は1塁へ進塁できる。

審判員の守備妨害

ボールデッドとなり走者は戻される。また，ランダウンプレーが始まろうとしていたら審判員はただちにタイムを宣告して，走者をもとの塁（妨害発生時に占有していた塁）へ戻す。

●アピールアウトの例

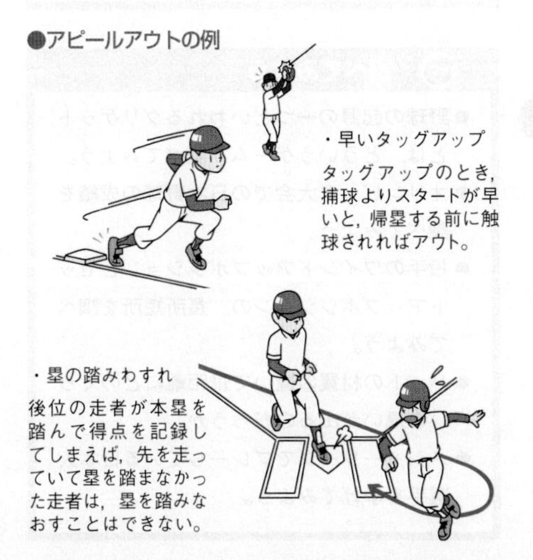

・早いタッグアップ
タッグアップのとき，捕球よりスタートが早いと，帰塁する前に触球されればアウト。

・塁の踏みわすれ
後位の走者が本塁を踏んで得点を記録してしまえば，先を走っていて塁を踏まなかった走者は，塁を踏みなおすことはできない。

ゲームの運営と審判法

審判のやり方

■ゲーム開始前に

1両チームが使用する用具や装具，投手板，区画線のラインなどを点検しておく。

2先攻・後攻が決まっていない場合は，両チームの代表を呼び，トスかジャンケンで決めさせる。また，正副２通の打順表を交換させ，１通は審判員が保管する。

3特別グラウンドルールを取り決める必要があるときは，その協議を行い，確認する。

調べてみよう

- 野球の起源の一つといわれるクリケットとは，どういうゲームか調べてみよう。
- オリンピック大会での日本野球の成績を調べてみよう。
- 投手のワインドアップポジションとセットアップポジションの，長所短所を調べてみよう。
- バットの材質の違いで飛距離にどのくらいの違いが出るのだろうか。
- メジャーリーグでプレーしている日本人選手を挙げてみよう。

SOFTBALL

ソフトボール

【歴史と発展】

1887年，室内のベースボールとしてシカゴで発祥し，冬期のトレーニングとして親しまれていたが，1920年ごろから屋外競技としてとりあげられるようになり，プレーグラウンドボールと改称され，愛好者も急速に増加した。1933年には全米大会が開かれ，ルールも統一され，名称もソフトボールと改められた。

わが国には，1921（大正10）年，大谷武一によって紹介され，終戦とともに急速に普及した。特に1949（昭和24）年，日本ソフトボール協会が設立され，翌年の第5回国民体育大会の競技種目に加えられてからは，発展の一途をたどっている。現在では，国内における各種別の全日本選手権大会をはじめ，日本リーグが行われている一方，国際大会にも日本代表を送り出し，好成績をあげている。わが国における競技人口は，1,000万人以上といわれ，老若男女に親しまれている。

【競技の特性】

❶同人数の2チームが攻撃と守備を交互に行い，攻撃側がボールを打って塁に進み，ホームベース（本塁）に帰るごとに1点とする。この得点を競う競技。

❷1チーム9人の「ファーストピッチ」と，10人（エキストラヒッターを採用する場合は11人）の「スローピッチ」があるが，ここでは「ファーストピッチ」について解説する。

❸大きなボールを細く短いバットで打つため，打球はあまり遠くへ飛ばない。そのため狭い競技場でよく，運動範囲が広くなく，運動量も少ないので，老若男女だれにでも容易にできる。

❹ゲームの性格上，2～3点差では一発逆転の意外性がある。

競技に必要な施設・用具・服装

1 競技場

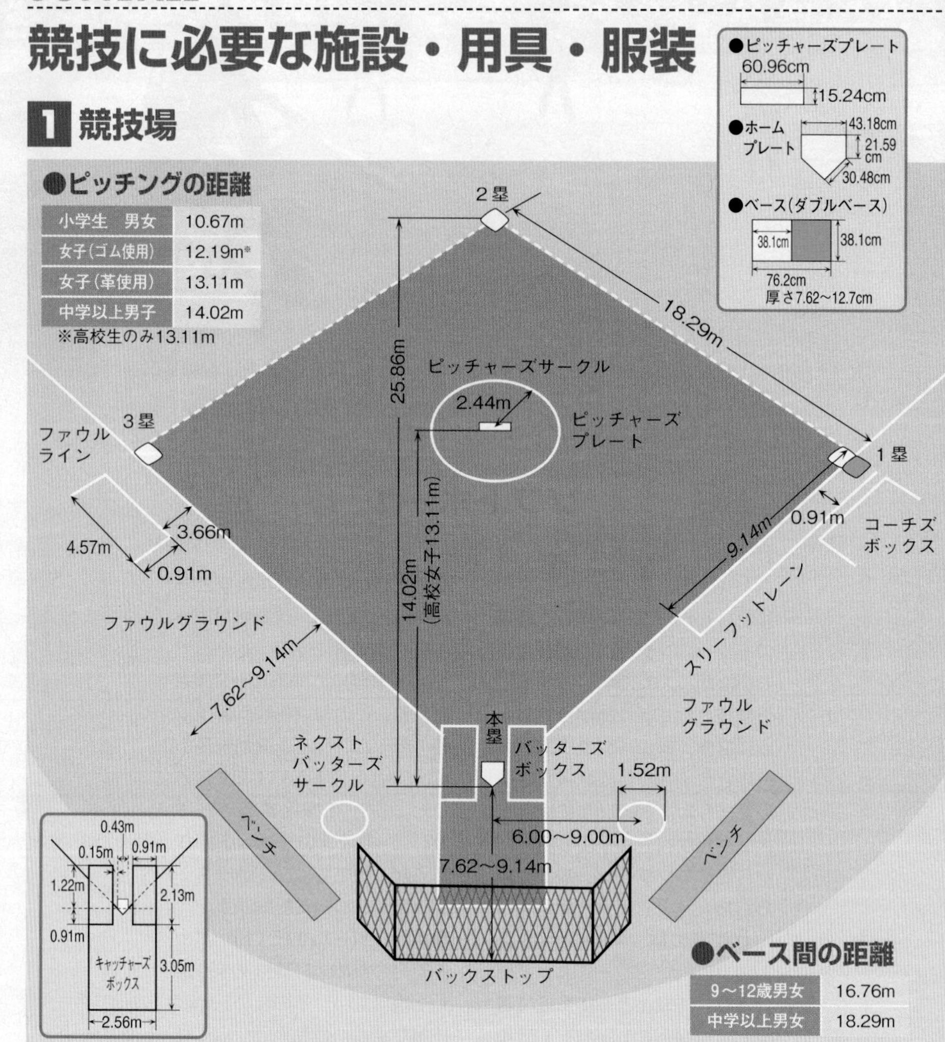

●ピッチングの距離

小学生　男女	10.67m
女子(ゴム使用)	12.19m※
女子(革使用)	13.11m
中学以上男子	14.02m

※高校生のみ13.11m

●ベース間の距離

9～12歳男女	16.76m
中学以上男女	18.29m

●守備位置とプレーヤーの名称

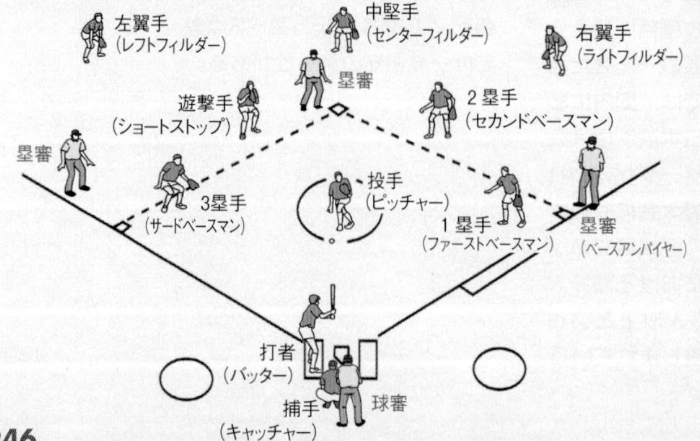

みるポイント

塁間・投捕間が野球に比べ短いため，スピード感あふれるプレーがソフトボールの魅力である。攻防のかけひきを意識してみてみよう。

投げる

・時速100kmを越すスピードボールと上下左右に曲がる変化球をどのように組み合わせ，ホームランバッター，俊足のバッターに対抗しているか。

2 ゲームに必要な道具

●ボール

	周 囲	重 さ
1号	26.38〜27.02cm	136〜146g
2号	28.26〜28.90cm	158〜168g
3号	30.16〜30.80cm	177.19〜198.45g

・日本ソフトボール協会(J.S.A.)の検定マークの入ったものを使用。
・3号ボールは，一般・大学用は革製，高校・中学・家庭婦人用はゴム製。

3号ボール
織り糸で巻く
繊維カポックあるいはコルクとゴムの合成物
ゴム

●グラブ

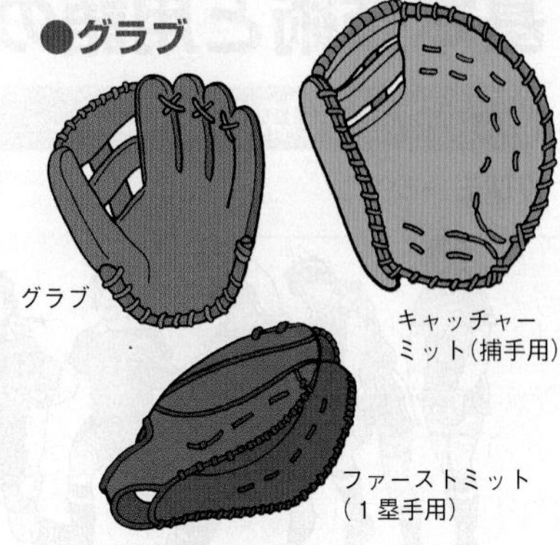

●バット

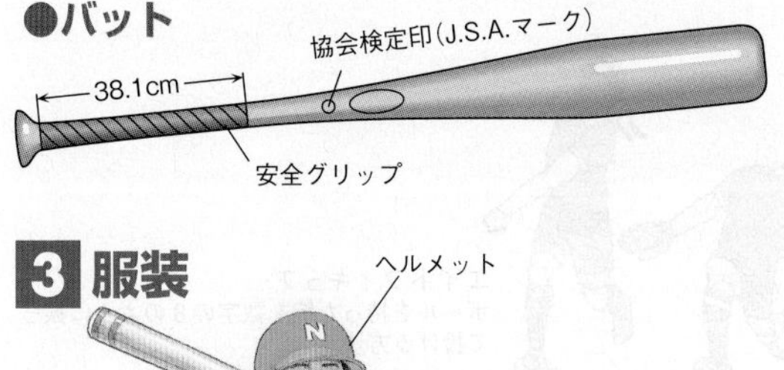

・長さは86.36cm以内
・中学生以上は3号バットを使用。
・日本ソフトボール協会（J.S.A.）の検定のマークの入ったものを使用。
・木材，合板，金属，プラスチック，竹などを材質としたものが使用できる（最近は，カーボン金属製の使用が圧倒的に多い）。

3 服装

・同一チームの監督・コーチ・プレーヤーは，同じユニフォームを着用する。ナンバーは，ユニフォームの背中と胸下につけ，監督は30，コーチは31，32，主将は10，他のプレーヤーは1〜99までの番号とする。
・帽子については，男子は全員同一のものをかぶる。女子は，帽子・バイザー・ヘッドバンドなどは同色・同意匠のものを混用してもよく，無帽でもよい。
・捕手はスロートガード付マスク・捕手用ヘルメット・ボディプロテクター・レガースを着用しなければならない。
・ユニフォームおよび帽子・ヘルメットには，宣伝広告(企業名・商品等)に類するロゴマークを表示することができる。ただし，大きさは「縦50㎜×横120㎜」を超えないもので，ユニフォームは左胸一カ所，右胸一カ所，背面一カ所，左袖二カ所，右袖二カ所，ズボン左右一カ所ずつとし，帽子・バイザー・ヘルメットは左右二カ所ずつである。

ソフトボールの豆知識

グラブの起源は，手の甲側が開いた作業用の皮手袋をはめてプレーしていたものにあるといわれている。最近のグラブは，ポジションごとの守備特性を考慮した設計に加え，捕球時にボールの力が集中する部位を補強し，力の分散がスムーズになるように作られている。

安全チェックリスト

- □「投げる」「打つ」「走る」「捕る」などの動作に必要な身体部位の準備運動を十分に行おう。
- □競技場のグラウンド状態，使用する道具の破損等を確認しよう。
- □バッターは打った後，バットを放り投げないこと。バットを扱うときは，特に周りの人に気をつけよう。
- □フライを捕るときなどは大きな声をかけ合って，他のプレーヤーとの接触を避けよう。

基本技術と用語の解説

投球の技術

●ボールの握り方

●手の大きい人　●手の小さい人

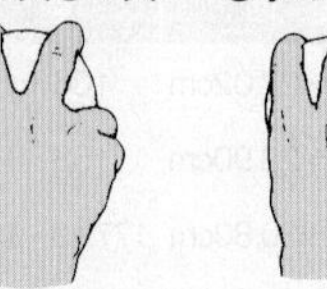

ボールを強く，あるいは深く握りすぎないこと。

投球モーション

ウインドミル
腕を風車のように１回転させて投球する方法

エイトフィギュア
ボールを持った腕を数字の８のように振って投げる方法

スリングショット
パチンコのように腕を速く振って投球する方法

【アピールプレー】 守備側が攻撃側の規則違反を審判に申し出てアウトを主張し，その承認を求める行為。

【インターフェアランス】 攻撃側のプレーヤーまたはチームのメンバーが守備妨害を行うこと。

【イリーガルピッチ】 不正投球のこと。

【インフィールドフライ】 無死または一死で，走者が１・２塁か満塁のとき，内野手が通常の守備をすれば捕球できるフェアフライをいい，球審の宣告によって打者はアウトとなる。

【オブストラクション】 守備側の妨害行為のこと。

【犠牲バント】 自分がアウトになっても塁上の走者を進塁させるため，バットを地面に対して水平に持ち，確実にボールに当ててころがす打ち方。送りバントともいう。

【三振】 打者がストライクを３つとられること。

【死球（デッドボール）】 打者が投球を明らかに打とうとせず，避けようとしたのにボールが身体や衣服に触れた場合。

【四球】 打者がボールを４つ得て１塁へ安全に進塁できること。

【故意四球】 守備側の監督，投手，捕手のいずれかが，球審にその旨を通告すれば，一球も投げることなく１塁へ歩かせることができる。

【指名選手（DP）・守備者（FP）】 DPは打撃専門のプレーヤー，FPは守備専門のプレーヤー。DH（指名打者）制と異なる点はDPはいつでも

送球の技術

オーバーハンドスロー

サイドスロー

Point

送球の種類

送球には，①オーバーハンドスロー(上手投げ)，②サイドスロー(横手投げ)，③アンダーハンドスロー(下手投げ)，①と②の間の④スリークォータースローの4種類がある。

一般的には，遠くに強いボールを投げる場合に上手投げ，すばやいモーションで投げる場合は下手投げ，この中間の状況のときに横手投げ，近距離ではトスが用いられることが多い。

投げ方

ボールは人差し指・中指の2本，または薬指を加えた3本で，手のひらに触れない程度に指で握り，リリースでは，肘を手首より前に出し，肘を支点とした回転運動を利用してボールに力を加える。軸足（右投げの場合は右足）は，内側の部分を目標物に対して平行に入り，踏み出し足はかかとから着地し，つま先は目標物へ向け，身体の回転運動によって生じる力を利用して投げる。

捕球とグラブさばきの技術

●正面

●左

●右

●低目

Point

グラブの中に5本の指をしっかり入れ，胸の前でグラブを構える。膝はやわらかく保つ。

走塁の構えと技術

Point

左右どちらかの足を触塁させた状態で，すばやく走塁を開始できるよう構える。また，進塁時のスライディングには，基本的なソフトスライディングと，野手のタッチを避けるためのフックスライディングがある。

●走塁の構え

FPの守備を兼ねることができ，FPはいつでもDPの打席を兼ねることができること。DPはFP以外のプレーヤーの守備も兼ねることができる。(DP：Designated Player，FP：Flex Player)

【スチール】 盗塁のこと。

【スローピッチソフトボール】 内野手が1人多い1チーム10人制のソフトボール。投手はアンダーハンドモーションで，ボールが高さ1.5m以上3m以下の山なりのコースを通るように投げる。一方，9人制で行うゲームはファーストピッチソフトボールという。

【セーフティバント】 打者が1塁に生きようとして，内野手の虚をついて行うバント。

【セットポジション】投手の投球準備姿勢のこと。

【フィルダースチョイス】 フェアゴロを捕球し，1塁で走者をアウトにできるのに，先行走者をアウトにしようと考えて送球したが結果としてどちらもアウトにできなくなったプレー。

【フライ】打球が打者の頭上より高く上がったもの。相手に直接捕球されると打者はアウトになる。

【ファウルフライ】 フェアグラウンド以外の場所へ打ち上げられたフライ。

【ファウルチップ】 打球が打者の頭上まで上がらず，直接捕手がキャッチした打球をいう。ボールインプレーでストライクとなる。捕球されなければファウルボールになる。

【スクイズ】 3塁走者を本塁に迎え入れるためにバントすること。

ゲームの進め方

1 チームの編成

1 監督1名と9名のプレーヤーの計10名。指名選手（DP）をおく場合は，指名選手1名を加えた11名で編成する。

2 このほかに交代要員としての控え選手がいる。控え選手の人数は大会要項で決まっている。

2 ゲームの開始前に

1 参加申し込み用紙に必要事項，監督，コーチ，スコアラー，選手名簿を記入し，大会本部に提出する。

2 監督会議，主将会議など，ゲーム前に行う会議で決められた事項はチーム全員に必ず徹底させる。これらの会議に出席しないチームは原則として棄権とみなす。

3 試合開始予定時刻の30分前，または前の試合の4回終了時までに打順表に必要事項を記入し，本部に提出する。

4 先攻，後攻の決定は，打順表提出のとき，審判員立ち合いのもと「コイン」のトスにより行う。「コイン」の表裏の選択は先着（打順表持参）チームに優先権が与えられる。

5 組み合わせ番号の若いチームを1塁側とする。ベンチに入る人は要項で定められた人数以内とする。

6 シートノックは後攻チームから先に5分間ずつ行い，終了予告は1分前に行われる。

3 ゲームの開始

1「集合準備」の合図で両チームのプレーヤーはベンチ前に一列横隊に並び，「集合」の号令と同時にかけ足でホームプレートをはさんで一列に向き合って並び，審判の合図であいさつをする。

2 あいさつが終わったら守備チームは守備位置につく。攻撃チームはベンチに入り，先頭打者がバッターズボックスに入る。次打者は安全面を考慮し，打席にいる打者が右打者の場合は3塁側，左打者の場合は1塁側の次打者席（ネクストバッターズサークル）で待機しなければならない。

3 守備チームの投手が5球の投球練習を終えて投手板に両足が触れ，打者が打撃姿勢をとったとき，球審は「プレーボール」の宣告をし，ゲームを開始する。

4 ゲームの進行

■攻撃と守備

1 攻撃では，打順表の順序で1人ずつ相手投手の投球したボールを打つ。攻撃は，打者や走者が3人アウトになるまで続けられる。

2 守備では，打者の打球を捕球したり，走者の進塁を防いだりして相手をアウトにする。

■得点

攻撃側の選手がスリーアウトになる前に，打者や走者が1塁・2塁・3塁・本塁の順序で各塁に正しく触れたとき得点になる。

■イニング（回）

1 各チームが攻撃と守備とを交代に行う試合の1区分をイニングといい，先攻チームの攻撃場面を「表（おもて）」，後攻チームの攻撃場面を「裏（うら）」という。

2 正式試合ではこのイニングを7回続ける。7回終了後に同点か，0対0のときは，得点差がつくまでイニングを続ける。

5 ゲームの成立と勝敗の決定

1 正式試合は7イニングであり，得点の多いチームが勝ちとなる。

2 7イニングを終了した時点で同点もしくは0対0の場合は延長戦に入る。7回が終了しても勝敗が決定しない場合は，次の促進ルール（タイブレークシステム）を適用する。

促進ルール

8回からスタートし，各イニングの表裏とも，攻撃側がその回の第1打者の前位となる打者を無死2塁走者としてプレーを始める。8回以後均等回において，一方のチームが他方のチームより多く得点するまで継続する。

3 なんらかの理由（日没，降雨など）でゲームを続行できないと審判員が判断してゲームを中止したときは，次のようになる。
- ・5イニング目の裏を終了する前に中止した場合は，無効試合（ノーゲーム）となる。ただし，5イニング目の表を終了後，後攻チームの得点合計が多い場合に限ってゲームが成立し，後攻チームが勝者となる。
- ・5イニング終了以後に中止されたゲームは成立する。この場合コールドゲームになり，中止時点で両チーム均等に表・裏を終わっているイニングまでの得点合計で決める。

4 オフィシャルルールでは，3回15点，4回10点，5回以降7点以上の差が生じたときは，7イニング終了前の時点でも得点差コールドゲームとする。

5 5回以上の均等なイニングを終了後に，得点差がつかなかったり，その後のゲーム続行が不可能になった場合は，「引き分け」にする。

6 無効試合か引き分け試合の場合は，一時停止試合(サスペンデッドゲーム)を採用することができる。

■ゲームの没収

次の場合は「没収ゲーム」が宣告され，7対0のスコアーで過失のないチームが勝ちとなる。
- ・チームの遅刻，プレーの継続拒否，ゲームの引き延ばしや故意のルール違反。
- ・審判の退場命令に1分以内に従わない。
- ・プレーヤーが9人，DP制採用では10人より少なくなる。

6 プレーヤーの交代

1 プレーヤーは，試合中ボールデッドのときかプレーが一段落したときは，いつでも控え選手と交代することができる。ただし投手は，最初の打者が打撃を完了するか，攻守交代となるまで投球しなければならない。

2 代わって出場した者は，退いたプレーヤーの打順を受け継ぐ。打順の変更はできない。

3 監督または主将は，交代するプレーヤーの名前，背番号，打順，守備位置などをすみやかに球審に通告しなければならない。

illustrate

●コールドゲームと勝敗の決定例

①

	1	2	3	4	5	6	7	計
A	0	0	2	0	0			2
B	0	0	0	3	中止			3×

コールドゲームでBチームの勝ち。

②

	1	2	3	4	5	6	7	計
A	3	4	2	0	0			9
B	0	0	1	1	0			2

コールドゲーム…大会規定（5イニング以上で7点差）による得点差によってAチームの勝ち。

③

	1	2	3	4	5	6	7	計
A	0	1	0	0	1	0		7
B	0	0	0	3	0			0

没収ゲーム…6回裏B軍の選手がけがにより出場不能となる。選手数が規定より不足し，没収ゲームとなり，A軍の勝ち。

④

	1	2	3	4	5	6	7	計
A	0	2	0	0	0	0	2	2
B	0	0	1	2	0	0	中止	3

コールドゲーム…均等回の攻撃が終了していないので，6回までの得点合計でB軍の勝ち。

⑤

	1	2	3	4	5	6	7	計
A	2	0	0	0	0	中止		2
B	1	0	1	0	0	中止		2

引き分け

⑥

	1	2	3	4	5	6	7	計
A	0	0	2	0	0			
B	0	0	1	0	中止			

ノーゲーム…5回均等回の攻撃が終了していない。

4 代わって出場したプレーヤーは，発表がなくても，次のときから試合に出場したものとみなされる。
- 投手の場合……ピッチャーズプレートに立ったとき。
- 打者の場合……バッターズボックスに入ったとき。
- 走者の場合……前の走者が占有していた塁上に立ったとき。
- 野手の場合……退いた野手の守備位置についたとき。

5 先発メンバーは，ゲームから退いても一度にかぎり，再び選手として出場できる（リエントリールール）。この場合，どの守備位置についてもよいが，自分のもとの打順を受け継いだ選手との交代を条件とする。

6 投手・捕手が塁上の走者となっていて二死となったとき，あるいは二死後，投手・捕手が出塁し走者となったとき代わりにテンポラリーランナー（投手・捕手の代わりに走者となる選手）と交代させることができる（攻撃側チームの選択）。テンポラリーランナーは，塁上の走者以外のプレーヤーで，打順が最後に回ってくる者とする。

ゲームの主なルール

1 投手の規定

■投球準備動作

1 投手は打者に対して投球するときは，次の姿勢をとらなければならない。
- 軸足をピッチャーズプレートに触れておく。
- 両腰は１塁と３塁を結ぶ線に合わせる。
- 体の前または横で両手でボールを持つ。

2 この姿勢で投球動作を始めるまで２秒以上５秒以内完全に静止しなければならない。

3 捕手のサインを見るときはプレート上で両手を離して，グラブあるいは投球する手にボールを持たなければならない。

4 投球姿勢をとったあと，ピッチャーズプレートに足を触れたまま塁に送球することはできない。投球姿勢を解くことができるのは次の場合である。このとき両足をプレートの後ろにはずさなければならない。
- 離塁中の走者をアウトにするための動作を起こすとき。
- 打者がバッターズボックスをはずしたとき。

illustrate

●投球とセットポジション

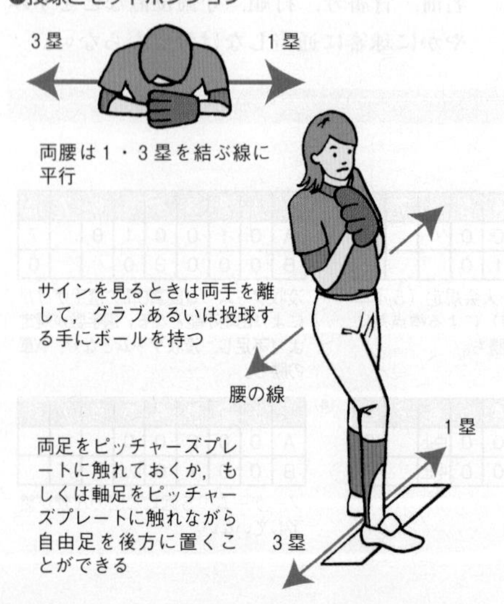

●正しい投球と不正投球

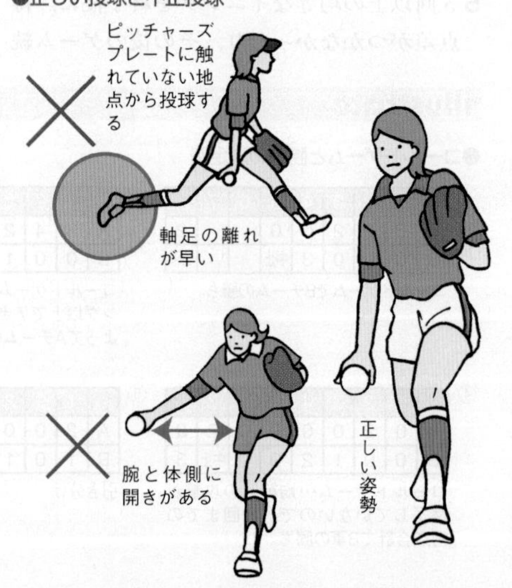

・アピールプレーが生じたとき。
・突発的事情で，ただちに投球ができなくなったと審判員が認めたとき。

■投球動作

1投球は投手の片手がボールから離れたとき，または投手がワインドアップのための動作を起こしたときに始まり，前方にステップして，打者へ投球する。

2この際ステップは1歩だけ許され，軸足が投手板から蹴り出していれば，跳んで，着地し，一連の動作の中で投球してもよい。

3投球モーションには，ウインドミル，エイトフィギュア，スリングショットの3通りの型がある。いずれを用いてもよいが，違う投球モーションを組み合わせてはいけない。

■投球

1投球は，アンダーハンドモーション（下手投げ）で，しかも次の条件が必要である。
・手と手首が体の体側線を通る以前にボールを離してはいけない。
・ボールを離すとき，手は腰よりも下で，手首は肘よりも体から遠くならないこと。

2投手は球審がプレーを指示した後，またはボールを受けとったら20秒以内に次の投球をしなければならない（20秒ルール）。ただし，ボールデッドの後や，打者交代のとき，あるいは打者がやむをえず打撃姿勢を解いたと球審が判断したときを除く。20秒ルールに違反しても，不正投球にはならないが，20秒ごとにワンボールが加算される。

■投手の使用禁止事項

1ボールを投球する側の手にロジン（松やに）以外のものをつけてはならない。

2投球する側の手首，腕，指にバンドや腕輪，テープなどをつけてはならない。

■不正投球（イリーガルピッチ）の罰則

投球規定に違反すると不正投球となる。不正投球が宣告されるとボールデッドとなり，打者にはワンボールが与えられ，走者はワンベース進塁できる。

■無効投球（ノーピッチ）

次の場合は無効投球となる。
・ボールデッドの間に投手が投球したとき。
・打者が打撃姿勢をとる前に投げたとき。
・離塁反則でアウトを宣告されたとき。
・ファウルボールが宣告されてボールデッドになった後，走者がもとの塁に戻る前に

●プレートの踏み方

両足をプレートに触れておくか，もしくは軸足をプレートに触れながら自由足を後方に置くことができる。

●足の踏み出し方

踏み出す足はプレートの幅の延長線内でなければならない。

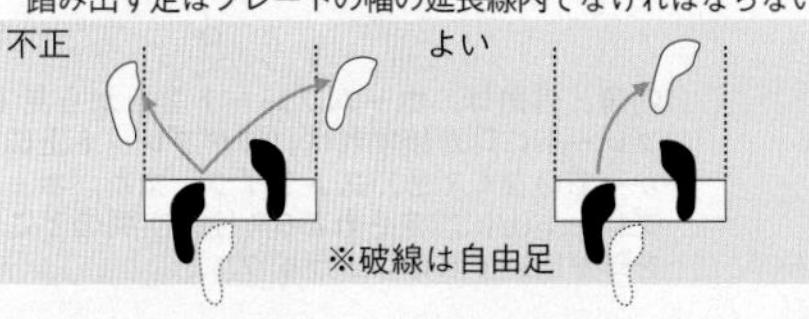

●変化球の投げ方

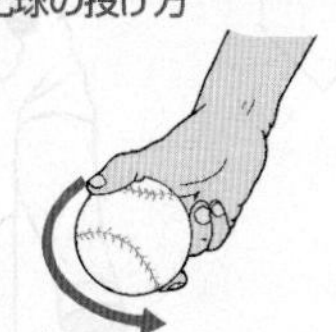

●カーブ
手首を思いきり立て，指先が上を向くような気持ちでボールをひねり，右から左に回転させる。

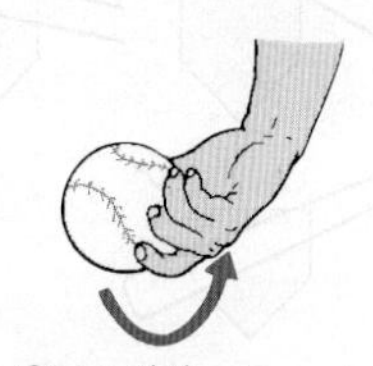

●ライズボール
下から上に回転させる。手首を真横に出し，ボールを下からすくうようなつもりで上向きの回転を与える。

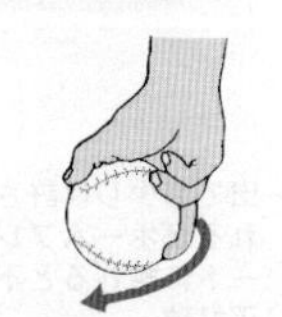

●シュート
左から右へ回転がつくように手首を左から右へひねる。

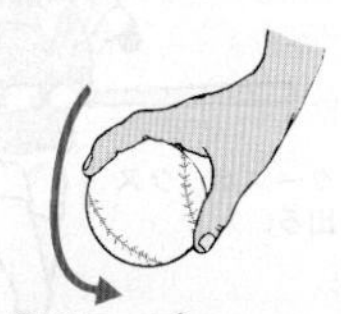

●ドロップ
手のひらを下向きにして腰からかぶせるようにして，回転を与える。

投手が投球したとき。
・ボールインプレー中に，監督，プレーヤーが“タイム”と叫んだり，なんらかの野次や行為で不正投球をさせようとしたとき。

2 打者の規定

■打撃規定

1 打者はバッターズボックス内で構える。
2 ボールを打つとき，両足または片足全部をバッターズボックス外に踏み出してはならない。一部なら許されるが，そのときホームプレートに触れた場合は不正打球となる。
3 投手が投球姿勢に入ってから，バッターズボックスを変更してはならない（**2**と同じ処置）。
4 規定外のバットを使用してはならない（**2**と同じ処置）。
5 主審が“プレーボール”を宣告したのち，10秒以内に打撃姿勢をとらなければならない（ボールデッドで打者はアウト）。
6 打者は，バッターズボックスの内外で，捕手の送球や守備動作を妨害してはならない（**2**と同じ処置）。ただし次の場合は，走者はアウトで，打者の妨害を無視する。
・盗塁を試みた走者がアウトになったとき。
・無死または一死で，３塁にいた走者が，本塁付近で打者による守備妨害があったためにアウトになったとき（この場合の投球のみカウントに数えないで打撃を継続する）。

■打順

1 打者は打順表の順序で打たなければならない。交代した場合は，退いた者の打順に入る。
2 打順の間違いは守備側のアピールプレーであり，アピールが行われ，間違いが発見された場合は次のような処置がとられる。
・打席に入っている間に間違いが発見された場合→正しい打順の打者（正位打者）

illustrate

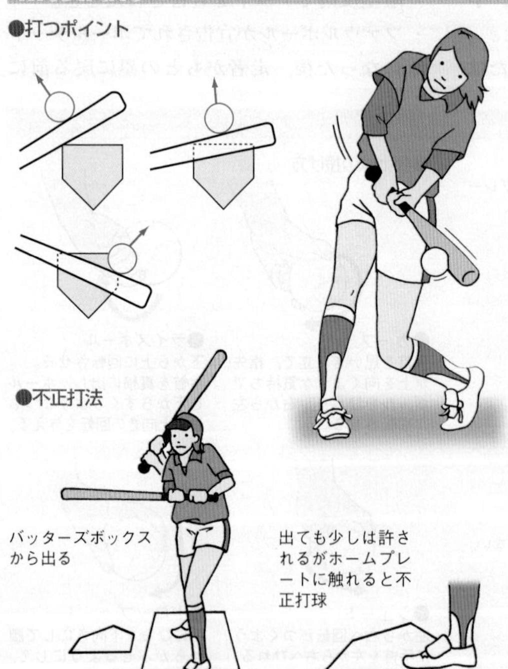

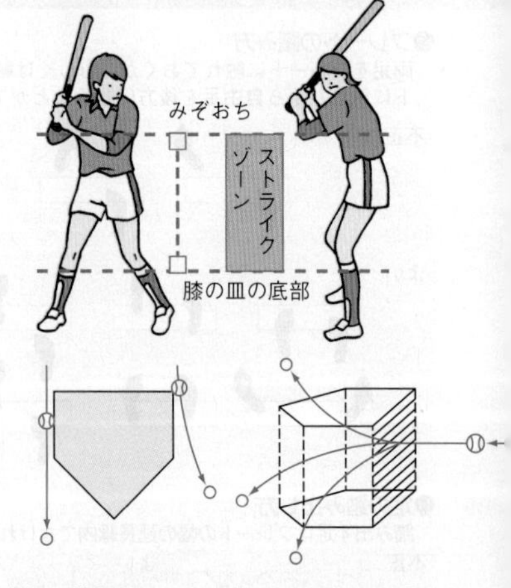

と交代し，カウントはそのまま受け継ぐ。この間のプレーはすべて認められる。
・間違いの打者が打撃を完了したのち，他の打者に投球される前に間違いが発見された場合→正位打者はアウトになり，この間のプレーはすべて無効となる。
・次打者の最初の投球がなされてしまったら，不正位打者の打撃はすべて有効となる。

■ストライクの判定になる場合

合法的な投球のうち，次の場合はストライクが宣告される。
・投球がグラウンドにバウンドせずストライクゾーンを通過したとき。
・投球を打者が空振りしたとき。
・投球がファウルチップになったとき。
・ファウルフライが捕えられなかったとき。
・投球が空振りされ，打者の体に接触したとき。
・バッターズボックスにいる打者に，打球が当たったとき。
・投球がストライクゾーンで打者に当たったとき。
・球審がプレーを指示したのち，10秒以内に打者席に入らなかったとき。

■ボールの判定になる場合

・投球がストライクゾーンを通過しないか，ホームプレートに達する前にグラウンドに触れ，バッターが振らなかったとき。
・不正投球（イリーガルピッチ）されたとき。
・投手が20秒以内に投球しなかったとき。
・準備投球が規定数を超過したとき。
・捕手が，塁上に走者がいないのに，投手以外のプレーヤーに送球したとき。

■打者がアウトになる場合

・第３ストライクが打者の体に触れたとき。
・不正バットの使用が発見されたとき。
・変造バットの使用が発見されたとき。
・フライボールが捕球されたとき。

●投手の自動的交代

監督かこれに代わるメンバーが，ベンチから出て投手と打ち合わせができるのは1イニング中1回だけで，2回目に投手のところへ行くと,その投手は自動的に交代しなければならない。

●準備投球

投手は各イニングのはじめ，または他の投手と交代して登板したときは，１分間を限度として５球以内の準備投球をすることができる。この間プレーは中断される。

●フェアボールとファウルボール

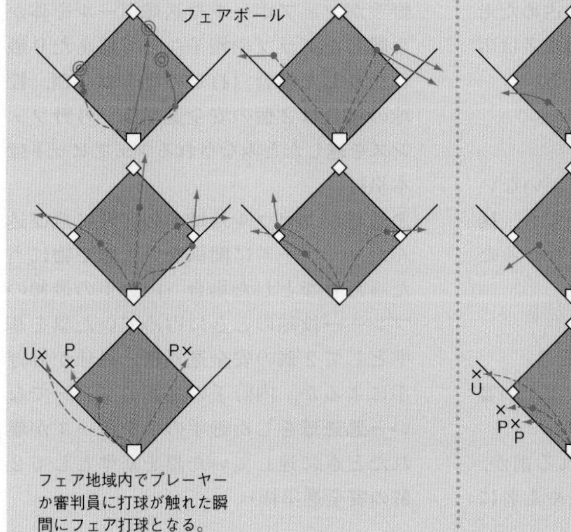

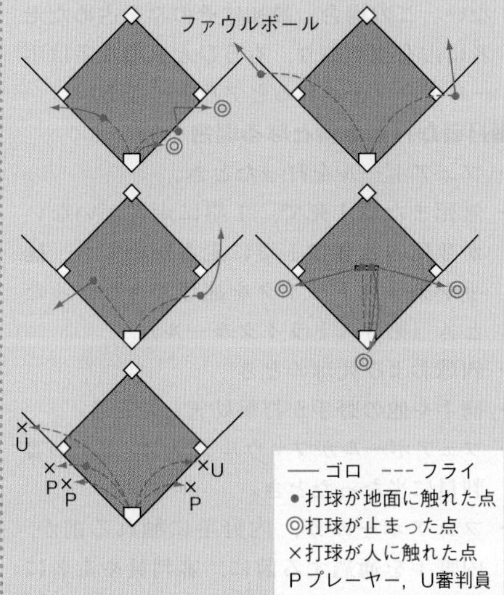

・インフィールドフライが宣告されたとき(p.248をみよう)。
・無死または1死で，走者1塁または1・2塁，1・3塁，満塁の場合で，野手が飛球を故意に落球したとき（打者がアウトになり，各走者はもとの塁に戻る)。
・守備妨害をしたとき。
・第3ストライクが捕手に捕球されたとき。
・無死または1死で走者1塁のときに第3ストライクが宣告されたとき。
・2ストライク後バントした打球がファウルボールになったとき。
・打者が片足でも完全にバッターズボックスの外に踏み出したり，本塁に触れたりして打ったとき。
・打者がバットを手から離して打ったとき。

3 走者の規定

■走塁の順序

走者は，1・2・3・本塁の順にベースに触れ，もとのベースに戻る場合は，反対の順序に触れなければならない。

■塁の移動と占有権

1 塁が所定の位置から移動していた場合は，規定の場所を踏むか触れておけばよい。
2 2人の走者が同時に同じ塁を占めてはならない。この場合，最初にその塁を占めた走者に占有権があり，もうひとりの走者はボールでタッチされるとアウトになる。

■打者が打者走者となる場合

・フェアボールを打ったとき。
・無死または1死で，1塁に走者がいないか2死のときは1塁に走者がいても，捕手が第3ストライクを捕球できなかったとき（第3ストライクルール)。
・四球および死球のとき。
・捕手や他の野手が打撃妨害したとき。
・フェアボールがファウルグラウンド上の審判員に当たったとき。
・フェアボールが，内野手に触れる前か，内野手を通過する前に，審判員や走者に当たったとき。

■走者の進塁権（走塁して進塁できる場合）

・投球で投手の手からボールが離れたとき。
・走者をアウトにしようとして投げたボールが悪送球となったとき。
・フェアボールが打たれ，直接捕球されなかったとき。
・フライボール（ライナーも含む）が捕球されたあと。
・フェアボールが投手以外の内野手を通過したあと，または内野手に触れたあと，審判員や走者に当たったとき。

■走者の安全進塁権（進塁できる場合）

・バッターが四球を与えられ，塁を空けざるを得なかった場合（1個の安全進塁権)。
・走塁妨害があった場合（1個の安全進塁権)。
・暴投やパスボールが，バックネットの下に入ったり，越えたり，くぐり抜けたり，はさまったりしたとき（1個の安全進塁権)。
・次の理由で打者が塁を与えられ，塁を空けざるを得なかった場合（1個の安全進塁権)。
　―死球のとき。
　―打撃妨害されたとき。
・不正投球がなされたとき(1個の安全進塁権)。
・野手がフェアボールや送球ボールを体から離したグラブや帽子などで捕えたり触れたりした場合（打球の場合は3個，投球の場合は2個の安全進塁権。外野フェンスを越したとみなされるフェアヒットは本塁打)。
・悪送球がファウル地域の観客席に飛び込んだり，ゲームに関係ない人間や物に当たったりなどした場合（内野手の最初のプレー→投球のときに占めていた塁を基準として2個の安全進塁権。送球が外野手によるか，内野手の最初のプレーでない→悪送球をした野手の手をボールが離れたときに達していた塁を基準として2個の安全進塁権)。

■走者が元の塁に戻される場合

・ファウルボールのとき。
・不正打球（イリガリーバッテッドボール）のとき。
・打者や走者が守備妨害でアウトを宣告されたとき。
・捕手の送球を球審が妨害したとき。
・空振りしたボールが打者に触れたとき。
・死球のとき。
・故意落球が宣せられたとき。

■打者走者がアウトになる場合

・捕手が第３ストライクを落とし，打者走者が１塁に達する前に，ボールタッチされたり，ボールが１塁で野手に保持されたとき。
・フェアボールを打った打者走者が，１塁に達する前にボールタッチされた場合。
・フェアボールを打ったあと，打者走者が１塁へ達する前に，野手がその塁上に体の一部を触れながら，ボールを確実に保持した場合。
・フライを捕球されたとき。
・１塁に達する前に，野手のタッチをさけようと本塁の方向に後ずさりしたとき。
・スリーフットラインの外を走り送球処理の妨害をしたとき。
・野手の守備や送球を妨害したとき。
・明らかにアウトになるような本塁上のプレーを妨害したとき（本塁に向かってきた走者もアウトになる）。
・打者走者の持っているバットや体に，打球がフェア地域で当たったとき。
・インフィールドフライが宣告されたとき。
・進塁を放棄したとき。
・ダブルベースの白色部分のみに触れて通過したとき。

■走者がアウトになる場合

・タッチプレーをさけるため，塁間を結ぶ線から３フィート以上離れて走ったとき。
・離塁中にボールでタッチされたとき。
・フォースプレーのとき，進塁すべき塁に達する前に野手がその塁上でボールを保持するか，ボールでタッチされたとき。
・前位走者を追い越したとき。
・フライが捕球される前に離塁していた走者が，塁に戻る前に野手がその塁上でボールを保持するか，ボールでタッチされたとき。
・１塁を走り越し２塁に走ろうとしてボールでタッチされた場合。
・走者が守備妨害をしたとき。
・離塁中フェアの打球に触れたとき。
・野手の処理しそこなったボールを故意に蹴ったとき。
・攻撃側のメンバーが走者の体に触れ，走塁を助けたとき。
・走者が逆送して守備側を混乱させたり，ゲームを侮辱したとき。
・コーチが送球を故意に妨害したとき。
・離塁反則があったとき。
・故意に落球をねらって野手に激突したとき。
・プレー進行中に故意にヘルメットを脱いだり，手に持って走ったとき。

簡易ゲームを楽しんでみよう

四角ベース［8(7)名対8(7)名のゲーム］

◎打者に打たせるために投手と捕手は攻撃側の選手が行う。
・攻守8(7)名ずつに分かれる。
・攻守は3アウトで交代する。
・フェアボールのときは，打者は1塁に走る。
・1塁に出た走者は，2塁→3塁→本塁と走ると1点となる。
・ルールはスローピッチを採用する。

ゲームの運営と審判法

1 試合の運営

試合の運営は，審判によって行われる。ソフトボールの普及・発展にともない，自らのプレーを楽しむだけでなく，プレーを観て楽しむという要素が重視されるようになってきた。それと同時に，審判の試合進行の技量が問われることが多くなっている。そこで審判は，遅延行為を防ぐためのルールを正確に理解し，適切に指導・警告・ペナルティの適用を行うことが大切である。

2 審判のやり方

審判の役割は，競技者がルールを守って正しいプレーをしているかどうかを正確・公平に判断することにある。よって，インプレー中は絶対にボールから目を離さず，プレーを見るのにもっともよい位置に体を動かして判定し，大きなジェスチャーとコールで宣告する。

調べてみよう

- オリンピックでの日本チームの活躍を調べてみよう。
- ソフトボールの盛んな国にはどこがあるだろうか？
- 左バッターが非常に多いのはなぜだろうか？
- ピッチャーの変化球の投げ方を調べてみよう。
- 1塁ベースが2つある。それはどうしてだろうか？
- スローピッチについて調べてみよう。
- 試合場の大きさを野球と比べてみよう。
- バットを野球のそれと比べて違いを調べてみよう。

3 審判員のジェスチャー

●球審のシグナル

●塁審のシグナル

※ボールは，腕によるシグナルは用いない。

JUDO
柔道

【歴史と発展】

現在世界各国で行われている柔道は，嘉納治五郎が1882（明治15）年に東京・下谷北稲荷町にある永昌寺の書院を道場として指導を開始したのが始まりである。嘉納は，日本古来の柔術を学び，各流派の長所を集め，さらに創意工夫をこらし講道館柔道とした。その目的は，攻撃・防御の練習によって身体や精神を鍛練修養し，柔道の本質「精力善用・自他共栄」を体得することであり，それによって自己を完成し，社会に役立つ人間を形成することにあるとした。

学校における柔道は，1931（昭和6）年正課必修となるまでに発展したが，終戦とともに禁止された。しかし，1949（昭和24）年全日本柔道連盟が結成されるとともに，翌年には復活し，1958（昭和33）年には選択必修となり，1989（平成元）年，格技柔道から武道柔道として改訂された。

戦後の海外への普及はめざましく，1951（昭和26）年には国際柔道連盟が発足し，1964（昭和39）年の第18回オリンピック東京大会では男子の正式競技となった。さらに1992（平成4）年の第25回バルセロナ大会では女子も正式種目となり，今日では名実ともに世界の柔道として発展している。

【競技の特性】

❶わが国固有の文化としての伝統的な行動の仕方が重視される運動で，基本動作や基本となる技を用いて攻防が展開できることをねらいとしている。

❷柔道衣を着けた2人が畳の上で互いに組み合い，投げ技，固め技を用いて勝敗を競う。

❸単に技の競い合いだけでなく，礼儀，敢闘，公正，不屈，遵法などの精神面が強調される。

❹試合には，無差別，体重別，段位別，学年別など種々の方法があり，また団体戦（点取り・勝ち抜き試合）と個人戦がある。

試合に必要な施設・用具・服装

1 試合場

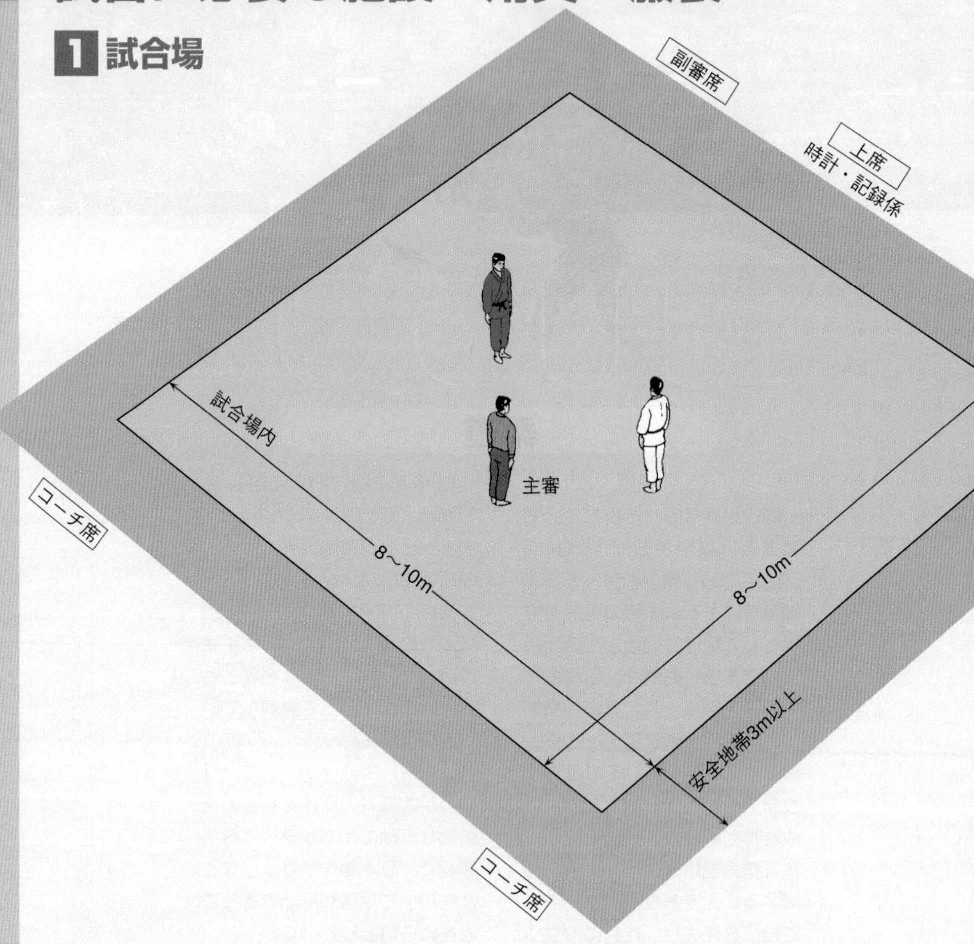

オリンピックや世界選手権大会などの国際柔道連盟（International Judo Federation：IJF）関係の大会では，試合場内の大きさは10×10mとする。

副審２名は所定の位置に座り，ケアシステムを使用し，主審に無線機を通じて助言する。

2 試合に必要な用具・服装

●得点表示板

JPN	1
USA	
0：00	

例：指導の累積は技の効果にはならず，１回の技あり（Y）により白の勝ちとなる。

●時計

・試合時間用…１個　・抑え込み用…２個
・予備…………１個

●旗

・黄色……試合中断時間用
・緑色……「抑え込み」時間用

試合の際は次の条件に合った柔道衣を着用する。

●上衣

- 大腿部を覆う十分な長さがあり，膝から10cm以上あること。
- 襟の幅は4cm，厚さは1cm以内であること。
- 左襟が右襟の上を交差するように着用し，胸郭の最下端で20cm以上の重なりがあること。
- 袖の長さは腕を伸ばして水平にあげたとき，手首までを覆っていること。
- 袖の空きは，腕と袖との間が10～15cmであること（柔道衣測定器全体がスムーズに入る）。

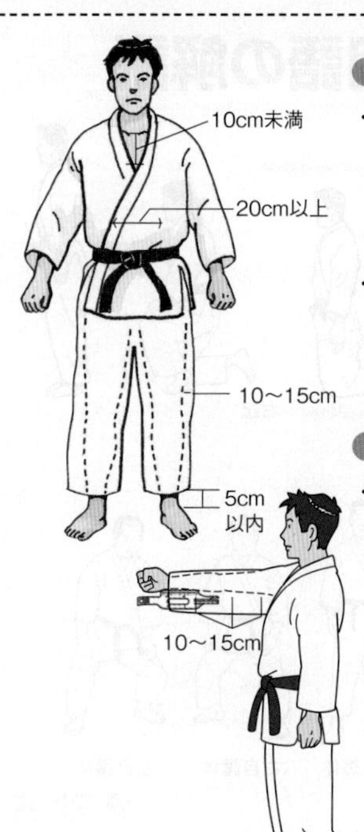

●下ばき（ズボン）

- 両足を覆う十分な長さがあり，最長で足首の関節まで，最短で足首の関節から5cm以内であること。
- 下ばきの空きは膝のところで下ばきと脚との間が10～15cmであること。

●帯

- 腰の高さで上衣の上から2回りするように結んだとき，結び目から帯の両端までの長さが，20～30cmの長さのもの。

女子は上衣の下に十分な長さの半袖，白色，無地のTシャツまたはレオタード（丸首）を着用する。

柔道衣の着方と帯の結び方

❶着方

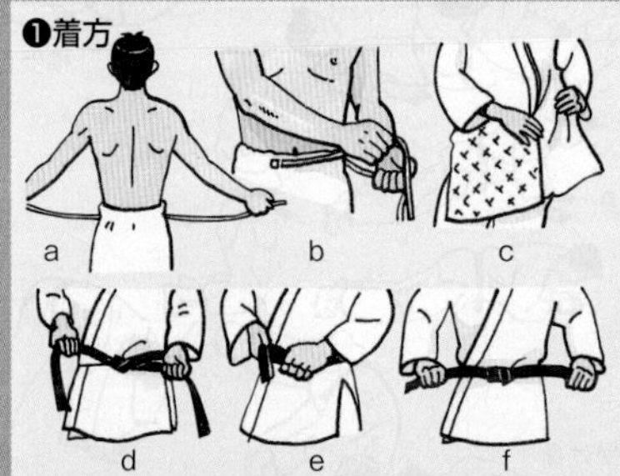

❷たたみ方
上衣に下穿（したばき）をのせる。

内側に　帯でしばる

❸扱い方
柔道衣は，常に清潔に保つこと。汗のついた柔道衣は，洗濯して乾かしてから使用する。柔道衣の持ち運びは，たたんでバッグ等に入れ，むき出しで持ち歩かないこと。

❹帯の色
初段未満―白，初段～5段―黒，6段～8段―紅白のだんだら，9段～10段―赤（段位には，初段から10段までがある。14歳で初段，その後，半年以上の修業年限で2段が，昇段制度の年齢基準となっている）。

みるポイント

「ランキング制の導入」
2012年ロンドン五輪からランキング制が導入された。世界選手権などの国際大会の結果に応じたポイントが加算され，男女とも上位18位に入らなければ五輪への出場資格は得られない。ランキング内に同じ国の選手が複数含まれる場合，選考はその国にゆだねられる。選手はポイントを得るために各種の国際大会を転戦しなければならず，五輪本番のみならず，直前の2年前から厳しい戦いが繰り広げられているのである。

安全チェックリスト

練習や試合の前には次の項目について確認する。

- □柔道衣は乾燥して清潔か？
- □頭髪は練習や試合の妨げにならないか？
  長いものはゴム製のもので束ねてあるか？
- □手足の爪は短く切ってあるか？
- □当日の健康状態は良好か？
- □練習場所の環境は安全に配慮されているか？
- □換気は十分に行われているか？
- □照明は適度な明るさを保っているか？
- □周囲に危険なものはないか？（机，椅子など）
- □試合者の個人的衛生状態が保たれているか？

基本技術と用語の解説

●礼法

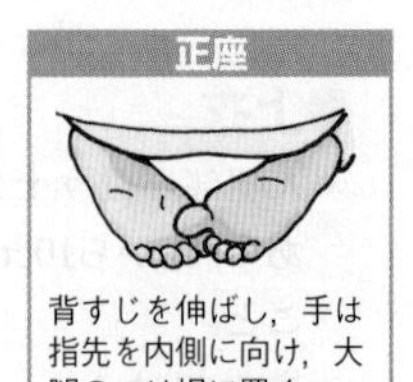

背すじを伸ばし，手は指先を内側に向け，大腿のつけ根に置く。

●姿勢と組み方

●崩しと体さばき

相手の重心を移動させることによりバランスを崩し，投げやすい状態を作る。

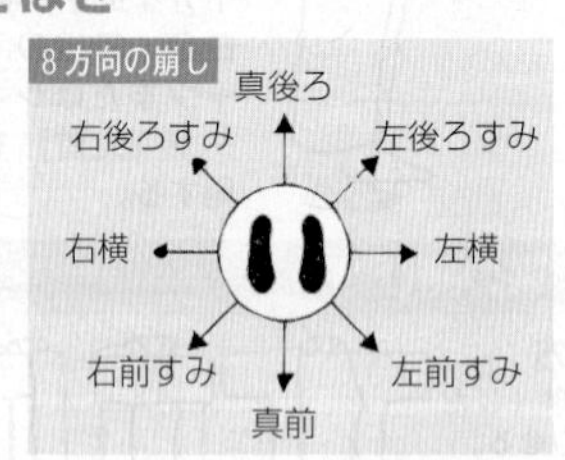

後ろさばきから前へ崩す

前さばきから後ろへ崩す

●受け身

全身の筋肉を適度に緊張させ，投げられたときの衝撃から身体を護る技術。

●進退動作

進退動作には歩き方として，「継ぎ足」「歩み足」がある。その際，足の裏で畳をする「すり足」を用いる。

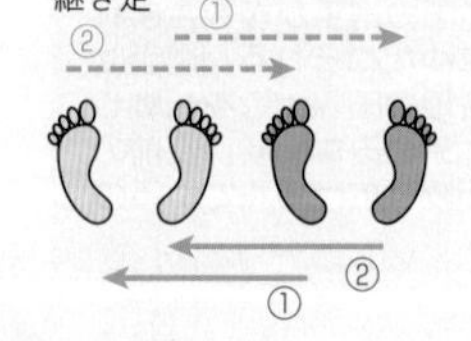

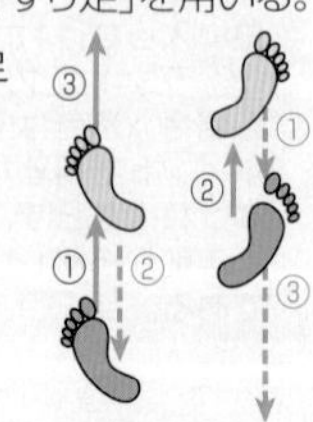

●投げ技

支え技系　支え釣り込み足

Point 左足で，相手の右足を支え，そこを支点にして大きく前に回して投げる。

まわし技系

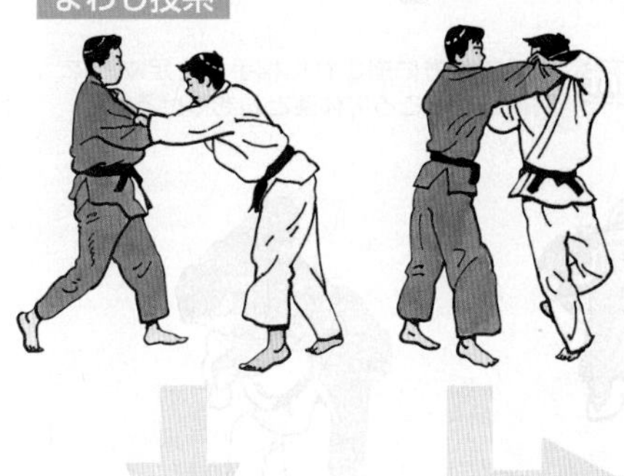

背負い投げ

Point 体を回しながら右肘を相手の脇に入れ，腰に乗せて投げる。

体落とし

Point 右膝のバネを利用し，相手を右前隅に引き落とす。

払い技系　送り足払い

Point 横に移動しながら，相手の足が揃う瞬間を払う。

刈り技系　大外刈り

Point 相手の重心を右足かかとに移動させ，後方に崩し刈って倒す。

払い腰

Point 右脚を伸ばし，相手の右膝前面を払い上げる。

内股

Point 右脚を伸ばし，右大腿部後部で相手の大腿部内側を跳ね上げる。

反則の例

頭から突っ込むと，反則負けとなる。

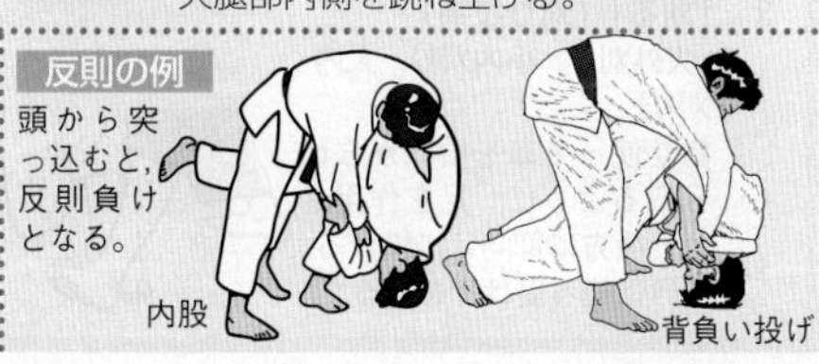

投げ技の連絡

大内刈り → 背負い投げ

Point 相手を大内刈りで後方に崩し，前へ戻るところに背負い投げを掛ける。

内股 → 体落とし

Point 内股で前方に崩された相手が片足立ちで防御したところに体落としを掛ける。

足技のテクニック

1.「支える」（支え技系）
（膝車，支え釣り込み足）
前に出る相手の足の動きを止め，そこを支点に，前に回して投げる。受けは前回り受け身を取る。

2.「払う」（払い技系）
（送り足払い，出足払い）
相手の足を外側から横に払って投げる。受けは横受け身を取る。

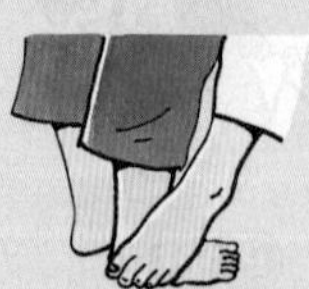

3.「刈る」（刈り技系）
（大外刈り，小内刈り，大内刈り）
鎌を使って草を根元から切り取るように，足を作用させ，後方に仰向けに投げる。受けは後ろ受け身を取る。

足の使い方における反則例

・払い腰などを掛けた相手の軸足を内側から刈る

・河津掛け（かわづがけ）を掛ける

※どちらも「反則負け」に該当する重大な反則である。

●固め技：抑え技

抑え込みの成立条件

①抑えている試合者が，相手の背中が畳についている状態で横側，頭上，身体の上から制している。

②抑えている試合者が脚，体を制せられていない。

③「袈裟（けさ）」，「四方」または「裏」の体勢で相手の上半身に圧力をかけている。

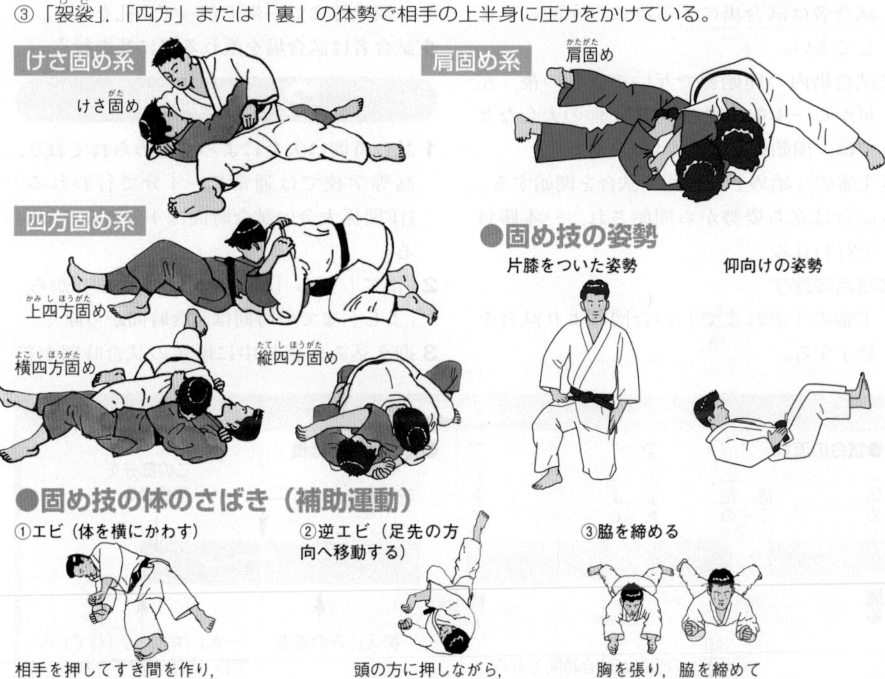

●固め技の体のさばき（補助運動）

①エビ（体を横にかわす）

相手を押してすき間を作り，足を入れて逃れる。

②逆エビ（足先の方向へ移動する）

頭の方に押しながら，体をひねって逃れる。

③脇を締める

胸を張り，脇を締めて抑え込む。

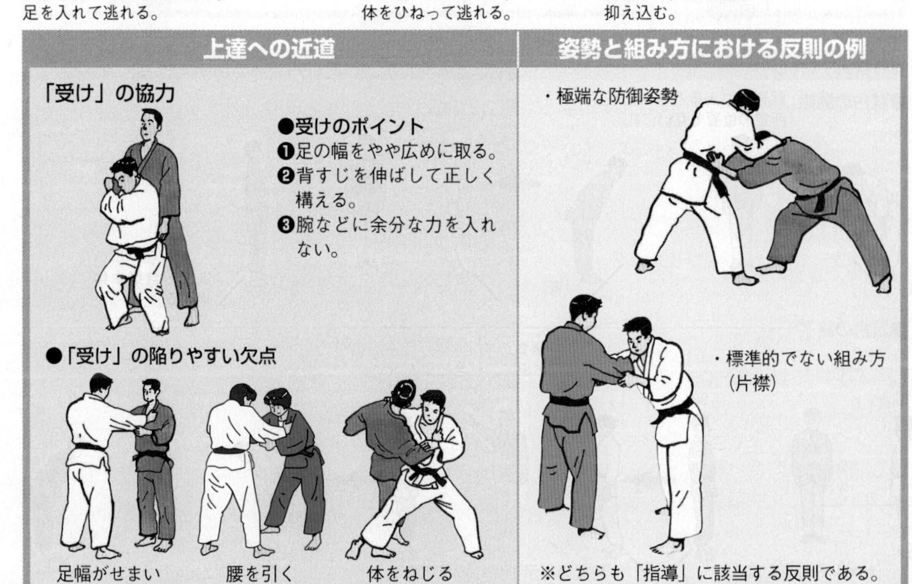

試合の進め方とルール（国際柔道連盟試合審判規定）

1　試合の進め方

■試合の開始

1 試合者は試合場に入る際に自主的に礼をしてよい。

2 試合場内の開始線で互いの立礼の後，左足から一歩前に出る（IJF主催の大会などでは，開始線を設けない）。

3 主審の「始め」の合図で試合を開始する。

4 試合は立ち姿勢から開始され，一本勝負で行われる。

■試合の終了

1 主審の「それまで」の合図により試合を終了する。

2 試合者は開始時の位置に戻る。

3 主審が試合の結果を示した後に，試合者は開始線まで一歩下がって立礼をする。

4 試合者は試合場を離れる際に礼を行う。

2　試合時間

1 試合時間は大会によって定められており，高等学校では通常３～４分で行われる。IJF関係大会の試合時間は４分となっている。

2「待て」から「始め」，「そのまま」から「よし」までの時間は試合時間から除く。

3 抑え込みの継続中に所定の試合時間が終

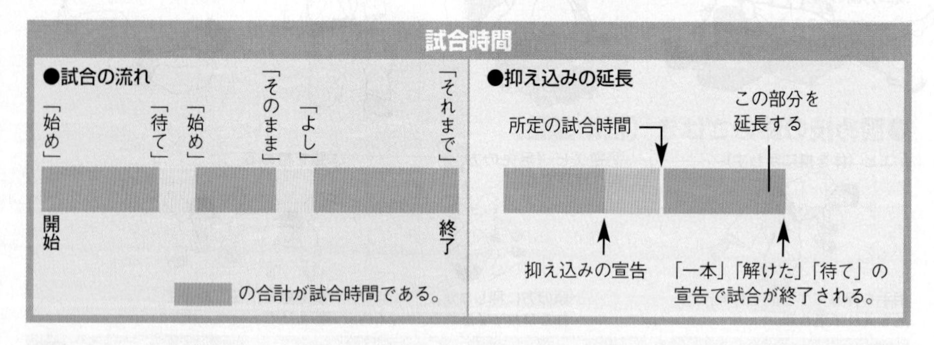

illustrate

●試合の開始　試合場に入るときに礼をし，所定の位置で互いに礼。

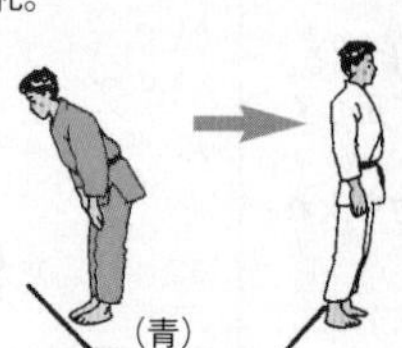

左足から一歩前に進んで自然本体に構える。

※正面に向かって白は右側，青は左側

●試合の終了

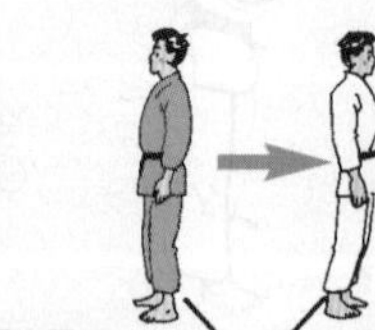

「始め」の位置に戻る。

勝負の判定
主審は一歩前に出て，試合結果を示す。

勝者の指示を受ける。その後，右足から一歩下がる。

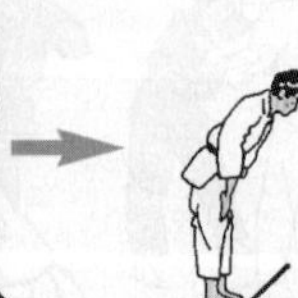

互いに立礼を行う。
試合場を出るときに礼をして退場。

了した場合，抑え込みの決着がつくまで試合時間が延長される。

4 試合終了の合図と同時に技がかけられ，瞬間に決まった技は評価対象とする。

3 試合の中断と再開

・両試合者が完全に試合場外に出たとき。

・試合者の一方または双方が負傷または発病したとき。

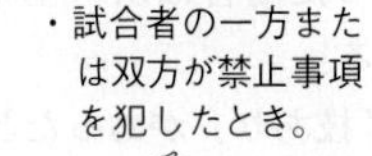

・寝技において明らかに進展がないとき。

・試合者の一方または双方が禁止事項を犯したとき。

・試合者の一方が立ち姿勢のまま，あるいは寝技から立ち姿勢に移った際，畳に背をつけて脚を立ち姿勢の試合者の身体に巻き付けている相手を畳から引き上げたとき。

・一方の試合者が相手に背中から絡みつかれ，うつ伏せの状態から半分立ち上がる，もしくは立ち上がり畳から両手が離れ相手に制御されていないとき。

・試合者の一方または双方に柔道衣の乱れを直させるとき。

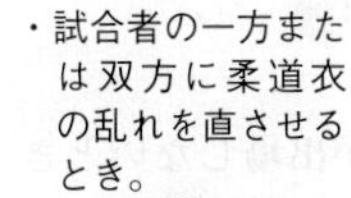

・試合者が，立ち技において関節技もしくは絞め技を施したとき。
・暴力的な行為や柔道に基づかない技をしかけようとしたとき。
・絞め技，もしくは関節技において取が受の脚を伸展させたとき。
・その他，主審が必要と認めたとき。

1 主審は次の場合に試合を中断するため「待て」と宣告する。試合を再開するときは「始め」と宣告する。

2 試合者の位置を変えることなく試合を一時止めたいと思ったときには，主審は「そのまま」と宣告する。試合を再開するときは「よし」と宣告する。「そのまま」は寝技においてのみ適用される。

※「コーチの振る舞い」
コーチは試合者が試合をしているときに指示（身振り手振りを含め）を出すことは許されない。「待て」から「始め」の間のみ試合者に指示を与えることが許される。

場内・場外における継続の判断

・場外に出るか，相手を故意に場外へ押し出すことは，従来どおり「指導」が適用される。
・片足が場外に出て直ちに技をかけない場合，場内に直ちに戻らない場合は「指導」。
・攻撃がないまま両足が場外に出た場合は「指導」。
・相手に技をかけられて場外に出た場合は「待て」。
・場内で始まった攻撃は，一連の動きであれば場外に行っても継続される。

❶一方の試合者の身体の一部が試合場内に入っており，試合場内で開始されたすべての技が有効。

❷立ち姿勢で場外に出ても場内でかけた技が継続している。
→継続

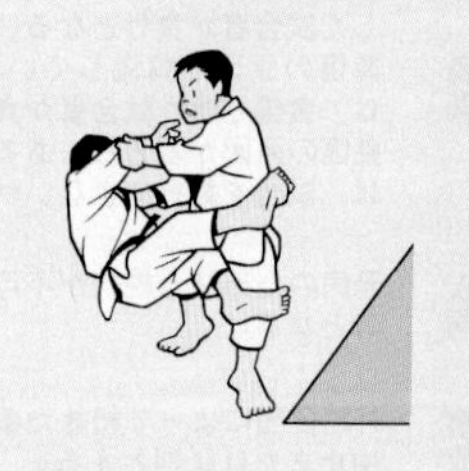

❸寝技で，場外に出ても技の効果が継続している。（絞め技，関節技も同様）
→継続

4 勝負の判定

技の効果の判定基準

	投げ技	固め技
一本	技を掛けるか相手が攻撃してくる技を返して，最適な理合いを伴う相応な技術で仰向けに相手を投げたとき。 【一本の評価基準】①スピード，②力強さ，③背中が着く，④着地の終わりまでしっかりコントロール。なお，投げられたとき，故意にブリッジした場合は「一本」となる。	試合者の一方が相手を抑え込み，その試合者が「抑え込み」の宣告後，20秒間逃げられなかったとき。 絞め技，関節技においては，試合者が手または足で２度以上たたくか，「参った」と言ったときか，戦意を喪失したとき。
技あり	試合者の一方が，相手を制しながら投げ，その技が「一本」の４つの評価基準を１つでも満たしていないとき。従来の「有効」が含まれる。動作が一時中断し転がるように投げたとき，投げた相手の体側上部が90度以上倒れて畳に着いたときや両肘（手）が着地したときは「技あり」となる。	試合者の一方が相手を抑え込んだ時間が，10秒以上20秒未満のとき。

■『一本勝ち』かそれと同等の判定

1 一本勝ち

試合者の一方が「一本」または「技ありを２回」取ったとき。

2 不戦勝ち

試合者が出場しない場合に相手の試合者に与えられる。

3 棄権勝ち

試合中にいかなる理由ででも試合者が棄権したときに相手の試合者に与えられる。

4 反則による勝ち

一方が重大な違反を犯したとき，または３回目の「指導」を与えられたとき。

負傷などによる判定

負傷	・負傷の原因が負傷した試合者にある場合は，負傷した試合者が負けとなる。 ・負傷の原因が負傷していない試合者にある場合は，負傷させた試合者が負けとなる。 ・負傷の原因がどちらにあるとも決められない場合は，試合を続行できない試合者の負けとなる。
疾病	・発病のため試合続行が不可能となった試合者は負けとなる。
事故	・外的要因によって起きた事故の場合，その試合は中止または延期とする。

■『優勢勝ち』の判定

試合終了時間までに一本で勝敗が決しなかった場合は次の基準に基づき勝者を決定する。

1「技あり」があったとき。

2 どちらもスコアがない場合または同等の場合は，「指導」の有無にかかわらず，延長戦（ゴールデンスコア）によって勝敗を決する。延長戦ではいずれかの試合者にスコアまたは「反則負け」(直接または「指導の累積」）が与えられた時点で試合が終了する。延長戦には時間制限を設けない。

3「指導」の差

指導の差では勝敗は決まらない。ただし，国内の団体戦では，「指導」の差が2のとき，「僅差」による優勢勝ちとすることがある。

■特殊な勝敗とその後の処置

1「不戦」による負け

「不戦勝ち」は試合者が出場しないときに，相手の試合者に与えられる。負けた試合者は，その後の一連の試合に出場することはできない。

みるポイント

試合観戦の際，次の内容に留意することで，さらに柔道に対する関心を高めることにつながる。

1．**試合の駆け引き**　目にみえない心理的な駆け引きや試合展開の組み立て方など。
2．**小さい選手の活躍**　体格の小さな選手がいかにして大きな選手を投げるか，または引き分けるかなど。
3．**選手の得意技**　他の選手の得意技をみる（自己の技能向上のきっかけとする）。

2「棄権」による負け

試合中，いかなる理由ででも試合者が棄権したときには相手に「棄権勝ち」が与えられる。試合中の嘔吐は，相手の「棄権勝ち」となる。負けた試合者は，その後の一連の試合には出場できる。

3 負傷による負け

→ p.268「負傷などによる判定」を参照。

4 反則による負け

累積による「反則負け」はその後の一連の試合に出場することができる。直接的反則負けは，その後の一連の試合に出場することができない。ただし，「ダイビング」と「ヘッドディフェンス」によるものは例外。

5「両者反則負け」

両者同時に累積による，または直接的「反則負け」となった場合は延長戦を行わない。

6「同時一本」

延長戦（ゴールデンスコア方式）により勝者を決定する。

■負傷の際の処置の仕方

1 試合者自身が医師を要求して診察を受けた場合は，その時点で相手の「棄権勝ち」となる。頭部や脊柱に強い衝撃を受けた場合や重大な負傷と審判が判断した場合は，医師を呼び診察させる。医師が試合続行不可能と判断した場合は，相手の棄権勝ちとなる。

2 出血があった場合，同一箇所については2回まで止血の処置を行うことができるが，3回目は相手の「棄権勝ち」となる。

みるポイント

「組み手が勝負のカギ」

IJF試合審判規定では，故意に取り組まない，攻撃動作を取らないなどは罰則の対象となる。

しかし，これまではオリンピックや世界選手権などでも，相手の組み手を切る，自分の襟を覆って組ませない，などの行為による防御を重視し反則をねらう戦術を用いる試合がたびたび見られた。

2014年1月，引き続いての2017年1月および10月のIJF規定の改正により，世界の柔道は「正しく組んで積極的に攻撃する」ダイナミック柔道の奨励へと流れが変わってきた。つまり，相手の組み手を切る，組まない偽装的攻撃などのネガティブ柔道に対しては，より厳格に罰則が与えられている。また，「指導」（1回目，2回目）の違いだけでは勝敗は決定せず，「技あり」「一本」「反則負け」でのみ決着がつくこととなった。これは反則により勝ちをねらうのではなく，柔道本来の「一本を取る」ことに価値を置いたルール改正である。柔道の素晴らしい技は，ますます世界中の人々を魅了するであろう。そして，しっかり組んで一本を取る，日本柔道の活躍がこれまで以上に期待される。

嘉納治五郎（柔道の創始者）とは

現在の兵庫県神戸市の生まれである嘉納治五郎は，幼い頃，虚弱であったため，体を強くして周囲を見返そうと柔術，主に天神真楊流（のちの固め技の基礎）と起倒流（投げ技の基礎）を中心に習った。それらの技術を取捨選択し，独自の創意工夫を加えて，1882（明治15）年，講道館柔道を創始した。講道館柔道の根本理念は「精力善用」「自他共栄」という言葉に凝縮されていて，「柔道修行の究極の目的は人間形成にあり」という教育的効用により柔道は急速に世界へと普及していった。

柔道発展のために力を注ぎながら，その一方で学習院教頭，東京高等師範学校校長などを務め，教育者としても尽力した。そして，嘉納治五郎は1909（明治42）年，日本人初の国際オリンピック委員となり，1911（明治44）年には現在の日本体育協会を設立し，その会長となった。1912（明治45）年日本が初めてオリンピックに参加したストックホルム大会には団長として参加した。さらに1938（昭和13）年のIOC会議で東京へのオリンピック招致に成功したが，その帰国途上の船上で肺炎により死去した。

このように嘉納治五郎の業績は柔道だけにとどまらず，「教育の父」「体育の父」とも呼ばれている。

規則違反と罰則規定

1 禁止事項と罰則の判定基準

禁止事項は軽微な違反と重大な違反に分類され，その重さに応じて「指導」または「反則負け」の罰則を与える。

「指導」：軽微な違反

❶消極的な姿勢，立ち姿勢において組んだ後，極端な防御姿勢をとる。攻撃の意思がない。

❷攻撃しているような印象を与えるが，明らかに相手を投げる意思のない攻撃を行う(偽装的攻撃)。

❸投げ技を掛けたり，巧みな動作で相手を倒したりせず，相手を寝技に引き込みながら寝技を続けようとしない。

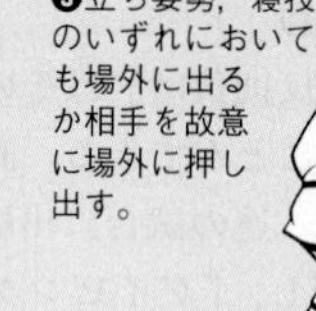

❹立ち姿勢において，組み合う前後に攻撃動作を行わない。

❺立ち姿勢，寝技のいずれにおいても場外に出るか相手を故意に場外に押し出す。

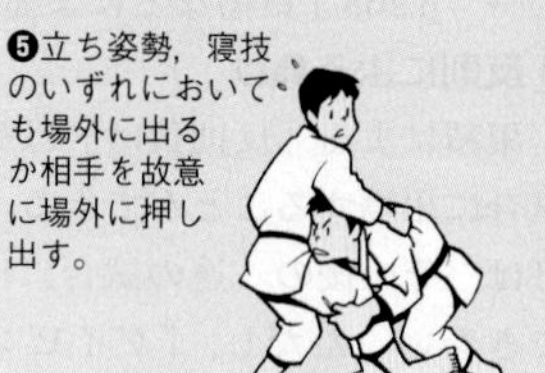

❻相手の顔面に直接手または腕，足または脚をかける。

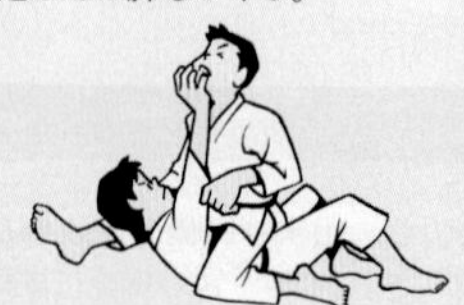

❼相手に攻撃させないことを目的に，故意に組み合わない。標準的でない組み方で直ちに攻撃をしない。相手を強制的に押さえつけて腰が曲がった状態にさせ，直ちに攻撃しない場合。

❽帯より下を握る。

❾相手の腕の下から首を抜き，直ちに攻撃しない。

❿相手の両脚の間に片脚をかけ，直ちに攻撃しない。

⓫立ち姿勢において防御のために相手の袖口を握り続ける。およびねじり絞って握る。

⓬立ち姿勢において攻撃されることを避けるために，相手と片手または両手の指を組み合わす姿勢を続ける，もしくは手首，腕を持つ。

⓭相手の袖口または下ばきの裾口に指を差し入れる。

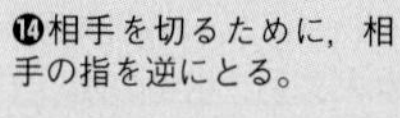

⓮相手を切るために，相手の指を逆にとる。

⓯組み手を片手や両手で切り，直ちに攻撃しない。

⓰膝や脚を使って組み手を切る。

⓱相手に組ませないために，自分の襟を覆う。

⓲相手の腕や手をたたいて組手を切る。

⓳相手の手をブロックする。

⓴立ち姿勢において脚や下ばきをつかむ，手や腕で相手の脚をブロックする。

㉑帯の端や上衣の裾を，相手の身体に巻き付ける(1周以上)。

㉒柔道衣を口にくわえること。

㉓相手の帯もしくは襟に足や脚をかける。

㉔相手や自分の帯，上衣の裾を使った絞め技，あるいは直接指で絞め技を施す。

㉕相手の脚を過度に伸展して施す絞め技，関節技。

㉖投げるために相手に抱きつく行為（ベアハグ）。ただし攻撃する試合者が組み手を持ってから行ったときは反則ではない。

㉗相手の腕を使わずに，脚を補助的に用いて，両手絞めやはだか絞めを施す。

㉘攻撃の意思なく相手の脚を蹴る。

㉙立ち姿勢のとき，投げ技を掛けず関節技，絞め技を施す。

㉚足を巻き付けて直ちに攻撃しない。

㉛逆背負投はノースコア，指導。

㉜乱れた柔道衣を「待て」と「始め」の間に直さない（2回目から）。

㉝柔道衣を故意に乱す。直すときに意図的に時間を費やす。

㉞髪の結い直しは一度許され，それ以上は指導。

「反則負け」：重大な違反

＊❶❷は反則負けの後に試合があれば出られるが，1）～13）は出られない。

❶内股，払い腰等の技を掛けるか，または掛けようとしながら身体を前方へ低く曲げ頭から畳に突っ込む。また，立ち姿勢で技を掛けながら，あるいは掛けようとしながらまっすぐ後方に倒れること。

❷背中から着地することやスコアを取られることを防ぐため，故意に頭部を使用する技（ヘッドディフェンス）。

1）河津掛け（かわづがけ）を試みる。

2）かに挟みや胴絞めを施す。

3）肘関節以外の関節をとる。

4）腕ひしぎわき固めのような技を掛けるか，または掛けようとしながら畳の上に直接倒れる。

5）投げ技を掛けながら関節技や絞め技を施す。

6）背後から相手の脚を内側から払う。

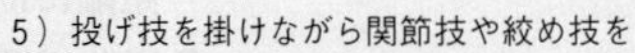

河津掛け

身体を捨ててわき固め

7）頸（くび）や頸椎・脊髄などに危害を及ぼしたり，柔道精神に反するような動作をする。

8）試合者の一方が後ろからからみついたとき，これを制しながら，故意に同体となって後方に倒れる。

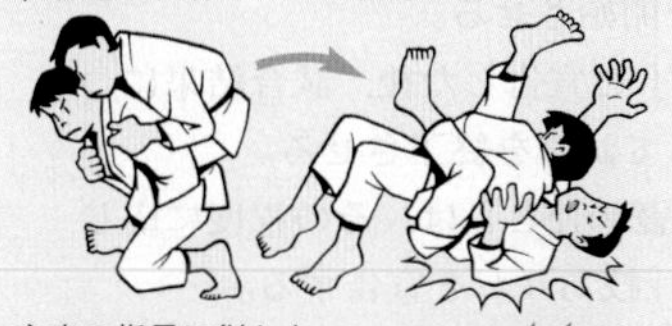

9）背を畳につけている相手を引き上げ，これを畳に突き落とす。

10）主審の指示に従わない。

11）試合中に，無意味な発声や，相手や審判の人格を無視するような言動を行う。

12）固い物質または金属の物質を身につけている。

13）柔道精神に反する行為があった場合，試合時間のいかなるときでも「反則負け」となる。

2　規則違反とその処置

罰則	判定の基準	処置	技の効果との対比
「指導」	●1回目	「指導」は，「待て」で試合を中断し，その場で与える。場外に出たことによる「指導」は開始位置に戻して与える。抑え込まれている者への「指導」は，「そのまま」の状態で与え，「よし」で再開する。また，寝技で不利な状態の試合者への「指導」は，試合を中断せずに与えることができる。「反則負け」は，開始位置に戻して与える。禁止事項を犯した試合者を指差しながら，罰則の理由を簡単な動作で示す。	「指導」の累積により技の効果とはならない。「一本」「技あり」「反則負け」のみで決着がつく。
	●2回目		
	●3回目「反則負け」		「一本」
「反則負け」	●危険な行為 ●柔道精神に反する行為		「一本」

柔道

試合運営と審判法

1 試合の運営

■試合を運営する人と役割

・主審（1名）：試合場内で試合の進行と勝負の判定を行う。
・副審（2名）：試合場外に位置し，ケアシステムを担当して主審を補佐する。
・記録係
・得点表示係
・時計係

■主審の任務

・主審は試合が始まる前に，試合場，用具，柔道衣，衛生，競技係員等すべてが適正な状態にあることを確認する。
・試合者の礼が終了した後，「始め」と宣告して試合を開始させる。
・「それまで」と宣告した後，試合結果について宣告して試合を終了させる。
・技の効果を認めたときは，その程度に応じて「一本」「技あり」を宣告する。
・抑え込みの体勢に入ったときは「抑え込み」を宣告する。宣告の後，技をはずしたときは「解けた」と宣告する。
・試合者が禁止事項を犯したときは，その程度に応じて「指導」「反則負け」を宣告する。
・リーグ戦，団体戦において，勝負に優劣のない場合，「引き分け」を宣言する。
・「不戦勝ち」「棄権勝ち」の宣告をする。
・負傷の場合，発病や事故発生の場合，副審と合議の上，勝敗の決定を行い，勝者を宣告する。
・判定が正しく記録されていることを確認する。

■副審の任務

・副審2名は，試合場そばに配置された席に座り，無線機（イヤホン）を装着した主審とともに試合を裁く。
・副審はケアシステムを活用し，多数決の原理に基づき，主審に無線機を通じて助言する。
・得点表示板の表示の誤りに気づいたときは，主審に知らせる。
・選手が試合場を離れなければならない場合は，副審1名が帯同する。

2 審判のやり方

■基本的な心得（動作，発声など）

1 試合の展開を予測し，試合者を見やすい距離に位置する。
2 動作は両副審や係員にわかるように動きながら，少なくとも3～5秒間継続する。
3 発声は大きくハッキリ行う。また動作をともなう宣告は動作と同時に行う。

■技の評価

どちらがコントロールして投げたのかよく見極める。倒れた試合者がコントロールされていたか，単なる自滅かをよく見極める。背中をつきながら返し技をかけたときは，立ち姿勢から明らかに相手をコントロールして投げたときのみスコアとなる。

■寝技への移行

次の場合に立ち姿勢から寝技に転じることができる。

1 一方の試合者が投げ技をかけ，引き続き寝技に転じて攻める場合。
2 一方の試合者が投げ技をかけ損なって倒れた際，他方の試合者が寝技に転じて攻

開始と終わり

立ち姿勢では少し離れる

寝姿勢では近くに

国際柔道連盟試合審判規定の改正により，試合は1審制となったが，高校生の主な大会等では，3審制を継続する方向である。

める場合。

3 一方の試合者が投げ技ではなくとも，巧みな動作で相手を倒し，引き続き寝技に転じて攻める場合。

4 相手が倒れるか倒れかかった際，その体勢を利用して引き続き寝技に転じる場合。

3　審判員の動作（公式合図）

ルールの変更点のまとめ

国際柔道連盟では，2017年1月（2018年1月改訂）から新ルールが導入された。その後，スコアと反則の判断基準の変更等があり，高体連でもその都度検討し導入されてきた（大会によって部分的に適用されない場合もある）。ここでは，2017年（2018年改訂）の主なルールの変更点を紹介する。

❶審判

1審制の導入。2名はビデオ「ケアシステム」を担当する。高校生の試合は，3審制（1名が主審，2名が副審）で行われることが多い。

❷指導の累積

「指導」の累積は，技の効果にならない。規定試合時間においては，「技あり」もしくは「一本」「反則負け」のみで決着がつく。

❸ゴールデンスコア

規定試合時間が終了し，両者のスコアが同等である場合，「指導」の有無にかかわらずゴールデンスコアとなる。

ゴールデンスコアでは時間制限がない。技によるスコアでリードするか反則負けとなるまで試合を行う。

❹抑え込み

20秒で「一本」，10秒で「技あり」。

❺場内外

場内で始まった攻撃は，一連の動きであれば場外へ行っても継続される。寝技においても効果があれば，両者が場外に出ても継続される。抑え技のみでなく，絞め技，関節技の場合も同様。

❻帯から下への攻撃・防御

帯から下への攻撃・防御は「指導」。

❼組み手を切る動作

相手の組み手を両手で切る，あるいはたたいて切る動作は1回で「指導」。組み手争いの中で相手の組み手を3回切った場合「指導」。

※ルール改正の背景には，「両手でしっかり組んで攻撃する柔道の奨励」という考えがある。

簡易ルールによる試合の具体例

1．試合形態の具体例

リーグ戦	個人戦
トーナメント方式	団体戦

2．グループ分けの具体例

身長別	技能（経験）別
体重別	

3．各段階に応じた試合方法の例

STEP 1

体重別による8名程度のグループ内でのリーグ戦またはトーナメント戦

ア．抑え技のみ（けさ固め系に限定）
イ．足技のみ
ウ．試合時間－1分
エ．審判－2審制（主審，副審各1名）

STEP 2

身長，体重を考慮した8名程度のグループ内でのリーグ戦またはトーナメント戦

ア．投げ技のみ
（既習技に限定し違反した場合は反則負け）
イ．抑え技のみ（既習技に限定）
ウ．試合時間－1分30秒
エ．審判－2審制（主審，副審各1名）

STEP 3

技能の程度を考慮した8名程度のグループ内でのリーグまたはトーナメント戦やグループ対抗による点取り試合

ア．投げ技，抑え技（既習技の範囲で行う）
イ．固め技では，抑え技のみを扱うことになっているので，絞め技，関節技の体勢になったときは「待て」
ウ．試合時間－2分
エ．審判－3審制（主審1名，副審各2名）

固め技の試合－開始の形を工夫してみよう。

❶一方が抑え込んだ状態から
❷背中合わせの状態から
❸両者が片膝をついて組み合った状態から
❹一方が仰向けの状態から
❺一方がうつぶせの状態から

調べてみよう

- 柔道の本質を表した言葉には，どんな言葉と意味があるのか。
- 柔道を創始した嘉納治五郎は，どのような人物であったか。
- カラー柔道着の導入についてどんな意見があっただろうか。
- 国際柔道連盟にはどのくらいの国が参加しているだろうか。

KENDO

剣道

【歴史と発展】

剣道の起源は，遠く古代にさかのぼるが，著しい発達をみせたのは，室町時代中期以後であり，のちの剣道流派といわれるものの源は，ほとんどこのころに生まれた。

明治になると，欧米の文化が流入して日本の伝統文化は軽視され，剣道熱も下火になったが，1877（明治10）年の西南の役をきっかけに見直され，1911（明治44）年には学校教育に採用された。

戦後は，しばらくの間，禁止されていたが，1952（昭和27）年，主権の回復とともに全日本剣道連盟が結成されて復活し，再び学校の正課種目となった。今日では，小・中学校や女子の全国大会も数多く開かれている。また，3年に1度，世界選手権大会が開催され，諸外国への普及もめざましい。

【競技の特性】

❶相対する2人の競技者が，一定の規則に従い，剣道具をつけ，竹刀をもって互いに相手の打突部位を打ち，あるいは突いて勝敗を決する。

❷試合には，団体戦と個人戦があり，技術と気迫を評価することが判定の基準となる。

❸闘争的雰囲気の中でも理性を失わず，相互に相手を尊重し，冷静にして公正な態度を維持し，自己の修養につとめることが重んじられる。

❹段・級の制度があり，力量や技術の向上をはかることができるようになっている。

❺三本勝負で，二本先取したほうが勝ち。延長戦では，先に一本とったほうが勝ちとする。

❻瞬間的に勝負が決まるので，敏捷性や集中力，瞬時の判断力などを養うことができる。

❼直接的な身体接触が少ないため，体格差，体力差などに関係なく楽しむことができる生涯スポーツである。

試合に必要な施設・用具・服装

1 試合場

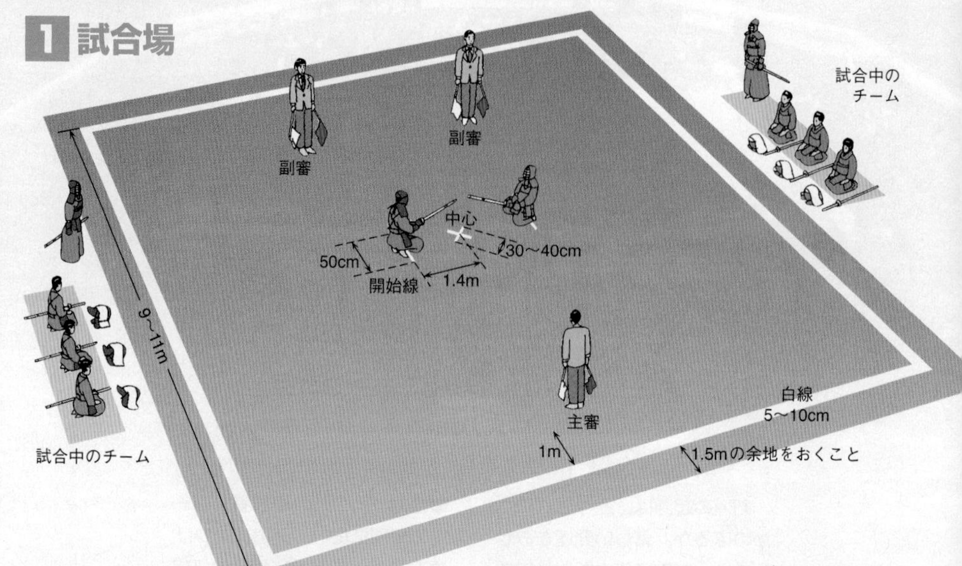

2 試合に必要な用具

●剣道具

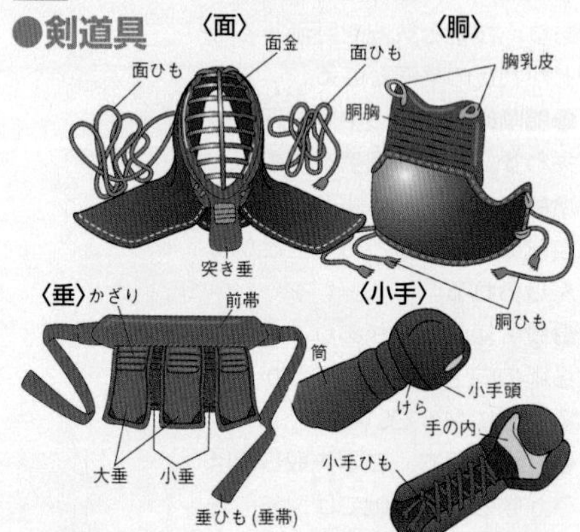

●竹刀

鍔（つば）（所定の位置） 柄革（つかがわ） 柄頭（つかがしら） 弦（つる） 中結（なかゆい） 柄（つか） 先革（さきがわ） 物打（ものうち） 刃部（じんぶ） 剣先（けんせん）

			中学生	高校生	大学生・一般
長さ	男女共通		114cm以下	117cm以下	120cm以下
重さ	男		440g 以上	480g 以上	510g 以上
	女		400g 以上	420g 以上	440g 以上
太さ	男	先端部最小直径	25mm以上	26mm以上	26mm以上
		ちくとう最小直径	20mm以上	21mm以上	21mm以上
	女	先端部最小直径	24mm以上	25mm以上	25mm以上
		ちくとう最小直径	19mm以上	20mm以上	20mm以上

・重さには「つば」を含まない。

●目印

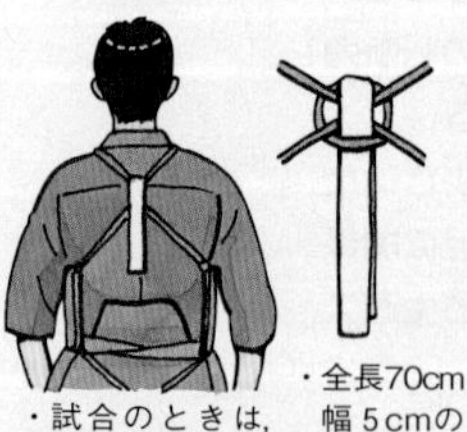

・試合のときは，背中に赤か白の目印をつける

・全長70cm 幅 5cmのものを2つ折にする

●名札

所属団体(横文字)と姓(縦文字)を，原則として黒または紺地に白文字でいれる

竹刀の手入れ（竹の場合）

手入れの順序

竹刀の柄革だけを残し（はずしてもよい），弦，中結，先革，先ゴム，結んでいる糸をはずす。

竹の両側の角を紙やすり（ガラスの破片や小刀を立てて）で少しみがく。みがく部分は竹刀の先の方半分ぐらいでよい。

みがいた部分に油（ゴマ油やサラダ油などの植物油がよい）を含ませると同時に，竹刀全体を油布でみがく。

乾いた布でからぶきをしてから，もとのように組み立てる。

3 服装

●稽古着と袴

剣道の豆知識

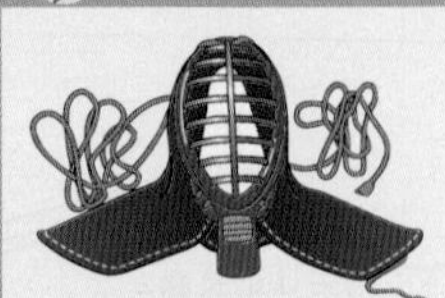

面金は，昔はニッケルを用いていたが，最近ではチタンのように軽い素材を使った面がある。またにおいが気になるために，小手の内側に薄い手袋などを使用することもある。

●剣道具のつけ方

❶垂のつけ方

❷胴のつけ方

略式に前で結んでかぶる方法もある。

胴ひもの結び方

❸てぬぐいのつけ方

ひたいの上に当て，中央下部を口でくわえる。

左右の手を後ろに回し交差させ，

両端を前に回して結ぶ。

口にくわえた部分を上にあげて顔を出す。

❹面のつけ方

後ろをしめる　前をしめる　ひもをそろえる

❺小手のつけ方

左手からつける

❻剣道具の持ち方と置き方

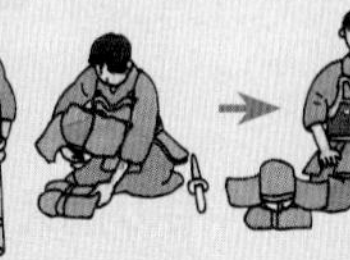

安全チェックリスト

□竹刀の点検をしよう。
竹が割れていないか，ささくれていないか。中結の位置（剣先から全長の約1/4とする）はよいか，ゆるんでいないか。先革は破けていないか。弦はゆるんでいないか，鍔（つば）は固定されているか。

□面紐・胴紐の点検をしよう。
きちんと結んであるか。小手は破れていないか。

□袴の点検をしよう。
長さはちょうどいいか（足のくるぶし程度がよい)。

□試合場の点検をしよう。
床の破損やささくれはないか。

みるポイント

試合場で，観戦する際には，次のようなことに注意しながら見てみよう。

❶姿勢・構えはどうか，掛け声はしっかり出ているか。

❷積極的に技を仕掛けているか，打突の勢いがあるか。

❸有効打突（１本）にならないのは，気・剣・体の中で，何が足らないのか。

●観戦マナー

❶応援は拍手で行い，声援は慎もう。

❷フラッシュを使った写真撮影はしない。

基本技術と用語の解説

●中段の構え

（攻めるに良く，守るに良い基本的な構え）

相中段（中段対中段）

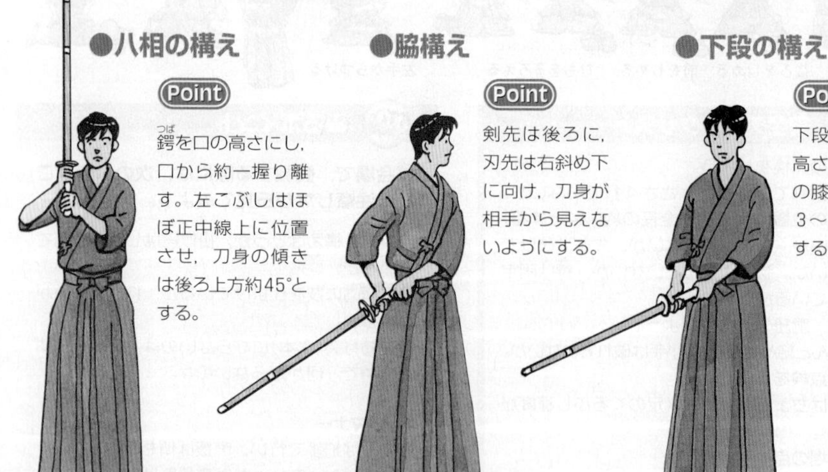

●八相の構え

Point

鍔（つば）を口の高さにし，口から約一握り離す。左こぶしはほぼ正中線上に位置させ，刀身の傾きは後ろ上方約45°とする。

●脇構え

Point

剣先は後ろに，刃先は右斜め下に向け，刀身が相手から見えないようにする。

●下段の構え

Point

下段の剣先の高さは，相手の膝頭より約3～6cm下とする。

●有効打突

有効打突（一本）をとり合うのが剣道の試合であるから，競技者，審判，指導者など全員がよく理解しておかなければならない。

充実した気勢，適正な姿勢をもって → 自分の竹刀の打突部で → 相手の打突部位（面，小手，胴，突き）を → 刃筋正しく打突し残心のあるもの

●上段の構えに対する打突部位

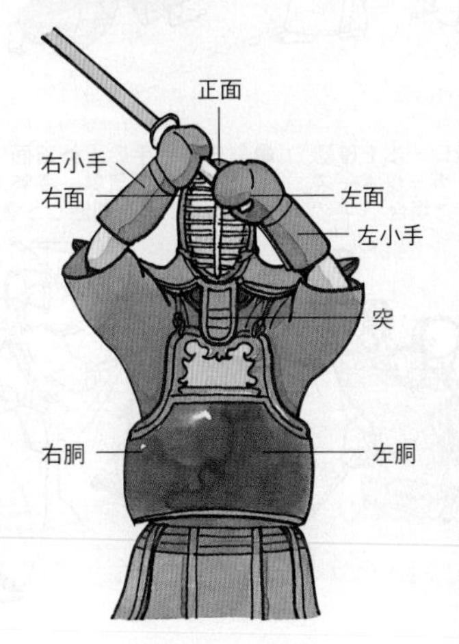

●上段対中段の試合で見られる代表的なわざ

上段からのしかけわざ
・面（片手，もろ手）
・小手（片手，もろ手）
・胴（もろ手）など

→ **上段からのわざに対する応じわざ**
・面返し左胴
・面すり上げ面
・小手すり上げ面
・小手抜き面
・胴打ち落とし面など

上段に対するしかけわざ
・左小手
・右小手
・突き（のど）
・胴
・（突きを攻めて）面

→ **上段での応じわざ**
・小手抜き面
・突き打ち落とし面
・突き抜き面
・胴打ち落とし面
・面返し胴など

●面返し胴
相手の面を竹刀の左側で受けてすり上げ，右胴を打つ。

●中段の構えに対する打突部位

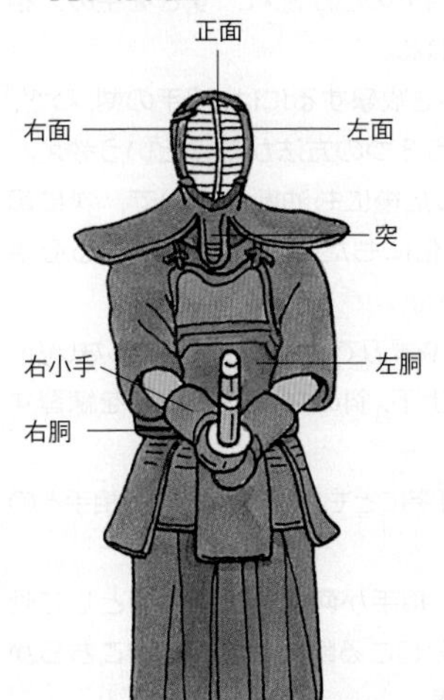

●相中段の試合でみられる代表的なわざ

しかけわざ（自分からしかけるわざ）	応じわざ（しかけわざに対し，対応して出すわざ）
・面（攻めて面／払い面）	・面抜き胴，面抜き面，面すり上げ面，面返し胴，面抜き小手など
・小手（攻めて小手／払い小手）	・小手すり上げ面，小手抜き面，小手すり上げ小手，小手返し面など
・胴（攻めて胴／払い胴）	・胴打ち落とし面など
・突き（攻めて突き／払い突き）	・突きすり上げ面など
・出ばなわざ（面／小手）	・上記の面，小手の欄に同じ
・連続わざ（小手一面／小手一胴）	・出ばな面，その他上記の面，胴の欄に同じ
・（つばぜり合いからの）ひきわざ	・追い込んで面，追い込んで小手一面

●引き面
つばぜり合いから左足を引きつつ面を打つ。

●引き胴
つばぜり合いから左足を引きつつ胴を打つ。

●有効打突になる場合とならない場合

【一眼二足三胆四力】 剣道では目（目付）が一番大切で，次に大切なのは足であるという昔からの教え。足さばきは体さばきのもとになっていて，太刀さばきのもとになる。これが悪いと相手をさばけない。

【遠山の目付】 相手を見るとき，はるか遠くにある山を見るように，構え全体を見て，どこに弱点があるのかを見破る。

【観見の目付】 目に見えるところ全体を見て，目に見えない相手の心を観る。観の目（心で観る）強く，見の目（目で見る）弱く。

【応じわざ】 相手の打突に対し，体をかわしながら抜き，返し，すり上げなどして，相手のわざをくずし，すかさず打ち込むわざをいう。

【気剣体の一致】 充実した気勢と正しい竹刀操作と体さばきが一致すること。有効打突になるための条件である。

【懸待一致】 攻めることと守ることが常に一致していること。

【互格稽古】 2人が互いに対等な立場で，自由にわざを出したり，応じたりする総合的な練習法。

【心の四戒】「驚，懼，疑，惑」の4つの心の動揺をいましめること。試合中にこの中の1つでも感じると，自分の心が乱れ，すきを生み，相手につけ込まれる。

【三殺法】 相手を攻撃するには，相手の剣，わざ，気を殺すという3つの方法があるという教え。

【残心】 打突した後にも油断しないで，次に起こるどんな変化にもただちに対応できる心構え，身構え。

【素振り】 竹刀や木刀で，実際には打突しないが，空間を振って上下，斜めなどの振り方を練習する方法。

【体あたり】 打突にともなって行われる相手とのぶつかり合い。

【出ばなわざ】 相手が何かしかけようとして動く，その動作の起こる瞬間をすかさずこちらから打ち込むわざ。

●試合時間終了の合図と同時に加えた打突

●不適切な行為があった場合，有効打突であっても，取り消される

（例）打突後，必要以上の余勢や有効を誇示した場合などとする

●剣道での足さばき

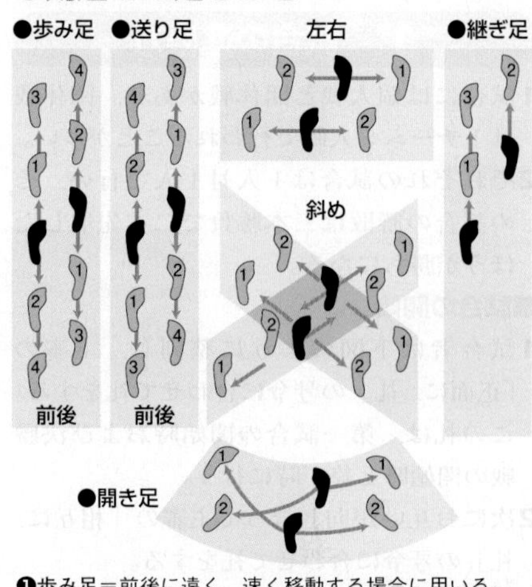

❶歩み足＝前後に遠く，速く移動する場合に用いる。
❷送り足＝いろいろな方向に近く速く移動したり，打突する場合に用いる。
❸継ぎ足＝後ろ足をひきつけ，遠い間合から踏み込む場合に用いる。
❹開き足＝体をかわしながら打突したり,応じたりする場合に用いる。

【抜きわざ】 打ち込んでくる相手の竹刀に触れることなく，相手には空を打たせ，体をさばきながら打つわざ。

【払いわざ】 相手の竹刀を払って崩してからしかけるわざ。

【ひきわざ】 つばぜり合いや体当たりなどをして，間合が近いとき，ひきながら相手を打つわざ。

【不動心（ふどうしん）】 相手のどんな変化，どんな動作にもまどわされず，必要なときに真の実力を発揮できる心。

【打突の好機】 打突のタイミングとして次の4つがよい。「出頭」相手が動作を起こすところ。「退くところ」相手が退く，または退いたところ。「技のつきたところ」最後の技が終わったところ。「居付いたところ」心身の動作がにぶり瞬間的に一時停止する状態。

みるポイント

●技術面…しかけわざに注目してみよう。

攻めて→ 面・小手・胴 打ち
攻めて→ 小手・面，小手・胴 打ち
攻めて→ 払い面・払い小手 打ち
攻めて→ 出頭面，出小手

●対人面…応じわざに注目してみよう。

面抜き胴や小手すり上げ面などがある。応じわざの中でも，面抜き面，小手すり上げ小手，面すり上げ面，面返し胴などは，高度なわざなので「軽いから一本にならない」とは限らない。

●個人の戦術

「間合いの駆け引き」…自分の打てる間合いを，すばやく取って打突したり，攻めて相手を引き出して，応じわざを使ったりする。

「虚と実」…「虚」とは相手の弱いところや状態で，「実」は強いところや状態のこと。つまり，「実」を避けて「虚」を上手に打つことができる。打ちどころを知って，打てるということである。

「勘」…瞬間的なひらめきのこと。稽古をしっかり積み重ねていくと，養われていく能力である。

試合の進め方

1 試合の進め方

1 試合には個人戦と団体戦があり，団体戦は1チーム5人制で行われることが多い。

2 それぞれの試合は1人対1人で行い，その試合の勝敗は三本勝負で二本先取したほうが勝ちになる。

■試合の開始

1 試合者は下図のように整列し，主審の「正面に，礼」の号令に合わせて礼をする。この礼は，第一試合の開始時および決勝戦の開始時と終了時に行う。

2 次にお互いが向き合って主審の「相互に，礼」の号令に合わせて礼をする。

3 先鋒（一番はじめに試合をする人）は，礼が終わるとすぐ立ち合いの位置（蹲踞する位置より3歩後ろ）に立つ。

4 竹刀を下げて（提刀），お互いに合わせて礼をし，竹刀を腰につけて（帯刀），3歩進み開始線で竹刀を抜き合わせつつ蹲踞する。

5 主審の「はじめ」の宣告で立ちあがって試合を開始する。

■試合の展開

1 試合は試合場内で行う。

2 お互いに定められた部位を打ち合い，「有効打突」をとれば一本になる。

3 制限時間内に勝負がつかず，延長戦になった場合は，先に一本とった方を勝ちとする。

4 審判員の判定に対して異議の申し立てはできないが，規則の実施について疑義があるときは，その試合が終わるまでに，責任者（監督）を通じて審判長（審判主任）に異議を申し立てることができる。その場合，「監督旗」を上げて表示する。

■試合の中断と再開

次のような場合，主審の宣告により試合をいったん中断し，開始位置に戻ってから試合を再開する。

1「一本」が宣告され，そのあと続いて試合を再開するとき。

2 どちらかに反則があったとき。

3 竹刀を落としたり，倒れたりした試合者に対し，相手がただちに打突を加えなかったとき。また，試合者が何らかの理由で試合中断を申し入れたとき。

4 事故などが起きて試合ができなくなったとき。

■試合の終了と延長戦

1 試合時間が終了し，主審が「止め」の宣告をしたときは，試合者は開始位置に戻る。

2 立ったまま竹刀を抜き合わせて構え，主審の「勝負あり」「引き分け」の宣告で試

illustrate

●団体戦での試合開始時の礼

●試合の始め方

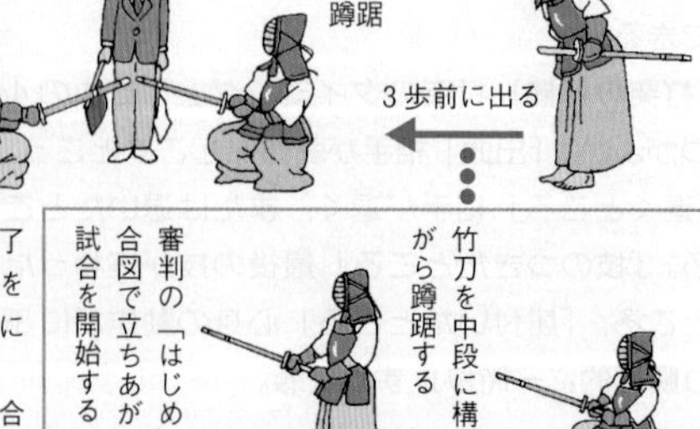

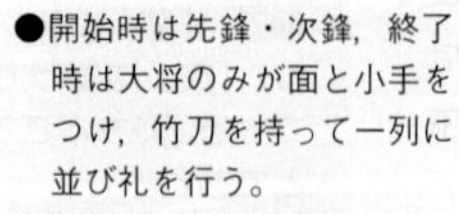

●開始時は先鋒・次鋒，終了時は大将のみが面と小手をつけ，竹刀を持って一列に並び礼を行う。

●「正面への礼」は，第1試合のはじめと決勝戦の前後だけ行う。

合は終了する。

3延長戦に入るときは，主審が「延長－はじめ」と宣告することによって延長戦を開始する。

4試合の終了宣告により，試合者はその場で蹲踞し，竹刀をおさめてから立ちあがり，帯刀のまま左足から３歩または小さく５歩しりぞき，立ち合いの位置に戻ってから提刀になおし，相手と合わせて立礼ののち退場する。

5団体戦の場合は，大将（たいしょう）の試合が終了したら，試合開始のときと同じように全員がならび，主審の合図で「礼」をして終わる。

2　試合時間

1試合時間は５分，延長戦は３分が基準になっているが，試合の規模，大会の運営，技能レベル，男女差，試合者の年齢などによって試合時間を変えることができる。

2高校生の試合では，ほとんどが試合時間４分。延長戦の場合，団体試合は２分が多い。

3次の場合は，試合時間に含めない。

・主審が有効打突を宣告してから，試合再開までの時間。

・事故，または審判員の中止命令から，試合再開までの時間。

●試合を中断したあとの開始宣言

立ったままで竹刀を抜き合わせ，気が満ちたときに主審は「はじめ」を宣告する

3　勝敗の決定

■個人試合の場合

1三本勝負を原則とする。

2三本勝負の場合は，試合時間内に有効打突二本を先取したほうを勝ちとする。ただし，制限時間内に一方だけが一本を取って時間切れになったときは，そのほうを勝ちとする。

3制限時間内に勝負が決まらないときは，延長戦を行い，先に一本取った方を勝ちとする。ただし，判定，抽選により勝敗を決めたり，引き分けにすることもできる。判定は大変むずかしいので，高校生の試合などではあまり採用されていない。

■団体試合の場合

1あらかじめ届け出た順位（５人制の場合先鋒，次鋒（じほう），中堅（ちゅうけん），副将（ふくしょう），大将で構成）によって各個人の試合を行い，その個人の試合結果を総合して団体の勝敗を決める。

2試合は，勝者数法か勝ち抜き法で行う。

・勝者数法

勝者の多いほうを勝ちとする方法。ただし，勝者が同数の場合は総本数の多いほう，その本数も同数なら代表者戦によって勝った方を勝ちとする。

・勝ち抜き法

勝った者が，相手の次の順番の者と続けて試合を行い，相手チームの全員を早く負けにした方を勝ちとする方法。

3大きな大会は，上記の試合方法でトーナメント方式やリーグ戦方式で運営されている。(p.284, p.285を見てみよう)

みるポイント

次のようなことに注意しながら，試合する両者の動きを追ってみよう。

・打突するまでにどんな足さばきを使っているか。

・打突した時に，メン・コテ・ドウなどの「発声」と「物打」で打突部位を打っているか。

・「踏み込み」は十分か。

・相手の技に対して応じ技が使えたか。

剣道

4 剣道の試合方法とその掲示法

■勝者数法

●記録係用　試合記録用紙（記載例・試合時間は4分）の例

	団体名＼順序		先鋒	次鋒	中堅	副将	大将	（代表戦）	勝数	本数	勝敗
第（2）試合場	(赤)桜高校	選手名	岡村	佐竹	関口	石田	松本	関口			
		得点	1 ② 3 コ	① ② 3	① 2 ③ コ メ	1 2 3	1 2 3	① メ	3	6	○
		反則	1・2	1・2	①・②	1・2	①・2	①・2			
（3）回戦	(白)梅高校	得点	① 2 ③ ツ メ	1 2 3	1 ② 3 (反)	① ② 3 メ ド	1 2 3	1	2	5	×
		反則	①・2	1・2	1・2	1・2	①・2	①・2			
		選手名	藤本	荒井	本山	堀田	河村	藤本			
（1）試合	延長		123	123	123	123	①23	①②3	主審（増田）		
	所要時間		3分13秒	分　秒	2分15秒	2分8秒	6分	6分10秒	副審（延藤）		
	備考（相殺回数）			不戦勝			引分け 下	𤴓	副審（宮沢）		

●得点掲示係　掲示板（掲示例）

只今の試合			先鋒	次鋒	中堅	副将	大将	代表	勝数	本数
第3回戦	審判員 主審 増田先生	(赤)桜高校	岡村	佐竹	関口	石田	松本	関口		
							▲	▲		
			㋙	○ ○ 不戦勝	㋙ ㋱		延長 ×	㋱ 延長	3	6
第1試合	副審 延藤先生　副審 宮沢先生	(白)梅高校	㋱ ㋡		(反)	(ド) ㋱			2	5
			▲				▲	▲		
			藤本	荒井	本山	堀田	河村	藤本		

▲印（反則）㋙・㋱（有効打突）(反)（相手の反則による一本）

・▲2回で相手に（相手反則による一本）をつけるので，(反)をつけるときは相手の▲はとる。

・プログラムの若い番号が赤になり，掲示板では上段になる。

・代表者戦は高校では一本勝負で行われている。このときの代表者はそのとき戦ったチームのメンバーのだれでもよい。ただし，代表者戦は勝負が決まるまで行い，途中での選手交代はできない。

■勝ち抜き法

●得点表(例)

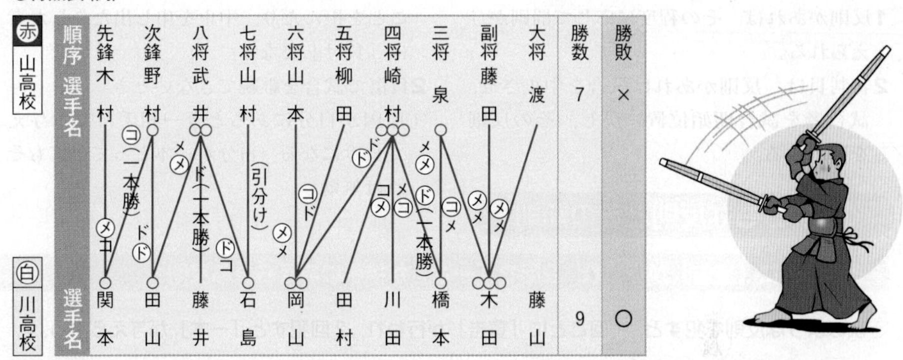

順序	先鋒	次鋒	八将	七将	六将	五将	四将	三将	副将	大将	勝数	勝敗
赤 山高校 選手名	木村	野村	武井	山村	山本	柳田	崎村	泉	藤田	渡	7	×
白 川高校 選手名	関本	田山	藤井	石島	岡山	田村	川田	橋本	木田	藤山	9	○

●何人残して勝ったかということで決めるので，大将戦で勝負がついた場合は，勝ったほうが１人残ったことになる。

●勝者数法より試合数が増えるので，同じ「試合時間」で試合をすれば長くかかることになり，大会運営面では注意を要する。

●取得本数が多くても負けることがあり得る。負けたときは二本負けで，勝つときは一本勝ちが続くとそうなる。

■リーグ戦成績表

●例１

団体名	A高校	B高校	C高校	勝点	総点	順位
A高校		$\times\frac{5}{2}$	$○\frac{7}{3}$	1	$\frac{12}{5}$	1
B高校	$○\frac{5}{3}$		$\times\frac{2}{1}$	1	$\frac{7}{4}$	3
C高校	$\times\frac{5}{2}$	$○\frac{6}{3}$		1	$\frac{11}{5}$	2

●例２

団体名	D高校	E高校	F高校	勝点	総点	順位
D高校		$○\frac{8}{5}$	$△\frac{5}{2}$	1.5	$\frac{13}{7}$	1
E高校	$\times\frac{1}{0}$		$\times\frac{4}{1}$	0	$\frac{5}{1}$	3
F高校	$△\frac{5}{2}$	$○\frac{6}{4}$		1.5	$\frac{11}{6}$	2

$\frac{5}{3}$ …取得本数 …勝者数

○印…勝(1点)

△印…引分け(0.5点)

×印…敗(0点)

試合数の計算式

●トーナメント　n－1

●リーグ戦　$\frac{n(n-1)}{2}$

※nはチーム数

・一つの試合で勝ち人数も取得本数も同じ場合，代表者戦を行わないでリーグ戦全体を集計して決める。

・リーグ戦とトーナメント試合を組み合わせて行うときもあるが，リーグ戦を予選にもってきたときを「予選リーグ」といい，決勝段階でリーグ戦にしたときを「決勝リーグ」といっている。

・リーグ戦はトーナメント法より試合数が多くなる。

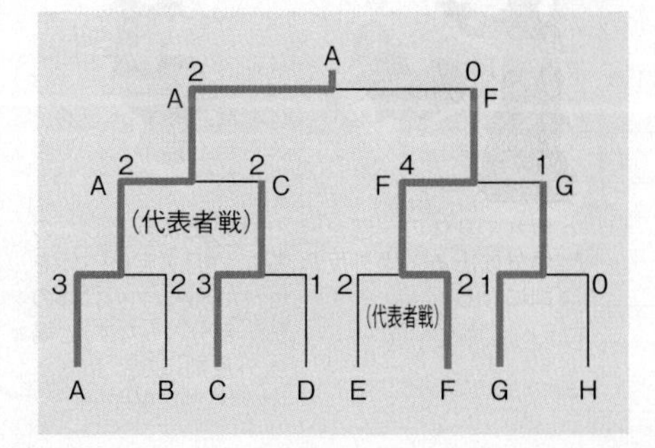

剣道

規則違反と罰則規定

1　反則とその処理

■反則があったとき

1反則があれば，その程度に応じて罰則が与えられる。

2審判員は，反則があれば試合を中止させ，試合者を試合開始位置に戻し，その反則を明示する。

■負傷，または事故で試合が継続できない場合

1軽い負傷で試合が続けられるのに，続けることを拒んだり，中止を申し出たりした者は「負け」となる。

2負傷で試合を継続できないとき。

①原因が自分にあるとき→相手に二本与えて負けになる（自分が一本とっていてもそれは無効。

2　おもな反則とその罰則

1回ごとに「宣告」が行われ，2回で「一本」が相手に与えられる反則

次のような反則を犯すと，1回ごとに「宣告」が行われ，2回犯すと「一本」が与えられる。

❶ 場外に出る

❷足を掛けまたは払う

❸相手を不当に場外に押し出す

場外の判定

a.片足が完全に場外に出ると場外となる。

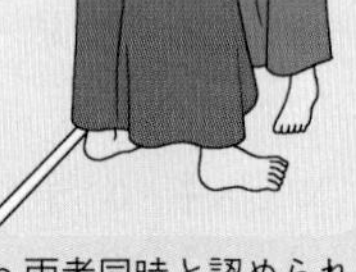

b.両者同時と認められたら両者場外反則になる。

c.倒れて身体の一部が場外に出ると場外反則になる。

d.体が出ようとしたので竹刀を突いて体をささえる(竹刀は体の一部分とみなす)と場外反則になる。

❹相手を不当に場外に突き出す

❺自分の竹刀を落とす

ただし，落とした直後に相手から有効打突が加えられたときは，反則にしない。

❻不当な打突をする

❼相手に手をかける

②原因が相手にあるとき
→二本与えられて勝ち（相手が一本とっていてもそれは無効）。
③原因が明らかでないとき→試合できないほうが負け(相手に二本与えて負けになる。試合不能者が一本とっていればそれは有効)。

■事故の処理

選手が負傷した場合は，医師および監督の意見を聞いた上，審判主任と審判員の4名が審判長の了解を得て試合継続の可否について決定する。試合の継続が決定した後，原則として5分以内に試合を再開する。

❽相手を腕でかかえ込む

❾不当なつばぜり合い

❿相手の竹刀を握る

⓫その他の規則に反する行為
（例）

a.正当な理由がなく試合の中止を要請する。
b.自分の竹刀の刃部を握る。
c.相手の竹刀を抱える。
d.相手の肩に故意に竹刀をかける。
e.倒れた場合，相手の攻撃に対応することなくうつ伏せなどになる。
f.故意に時間の空費をする。

審判員が合議し，状況に応じて「反則」にする。

「反則負け」となる例

❶禁止物質を使用もしくは所持し，または禁止方法を実施すること。
❷相手または審判員に対し，非礼な言動をすること。❶❷の場合は，相手に二本が与えられて「負け」とされ，退場が命じられる。それまでに一本をとっていても取り消される。
❸不正用具を使用すること。この場合，相手に二本が与えられて「負け」とし，一本取っていても取り消される。

「分かれ」の宣告

主審は，つばぜり合いが膠着（こうちゃく）した場合は，試合者をその場で分け，ただちに試合を継続させる。

「指導」が与えられる場合

竹刀の弦（つる）がまわって横になっている場合は，その打突は有効とならないから，主審は試合を中断して1回のみ明確に指導する。
以後その行為が続く場合は有効打突としない。

（注）
1．延長戦および双方ともに一本を取っている場合，2回目以降の反則を同時に犯したときは，反則として数えない（相殺となる）。
2．これらの反則は1試合を通じて積算される。

剣道

試合の運営と審判法

1 試合の運営

■試合を運営する人と役割

試合は，主審1名，副審2名で審判を行うが，係員として主任1名，係員2名以上があたる。

1 主審の任務

・試合運営の全般に関しての権限をもち，関係役員との連絡のもとに試合の進行をはかる。

・競技場内を動いて，直接両試合者の試合の進行をつかさどり，審判旗を持って有効打突の判定表示，試合開始や勝敗の宣告を行う。

2 副審の任務

・競技場の主審の反対側やや内側に立ち，移動しながら主審の試合運営を助ける。

・有効打突の表示に関しては，主審と同等の権限を持って行う。

・竹刀がこわれたり，防具のひもがとれたりなどの危険防止のため，あるいは反則，時間切れなど緊急を用する場合は，主審に代わって「止め」の宣告を行うことができる。

3 時計係の任務

・主審の「はじめ」の宣告で時計を始動し，主審の判定宣告，審判員の「止め」の宣告で時計を止める。

・時計を止めているときは黄色の旗を立てて，計時の進行を審判員にわからせる。

・試合時間の終了を笛等で知らせる。

4 記録係の任務

・有効打突，反則の種類と回数，試合時間などを記録する。

5 掲示係の任務

・選手のメンバー表を掲示したり，審判の判定や試合結果を正確に掲示する。

6 選手係の任務

・選手の招集や用具の検査などを行う。

2 審判のやり方

■試合開始のとき

1 主審は試合開始前，試合場内へ他の2名の審判とともに入場し，自分は中央，副審を左右にして3人整列する。

2 主審は試合開始までに次のように進行する。

①立礼の位置に選手をオーダー順に整列させる。

②「正面に，礼」の号令で正面への礼を行わせる。

③「相互に，礼」の号令で，相互の礼を行わせる。

④先鋒を立礼の位置につかせ，監督および他の選手が選手席に着席するのを確認する。

■試合中の審判

1 審判にあたって，表示は審判旗で行う。主審は右手に赤旗，左手に白旗を持つが，副審は逆に右手に白旗，左手に赤旗を持つ。

2 主審は大きい声ではっきりと，すべての宣告を行う。

3 有効打突や反則などがあったとき，あるいは審判が試合を中断したときは，開始位置に戻して試合を再開する。

4 つばぜり合いが膠着（こうちゃく）状態になったときは「分かれ」といってその場で分ける。

5 審判員の1人が反則を認めた場合は，その人が試合を中断し，3人で合議して決定する。主審はそれを反則した者に明示する。反則の事実がはっきりしているときは，旗の表示で合図し合い，合議を省

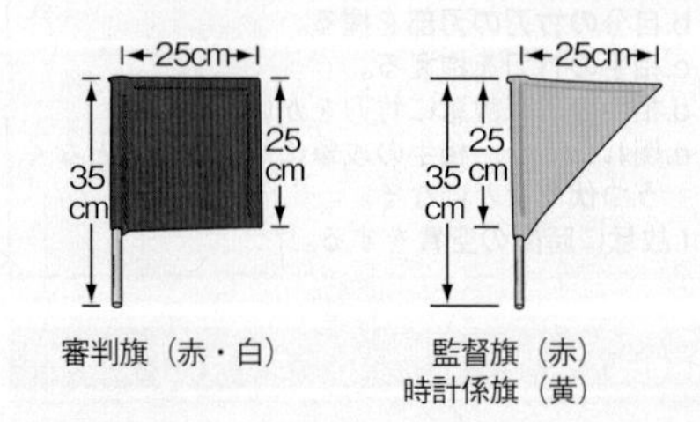

審判旗（赤・白）　監督旗（赤）時計係旗（黄）

略してもよい。

6 試合中，一方の試合者が倒れた場合，または竹刀を落とした場合で，相手がただちに打突を加えなかったときは，主審が試合を中止させ，開始位置に戻して試合を継続させる。

7 試合者の一方が試合不能になったときはただちに試合を中止させる。試合継続の可否判断は，医師の意見を徴し審判員の総合判断とする。

■有効打突の表示

1 審判員の1名が有効打突を表示したときは，他の2人は自分の判断を必ず表示しなければならない。3名の表示により，次のように判定する。

・2人以上が有効打突の表示をしたときは，一本とする。

・1人が有効打突と認め，他の2名が棄権したときは一本とする。

・3人の表示の仕方が全部異なったときは，一本とはならない。そのまま続行する。

2 副審2名が一本の表示をし，主審がそれを打ち消したとき，あるいは棄権したとき，および副審の1人が一本を表示し他の副審とともに主審が棄権したときは，一本が認められるので，主審は旗を上げなおして一本の宣告をする。

3 有効打突を宣告したあとでも，打突後，必要以上の余勢や有効などを誇示した場合は，審判員の合議により，その宣告を取り消すことができる。

■勝敗の決定のとき

1 一方が二本とったり，試合時間が終了したときは，主審は試合を中止させ，試合者を開始位置に戻して次のように宣告する。

・勝敗が決したら　勝者に「勝負あり」

・勝敗が決しないとき「引き分け」

・延長戦に入るとき「延長－はじめ」

・判定で勝敗を決める場合　主審の「判定」の宣告と同時に，3人が自分の判定を旗で表示する。主審は，判定の審判旗を見て宣告する。

簡易試合を楽しんでみよう

●基本試合

❶切り返しによる試合を行い，優劣を判定する。

❷次に，基本打突の面・小手・胴や，小手・面，小手・胴，体当たり退きわざなどを組み合わせて，パターン打ちを作り優劣を判定する。判定のポイントは，打突の正確性，姿勢，態度，掛け声，踏み込み足とする。

❸さらに，面に対するわざで，抜き胴を5本打たせる。小手に対するわざで，抜き面を5本打たせる。判定のポイントは，打突の正確性，抜くタイミング，姿勢，掛け声とする。

❹短い時間内で互格稽古を行い，優劣を判定する。判定のポイントは，姿勢，掛け声，積極性，礼法や態度等を含めて総合的に判断する。

●円陣試合での一本勝負

7人グループを作り，2人が試合を行い，残り5人が審判を行う。多くの人数で審判を行い，その過半数が有効と認めた場合に一本とする。勝った人が，次の相手を選ぶことができる（奇数の9人グループで行い，審判7人でもよい）。お互いに審判の勉強にもなる。

3 審判の宣告と旗の表示

■宣告の仕方

宣告は大きな声で，はっきりと行う。

場　面	宣　告
●試合の開始・再開	「始め」
●有効打突	「面(小手・胴・突き)あり」
●有効打突を取り消すとき	「取り消し」
●分かれさせるとき	「分かれ－はじめ」
●二本目の開始	「二本目」
●両者一本後の試合開始	「勝負」
●勝敗の宣告	「勝負あり」
●延長戦の開始	「延長－はじめ」
●一本勝ちの宣告	「勝負あり」
●不戦勝ちの宣告	「勝負あり」
●判定勝ちの宣告	「勝負あり」
●試合の中止	「止め」
●反則の宣告	「反則１(２)回」
●相手の反則による得点の宣告	反則者に「反則２回(回数を指で示す)」。相手側へ「一本あり(旗で示す)」
●反則勝ちの宣告	反則者に「反則２回(回数を指で示す)」。相手側に「一本あり(旗で示す)－勝負あり」
●中止の要請があったとき	「止め」と旗で中止の合図をし，理由を聞く。理由が正当な場合は，「中止」終了後「はじめ」と宣告して再開する。正当な理由と認められないときは，合議して申し出た者に「反則の宣告」をして再開する。
●両者一本ののち，同時に２回目の反則をしたとき	「相殺」と宣告して試合を続行する。
●試合拒否（不能）	「勝負あり」
●引き分け	「引き分け」
●審判員が合議をするとき	「合議」

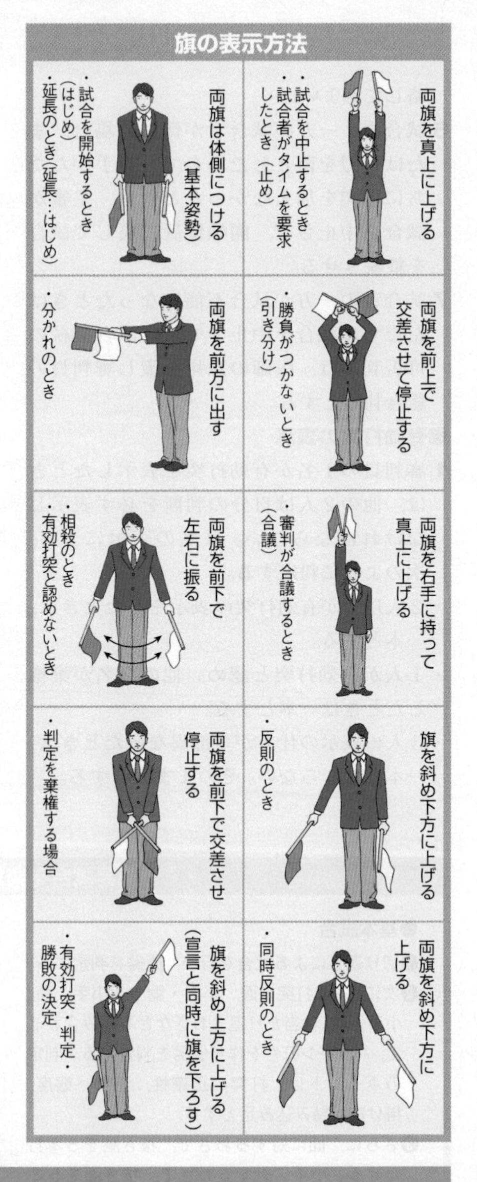

調べてみよう

- 剣術と剣道とはどんな違いがあるのか。
- 上段，中段，下段という構えには，どんな長所短所があるのか。
- 竹刀や防具はいつ頃から使われてきたのか。
- 世界剣道選手権大会に参加している国には，どんな国があるのだろうか。
- 宮本武蔵が記した大著で，国内外で愛読されている書物はなにか。
- 段にはどんな基準があるのか。

SKIING
スキー

【歴史と発展】

スキーの歴史は非常に古く，原始的な形では，約4000～5000年前にすでにあったといわれている。

近代スキーの形をとるようになったのは，1879年ノルウェーのクリスチャニア（現在のオスロ）郊外で行われたジャンプ大会からであるとされている。1924年には第1回冬季オリンピックが開催され，1936年からアルペン種目も加えられ，今日の隆盛のもととなった。

わが国では，1911（明治44）年オーストリアの軍人テオドル・フォン・レルヒが，新潟・高田師団の歩兵隊に教えたのが最初で，その後全国に広まり，1923（大正12）年には第1回全日本選手権大会が小樽市で開催された。戦後では，1952（昭和27）年のオスロでの第6回冬季オリンピックに初参加，1972（昭和47）年の第11回札幌大会，1998年（平成10）年の第18回長野大会によって，いっそう国民の関心を集め，国民のスポーツといわれるまでになった。

【競技の特性】

❶2枚の板を足につけ，雪上を滑り，飛ぶなどして，時間や得点を競う。

❷競技を種目別にみると，アルペン競技とノルディック競技に大別される。

❸ノルディック競技は，大別してクロスカントリー競技とジャンプ競技からなる。

❹滑降斜面の変化やスピードによって物理的外力の影響を強く受けるので，それらに適切に対応できる技術やバランス能力，判断力などが要求される。

❺急斜面を滑るときの積極性や勇気，障害物をよけるときの巧緻性や敏捷性も大切である。

競技に必要な施設・用具・服装

1 競技場

2 用具と服装

●アルペン競技

●ジャンプ競技

●クロスカントリー競技

●用具

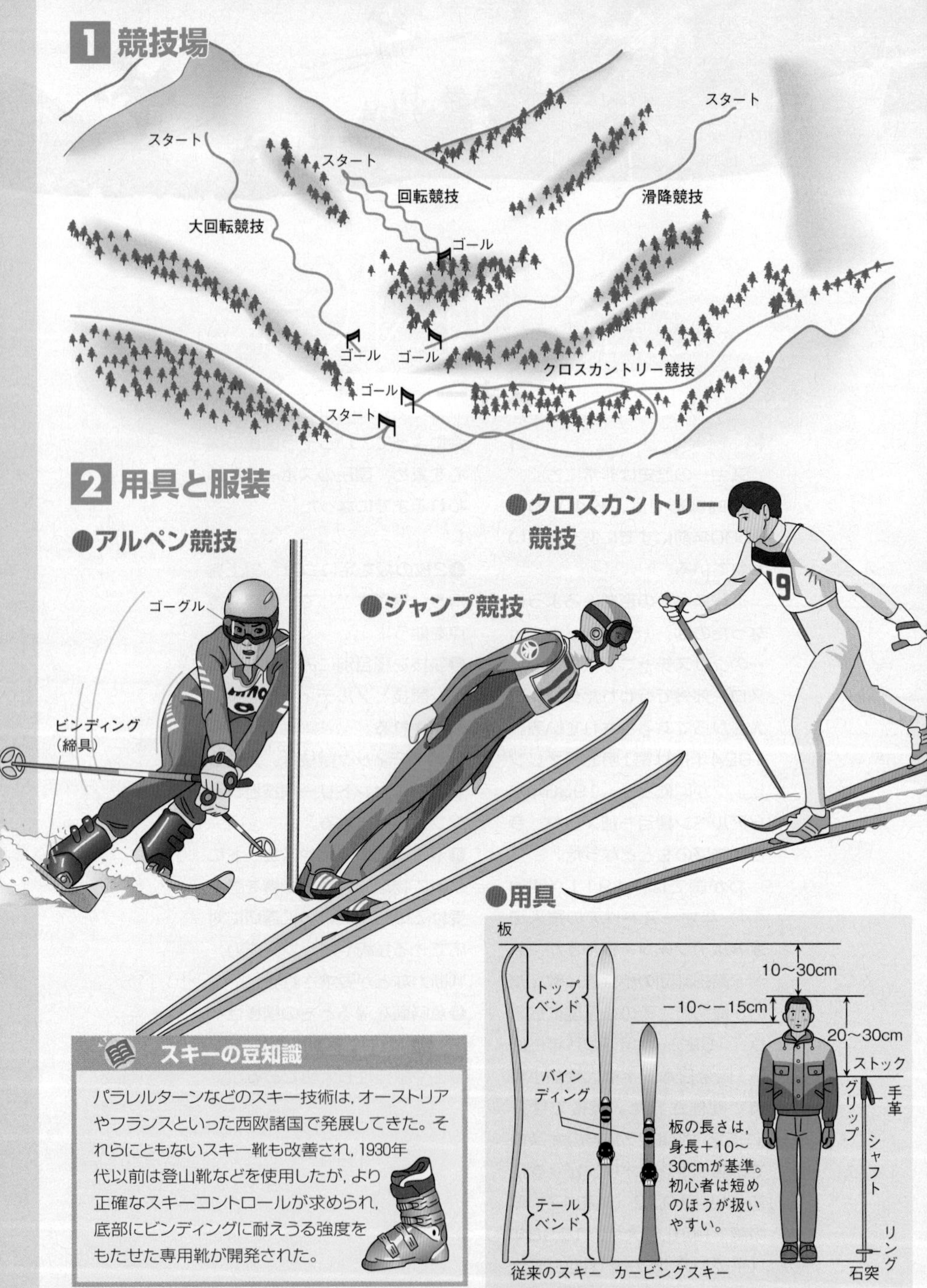

スキーの豆知識

パラレルターンなどのスキー技術は，オーストリアやフランスといった西欧諸国で発展してきた。それらにともないスキー靴も改善され，1930年代以前は登山靴などを使用したが，より正確なスキーコントロールが求められ，底部にビンディングに耐えうる強度をもたせた専用靴が開発された。

基本技術と用語の解説

●斜滑降
山側の足と腰を前に出し，両膝を山側に押しつけて角付けし，上体は谷向きで滑る。

●直滑降
両膝を前に出し，体重を足裏全体で感じとれるようになるまで，全体的にリラックスしながら，左右，前後，均等のバランスを保って滑る。

●プルークボーゲン
膝を押し伸ばすときに膝の内側をゆるめない（角付けをゆるめない）。

腰の上下動はだんだん少なくなるように。

せまいV字形に戻して，次の押しの準備。

安全チェックリスト

- □ 用具や装備の点検をしよう
- □ 滑る前に準備運動をしよう
- □ 最初はスピードを出さない
- □ 技術レベルに合った条件で滑ろう
- □ 初心者は単独行動はしない

【荷重】
体重や運動によって雪面を圧すること。（反抜重）

【プルーク】
スキーのテール（後ろ）を逆V字型に開いたまま左右均等荷重で，斜面を直下に向いて下降する技術。

【パラレルターン】
左右のスキーを常に平行に揃えたままでターンする技術。

【カービング】
ターン時のスキーのズレを最小限にし，雪面にエッジを刻み込ませる積極的なターン技術。

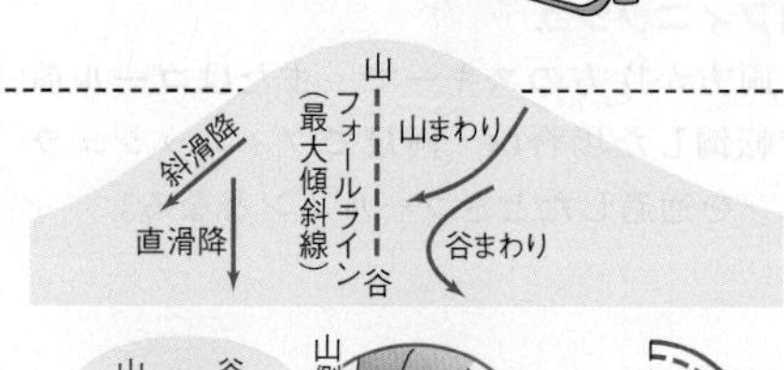

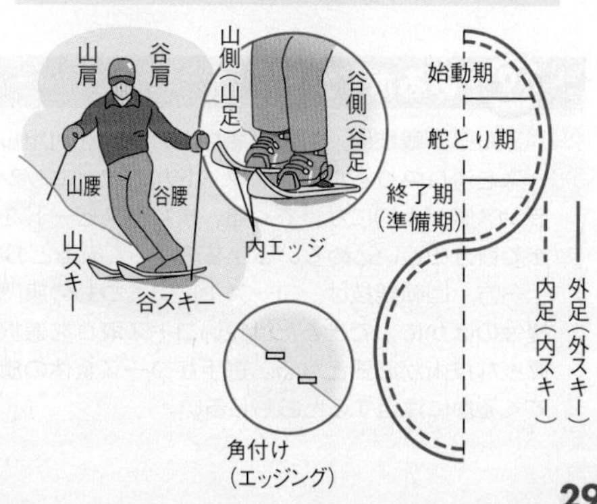

アルペン競技のルール

アルペン競技の共通ルール

■スタートのやり方

1 競技者は，スタートライン前の雪中または指定された位置にポールを突き，スタートラインから，ポールの助けだけでスタートしなければならない。

2 スタート合図員が，スタート10秒前に「10秒前」の合図を発したら，いつでもスタートできるように準備しておく。

3 スタート5秒前から「5，4，3，2，1」とカウントされ，「ゴー」の合図があるので，それに合わせてスタートする。ただし，回転競技の場合は，スタート5秒前のカウントはなく，「Ready …Go」などの合図でスタートする。

■競技中のルール

1 転倒などでスキーがはずれても，最低1本のスキーはつけて滑らなければならない。

2 雪上の旗門は，必ず両足で完全に旗門線を横切って通過しなければならない。旗門不通過のままゴールすると失格となる。

3 誤って旗門の外を回った場合は，旗門線を両足で越える位置まで登ればよい。

4 両足が完全に旗門線を通過すれば，旗門が体に触れて倒れても許される。

■フィニッシュ

両方か片方のスキーで，またはゴール前で転倒した場合は，両足でフィニッシュラインを通過したときゴールインとなる。

■タイムの計測

電気時計で行われ，競技者の膝から下がスタートラインを横切ったときから，体または装備のいずれかの部分で，フィニッシュポスト間のラインを横切るまで計測される。

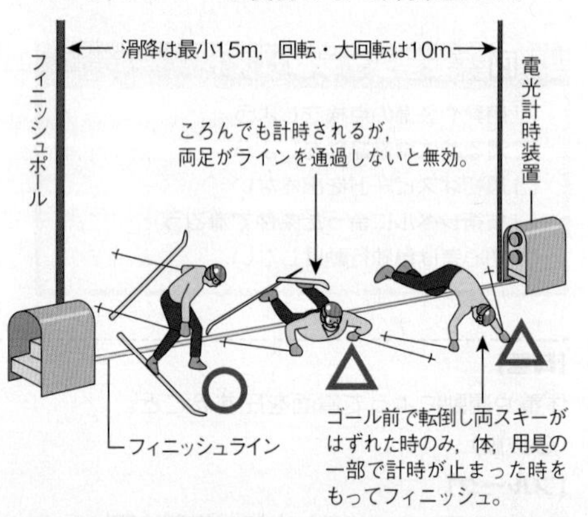

みるポイント

アルペン競技は，傾きが急な山の斜面を利用してコースが造られている。滑降競技は，直線的なコースを滑り降りるため，スタートからフィニッシュまで速いスピードを維持しながらも転倒しないバランス感が大切になってくる。また，スピードを保ち続ける精神的な強さも大事なため，選手がどこまで自分を追い込めているかを想像してみるとおもしろい。

一方，回転競技は，コース上にいくつもの旗門を立て，そこを通り抜けながら滑り降りるため，敏捷性のほかに，できるだけ短いコース取りを選択できるだけの正確な判断力やターンのリズム感など高度な技術が必要となる。選手がコース全体の旗門の位置を考えながら，どのようなコース取りをしてくるかに注目するとおもしろい。

1 滑降競技（ダウンヒル）

競技のやり方

1 滑降競技は，アルペン種目の中でもっとも速いスピード競技で，通常１回の滑降タイムで順位が決められる。

2 ハイスピード競技で危険がともなうので，競技前には最低１回の計時トレーニングを含んだ公式トレーニングに参加しなければならない。

コース

●標高差

	男子	女子
おもな国際大会	800～1100m	450～800m
SAJ 公認大会（全日本スキー連盟）	450～1100m（ジュニアは700m）	450～800m

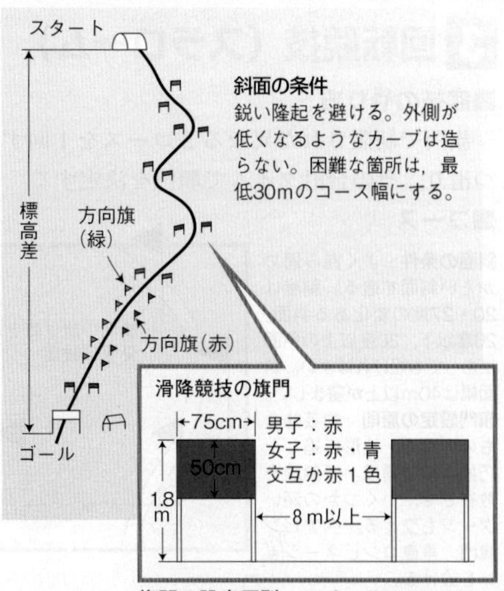

旗門の設定原則　スピードのコントロール，安全なコースへの誘導が目的。競技者に見やすく滑降線に対し直角に設置。

2 大回転（ジャイアントスラローム）

競技のやり方

通常旗門セットが異なる２つのコースを１回ずつ２回滑り，合計タイムで順位を決める。

コース

●標高差

	男子	女子
標　高　差	250～450m	250～400m

※オリンピックなどのおもな国際大会の場合は，男女とも最低300m。

●ターン数

標高差（m単位）の11～15%の小数点以下を四捨五入した数の範囲。

旗門の設定原則　地形を最大限に利用し，大，中，小のターンを含めること。１旗門の２つの旗は滑走線に直角に立てる。

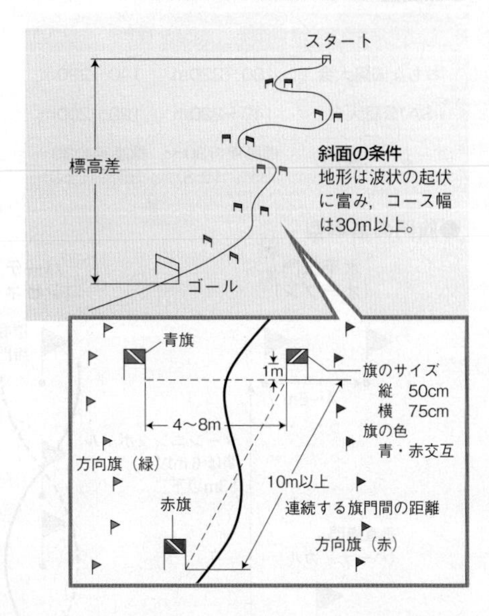

illustrate

●滑降，大回転の旗門線

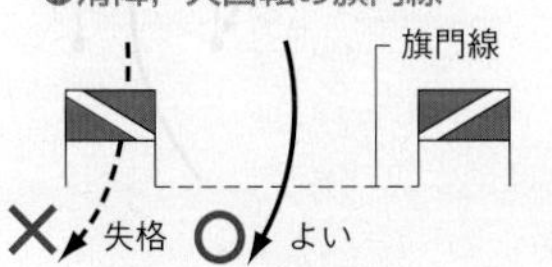

２組のポールで構成されている内側のポール間の最短線が旗門線。

●回転の旗門線

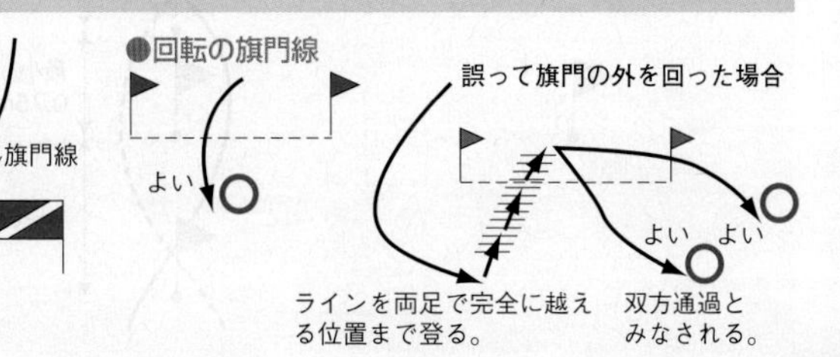

3 回転競技（スラローム）

■競技のやり方

旗門で制限された異なる２コースを１回ずつ滑り，その合計タイムで順位を決定する。

■コース

斜面の条件　よく踏み固めかたい斜面を造る。斜度は20～27度の変化ある斜面。20度以下，30度以上の斜面があっても短ければよい。斜面幅は40m以上が望ましい。
旗門設定の原則　曲芸的なものでなく，地形に適した巧妙な線で構成。傾斜線を散在させ，いくつかの深いターンも交える。ヘアピン旗門，垂直コンビネーションを設ける。

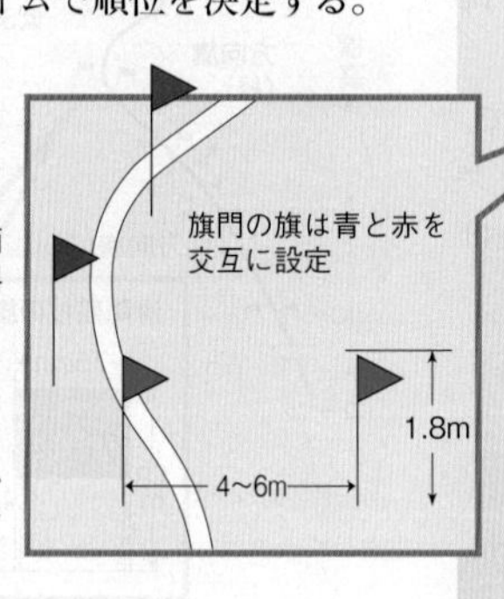

●回転コース例

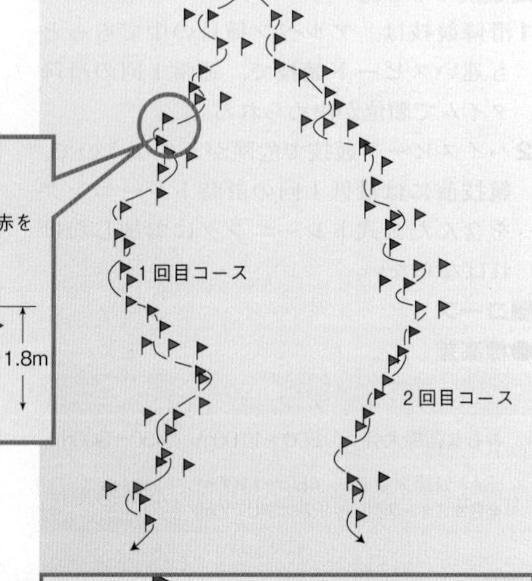

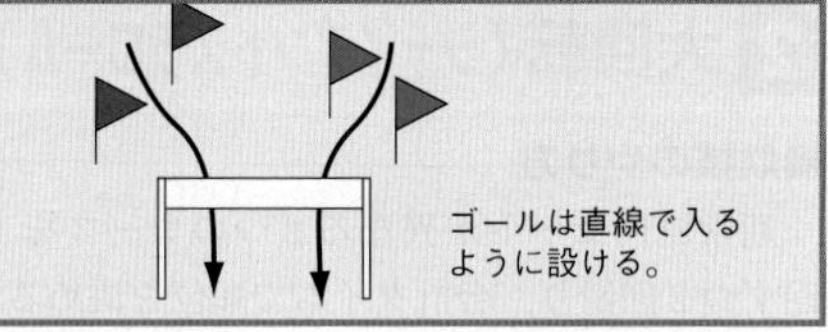

●標高差

	男子	女子
おもな国際大会	180～220m	140～220m
SAJ公認大会	140～220m	120～200m
ターン数	標高差の30～35%（±3）	標高差の30～35%（±3）

●旗門の基本型

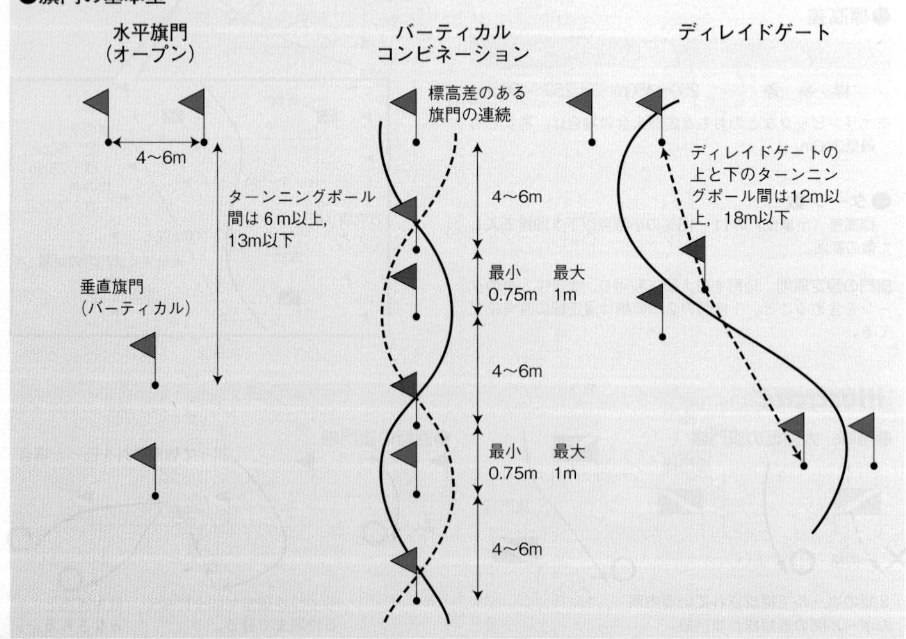

ノルディック競技のルール

1 クロスカントリー競技

●クラシカルリレー競技のスタートゾーン

スタート
100m
幅1.5mのセパレートコース
スタートから100～200mはコースが平行
次の100mでコースが半数に
2～3コースに集まるようにする

自然の山間や平原を利用して設定されたコースを，定められたスキーテクニックを用いて滑走し，その速さを競う。スキーテクニックには交互滑走と推進滑走を中心としたクラシカルテクニック(C)と，走法に制限がないフリーテクニック(F)があるが，フリーテクニックではスケーティング滑走が使われることが多い。競技には個人種目とリレー種目があり，どのスキーテクニックを使うかは，競技会によって取り決めが行われる。

クロスカントリー競技	
男子……10km，15km，30km，50km，スプリント，（ダブル）パシュート，スキーアスロン	全国中学校スキー大会 男子……5kmC，5kmF　女子……3kmC，5kmF
女子……5km，10km，15km，30km，スプリント，（ダブル）パシュート，スキーアスロン	全国高等学校スキー大会 男子……10kmC，10kmF　女子……5kmC，5kmF

リレー競技
男子……1区間10km　女子……1区間5km

illustrate

●クロスカントリー競技の走り方

●推進滑走：ダブルポール(クラシカルで使うテクニック)

スピードの出る走り方で，平地やなだらかな上りや下りに使う。

●交互滑走（クラシカルの代表的なテクニック）

脚のキックで得たスピードをストックで増大させ，それを左右交互にくり返して滑走する走り方。主に登りで使う。

●クイックスケーティング滑走（フリーの代表的なテクニック）

ストックは左右一緒に突いて最後まで押し切り，スキーは開脚でスケーティングを行う。スキーは片方のスキーを斜め前方にすり出し，内エッジに乗り込みながらキックをきかせ，もう一方のスキーも同様にすり出しながら体重を移動する。

●個人種目

■競技のやり方

男子は10km, 15km, 30km, 50km, 女子は5km, 10km, 15km, 30kmの距離がある。その他に, 2日間, もしくは1日で休息をはさみ, 前半はクラシカルテクニック(シングルスタート), 後半はフリーテクニック(パシュートスタート)を行うパシュート競技や, (4～6人同時のレースである)スプリント競技がある。

■スタートのやり方

シングル(1名ずつ, 15秒または30秒間隔), ダブル(2名ずつ, 30秒間隔), マス(競技者全員やグループ全員で一斉), パシュート(前半のレースの所要タイムの1位から順に, 1位とのタイム差でスタート)の4つがある。

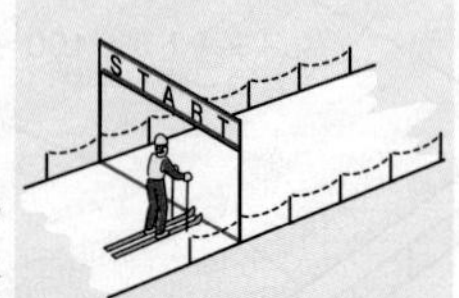

両足をスタートラインの後方におき, スタート合図員の「10秒前」, 5秒前からの「5, 4, 3, 2, 1, ゴー」の合図でスタートする。

■競技中のルール

1 コースの標識通りに全関門を正しい順序で通過しなければならない。

2 後走者に追い越される場合, 最初の要求でコースをゆずらなければならない(ゴール手前のフィニッシュゾーンではその必要はない)。

■フィニッシュ

競技者のどちらかの足の向こうずねが, ゴール2本のポールを結んだラインを通過したとき, ゴールとなる。

フィニッシュラインの手前は, 200m以上の3～4本コース。

●リレー種目

■競技のやり方

1 1チーム3～4名が定められた距離(主に男子10km, 女子5km)を1区画ずつ走り, 中継点で引き継ぎながら速さを競う。

2 クラシカルテクニックを用いたクラシカルリレーと, フリーテクニックを用いたフリーリレー, および組み合わせたコンビネーションリレーがある。

■スタートのやり方

「30秒前」のアナウンス後, 旗を横にしピストルの合図, または旗が上がると同時にスタートする。

■中継

1 到着走者が中継ゾーンに近づくと, そのチームの出発者が呼ばれ, ゾーン内に入る。

2 中継は, 到着走者が中継ゾーン内において, 手で次走者の体の一部に触れることによって完了する。

3 中継規則に違反した場合, 両選手が中継ゾーンに呼び戻され, 正しい中継を行った後, スタートとなる。

4 中継ゾーンおよびフィニッシュ手前200mでは, 後走者にコースをゆずらなくてもよい。

■順位の決定

トータルの時間が記録され, 最終走者のフィニッシュライン通過順が順位となる。

●中継ゾーンと中継方法

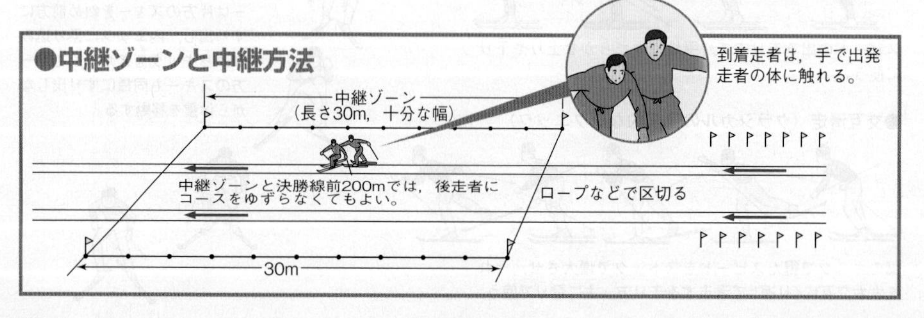

2 ジャンプ（飛躍）競技

●ジャンプ競技の施設

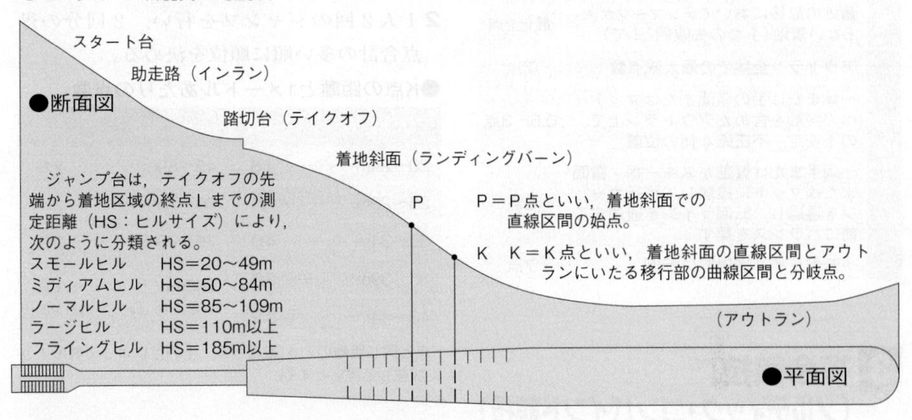

ジャンプ競技		
スモールヒル ……………	K点距離	20～45m
ミディアムヒル …………	K点距離	46～74m
ノーマルヒル ……………	K点距離	75～99m
ラージヒル ………………	K点距離	100m以上
フライングヒル …………	K点距離	170m以上

■競技のやり方

1 スタートは，スタート合図後の許容時間（10秒）内にスターティング・ゲートを離れなくてはならない。

2 飛距離の測定は，テイクオフ先端と着地斜面上の競技者が着地した地点（着地点）までの距離となる。競技者が両足を交互に開く着地（テレマーク）姿勢をとった場合は，前足と後足の中間を着地点とする。

・測定は0.5ｍを単位とする。

・飛距離点はＫ点を基準の60点とし，得点計算表により算出される。

3 飛型の採点は，テイクオフ終了からアウトランの転倒ラインを通過するまでの競技者の継続した動作の外見を採点する。

・５人の飛型審判員が，それぞれ20点の保有点から，飛型点採点の基準に基づき減点法で採点する。

・飛型点は５人の飛型審判員が出した飛型点の内，もっともよい点数ともっとも悪い点数を除き，中間の３人の採点の合計により求められる（満点60点）。

・採点は，0.5点刻みの単位で行う。

●１回の飛躍における得点例（K＝90mの場合）

選手	飛距離	飛距離得点	飛型審判飛型点 A	B	C	D	E	飛型得点	合計得点	1回目順位
あ	90m	60.0点	18.5	18.0	18.5	18.0	19.0	55.0	115.0	2
い	80m	40.0点	17.0	17.0	18.0	17.5	17.0	51.5	91.5	3
う	92m	64.0点	19.0	18.5	19.0	19.5	19.0	57.0	121.0	1

※飛型審判飛型点中の▒は飛型点から除かれる飛型点

●飛型点のおもな採点基準（1つの例として）

空中	空中全体での最大減点数	5点
着地	着地全体の最大減点数	5点
	着地の最後においてテレマークが入らない着地（1つの失敗例として）	最低2点
アウトラン	アウトラン全体での最大減点数	7点
	～体または手の雪面またはマットへの接触を含めたアウトラン上での不安定，不正確な体の位置	0.5～3点
	～両手または臀部がスキー板，雪面またはマットに接触して移行カーブを通過し，転倒ラインを通過する前にバランスを戻す	5点
	～転倒ライン通過前に転倒	7点

■順位の決定

1 1回の飛躍の得点は，飛距離点と飛型点の合計で表される。

2 1人2回のジャンプを行い，2回分の得点合計の多い順に順位を決める。

●K点の距離と1メートルあたりの点数

K点距離	点数	K点距離	点数
20～24m	4.8	45～59m	2.8
25～29m	4.4	60～74m	2.4
30～34m	4.0	75～99m	2.0
35～39m	3.6	100m以上	1.5 ※スペシャルジャンプは1.8点
40～44m	3.2		

K点と同じ距離のとき60点とし，その差によって表のように加減して得点とする。

3 複合競技（ノルディック・コンバインド競技）

■競技のやり方

1 ジャンプ競技，クロスカントリー競技の順に，1日で行う。

2 ジャンプはノーマルヒルまたはラージヒルで1回行われ，1回の得点をクロスカントリーのスタートの時間差に換算する。1分＝15点。

3 ジャンプ競技の飛型点および飛距離点による得点は，スペシャルジャンプ同様に採点される。

4 クロスカントリー競技は10kmで行い，フリーテクニックにより行われる。

5 クロスカントリー競技のスタート順は，換算表によって得点差をタイムに換算した順となる。

■順位の決定

クロスカントリー競技の順位が最終順位となる。

みるポイント

ノルディック競技は，クロスカントリーとジャンプと，その2つを組み合わせた複合がある。

クロスカントリーでは，自然の中に設定された長いコースで行うため，上り坂，下り坂での追い抜き，追い越しに注目するとおもしろい。また，事前にレース環境を予想して，気温や雪質に合わせたワックスをスキーに塗っておく。そのセッティングが合うか合わないかによっても出る速度が変わってくるので，選手・チームの予想がどうだったのかも興味深いところである。

ジャンプでは，ジャンプ台から空中を飛ぶため，ジャンプ力と空中での安定したフォームがポイントとなる。また，自然の中でのスポーツのため，滑る順番によって風向きが変化することがある。選手の運も競技成績にかかわるところがこのスポーツ独自のおもしろさである。

複合では，優勝者は「キング・オブ・スキー」（スキーの王様）と呼ばれ，ジャンプとクロスカントリーの2つで成績が決まる。選手によっては，ジャンプが得意な選手や，クロスカントリーが得意な選手がいるので，最後まで結果がわからない楽しさがある。

SKATING

スケート

【歴史と発展】

スケートの起源は，あまりはっきりしないが，原始時代にすでに北欧では，動物の骨でつくられたスケートが使われていた。それがやがてイギリスに伝わって，12世紀末ごろには，イギリスの人びとの間で行われていたと伝えられる。

1763年，イギリスで最初のスピードスケートの競技会が行われ，以後スケート技術は急速に進歩発達し，フィギュアスケートも行われるようになった。1892年には国際スケート連盟が組織され，1924年にはフランスで第1回冬季オリンピックが開かれるまでになった。

わが国では，1877（明治10）年に，札幌農学校（現在の北海道大学）のアメリカ人教師ブルックス氏が，持参したスケートで滑ったのが最初だといわれている。

1972（昭和47）年にはオリンピック札幌大会が開催され，以後，日本人選手も世界で活躍するようになった。1998（平成10）年の長野大会では，清水宏保選手が500mで日本人初の金メダルを獲得した。

【競技の特性】

❶スピードスケート，フィギュアスケート，アイスホッケー，ショートトラックに分けられる。それぞれ，タイムや着順，あるいは得点などで勝敗を競う。

❷スピードスケート競技は，スピード時間や着順を競うスポーツで，男女それぞれ5種目があり，国際大会，国内大会とも，おもに「選手権大会」と「距離別大会」に分けられる。また競技方法には，ダブルトラックレースとシングルトラックレースの2種類がある。

❸フィギュアスケート競技は，選手の演技を要素の難しさや質を評価する「要素点」と，自由に選んだ曲の曲想を氷上の演技でいかに表現ができたかを評価する「演技構成点」とで審判員が採点し，その合計点の高さを競うスポーツである。シングル，男女が組んで行うペア・スケーティング，アイスダンス，16名のグループで演技するシンクロナイズド・スケーティングがある。

スピードスケートのルール

●競技場

400m標準ダブルトラック（Cタイプ）
（内側半径26m，トラック幅４m）

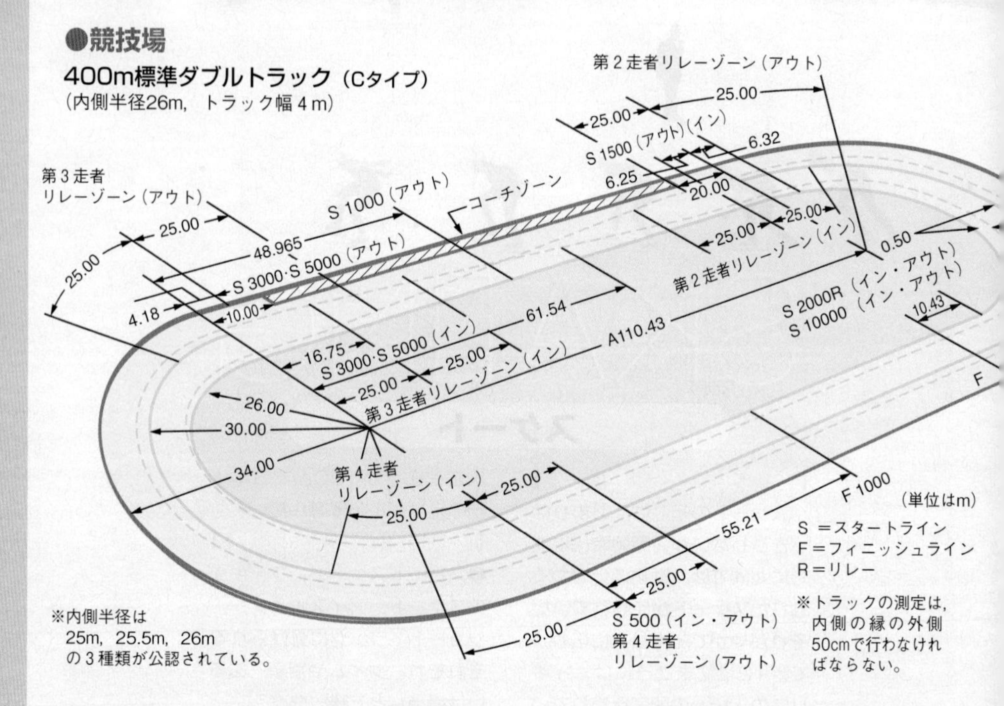

特　性

スピードスケートは，タイムや着順を競うスポーツである。男女それぞれ短距離，長距離，リレー，総合競技，チームスプリント，チームパシュート，マススタートがあり，また競技方法にはダブルトラックレースとシングルトラックレースの２種類がある。時速50kmを超えるスピードで氷上を滑るため，氷上のF1といわれる。また，短いトラックを用いて選手同士の一瞬のかけひきで抜きつ抜かれつ順位を争うショートトラックもある。

1 競技の概要

●競技の内容

1 氷上のトラックを滑走し，定められた距離の所要タイムを競う競技である。

2 競技会での競技種目には，短距離，長距離，リレー，総合競技，チームスプリント，チームパシュート，マススタートがあるが，どの種目を行うかはそれぞれの大会要項で示される。大会要項によって，参加資格のバッチテスト級が設けられている。

●滑走方法

1 滑走は，常にトラックの内側がスケーターの左側になるように，左回りに行う。

2 ダブルトラックレースでは，２名ずつ１組で滑走するが，シングルトラックレースでは数名が集団で滑走する。

3 カーブに入るとき，出るとき，カーブの途中で距離を縮めるためにトラックの境界線を横断してはならない。

4 スタートおよびフィニッシュの方法は，ダ

	男子	女子
短距離	500m, 1000m, 1500m	500m, 1000m, 1500m
長距離	3000m, 5000m, 10000m	3000m, 5000m
リレー	2000m	2000m
チームスプリント	3周	3周
チームパシュート	8周	6周
マススタート	16周(10周)	16周(10周)

（　）内は全日本ジュニアスピードスケート選手権に適用。

ブルトラックレースとシングルトラックレースで異なる。

●タイムの計測

1 スタートからフィニッシュまでのタイムを自動計時と手動計時で行う。最近は，チップを用いたトランスポンダーも採用される。

2 計時は，1/100秒で計時する。

3 手動計時は３名のタイマーで行うが，１名の補助タイマーをつけ，次のようにタイムを決める。

・３個の時計のうち２個が同じ→そのタイム。

・３個ともすべて違う→中間のタイム。

・２名計時しなかった→補助タイマーを加え中間のタイム。

●レースのやりなおしを申し込める場合

1 自分の失敗によらないでレースを妨げられたり，トラック内の障害物でレースを終了できなかったときは，再レースを申し込める。

2 再レースを認められた競技者は，30分休憩する権利が認められる。

3 再レースの場合，順位およびタイムは再レースの結果を採用する。

●失格になる場合

失格の判定はレフェリーが行う。ただし，スターターおよびジャッジの判定に関するものを除く。交差区域では，外側から出てくる者が常に優先となり，いかなる場合も内側から出るスケーターはその進路を妨げてはならない。スケーター同士の接触や外側から出てくるスケーターの進路を妨害したと判断された者は失格となる。

2 ダブルトラックレースのやり方

●競技方法

1 ２名１組の選手が，インコースとアウトコースを交差区域（バックストレート）で交互に交替しながら滑走し，そのタイムを競い合う。

2 ２名ずつの組み合わせやスタート順は，前年度の成績やポイントでシードされ，大会前日の公開抽選会で決められる。

3 まず，通常行われている１組（２名）がスタートして，半周（150〜200m）以内に次の１組（２名）がスタートする方法，カルテットスタートで２組４名によるレースを採用する場合もある。回数やタイムはそれぞれ計測される。

4 内側からスタートする選手は白，外側からの選手は赤の腕章を右腕につける。カルテットスタートの場合は，後発組の内側の選手は黄，外側の選手は青の腕章を右腕につける（腕章の代わりに腰ひも，帽子でもよい）。この規則の違反は失格をもたらす。

5 順位の決定は，予選や決勝による方法でなく，１つの距離をすべての競技者が滑走した後，そのタイムの早い順に決まる。

6 オリンピックなどの国際競技会，全日本選手権大会（総合成績）など（中学・高校の大会も含む）は，この方法で行われる。

●スタートのやり方

1 スターターの「Go to the start」の合図で競技者はプレスタートラインとスタートラインの間に位置する。「Ready」の合図までそのまま静止して待つ。

2 スターターが「Ready」と命じたら，スタート姿勢をとり，発砲されるまで静止していなければならない（両者が静止してから1.0〜1.5秒程度）。

3 ラインを越えてかまえたり，「Ready」の号令で故意にゆっくり動作したりすれば違反となり，警告される。

4 不正スタート（号砲前に飛び出す）をした場合は，スターターは２発目の号砲またはホイッスルで合図し，競技者を呼び戻す。

5 不正スタートが指摘された後の組で次の不正スタートを引き起こしたスケーターは，当該距離から失格となる。

6 スタート時の不正スタートはやり直しとなるが，その組で２度目の不正スタートでもやり直さずに，レース終了後に不正スタートを警告されて失格となることがある。

●交差のやり方

1 競技者は交差区域（バックストレート）に到

達するたびに, 内側から外側, 外側から内側へ入れ替わらなければならない。ただし, 1周400m標準トラックでの1,000m, および1,500mの最初のストレートは交差しない。

2 カーブの終わったところ（交差区域の最初の部分）で, 内側から外側トラックに移行しようとしている競技者は, 外側から内側に入ってくる相手競技者の妨害をしてはならない。

●交差中に衝突した場合
同時にバックストレートに入り衝突した場合は, 内側の選手の責任。

内側と外側から同時にバックストレートに入るということは, その時点で外側が内側に約15mまさっていることになる。したがって, 外側からの選手に優先権が与えられる。

●フィニッシュの判定

1 フィニッシュは, そのスケートの先端がフィニッシュラインに触れるか到着したときで, そのときゴールインとなる。

2 競技者がフィニッシュ直前に転倒した場合は, スケートのブレードの先端がフィニッシュラインの延長線上に到着した瞬間に計測。

ダブルトラックレースでは❶❸が, シングルトラックレースでは❶❸❹が正規のフィニッシュとなる。

3 シングルトラックレースのやり方

●競技の方法

1 スタート地点に多くの競技者を集め, いっせいにスタートさせて単一コースを滑走させる日本独自の競技で,「オープントラックレース」とも呼ばれている。

2 順位は, 予選, 決勝ごとにフィニッシュラインへの着順によって決定する。原則として, 別々に行ったレースのタイムによって順位を一括して決定することはない。

3 国民スポーツ大会（国スポ）の1,000m以上のレースでは, 責任先頭制が設けられ, 予選から決勝まで, 記録より順位を決める目的で行われている。

4 中学の全国大会では, 1,500m以上の距離ごとにポイントを課し, 各組４着まで計測し, タイム順に並べて通過者を決めている。

●スタートのやり方

1 ダブルトラックレースと同じだが, 集団でのため, スタートの位置は抽選で決める。

2 競技参加者が多く, スタートラインに並ぶことができないときは, ２列に並ぶか数組に分割して予選を行うことができる。

3 原則として短距離（500m, 1,000m, 1,500m）は８名以内, 長距離（3,000m, 5,000m, 10,000m）は12名以内でスタートする。500mとリレーでは, 決勝A（1～4位）, 決勝B（5～8位）の４名ずつで行い順位を決定する。ただし６名（チーム）以内の参加では決勝のみとする。

●走行中の追い越し, 妨害, 援助

1 追い越しの際に起こった事故や衝突の責任は, 追い越される側が適正を欠いた場合以外は, 追い越す側にある。

2 自分の優位を得るため, 他の競技者を故意に妨害したり体を押したりしてはならない。

3 先行する競技者は不必要にスピードを落として, 他の競技者のスピードを落とさせたり, 衝突させたりしてはならない。

4 故意に相手の進路を横切ったり, 他の競技者を妨害したり, あるいは他の選手と協力してその結果を狂わせてはならない。

5 レース中に他の者から物理的援助を受けてはならない。

●フィニッシュの判定

競技者の手または腕以外の身体の一部が, フィニッシュラインに触れるか到達したときにゴールインとなる。

フィギュアスケートのルール

特 性

スピードスケートやアイスホッケーとは異なり，氷上を舞台に，スケーターが繰り出す技と芸術のコンビネーションであり，そのすばらしさを得点（採点）で競い合う華やかな競技である。技にはジャンプをはじめ，ステップ，スピンがあり，それぞれに難易度がつけられている。競技は，男女シングル，ペア，アイスダンス，団体競技であるシンクロナイズド・スケーティングに分かれている。シーズン・オフにはトップスケーターによるアイスショー等も催され，見る者を楽しませる。

1 競技の概要

●競技役員と採点

競技会においての役員構成は，テクニカルパネルと，ジャッジパネルに分けられる。

1 テクニカルパネルはあらかじめ定められた尺度によりスピン，ステップの難易度をレベル1から4で決定する。ジャンプにおいては回転数，種類を見極めデータ・オペレーターにコールする。

2 ジャッジパネルはコールされた要素について－5から＋5の11段階で質の評価を行う(GOE：グレード・オブ・エクゼクションという)。

ジャッジパネルはGOEの評価に加え，3つのプログラム・コンポーネンツ・スコアを採点する。

【プログラム・コンポーネンツ・スコア】

①コンポジション(構成)：行われた演技に統一感がありどのような構成であったか。②プレゼンテーション(演技)：音楽と構成を理解しどのようにプログラムを表現したか。③スケーティング・スキル(技術)：精度の高いステップ，ターンやスケーティング動作をスケーターが実施できていたか。

●衣裳（コスチューム）

数年前より女子のズボン着用が許され，さまざまなユニークなデザインの衣裳が見受け

フィギュアスケートの豆知識

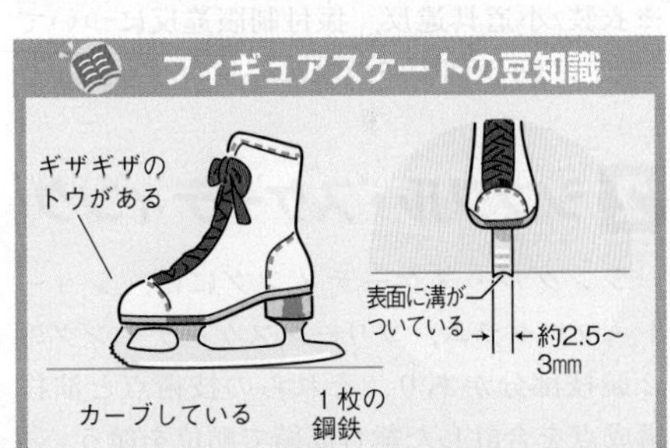

フィギュアスケートでは，スピンやジャンプといった技を繰り広げるためにシューズのつま先部分にギザギザのトウ（トウ・ピック）が付けられ，激しい動きから足首を守るためにブーツタイプになっている。トウは氷に刺してジャンプしたり，スピンの動作でも使われる大事な部分である。この部分がなければ，優雅で華麗な動作はできない。

また，スケート自体にはエッジと呼ばれる刃（ブレード）があり，溝を内側，外側に2つのエッジを持っている。内側（インサイド・エッジ），外側（アウトサイド・エッジ），またはその両方（フラットエッジ）を使うかによって技の難易度が大きく変わってくる。

られるようになった。しかし過度に肌を露出したり小道具の使用は認められない。

●減点について

減点はジャッジパネルの長であるレフェリー（R）が行うもの，テクニカルパネルの長であるテクニカルコントローラー（TC）が行うものがある。

違反内容	詳細	減点	R or TC
演技時間違反	5秒ごとの過不足につき	1.0	R
衣装/小道具違反	プログラムごとに	1.0	R
衣装の一部/装飾の氷上落下	プログラムごとに	1.0	R
違反要素/動作	各違反要素/動作ごとに	2.0	TC
転倒	ペア・スケーティングでは，一方の転倒は1.0，両者の転倒は2.0 シングルシニアの場合，1回目～2回目の転倒1.0，3回目～4回目2.0，5回目以上3.0	1.0～	TC
10秒を超える演技実施中の中断	10秒ごと40秒までの中断	1.0～3.0	R
中断地点より3分以内に再滑走が許された場合の演技の中断	プログラムにつき1回限り	5.0	R
演技開始の遅れ 名前を呼ばれてから30秒以内にスタートできない	呼び出しの放送より1～30秒遅れた場合	1.0	R
振付制限違反	プログラムごとに	1.0	R

※衣装/小道具違反，振付制限違反については，ジャッジ団の多数決によって決定される。

2 シングル・スケーティング

シングル・スケーティングには，ショート・プログラム，フリー・スケーティングの2競技部分があり，それらの技術点と演技構成点を合計した総合成績で順位を競う。

●ショート・プログラム

定められた7つのジャンプ，ステップ，スピンの各要素をフリースケーティング動作やステップなどでつなぎ，選んだ音楽に合わせて2分40秒（±10秒は許される）で滑走する。

この競技では，各要素のできばえが特に大切で，失敗した場合にはその度合いによって，あらかじめ定められた尺度で厳しく減点されるが，プログラムの後半で行った最後の1つのジャンプは基礎値が1.1倍となる。

●フリー・スケーティング

シニアでは男女とも4分間（±10秒は許される）で自由に選択した曲に合わせ演技を行う。ショート・プログラムより実行できるジャンプやスピンの要素が増えるのでより多くの得点を得ることができる。またプログラムの後半での最後の3つのジャンプは基礎値が1.1倍となり選手にとってはリスクもあるが高得点を狙うチャンスもあるといえよう。

3 ペア・スケーティング

1 男女2人が音楽に合わせてペアで演技する。リフト，ジャンプ，スピンなどの調和や美しい動きと滑りに評価の重点がおかれる。

2 競技内容はショート・プログラムとフリー・スケーティングであり，順位は合計得点で，採点方法はシングル・スケーティングと同じ。

●ショート・プログラム

シングル同様，2分40秒（±10秒は許さ

れる）の滑走時間内でペア独自の要素を含めた7つの要素を組み合わせ滑走する。

●フリー・スケーティング

1 自由に選んだ音楽で，さまざまな要素を自由に組み合わせ，リンク全面を使って滑る。滑走時間は4分（±10秒は許される）。

2 シングルの動作とペア・スケーティング特有の動作（ペア・スピン，リフト，デス・スパイラル等）を演技する。パートナー同士の調和ある滑走が要求される。

4 アイス・ダンス

1 リズムのビートにのって滑走する。各要素については細かい規定が設けられている。リフトを例にあげるとパートナーをリフトする手がそのパートナーの頭より高くなってはならず，またリフトしている時間もショート・リフトでは7秒以内，コンビネーション・リフトでは12秒以内と定められている。

2 次の2種目を行い，順位はその総合得点によって決める。

●リズム・ダンス

アイス・ダンス技術委員会がシーズンごとに指定するリズムあるいはテーマに則したダンス音楽に合わせ，カップルが制作するダンスである。

●フリー・ダンス

音楽は自由に選ぶことができる。ヴォーカルの入った曲も許されるが，聞き取れるリズミカルなビートが10秒以上ないと減点対象となる。必須要素とその要件は6つの項目の中から毎年発表される。規定された要素を演技時間内（4分間±10秒）に滑走する。

5 シンクロナイズド・スケーティング

シニアのショート・プログラム（2分50秒以内）では5つ，フリー・スケーティング（4分±10秒）では7つの必須要素と任意で選んだ1つの要素を音楽に合わせて16名で滑走する。女子選手のみで構成されることが多いが，男子選手がチームの一員として滑走することもできる。将来オリンピック冬季大会において新種目として登場する予定である。

みるポイント

フィギュアスケートの醍醐味の1つにスピンがある。スピンをしながら，姿勢を変えたり，途中でスピードを変えたりと，とても優雅なように見える。しかし，素人が同じような動作を陸上でやってみたら，多くの人が目を回してしまうことだろう。フィギュアスケートのスケーターは目を回すこともなく，次の演技にすぐに入っていけるのである。陸上での通常の生活行動とはかけ離れた氷上でのパフォーマンスに目を向けてみるのも，フィギュアスケートを見る上での楽しさである。

●アクセルジャンプ
6種類のジャンプ（アクセル，サルコウ，トゥループ，ループ，フリップ，ルッツ）の中で唯一，前向きで踏み切り，後ろ向きで着地する。

アイスホッケーのルール

●リンク

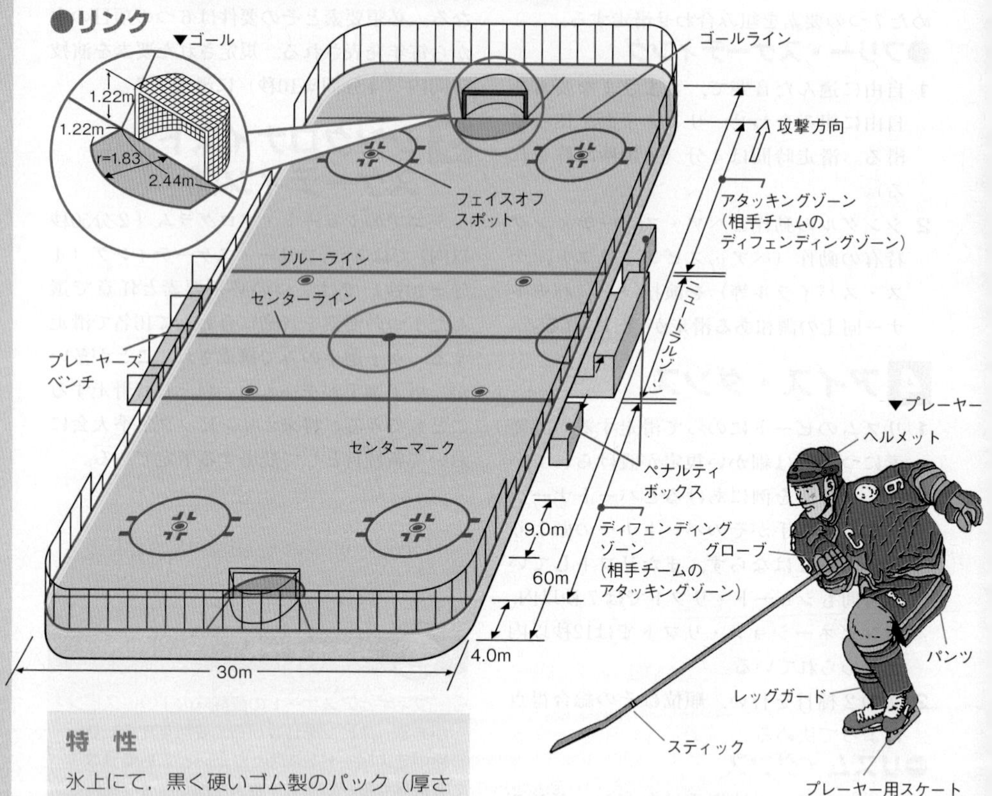

特性

氷上にて，黒く硬いゴム製のパック（厚さ約2.5cm，直径約7.6cm，重さ約160g）を相手ゴールに入れるスポーツである。
速いプレーは時速40～50kmのスピードでスケーティングし，ぶつかり合い（チェックする），パックはスティックで打たれると時速150kmとも160kmになるともいわれ，「氷上の格闘技」と呼ばれる。

アイスホッケーの豆知識

アイスホッケーでは，パックやチェックの衝撃に耐えられるように，スピードスケートやフィギュアスケートに比べ，全体がとても頑丈なシューズが使用されている。
また，昔は皮製が主流であったが，現在はプラスティック製となり，軽量化が図られている。

1 競技の概要

アイスホッケーは，6人ずつの2チームがアイスリンク上でスケートをつけ，1つのパックを相手側ゴールに入れ合う競技である。

●チームの構成

1 22名以内で編成し，うち2名をゴールキーパーとする。
2 試合中競技に参加できるのは6名までで，うち1名はゴールキーパーである。
3 選手の交代は，競技中いつでも，また6名以内であれば何回でもできる。
4 主将はCマーク，副主将はAマークを胸につける。

▼ゴールキーパー

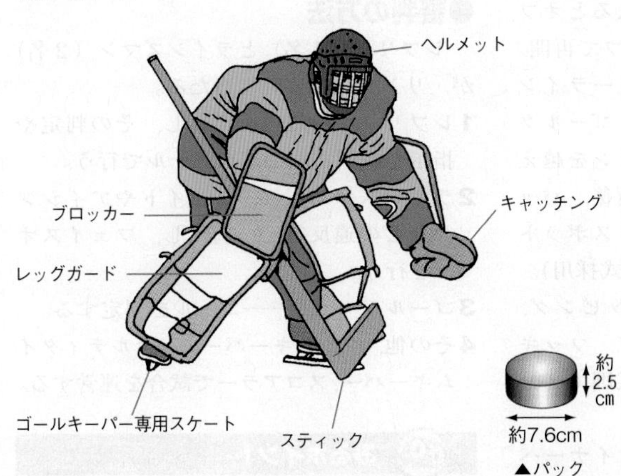

▼スティック

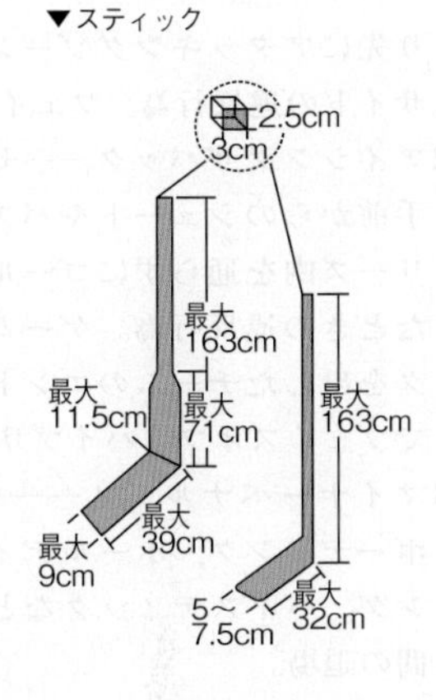

▲パック

●競技の進行

1ベンチとゴールの選択——ホームチームが守るゴールとベンチを選択する（通常はゴールとベンチは同サイド）。ホームチームが決まっていないときは，トスなどで決める。

2競技開始——両チーム１名ずつセンターフェイスオフスポットに出て，審判が２人の間に落としたパックをスティックで奪い合う「フェイスオフ」で開始する。各ピリオドの開始も同じ方法で行う。中断後は指定されたフェイスオフスポットで試合を再開する。

3競技時間——正味20分ずつの３ピリオドを行い，間に15分ずつの休憩をとる。

●勝敗の判定

1得点——スティックでパックを相手側ゴールに入れると１点の得点。味方のシューズなどに当たって入っても得点。蹴ったパックが直接入ってしまったら得点にならない。また，味方のゴールに入れると相手側の得点とされる。

2勝敗——得点合計の多いほうが勝ち。

3引き分け——大会によって異なる。

2 競技のおもなルール

●プレーのルール

1スティックを肩より高く上げて運んだりパックを打つことはできない。

2パックはスティックで扱うが，ショット以外のときはシューズで止めたり蹴ったりできる。また，手で持つ，投げる，かくすことはできないが，空中のパックを平手で止める，打ち落とす，氷上のパックを押すことはパスでなければ認められる（自分のゾーン内では手で押してパスできる）。

3ゴールキーパーのプレー——ゴールクリーズ内ではパックを足，手，腕，胸などで止めたり押さえることができるが，３秒以上手で保持してはいけない（ゴールクリーズ外でも守備できる）。

4ブルーラインでオフサイドにならなければ，リンクのどこへでもパスできる。

5交代する（退く）選手がプレーヤーズベンチから３m以内の仮想エリアに戻るまで，交代選手は氷上に入ることはできない。

●おもな反則と罰則規定

1オフサイド——攻撃側競技者がパックよ

り先にアタッキングゾーンに入るとオフサイドの違反行為。フェイスオフで再開。

2 アイシングザパック――センターライン手前からのシュートやパスが，ゴールクリーズ内を通らずにゴールラインを越えたときの違反行為。ゲーム中断後，パックを出したチームのエンドオフスポットでフェイスオフ（ハイブリッド式採用）。

3 マイナーペナルティ――トリッピング，ボーディング，ホールディング，フッキング，ハイスティックなどの反則で2分間の退場。

4 メジャーペナルティ――重いマイナーペナルティで5分間の退場（その後の試合すべて退場の場合もある）。

5 ゲームミスコンダクトペナルティ――重いメジャーペナルティで退場となる。

6 ミスコンダクトペナルティ――マナー違反の反則で10分間の退場。

●審判の方法

レフリー（1名）とラインズマン（2名）が，リンク内で審判に当たる。

1 レフリー――競技を進行し，その判定や指示を吹笛とハンドシグナルで行う。

2 ラインズマン――オフサイドやアイシングなどの違反行為を判定し，フェイスオフを行う。

3 ゴールジャッジ――ゴールを判定する。

4 その他，タイムキーパー，ペナルティタイムキーパー，スコアラーで試合を運営する。

みるポイント

選手のスピードが速く，攻守の切り替わりも速い。その中で，くり出されるパスやシュートのスピード感や巧みさ，ゴールキーパーの守り方やその動きのすばやさなどの技術をみるのは，観戦の醍醐味の一つである。また，パックを争ってハードなチェックなど迫力あるプレーもみることができる。

さらに，ゴールが決まると場内は大騒ぎになる。ゴールシーンの気持ちよさを感じたり，ゴール後の選手のパフォーマンスや，チームやベンチの盛り上がりを肌で感じるのも楽しみである。

illustrate

●マイナーペナルティが科せられる反則の例

トリッピング
スティック，膝，足，腕，手または肘で相手をつまずかせたり倒したりする。

ホールディング
手，スティックあるいは他の方法で相手を押さえたり，つかむ。

フッキング
スティックで相手を引っかけて進行を妨害する。

ハイスティック
スティックを肩より上に上げてプレーすること。ハイスティックで相手を傷つけた場合は，メジャーペナルティ，およびゲームミスコンダクトペナルティが科せられる。

●メジャーペナルティが科せられる反則の例

ボーディング
ボディチェック，チャージ等により，相手をボードに激突させる。

SNOWBOARD

スノーボード

【歴史と発展】

スノーボードの始まりについては諸説あるが，1960年代アメリカ・ミシガン州で生まれたとされており，その歴史はまだ浅い。しかし，1900年代初めに狩猟や登山の際に1枚の板で深雪を滑り降りる道具として使われていた。1970年前半は合板やプラスチック製のもの，サーフィンのようなものも出てきたが，まだボードにはエッジなどなかった。1970年代後半に入り，現在使用されている形に開発され，近年世界的に急速に普及した。

「スノーボード」という名称は，アメリカとカナダを中心とした北米スノーボード協会の発足時にいままでない新しいジャンルのスポーツとして採用されたのがきっかけといわれる。

1998年オリンピック長野大会よりスノーボードアルペン競技とハーフパイプ競技が正式種目となり，2006年トリノ大会ではスノーボードクロス競技が，2014年ソチ大会ではスロープスタイル競技が，2018年平昌大会ではビッグエアー競技が加わった。

【競技の特性】

❶アルペン競技：スラローム競技・ジャイアントスラローム競技・パラレル競技があり，いずれもタイムを競う競技。

❷ハーフパイプ競技：両壁がRになった溝状の半円筒型のコースを使用し，競技者が壁から飛び出しエアートリックをくり返し，技の高さ，難易度，完成度等をジャッジが採点し競い合う競技。

❸スノーボードクロス競技：エアー・バンク・ロールなどのセクションを設置し，不整地のコースをポールで規制し，数人同時にスタートし順位を競い合う競技。

❹スロープスタイル競技：キッカー・レール・ボックスなどを設置し，エアー難度や通過難度を採点し競い合う競技。

❺ビッグエアー競技：急斜面を滑り降り，大きなジャンプ台を飛び出しエアーを見せる競技。

競技に必要な服装・用具

●服装

防水性に優れた素材である。発汗が多いので通気性にも優れ，保温性の高いもの。

プロテクター

●ボードとビンディング

アルペンボードとビンディング

アルペンに使用

ハーフパイプ・スロープスタイル・ビッグエアーのボードとビンディング

スノーボードクロス・ハーフパイプ・スロープスタイル・ビッグエアーに使用

●ブーツ

アルペンボード用ブーツ（ハードブーツ）

ハーフパイプとスノーボードクロス，スロープスタイル・ビッグエアー用ブーツ（ソフトブーツ）

●ヘルメット

アルペン・ハーフパイプ・スノーボードクロス・スロープスタイル・ビッグエアー共通

1 アルペン（AP）競技

●旗門のセット（スピード系）

長い回転ポール１本とスタッビーポール１本およびバナー１枚で構成される。バナーは１ターンごとに赤と青を交互に使用する。

●スラローム（SL）・ジャイアントスラローム（GS）競技

旗門を２回セットし，１回目を滑走した後に，２回目は１回目と異なったセットに変え滑走する。２回の合計タイムの早さで順位が決定される。SLはGSに比べるとコースの全長が短く旗門数が多く，旗門と旗門の間隔が短い。

●パラレル競技（P）

パラレル競技にはパラレルスラロームとパラレルジャイアントスラロームがあり，２名の選手が同じくセットされた２つのコースを

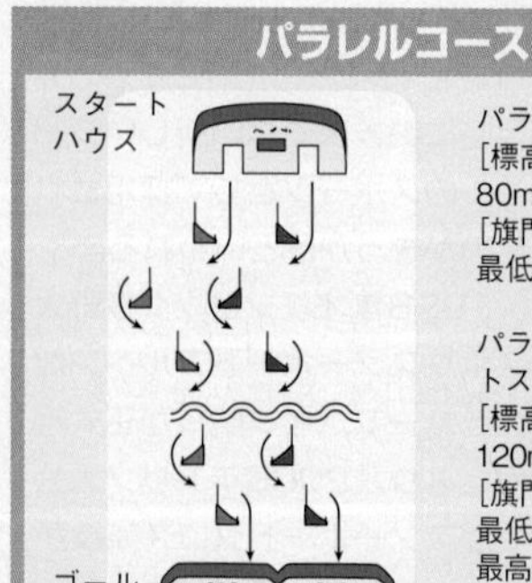

同時に並行して滑走する（赤コースと青コース）。１回目に赤コースを滑走した選手は，２回目に青コースを滑走する。ただし，赤・青コースのベスト16名が２本目へと進む。32名が滑り終えた後，２本目の合計タイムベスト16名が決勝へと進む。決勝はトーナメント方式で行い，１回目のタイム差で２回目をスタートし先にゴールした者が勝ち進んでいく。

2 ハーフパイプ（HP）競技

ジャンプの技の難易度，高さ，正確さで判定される。決勝では各選手が３本滑走し，もっとも高い点数が採用される。

ハーフパイプ

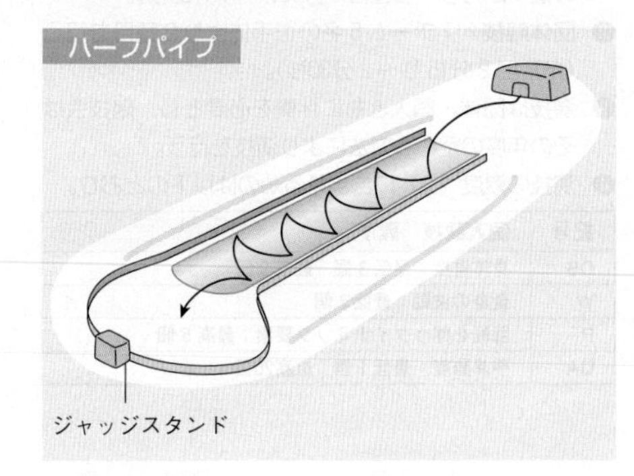

3 スノーボードクロス（SBX）競技

予選は，シングルノックアウト方式で行われる。決勝に進出する選手を決定するために，各ランのタイムを計測する。決勝からは４人の選手で実施し，上位２選手が勝ち上がっていく。

ヘルメットの着用は義務づけられている。レース中に他の選手を転倒させたり，押す，引っ張る，その他故意による接触行為は失格となるが，偶発的接触は許される。

スノーボードクロス

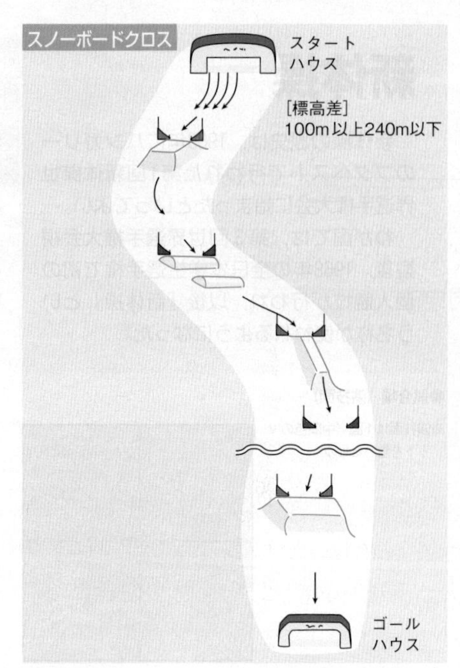

4 スロープスタイル（SS）競技

スタートからゴール（標高100～200m）までのコース上にキッカー・ビックキッカー・レール・ボックス等，複数のセクションを作り，その技の難度や完成度で総合的に採点する。コースや気象状況により，セクションごとに分かれて採点することもある。

スロープスタイル

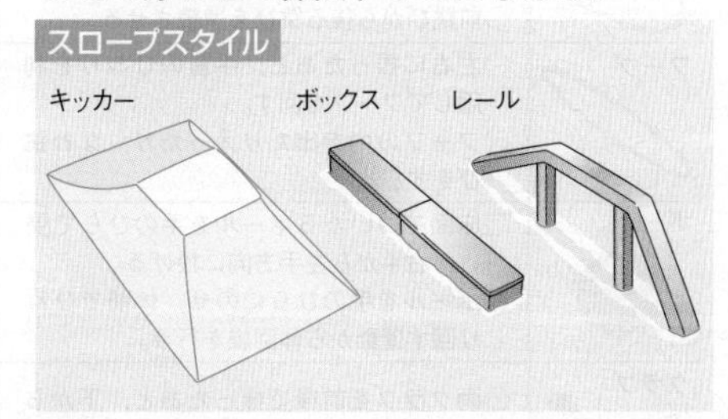

5 ビッグエアー（BA）競技

大きなキッカーを跳び，難易度，正確さ，着地の美しさで採点。３本跳び，ベスト２本の合計で競い合う。

新体操

新体操の歴史は，1963年にハンガリーのブダペストで行われた第1回新体操世界選手権大会に始まったといってよい。

わが国では，第3回世界選手権大会視察後，1968年の全日本学生選手権で初の個人競技が行われ，以後「新体操」という名称が使われるようになった。

●試合場（演技面）

※演技面は1面（中間色のマットを敷いたもの）。

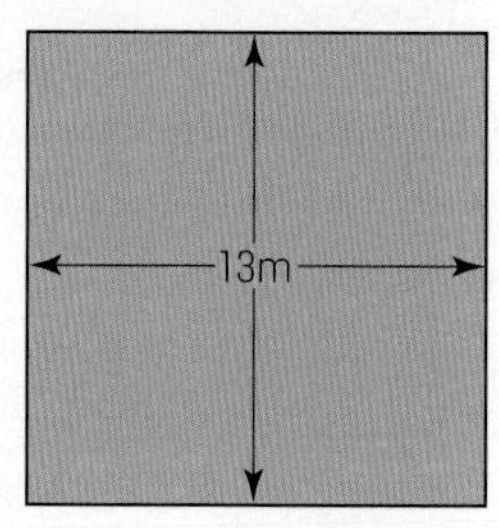

1. 競技種目

❶ 個人種目　フープ，ボール，クラブ，リボンの通常4つの演技からなる。

❷ 団体種目　1手具による演技(5)／2手具による演技(3+2)。各年の手具はFIG手具プログラムにより決定する。

2. 競技方法

❶ 個人種目　フープ，ボール，クラブ，リボンを1名の選手が行う（各種目1分15秒～1分30秒）。

❷ 団体競技　1チーム5名の選手により2種目を行う（各種目2分15秒～2分30秒）。

❸ 演技は団体・個人ともに伴奏を必要とし，競技会はその年度の定める方法により演技を行う。

❹ 演技の難度（D）に含まれるものは以下のとおり。

記号	個人競技　難度
DB	身体難度：最低3個　最高9個
W	全身の波動：最低2個
R	回転を伴うダイナミック要素：最高5個
DA	手具難度：最低1個　最高20個

●各種目の基本的な運動と難度要素の運動

種　目	基本的な運動	難度要素の運動
ロープ	○普通跳びの連続から交差跳びの連続。 ○ロープを大きく左右に振ったあと1回転する。 ○前跳びから後ろ跳びを連続させる。	○交差跳びの連続から2重跳びの連続（2回以上）。 ○頭上に高く投げあげたあと，受けながら跳ぶ。 ○前後開脚ジャンプを2回以上連続しながら跳ぶ。
フープ	○左右に振ったあと，手首のひねりを利用してフープを回す。 ○フープの中を出たり入ったり，なわ跳びをする。	○床面で回したフープの上を1/2転向で跳び越す。 ○頭上に投げ，2回転したあと，フープの中を跳び越す。 ○片脚でバランスをとりながら，身体のあらゆる部分の上を転がす。
ボール	○床面でついたらボールを手のひらで受け，右手から左手方向に投げる。 ○ボールを手のひらにのせ，体前でひねり回す運動から体回旋（かいせん）を行う。	○高く投げあげ，手の甲で受けながら1回転する。 ○開脚ジャンプを1回しながら，右腕から左腕に転がす。 ○跳躍をしながらボールを脚下で弾ませる。
クラブ	○両クラブを前後で振ったあと，下から上に手首で回す運動をする。 ○片脚を前に振りあげ，脚下で打つ。	○片脚を頭上にあげ，バランスをしながら頭上で風車運動をする。 ○開脚跳びをしながら脚下で打つ。 ○水平な小円をしながら片脚指示で回転する。
リボン	○大きく振り回したあと，蛇形運動をしながら頭上よりおろす。 ○体前下でら旋（せん）運動をしたあと，1回転しながら，ら旋運動を行う。	○片脚支持バランスで右から左に上下ら旋（せん）運動をする。 ○跳躍の間にリボンを投げ，次の跳躍で受けとる。 ○床面上で左右に振り，リボンを1歩ごとに通過。

記号	団体競技　難度	
DB	身体難度：最低４個	最低10個
DE	交換難度：最低４個	（２個は選択による）
W	全身の波動：最低２個	
R	回転を伴うダイナミック要素：最高１個	
DA	連係を伴う難度(DC)：最低９個　最高18個	

❺ 個人競技・団体競技とも難度（演技内容10. 00点）の他に芸術（芸術的欠点を減点10. 00点）と実施（技術的欠点10. 00点）がある。

3. 演技と採点上の一般規則と減点要素

❶ 規格外の手具を使用した場合
……………………………個人・団体とも0.50減点

❷ 手具の落下
- 落とした手具をすぐにとる……………………0.50減点
- １～２歩あるく…………………………………0.70減点
- ３歩またはそれ以上……………………………1.00減点

❸ 演技の終了時に手具を失う…個人・団体とも1.00減点

❹ 規程の演技時間が守れない場合，早すぎても遅すぎても１秒につき…………………………………0.05減点

❺ 服装の規程に違反した場合….個人・団体とも0.30減点

❻ 包帯またはサポーターは色つきではなく，ベージュ色のものを着用………………………………0.30減点

その他，いろいろな減点が規定されている。

4. 競技得点の配分

各審判団はＤパネル（難度），Ａパネル（芸術），Ｅパネル（実施）の３つのグループで構成する。

❶ 最終得点：Ｄ・Ａ・Ｅの得点を加算したもの。

❷ 難度（Ｄ）：４名の審判員が２つのサブグループに分かれる。それぞれ独立して採点する。
- サブグループ１：２名の審判員(DBの得点を与える)
- サブグループ２：２名の審判員(DAの得点を与える)

❸ 芸術（Ａ）４名の審判員が芸術的欠点を評価する。

❹ 実施（Ｅ）４名の審判員が技術的欠点を評価する。

男子新体操

日本国内のみで行われてきた。現在，日本がリーダーシップをとり，国際体操連盟（FIG）に対して男子競技種目の普及をアピールしている。

1. 競技種目

❶ 個人種目――スティック，リング，ロープ，クラブの４手具を用いる。

❷ 団体種目――徒手。

2. 競技方法

❶ 個人競技――スティック，リング，ロープ，クラブの４種目を１名の選手が行う（各種目とも１分15秒～１分30秒）。演技は個性を生かした創作でいろいろな要素を含み，空間および演技面をフルに活用し手具の操作や投げ受けを行う。

❷ 団体競技――５名または６名で自由演技（徒手）を行う（各種目とも２分 45 秒～３分）。演技は創造性をもった創作で，徒手系と転回系をもって構成する。選手同士の身体接触については演技構成上によるものはよい。

3. 演技と採点上の一般規則と減点要素

❶ 難度――B難度の不足……………………0.10減点

❷ 転回系――手具の操作をともなわずに転回運動を行う……………………………………0.10減点

❸ 左手・右手の要素――右手と左手の用い方のバランスが悪い…………………………………0.20減点

❹ 手具の落下
- 手具を落とす…………………………………0.30減点
- 手具を落とし，移動しないでとる…………0.10減点

❺ 手具の技術
- 手具を落とし１～２歩移動してとる………0.10減点
- 手具を落とし３～４歩移動してとる………0.20減点

❻ 全体として運動に張りや活気を欠く…………0.10減点

❼ 徒手系の正確性および大きさがない…………0.10減点

4. 競技得点の配分

- 個人競技　最高20. 00点
  最終得点＝構成10. 00点＋実施 10. 00点
- 団体競技　最高20. 00点
  最終得点＝構成10. 00点＋実施 10. 00点

ゴルフ

ゴルフは広大な芝生や原野を利用したコース（競技場）で行われ，ボールをクラブで打ち，ホールに入れる打数の多少で勝敗を決めるスポーツである。

1. 競技場（コース）

❶ コースは18ホールをもって１単位とし，広さや地形，障害物などはコースによってまちまちである。

❷ １ホールは，ティイングエリア（ボールを打ち始めるところ），ジェネラルエリア（フェアウェー，ラフ），バンカー，ペナルティエリア，パッティンググリーンなどから成り立っている。

❸ ホールの長さには，パー３ホール，パー４ホール，パー５ホールの３種類があり，それぞれ何打で入れればよいかの規定（パー）が異なっている。

❹ 各ホールの規定打数（パー）の合計は，18ホール72が標準である。

2. 競技の進行

❶ ゲームは，１番ホールのティイングエリアからのボールの打ち出しによって始め，打ったボールの落ちた場所に歩いて行き，次の第２打を打つ。つづいて第３・第４打とグリーンに向かって打ち，最後にグリーン上にあるホール（カップ）にボールを入れ，かかった打数を１番ホールのスコアとする。こうして，２番ホール，３番ホールと順に進み，決められた18ホールを終了する。

❷ 各ホールに定められている規定打数でホールにボールを入れればパーといい，１打多く打って入れた場合をボギー，２打多く打てばダブルボギー，３打多く打てばトリプルボギーという。また逆に，規定より１打少なく打って入れた場合をバーディ，２打少なくて入れた場合をイーグルという。このようにゴルフはコースとの戦いである。

3. ゲームの勝敗

❶ ゲームの勝敗は，ストロークプレー（あらかじめ決められたホール数の得点を合計し，その数の少ないほうが勝ち）と，マッチプレー（各ホールごとに，その打数で勝敗を決め，勝ちホール数が多いほうが勝ち）のいずれかが使われる。ゲームは，２～４人の１組になって行われ，審判は使わない。個々の場面では，競技者が相互の間でルールに基づき，公正にプレーしなければならない。

❷ 技術レベルの異なるプレーヤーの間でも，対等にゲームができるようにあらかじめ差をつけておく方法をハンディキャップという。ハンディは，18ホールの合計基準打数「72」をプレーヤーの実力打数から引くことによって算出できる。例えば，82打数でまわれる人は，ハンディ10（82－72＝10）となる。ゲームでは実際の総打数からハンディの数を差し引いた

ホールの構成

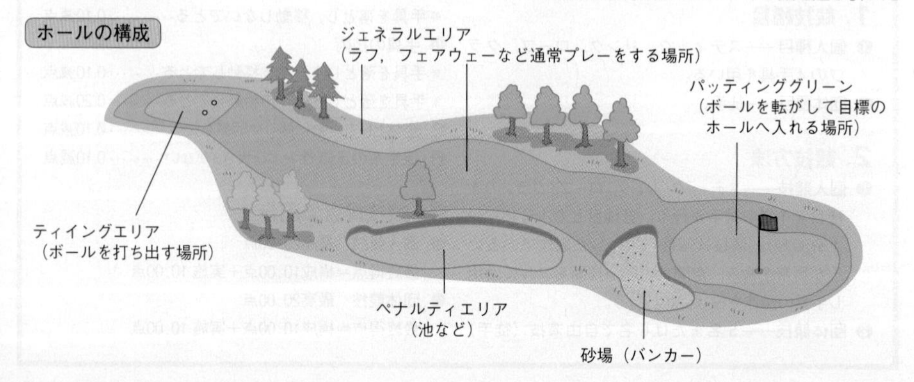

数によって勝敗を決めるので，技術に差があっても楽しくいっしょにプレーできるようになっている。

4. エチケットとマナー（コースに出る場合）

❶ スタート

自分のクラブ（14本以内）を確認する。

素振りは周囲が安全な場所で行う。

他のプレーヤーがアドレス（球を打つために足の位置を決めて構える）したら静かに見守る。打球方向の後方には立たない。ティインググラウンドには打つ人以外入らない。

❷ プレー中

- スロープレーをしない。
- 自分の打数を正確に数え，ホールアウトした直後に同伴競技者に申告する。
- ポケットに予備のボールを入れておく。ショットで切り取った芝はもとに戻して踏みつけておく。
- ショットする人の前には出ない。
- グリーン上は走らない。また，スパイクを引きずらない。
- バンカーの出入りは低い場所から，打った後は足跡をならす。
- 危険が予想される方向へ打ってしまったら「フォア」と声を出して警告する。

❸ プレー終了

- お互いに「ありがとう」のあいさつを忘れない。
- 自分のクラブを確認する。
- 競技のときは遅滞なくスコアカードを提出する。

ゴルフクラブの種類と性能

ゴルフクラブは，ウッドクラブ(W)，アイアンクラブ(I)，パター(P)の3種類に大別される。ウッドおよびアイアンは，番号が大きくなるにしたがってシャフトは短く，ロフトは大きくなり，飛距離が減少していく。競技で使用できるクラブの本数は，ルールで14本以内と定められている。

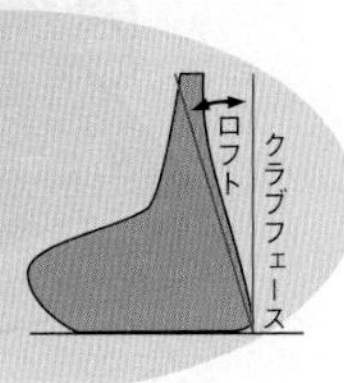

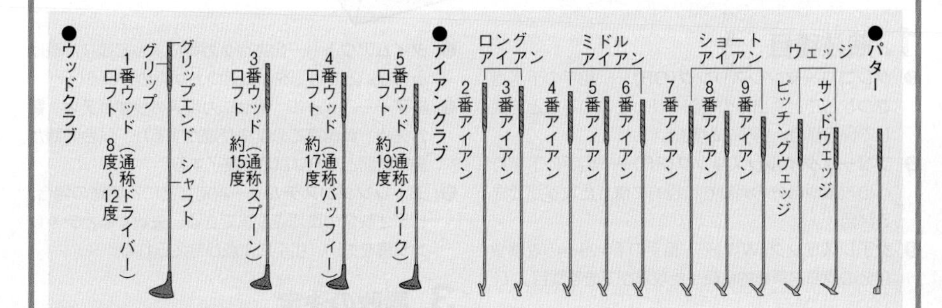

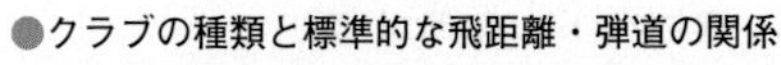

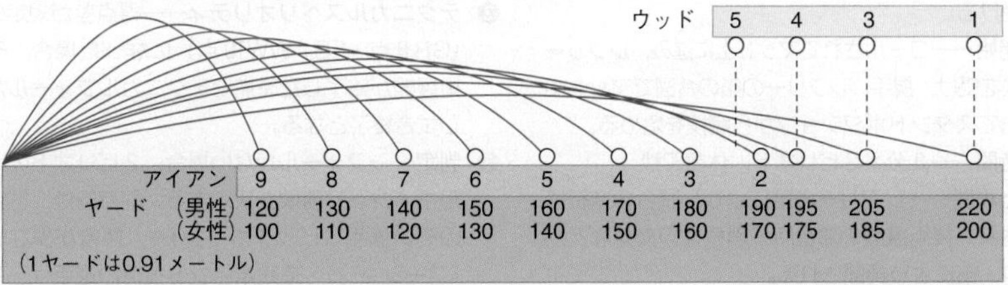

	アイアン 9	8	7	6	5	4	3	2	ウッド 5	4	3	1
ヤード（男性）	120	130	140	150	160	170	180	190	190	195	205	220
ヤード（女性）	100	110	120	130	140	150	160	170	170	175	185	200

（1ヤードは0.91メートル）

・自分自身のクラブ別飛距離を知っておくことが大切である。

レスリング

レスリングは，２名の競技者が直径９ｍの円形マットの上で６分間（３分２ピリオド）互いに技を出し合って，相手を投げたり，倒したりして相手の両肩をマットに１秒つけると勝敗が決まるスポーツである。公平性を期すため体重別の階級制が設けられている。

●競技場

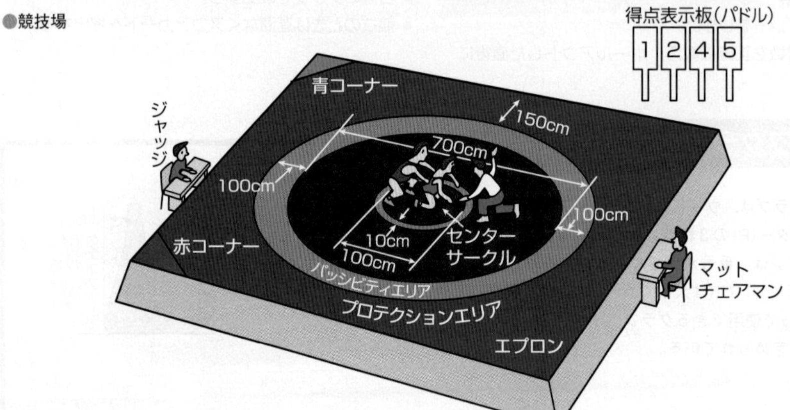

1. 競技種目

❶ **グレコローマンレスリング(GR)**——相手の下半身をつかむことや自分の両脚を使って攻めることを禁じている種目。男子のみ実施。

❷ **フリースタイルレスリング(FS)**——相手の下半身への攻撃や自分の両脚を積極的に使った攻撃ができる種目。

❸ **女子レスリング(WW)**——相手の下半身への攻撃や自分の両脚を積極的に使った攻撃ができる種目。

2. 競技の進行

❶ **計量**——試合当日の朝にシングレット（試合着）着用で受ける。

❷ **試合開始**——コールされてマット上に進み，レフリーの点検を受け，握手。レフリーの笛の合図でマット中央に出てスタンドポジションから競技を始める。

❸ **競技時間**——３分×２ピリオド，休憩30秒。

❹ **中断と再開**——レフリーの笛により，試合の進行は中断され，技術展開の滞留時，消極性の摘発などがなされ，笛により再開される。

❺ **場外**——選手がプロテクションエリアに出た場合，レフリーが笛を吹き技術点や警告の判定がなされる。

❻ **タイムアウト**——出血やケガ等によって競技が続けられないときは，タイムアウトが認められる。

❼ **終了**——フォール，テクニカルスペリオリティ，警告失格，負傷等での棄権が成立するか，試合時間が規定時間となれば試合は終了する。

❽ **チャレンジシステム**——判定などに不同意の場合，ビデオ映像の確認を要求できる。失敗するとチャレンジ権を失い，相手に１点が与えられる。

3. 勝敗の決定

❶ **フォール**——相手を完全にコントロールしてその両肩をマットに１秒間つける。

❷ **テクニカルスペリオリティ**——得点差が規定の点数（GR８点・FS，WW10点）になった場合，その技術展開が終了した時点でテクニカルフォールが成立し試合終了となる。

❸ **判定**——フォールがない場合，２ピリオドのトータルポイントで勝敗を決定する。同点時は，得点評価の高い選手（ビッグポイント），警告が少ない選手（コーション），最終ポイント獲得の選手（ラストポイント）の順で勝者を決める。

4. テクニカルポイント

技術展開で認められる得点評価は，次の基準で行われる。

- 1点――場外ポイント，パーテレポジションでのカウンターからのバックポイント，チャレンジ失敗。
- 2点――自らの攻撃で相手をテイクダウンさせコントロールするバックポイント。主に寝技で相手をデンジャーポジションにさせる技に与えられる。
- 4点――立ち技から相手をデンジャーポジションにするタックル・投げ技などの技術に与えられる。
- 5点――スタンドあるいはパーテレポジションからのグランドアンプリチュードに与えられる。

5. 反則と罰則

❶ 禁止事項――髪の毛・耳・性器などを引っ張る，つかむ，かむ行為。また，指をねじる，頭突き，なぐる，蹴る，足を踏むなど。

❷ 反則行為――のどを絞める，腕を90°以上にねじる，真後ろからのダブルネルソン，両腕での頭・首のホールドなど。

❸ 警告――反則技，ルール違反，技術回避，場外逃避，消極性にはコーションと1点または2点のテクニカルポイントが発生する。）

❹ 特記事項――女子レスリングは，スタンド・パーテレにかかわらずダブルネルソンは禁止されている。

6. 審判員の構成と役割

❶ レフリー――競技を進行し，ポイントや「警告」等を与える。左手に赤，右手に青のリストバンドを着け，ポイントの表示を指で行う。消極性の摘発や反則の場合は，赤・青の色で示される。

❷ ジャッジ――マットサイドの机上より判定を行い，パドルによってポイントを表示する。スコアシートを記入し，試合の記録を行う。

❸ マットチェアマン――レフリーとジャッジの判定が異なる場合，決定を下す。スコアシートを記録し，ジャッジのものと照合する。

❹ インストラクター――チャレンジが要請された際に，裁定を行う。

●おもな基礎用語

スタンドポジション	立ち技
パーテレポジション	寝技（グラウンド）
シングレット	レスリング競技のユニフォーム
ブリッジ	フォールを回避するために両足と頭で体を反らせた状態
グランドアンプリチュード	スタンド・パーテレにかかわらず，大きな投げ技の実行で直接デンジャーポジションとなった技術展開（5P）
デンジャーポジション	背中から両肩のラインがマットに対して角度が90°以上傾いている状態
パシビティ	消極性（ペナルティーが科される）
ネガティブレスリング	レスリングの基本原理に反する行為と確認された時に適用。コーション（警告）が与えられる。（1P or 2P）
スコアシート	試合の記録紙（レフリー＆マットチェアマン）
コレクトホールド	デンジャーポジションに未到達だが適正な技術展開（2P）
オーダードパーテレ	GRのパシビティで科されるパーテレポジション（1P）
リパチャージ REPECHAGE	敗者復活戦（決勝進出者に負けた者で対戦）勝ち抜いて3位
アクティビティタイム	FS，WWのパシビティで科される30秒間（無得点で相手1P）
クラシフィケーションポイント	勝ち点VFA（フォール勝）で5点，VSU（テクニカルスペリオリティ勝）で4点，VPO（ポイント勝）で3点等

●競技者の服装（高校生の例）

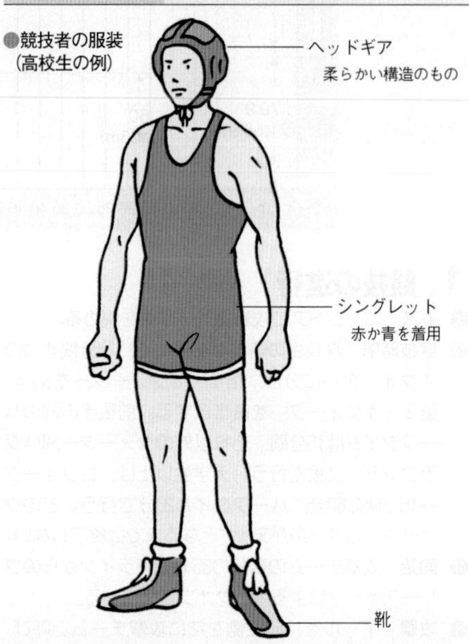

●年齢体重別階級表（kg）　□はオリンピック実施階級

団体	性別	区分											
全国高体連専門部	男子	高校		—	—	45~51	55	60	65	71	80	92	92~125
	女子			—	—	43~45	50	53	57	62	68	68~74	—
UWW（世界レスリング連盟）	男子	U17		41~45	48	51	55	60	65	71	80	92	92~110
		U20・U23・シニア	FS	57	61	65	70	74	79	86	92	97	97~125
			GR	55	60	63	67	72	77	82	87	97	97~130
	女子	U17		36~40	43	46	49	53	57	61	65	69	69~73
		U20・U23・シニア		50	53	55	57	59	62	65	68	72	72~76

アメリカンフットボール

アメリカンフットボールは，アメリカで生まれた競技で，11名の2チームが攻撃と守備に分かれ，だ円形のボールをラン，パス，キックで相手側のエンドゾーンに進めることを競う球技スポーツである。身体をぶつけ合うスポーツで，最高のスポーツマンシップと行動が要求される。

●競技場

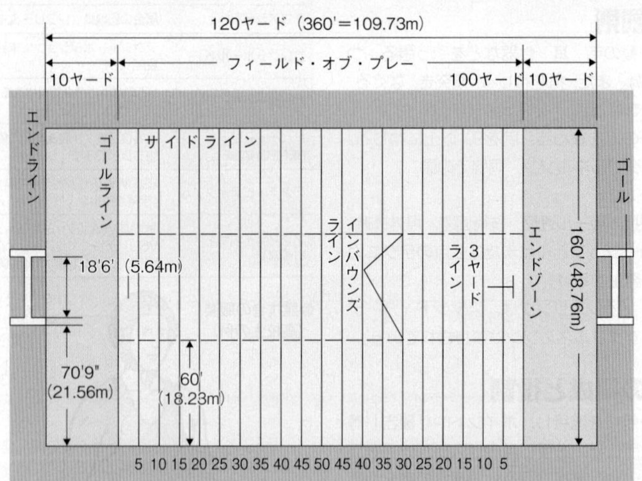

1. 競技の進行

❶ **トス**　コイントスで攻撃側，守備側を決める。

❷ **競技時間**　高校生の競技は48分間で，12分間ずつの４クォーターに分け，第１・２クォーターを前半，第３・４クォーターを後半とする。前後半の間のハーフタイムは15分間，それ以外のクォーター間はグラウンドの交換を行う。大学生以上は，各クォーター15分間の60分，ハーフタイム20分で行う。どのクォーターもボールがデッドとなるまでは終了しない。

❸ **開始**　攻撃チームの自陣の35ヤードラインからのプレースキックによるキックオフで開始する。

❹ **攻撃**　ボールを持った側を常に攻撃チームと呼び，相手のエンドゾーンに向かってボールを前に進める。相手側を守備チームと呼び，ボールの前進をタックルにより阻止する。

❺ **ダウン**　攻撃の１単位で，攻撃チームがランやパスなどによってボールを前進させ，相手側のタックルやアウトオブバウンズなどによって，ボールがデッドになるまでをいう。攻撃チームは続けて４ダウンの権利があり，その間に10ヤード進めなければ攻撃権が相手チームに移る。10ヤード以上進めれば，さらに続けて４ダウンの権利がある。

❻ **得点**　下表のように与えられる。

タッチダウン	６点	相手のエンドゾーンにボールを持ち込んだとき。
フィールドゴール	３点	攻撃側のキックしたボールが，相手のゴールの２本の柱の間のクロスバーの上を直接通過したとき。
セイフティ	２点	守備チームに与えられる得点。攻撃側が自陣のエンドゾーン内でタックルされたとき。
トライ ランまたはパス キック	 ２点 １点	タッチダウンすると，そのチームにゴールライン３ヤード前の地点よりもう１回の攻撃が与えられ，ラン，パスまたはキックが成功のとき。

2. おもなルール違反と罰則

❶ **反則**　オフサイド，手や腕を不正に使ったブロック，ボールを確保していないプレーヤーに対する背後へのブロック，乱暴なプレーなどがある。

❷ **罰則**　ダウンの喪失，５ヤード・10ヤード・15ヤード罰退などがあり，悪質な反則者は退場となる。

3. 審判の仕方

５人，６人，７人，８人の審判員制で行われ，レフリー，アンパイヤ，センタージャッジ，ヘッドラインジャッジ，ラインジャッジの５人のほか，バックジャッジ，フィールドジャッジ，サイドジャッジの３人がある。

❶ **レフリー**　全般を統轄し，得点の認定やデッドの宣告，反則による罰則の適用などを行う。

❷ **アンパイヤ**　競技者の装具や行動を統轄し，通常守備側の後方に位置してレフリーを補佐する。

●スクリメージ

フリーキック以外のすべてのプレーは，スクリメージから展開される。
※ボール1個分のゾーンがニュートラルゾーン（境界線）。

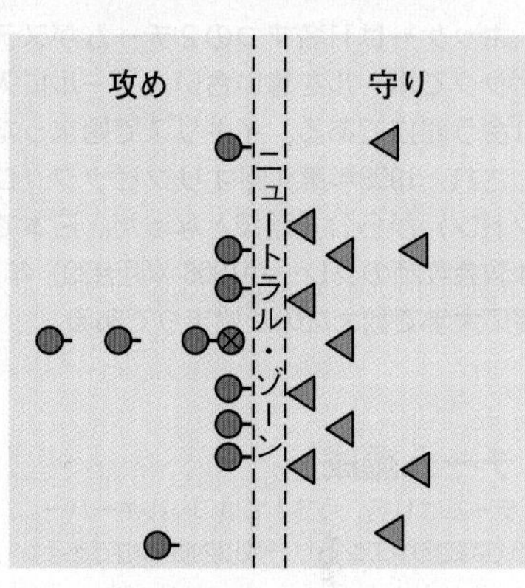

●よく使用する審判員のシグナル

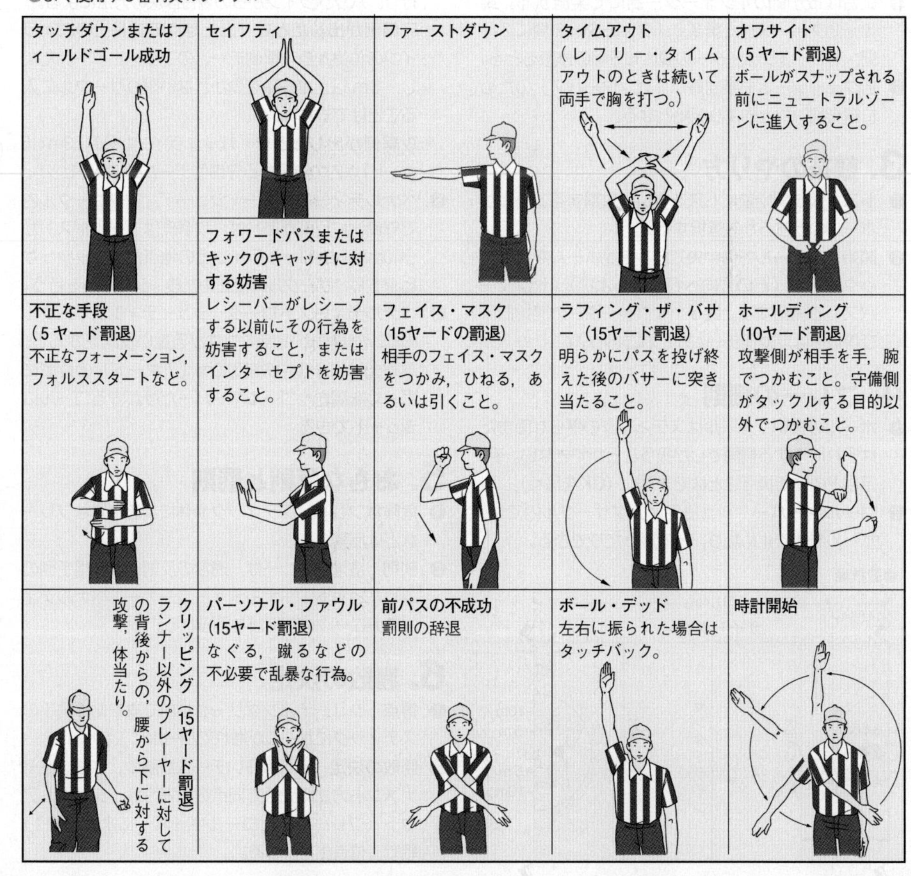

ホッケー

ホッケーは11名ずつの２チームがスティックでボールを奪い合い，ゴールに入れ合う競技である。イギリスで始まったとされ，1908年第４回オリンピック（ロンドン）から公式競技となった。日本では教会牧師のグレーが1906（明治39）年，慶応大学で教えたのが始まりである。

1. チーム編成

❶ １チームは11名。うち１名はゴールキーパー。

❷ 交代は競技中エントリー数以内は自由である。

2. 競技時間

❶ 試合は15分間の４クォーター制にて実施する。第１・２クォーターと第３・４クォーターの間に２分間，第２・３クォーターの間に10分間の休憩をとる。

❷ 各クォーターとも審判員が「センターパス」のために笛を吹いたときより開始となる。

3. 競技のやり方

❶ **トス**　競技開始前にトスを行い，攻撃するゴールかボールのどちらかを選択する。

❷ **開始**　フィールドの中央で，１名がボールをスティックで打つ（どの方向へ打ってもよい）「センターパス」で開始する。第３・４クォーターの開始および得点後は反対側チームがこれを行う。

4. プレーの細則

❶ **ボールの扱い**　ボールはスティックの平らな面またはそれに接する側面でしか扱うことができない。手，足などの体で扱うことはできない（GKを除く）。

❷ **ゴールキーパー**　シューティングサークル内では，ボールを体で止めたり，足で蹴ったりできる。

●競技場

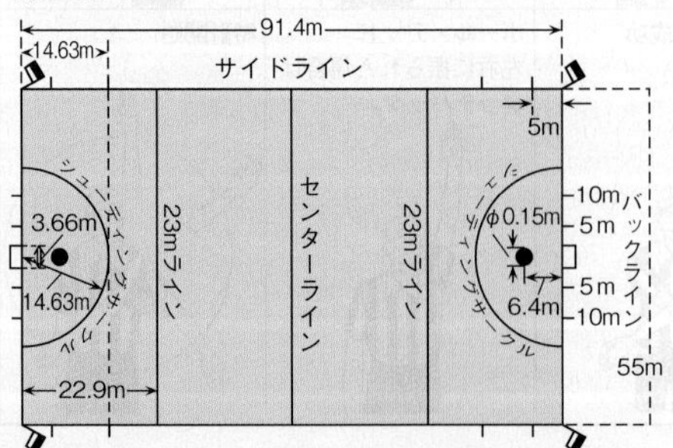

❸ **フリーヒット**　プレー中に反則を犯したとき，相手チームにフリーヒットが与えられる。フリーヒットはセルフパス（自分自身にパスをすること）によって開始することもできる。

❹ **ボールがフィールドから出たとき**　サイドラインからの場合は，出た地点で相手側がフリーヒットを行う。バックラインからの場合は次の方法による。

- **守備側が出したとき**　出た地点の延長上の23mラインの位置から攻撃側チームのフリーヒット。ただし，５m以上ボールを動かさない限りサークルに入ることはできない。
- **攻撃側が出したとき**　バックラインから14.63m（16ヤード）以内の位置から守備側チームのフリーヒット。

❺ **ペナルティーコーナー**　シューティングサークル内で守備側に反則があれば，攻撃側はゴールポストから10m離れたゴールライン上の地点からプッシュかヒットし，サークル外で止めた後，シュートを行う。

❻ **ペナルティーストローク**　シューティングサークル内で，守備側が得点につながる重い反則をすると，攻撃側はゴール中央前6.40m（７ヤード）の位置にボールを置き，ゴールキーパーだけが守るゴールにシュートできる。

5. おもな反則と罰則

❶ **危険なプレー**　スティックや体による乱暴なプレーなどは反則。

❷ **罰則**　危険なプレーは，通常の反則による相手側のフリーヒット，ペナルティーコーナー，ペナルティーストロークの罰則が与えられる。

6. 勝敗の決定

❶ **得点**　シューティングサークル内で攻撃側の選手のスティックにボールが触れてゴールに入れば１点。

❷ **勝敗の決定**　得点の多いチームが勝つ。なお，トーナメント方式の大会で同点数の場合は，シュートアウト（プレーヤーとゴールキーパーによる１対１）戦で上位進出を決める。

すもう

日本の国技といわれるすもうは，２名が土俵上で組み合い，相手を倒すか土俵から出すことを競う格技スポーツである。江戸時代に職業力士が誕生して現在の大相撲の姿ができたが，アマチュア相撲とはルールに若干の違いがある。

●競技場（土俵）

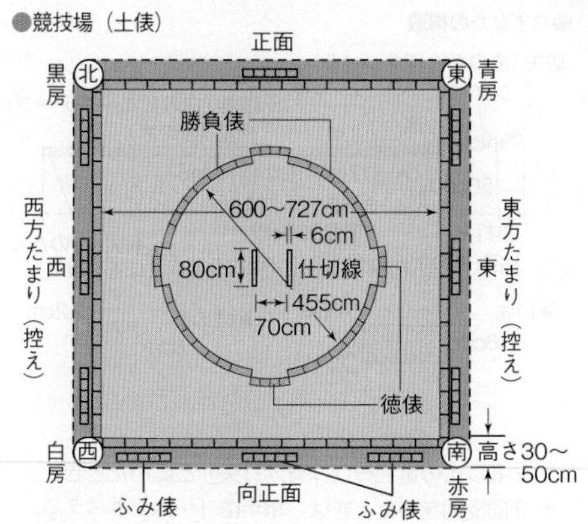

1. 競技の種類

❶ **個人戦**　抽選による組み合わせトーナメント方式で行う。予選で選抜してトーナメントにする場合や，団体戦を予選として選抜して行う場合，またリーグ戦方式で行う場合もある。

❷ **団体戦**　高校生は１チーム選手３〜５名，監督１名で編成する。参加全団体によるリーグ戦方式やトーナメント戦方式，予戦３回の上位チームを選抜してのトーナメント戦方式などで行う。

2. 競技の進行

❶ **入場**　東西に分かれて出場順に並んで入場し，土俵だまりに整列し，主審の合図で立礼ののち，着席。

❷ **呼出し**　放送委員から呼び出された後，土俵に上がり，徳俵の内側で塩をまき，塵手水（ちりちょうず）の礼（または立礼）をして中央に進み，蹲踞（そんきょ）の姿勢をとる。

❸ **仕切り**　「構えて」の掛け声で仕切りに入る。手をつく位置は仕切り線の後方とする。「待った」は原則として認められない。

❹ **立合い**　選手双方が同時に両手を土俵につき静止した後，主審の「はっけよい」の掛け声により立ち合う。

❺ **勝負あり**　勝負が決まると主審が勝ったほうをさし「勝負あった」と発声し，同時に試合をやめる。

❻ **勝名乗り**　徳俵の内側に戻って立礼。勝ったほうは蹲踞の姿勢で主審の「勝名乗り」をうける。

❼ **取りなおし**　取り組み開始後，５分（小・中学生は３分）経過しても勝敗が決まらないとき，および次の場合は「取りなおし」となる。

- 主審が誤って「勝負あった」を宣告したとき。
- ２人同時に倒れる，土俵外に出るなど，審判員で協議した結果，判定ができないとき。

❽ **試合中止**　次のときは，試合が一時中止される。

- 負傷や出血で続けられないとき。
- 両手をつかずに立合ったとき。
- まわしがゆるんだとき。

3. 勝敗の決定

次の場合「負け」と判定される。

- 先に勝負俵の外に出たとき。
- 先に足の裏以外の一部が土俵についたとき（かばい手，送り足は負けとしない）。
- 負傷などで試合が続行不能と判定されたとき。
- 禁じ手を使ったとき，使ったと判定されたとき。
- 主審の指示に従わなかったとき。
- 試合中まわしの前ぶくろがはずれたとき。

●まわし

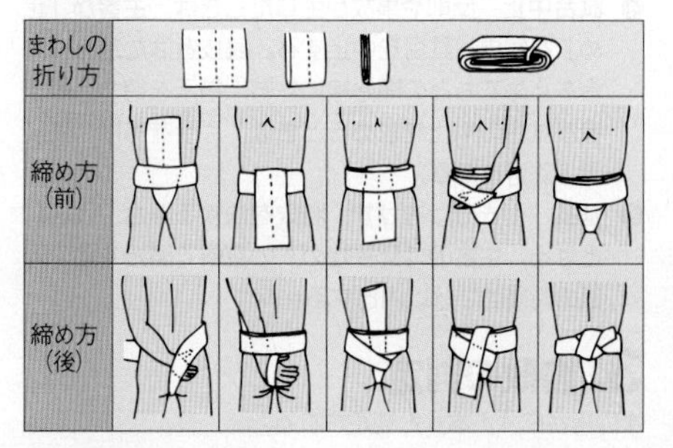

なぎなた

なぎなた競技には，「試合」と「演技」の２つがある。試合競技は，防具を身につけ，定められた部位を互いに打突して勝負を競う。演技競技は，防具を身につけず，２人１組の演技者が紅・白２チーム同時に指定された形を行い，技の優劣を競う。

●試合場
・各線は幅５cmの白線
・場外に２m以上の余地が必要。

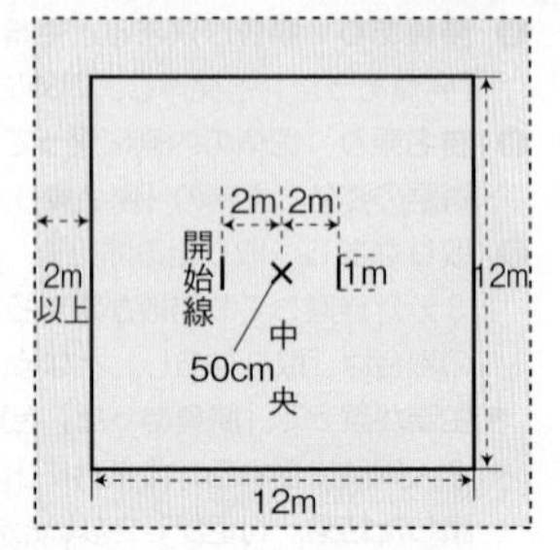

●なぎなたの構造

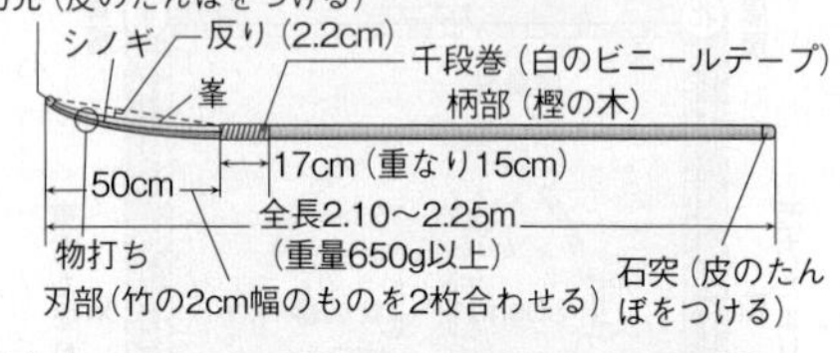

1. 競技の種類

❶ 演技競技――全日本なぎなたの形・しかけ応じの２種目がある。5人の審判が旗形式で打突の正確さ，技の熟練度，態度を総合判定する。

❷ 試合競技（個人戦・団体戦）――３本勝負とする。３人の審判が技の優劣を判定する。

2. 競技の進行

❶ 開始　２名の競技者が同時に開始線に立って「礼」をしたのち，なぎなたを構え合わせ，主審の「始め」の宣告で始まる。

❷ 試合時間　５分以内（大会によって時間が異なる）。

❸ 終了　主審の「勝負あり」「引き分け」の宣告によって終わる。終了後は開始線に戻り，なぎなたを中段に構えて，自然体になり「礼」をし退場する。

❹ 試合中止　反則や事故が生じたときは，主審が「止め」を宣告し試合を中止する。競技者はただちに試合を止めてもとの開始線に立ち，指示を待つ。競技者が試合の中止を求めるときは，片手をあげ，審判員の許可を得る。

❺ 延長　引き分けをせず，勝敗を決する場合，「延長」となる。主審の「延長始め」の宣告で開始する。延長の時間は２分以内とする。

3. 勝敗の判定

次の場合に「１本」と判定される。

- ２名以上の審判員が「有効打突」と認めたとき。
- ２回反則をしたときは，相手に「一本」を与える。

❶ 三本勝負　試合時間内に「二本」を先取した者が勝ちとなる。時間内に「二本」先取した者がないときは「一本」を先取した者を勝ちとする。

❷ 延長戦　「一本」を先取した者が勝ちとなる。

❸ 棄権　一方が棄権をしたときは相手の勝ちとなる。

❹ 判定　試合時間内で勝敗が決しない場合は，審判員の総合判定により優者に一本を与える。

4. 有効打突

充実した気勢，適法な姿勢で打突部位を呼称し，刃筋正しく，物打ちで確実に打突し残心のあるもの。

打突部位	なぎなたの打突部	呼称
面	切先から15～20cm（物打）	メン
小手	同上	コテ
胴	同上	ドウ
脛	同上　および柄（石突から20～25cm）	スネ
咽喉	切先	ツキ

（注）高校生以下は，突き，柄打ちの脛を禁止する。

弓道

弓道は，決められた距離から日本弓で矢を射て，的に当てることを競うスポーツである。礼儀と作法を重んじ，精神の統一を重視する日本の伝統スポーツである。

1. 競技形式

競技には個人競技と団体競技があり，競技形式には，総射数法（規程の射数を射て総合計を競う）とトーナメント法（勝ち抜き），リーグ法（総当たり）などがある。

●近的競技の的

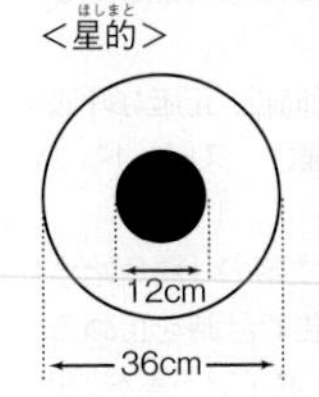

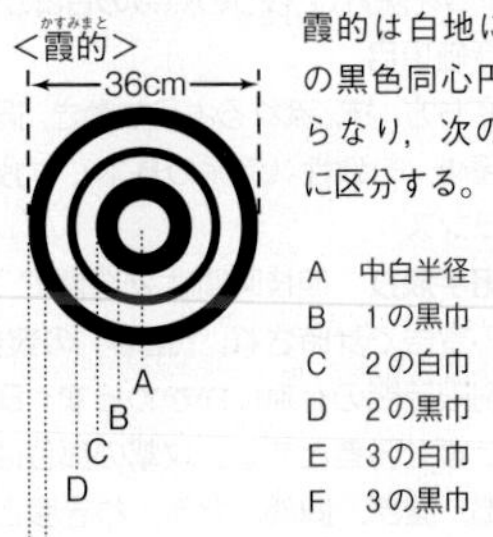

霞的は白地に3つの黒色同心円形からなり，次のように区分する。

A	中白半径	3.6cm
B	1の黒巾	3.6cm
C	2の白巾	3.0cm
D	2の黒巾	1.5cm
E	3の白巾	3.0cm
F	3の黒巾	3.3cm

●遠的競技

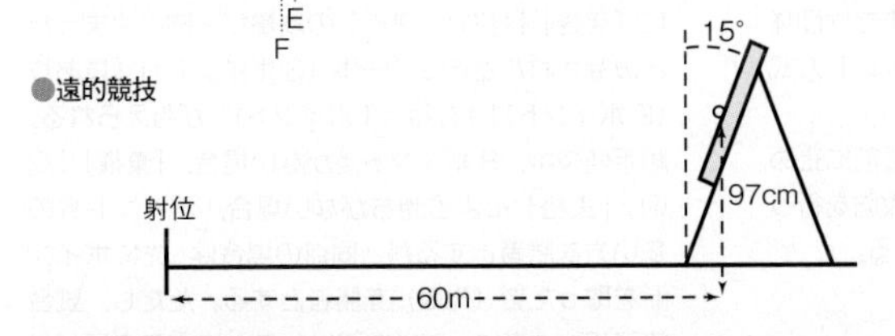

●弓道場（平面図）例

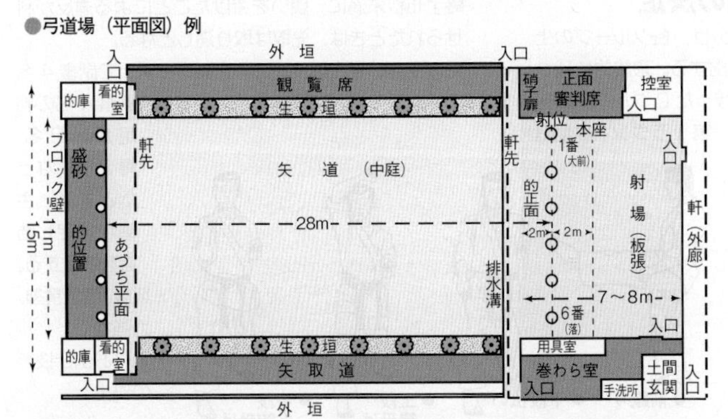

2. 競技種目

近的競技と遠的競技の2種類がある。

❶ **近的競技**　射距離は28m，射手1回の射数は2射または4射，標的は的中制の場合，左図のような2種類があり，中心が地上から27cmのところになるように侯串（ごうぐし）で支える。

❷ **遠的競技**　標的は，的中制，得点制とも地上平面からその中心の位置を97cmとし，後方へは15°の傾斜とする。装置は三脚または四脚のスタンドを設け，的紙を貼ったマットをその上にのせる。

3. 行射の方法

立った姿勢で決められた作法により，前の射手から順次1本ずつ行射する。前の射手より先に射離したときは，その矢は失格になる。

●弓と矢の名称

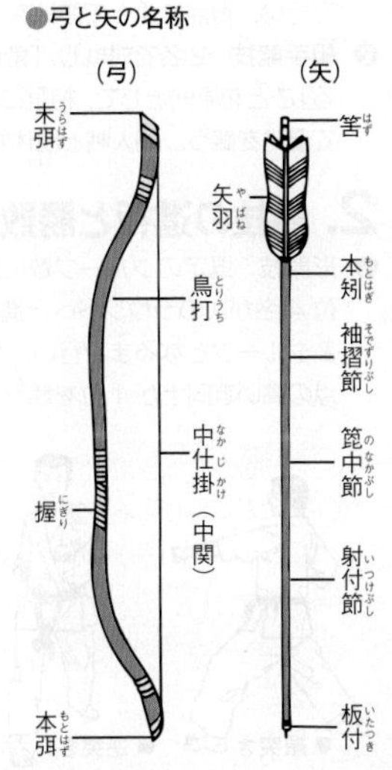

空手道

空手道は，中国の拳法を伝承し沖縄に渡って発達した格闘技を源とする。2名の競技者が，突き，打ち，当て，蹴り，受け等の徒手空拳の技術によってお互いに技を競い合う対人競技である。

●競技場（組手競技）

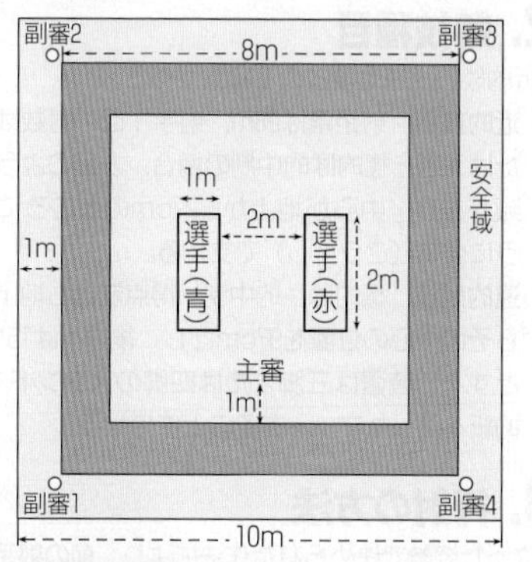

1. 競技の種類

❶ **形競技**　相手の動きを想定し，高度な技を組み合わせ編成したのが形であり，その形を個人または団体（3名）で演武する。グループ制トーナメント方式で行い，得点によって勝敗を決定する。

❷ **組手競技**　2名で対戦し，「急所に当てる寸前に止める」ことを原則として，相互に自由に技の攻防を行って優劣を競う。個人戦と団体戦（5名）がある。

2. 競技の進行と勝敗の決定

❶ **形競技**　既定のグループ数に分け，各グループの上位４名が次のラウンドへと進出する。最終的に残り２グループとなるまで行い，残った２グループの得点の高い者同士が１位を競う。第１ラウンドは全日本空手道連盟第一・第二指定形，以降は大会申し合わせ事項に従って得意形を指定された形リストの中から選んで演武する。

勝敗は，正面に一列に並んだ７名（５名）の審判員が技術面・競技面をそれぞれ５～10点（0.1刻み，違反は0.0）で表示する。最高点・最低点それぞれ１つを除外し，残りの点数の合計が選手の得点となる。

評価項目

立ち方，技，流れるような動き，同時性，正確な呼吸，極め，一致性（流派の基本），力強さ，スピード，バランス

❷ **組手競技**　競技時間は２分間で，主審の「勝負始め」の宣告で計時され，「止め」の宣告で計時を止める。制限時間の有無にかかわらず，８ポイント差をつけた者を勝者とする。攻撃の部位は，頭部，顔面，頸部，腹部，胸部，背部，わき腹とし，それらの部位に「突き」「打ち」「蹴り」の攻撃が正確に決まったとみなされたときに「一本（３ポイント）」「技あり（２ポイント）」「有効（１ポイント）」が与えられる。

組手競技中，８ポイント差がない場合，「棄権」「反則」「失格」による勝ちがない場合，ポイント数の多い方を勝者とするが，同点の場合は，先にポイントを取った者（先取）を勝者とする。ただし，試合終了15秒未満に，闘いを避けたことによる違反が科せられたときは，先取は取り消しとなる。

先取がない場合は，次の判定基準によって副審４名の旗判定で勝者を決定する。ただし，副審４名の判定が赤２名，青２名になったときは，主審が判定し勝者を決定する。

・態度，闘争精神，力強さ
・戦略および技術の優劣

少林寺拳法

1947年，宗道臣が人づくりのために創始した修練法であり，相手の突き・蹴りに対応する剛法と，相手に腕や衣服を握られたときに対応する柔法がある。大会では，剛柔一体の技の習熟度を各種演武（単独演武，組演武，団体演武）により競う。

●競技場

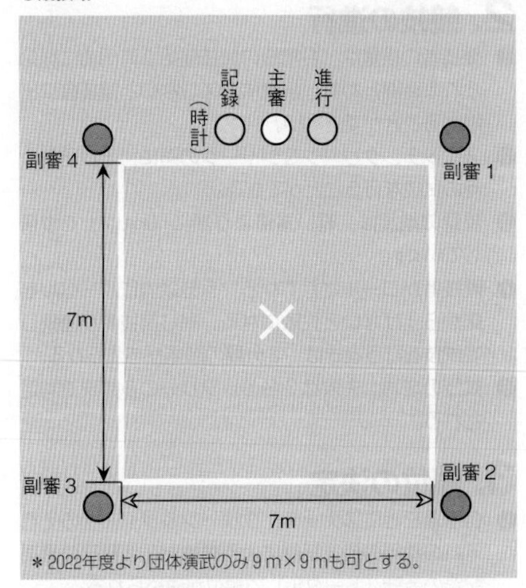

1. 競技の種類

資格基準に合わせ，各大会により種目が決定される。

- **演武**　規定または自由の単独演武，組演武（2名），団体演武（6名か8名）がある。
- **弁論の部**　指定されたテーマから選択し，自分の考えを発表する。全国高等学校選抜少林寺拳法大会で行われる。

高校の大会は，全国高等学校少林寺拳法大会規則・全国高等学校選抜少林寺拳法大会規則に従って，演武を行う。

2. 競技の進行・採点

選手登録や服装・態度・健康などの条件を満たした選手が，種目ごとに予選と決勝にて競技し，総合点によって競う。公認の審判員資格を有する審判員が主審1名，副審4名を原則として，少林寺拳法競技規則，少林寺拳法審判規則および大会規則に従って審査する。演武審査要領にもとづき技術度と表現度を採点する。技術度では，正確さや技の成立条件などを6構成ある演武の1構成ごとに評価し，表現度では，技の構成・体構え・気迫・気合・調息などを，演武全体を通して評価する。

3. 順位の決定

総合点で順位を決定する。総合点は各審判員の採点のうち，最高点と最低点を除いた合計点から，さらに演武時間・演武構成数・使用技の違反による減点分を引いた点をいい，この総合点の高い組より順位を決定する。

総合点が同点の場合は，次の順序で決定する。

1. 技術度の得点が高い
2. 主審の合計点が高い（※）
3. 主審の技術度の得点が高い（※）
4. 審判団の協議

※主審の採点が総合点に加算されているか否かにかかわらず。

●服装規定

ウエイトリフティング

ウエイトリフティングは，スナッチとクリーン＆ジャークの2種目をそれぞれ3回ずつ上げ，そのうちの最高記録を競うスポーツである。

●競技場

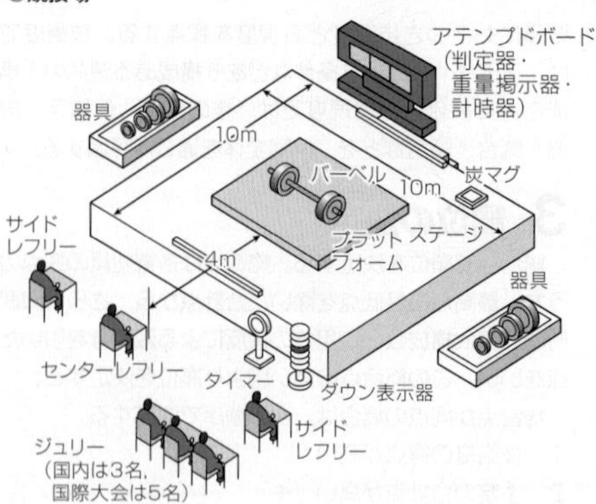

1. 競技種目

❶ **スナッチ**　水平におかれたバーベルを，手のひらを下向きにして握り，頭上へ両腕が完全に伸び切るまで単一動作で引き上げ，両脚を伸ばして立ち上がる。

❷ **クリーン＆ジャーク**

- **クリーン（第１動作）**　膝を曲げ，手のひらを下向きにして水平におかれたバーベルを握り，単一動作で肩の高さまで引き上げ，両足を同一線上に戻して両脚を伸ばす。
- **ジャーク（第２動作）**　両脚を曲げ伸ばすと同時に，両腕を完全に伸ばし頭上にさし上げ，両足を同一線上に戻して両脚を伸ばす。

2. 競技の進行

❶ 競技者の検量は，各階級の競技開始２時間前に開始され１時間行われ，検量にパスしないと競技会に出場することができない。

❷ スナッチ，クリーン＆ジャークの順に，それぞれ３回の試技を行うことができる。

❸ 重量の増加は，軽い重量より順に1.0kg以上で増量していく。

❹ 競技者がコールされてから，１分以内にバーベルを床から上げないと失敗になる。同じ競技者が連続して試技を行うときは，２分間の時間が与えられる。

❺ 試技の成功，失敗は３名のレフリーの多数決で判定される。

3. 順位の決定

❶ 各階級ごとにスナッチ，クリーン＆ジャークのそれぞれの種目の最高記録による順位と，２種目の最高記録の合計（トータル）で順位が決められる。

❷ ２名以上の競技者が同記録の場合，対象となる記録を試技順の上で早く出した者が上位となる。

▶スナッチの連続動作

▼クリーン＆ジャークの連続動作

ボクシング

アマチュア・ボクシングは，体重別に区分けされた同じ階級の競技者が，お互いに両手にグローブをつけ，定められたルールにのっとり上半身を打ち合い，勝敗を競う競技である。

1. リング

1辺（ロープ内）が610cmの正方形。太さ4cmのロープ4本を強く張って囲む。

2. 採点

❶ 日本ボクシング連盟が管理する競技会では，AIBA採点システム（10ポイントマストシステム）を使用。

❷ ラウンドごとに赤・青のどちらかの競技者が優れているかを判断し，優勢な方に10点，劣勢な方に9～7点の得点を与える。

❸ ジャッジは以下の条件により両競技者の価値を自主的に判断する。
- ・ターゲットエリアへの質の高い打撃の数
- ・技術や戦術の優勢を伴って競技を支配していること
- ・積極性

3. 勝敗の決定

❶ **WP…ポイント**　各ジャッジが与えた得点により勝者を決定する（ジャッジの多数決）／故意ではない偶発的な負傷で競技がストップした場合は，それまでの得点で勝者を決める／1ラウンドの終了後にリングの損傷・照明の故障，その他予期できない状況で競技ができなくなった場合は，それまでの得点で勝者を決める／決勝戦で両競技者ともにKOになったときは，それまでの得点で勝者を決める

❷ **ABD…アバンダン**　競技者が負傷等により自発的に放棄するか，セカンドがリング内にタオルを投げ入れるかエプロンに上がり放棄を申し出たとき，相手競技者はABD勝ちとなる

●アマチュアの体重と階級（男子ジュニア・シニア）

階級	体重	階級	体重
ライトフライ級	46～49kg	ウェルター級	64～69kg
フライ級	49～52kg	ミドル級	69～75kg
バンタム級	52～56kg	ライトヘビー級	75～81kg
ライト級	56～60kg	ヘビー級	81～91kg
ライトウェルター級	60～64kg	スーパーヘビー級	91kg～

※国内高校ではライトフライ級の下にピン級（44～46kg）を設ける。
※女子とオリンピックの階級は別途設けられている。

❸ **RSC…レフリーストップコンテスト**　ラウンド開始のゴングで競技ができない場合／片方の競技者に決定的な差がついている場合や劣勢な競技者が過度な打撃を受けているとレフリーが判断した場合／ダウン後，競技を続けられないと判断された場合／リングドクターのアドバイスで競技の終了を宣告した場合など

❹ **RSC-I…レフリーストップコンテストインジャリー**　競技者が反則でない打撃により負傷して競技続行が不適切とレフリーが判断した場合

❺ **DSQ…失格**　競技者が反則やその他の理由で失格になった場合／1競技で3回警告を受けた場合，その競技者は自動的に失格となる

❻ **KO…ナックアウト**　競技者がダウン後10秒以内に競技ができない場合

❼ **WO…不戦**　一方の競技者がリング内に登場して相手競技者がアナウンス後にリング内に現れない場合，ゴングが鳴らされる。ゴングのあと1分間がすぎてもリングに登場しない場合，リングに登場している競技者のWO勝ちとなる

4. 審判員の構成と役割

❶ **レフリー**…リング上でストップやブレークを命令し，ファウルの判定やダウンのときのカウントを行うなど，競技を管理する。

❷ **ジャッジ**…5名または3名で採点を行う。

❸ **デピュティテクニカルデリゲート（DTD）**…競技を統括する。

●おもな反則と罰則

肘による攻撃

グローブの内側で打つ

背部を打つ

●反則を犯したり，レフリーの命令に従わなかったり，ルール違反やスポーツマンらしくない態度をとると，注意や警告を受ける。警告は3回で失格となるが，警告なしで失格となることもある。

アーチェリー

アーチェリーは，洋弓で的に矢を射当てることを競うスポーツで，ここで紹介する「ターゲット競技」のほかに，「フィールドアーチェリー競技」「室内アーチェリー競技」「スキーアーチェリー」がある。ここではキャデット部門を除いて紹介している。

1. 競技種目

❶ **70mラウンド**　70mで72本の矢を発射する。

❷ **オリンピックラウンド**　トーナメントによる決勝ラウンドのことで，距離は70mのみである。個人は5セットマッチ，団体は4セットマッチで行う。

❸ **50・30mラウンド**　50mと30mだけの種目。

❹ **1440ラウンド**　次の射距離を長い距離から短い距離へ（逆も可），順に各距離36本の矢を発射する。

- 男子—90m，70m，50m，30m
- 女子—70m，60m，50m，30m

2. 競技の進行

❶ **射順**　1名，2名，3名または4名の競技者が同一の標的に対して行射する。

●**射場と標的（ターゲット競技）**

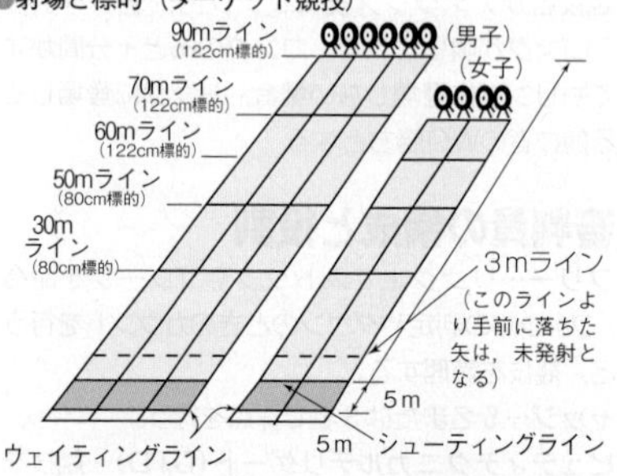

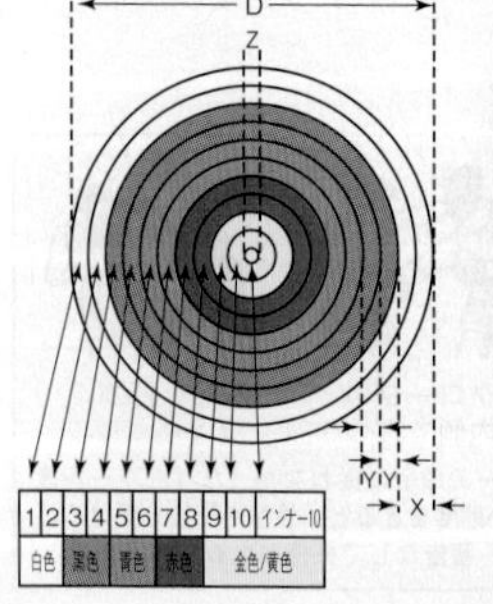

得　点	
黄　色	（10・9点）
赤　色	（8・7点）
青　色	（6・5点）
黒　色	（4・3点）
白　色	（2・1点）

標的面の直径 D	得点帯の幅 Y
122cm 80cm	6.1cm 4cm
色環帯の幅 X	**インナー10の直径 Z**
12.2cm 8cm	6.1cm 4cm

❷ **行射**　シューティングラインの真上から立った姿勢で射る。

❸ **射数**　各競技者は，1エンドごとに3射または6射ずつ行射する。1エンドの制限時間は，3射のエンドでは90秒，6射のエンドでは180秒とする。

❹ **記録**　得点の記録は各距離，1エンドごとにする。得点は標的面上のシャフトの位置によって決め，境界線上のときは高いほうの得点となる。

3. 勝敗の決定

❶ **順位**　個人戦は全射数の合計得点，団体戦はそのチームの個人得点の合計，混合団体は男子女子1名の合計によって決める。

❷ **各ラウンド（オリンピックラウンド除く）同点のとき**　個人戦，団体戦とも10点の多いほう，それも同じならX（インナー10）の数のもっとも多いほう，それも同じなら同順位とする。

❸ **決勝ラウンドにおける勝敗の決定**　個人戦は3射5セットにより6ポイント以上で勝者となる。同点のときは1射のシュートオフを行い，中心から近い矢の競技者が勝者となる。団体戦は，各競技者2射×3人×4セットにより5ポイント以上で勝者となる。同点のときは，各競技者1射によるシュートオフで，合計点が高いほうが勝者となり，合計点が同点のときは中心から近い矢のチームが勝者となる。

●**用具**

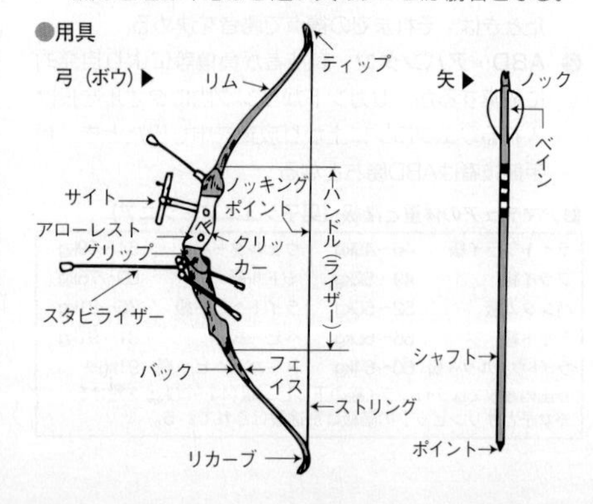

フェンシング
(エスクリム)

フェンシングは，片手で持った剣で相手の有効面を突いたり斬ることを競う競技で，中世ヨーロッパで発達した刀剣の闘争術が，18世紀半ばにスポーツ化された。

1. 競技の種目

❶ フォイル(フルーレ)　刀身の断面は矩形で，柔軟な剣を用い，突きだけが有効（男女）。

❷ エペ　刀身の断面は三角形で，硬直な剣を用い，突きだけが有効（男女）。

❸ セーバー(サーブル)　刀身の断面はV字型で，斬ったり剣先で突くこともできる（男女）。

2. 競技の種類

各種目に個人戦と団体戦がある。団体戦は1チーム3名で相手の3名との総当たりの9試合で，得点を重ねていくリレー方式(45本まで)で行われる。高体連では，9試合で5勝先取したチームが勝ちとなる試合形式である。

3. 競技の進行

❶ 競技時間　3種目とも予選は5本勝負（3分間）のプール戦，トーナメントは15本勝負（1セット3分間と1分間の休憩で，最大3セットの9分間）を行う。

❷ 構え　ピストの「構えの線」の後ろに立ち，主審の「アン・ギャルド＝構え」の指示で構える。

❸ 開始　主審が「プレ＝用意はよいか」とたずね，「アレ＝始め」の指令で開始する。

❹ 終了　5本，あるいは15本とるか，競技時間が終わると，主審の「アルト」の宣告で競技を終了する。

4. 勝敗の決定

❶ トゥシュ　フォイル・エペでは有効面を突いたとき，セーバーではさらに剣で斬ったとき，有効打となり，1点が与えられる。

❷ 勝敗　男女3種目とも5本先取と15本先取の2つの試合方法がある。

❸ 同点　同点で規定の時間が終了した場合は，1分間1本勝負が行われる。その前にコイン等でアドバンテージを決め，有効打がなく1分間が経過した場合は，アドバンテージを持っている選手が勝ちとなる。

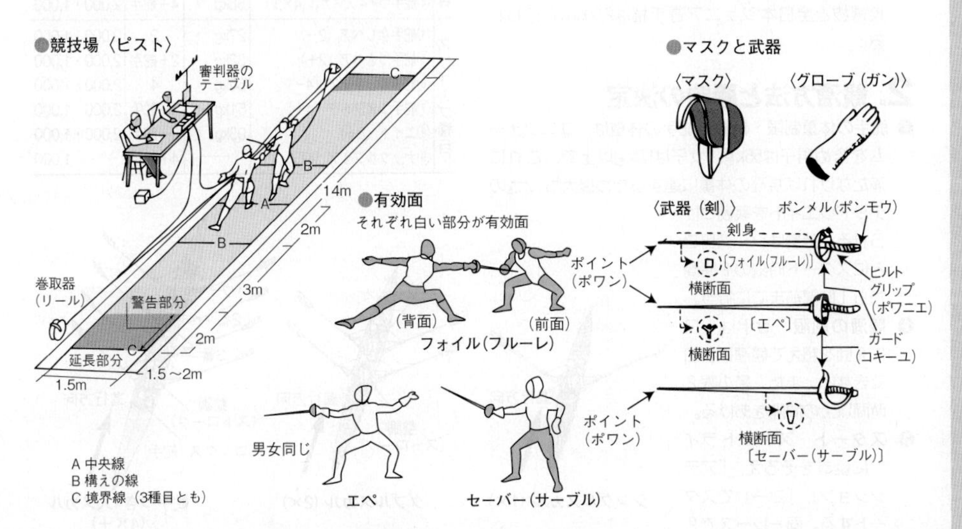

ボート

日本のボート競技は1877年に始まり，大学・専門学校・中等学校などで盛んに行われた。今の全国高校総合体育大会のボート競技は，全日本中等学校選手権大会として1924年に始まり，戦時の中断を除いて行われており，長い伝統をもつ。

1. 競漕種目

❶ 競漕種目は，漕手（1名・2名・4名）それぞれが2本のオールで左右の両サイドを漕ぐスカル種目と，偶数の漕手（2名・4名・8名）それぞれが1本のオールで左右いずれか一方のサイドを漕ぐスウィープ種目に大きく分けられる。どちらの種目にも舵手（コックス）を乗せるものがある。この舵手を除き，漕手はすべて後ろ向きで漕ぐのがボートの大きな特徴である。

❷ 高校生の競漕種目は練習時の安全性，左右対称運動による身体発達上の利点，普及段階から強化段階への漕艇技術の発展性等の観点から，スカル種目のみで行う。全国高校総体，全国高校選抜，国体は舵手つき4人スカル，ダブルスカル，シングルスカルの3種目，全日本ジュニア選手権はシングルスカル1種目が実施される。

❸ 競漕距離は，全国高校総体と国体は1,000m，全国高校選抜と全日本ジュニア選手権は2,000mで行われる。

2. 競漕方法と勝敗の決定

❶ **舵手の体重制限・計量**　舵手の体重は，ユニフォームを含め男子は55kg，女子は50kg以上で，これに満たなければ規程の体重に達するため最大限10kgのデッドウエイトを義務づけられる。計量はレース日ごとにスタート時刻の2時間から1時間前までに行う。

❷ **競漕の制限**　漕手は1日に2回を超えて競漕に参加できない。また，最小限2時間以上の間隔をあける。

❸ **スタート**　スタートラインに艇首をそろえ，「アテンション」，「ゴー」でスタートする。同一レースで2回のフライングを行うと除外され，最下位扱いとなるが，敗者復活戦にのみ出漕できる。スタート時刻に遅刻すると1回のフライングとなる。

❹ **順位の決定**　各艇は，決められたレーンを漕行し，他の艇を妨害せずに艇首がゴールラインを通過したとき完漕となる。その順位は到着順で，タイムは参考のため計測される。同着の場合は，原則として決定競漕を行う（同着扱いとなることもある）。

❺ 競漕に関しては，審判の決定は最終とし，提訴や決定に対する批判は許されない。

●艇の種類と競漕種目

	種目（　）は記号	艇の重量	定員(名)	距離（m）
スカル種目	①シングルスカル(1×)	14kg以上	1	2,000・1,000
	②ダブルスカル(2×)	27kg 〃	2	2,000・1,000
	③舵手なし４人スカル(4×)	52kg 〃	4	2,000・1,000
	④舵手つき４人スカル(4×＋)	53kg 〃	4＋舵手	2,000・1,000
スウィープ種目	④舵手なしペア（2－）	27kg 〃	2	2,000・1,000
	⑤舵手つきペア（2＋）	32kg 〃	2＋舵手	2,000・1,000
	⑥舵手なしフォア（4－）	50kg 〃	4	2,000・1,000
	⑦舵手つきフォア（4＋）	51kg 〃	4＋舵手	2,000・1,000
	⑧エイト（8＋）	93kg 〃	8＋舵手	2,000・1,000
	⑨ナックルフォア（KF）	——	4＋舵手	1,000

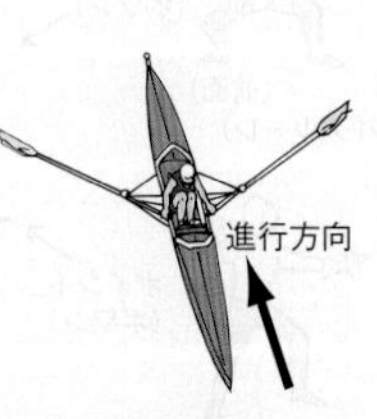

シングルスカル（1×）

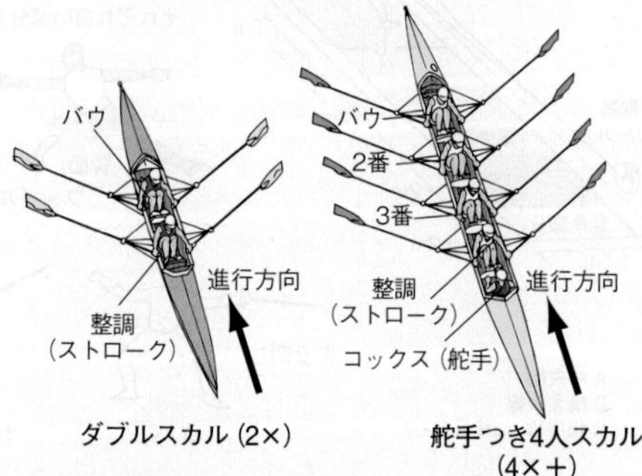

ダブルスカル（2×）
舵手つき4人スカル（4×＋）

ヨット

風力をより有効に活用するようにヨットの帆を操作して，定められたコースを帆走し，その速さを競うスポーツである。ヨットレースは19世紀の中頃から行われていたが，日本人が行うようになったのは1920年代からである。

1. 競技の種類

❶ **ワンデザインクラス競技**　同一の設計図によって建造され，規格に適合する艇で行うレース。国際連盟の公認クラスの中からオリンピックや国際公式競技のクラスが選ばれる。

❷ **リストリクテッドクラス競技**　主要な規格を決め，その範囲内で自由に設計，製造した艇でのレース。

❸ **レーティング競技**　等級や大きさなどの違う艇が一緒に行うレースで，一定の計算方法により各艇によるハンディキャップをつけて順位を決める。

❹ **セールボード競技**　フリーセールシステムのセールボードのレース。

❺ **マッチレース**　同型艇を用いて２艇のみで行うレース（アメリカズ・カップはこの競技方法）。

2. 競技の進行

❶ **スタート**　スタートラインの風下側から，すでに定められた時間に従って信号旗の合図と音響信号により，風上にある第１マークの方向にスタートラインを艇が横切ったときにスタートとなる。合図の前にラインを越えたりライン上となった艇は「リコール」され，スタートをやりなおす。

❷ **フィニッシュ**　艇の一部がフィニッシングラインを越えたとき，フィニッシュとなる。

3. 勝敗の判定

❶ **得点**　着順で得点が与えられる。通常の得点方法には，ボーナス得点法および低得点法の２つがあり，いずれも１位が最小で得点の少ないほうを優位とする。

❷ **勝敗**　オリンピックでは，10回のレースを行って，そのうち各艇の最も悪い順位のレースを除いた残りの９レースの得点を合計して順位を計算し，その結果による上位の10艇により通常の２倍の得点計算によって順位決定のレースを行い，最終的な順位を決定している。通常は６レース程度が必要で，その場合は各艇の最も悪い順位のレースを除いた残りのレースの得点の合計で順位を決定する。

●ヨットレースのコース

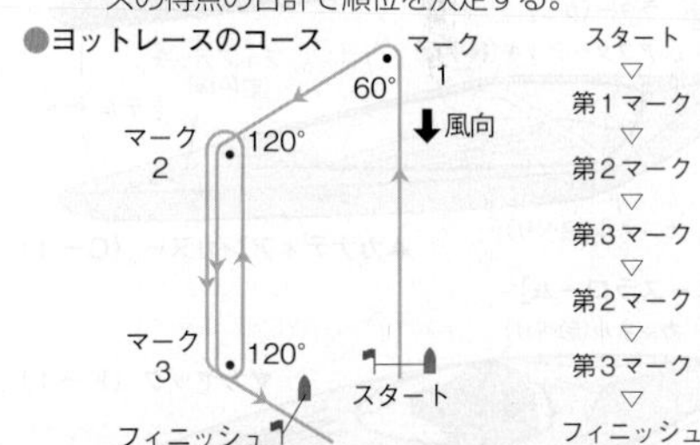

●レースヨットとその規格（国内競技に使用されている代表的なヨットの規格）

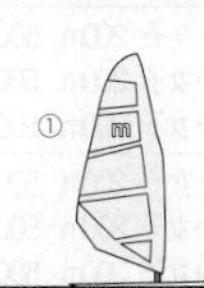

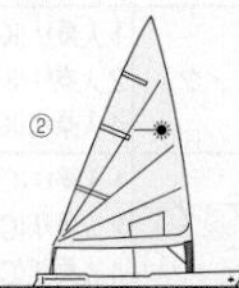

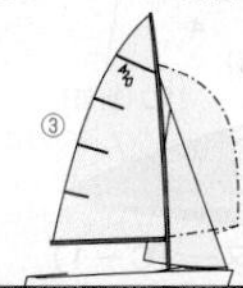

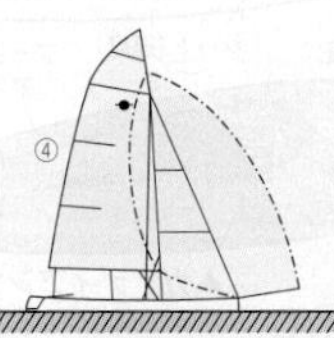

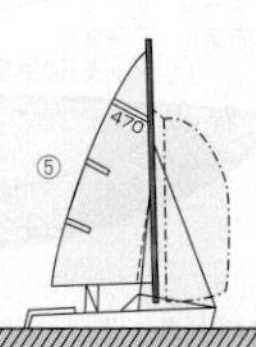

	①ボードセイリング ミストラル	②レーザーラジアル級	③420級	④セーリング スピリッツ級	⑤470級
全長	3.72m	4.23m	4.20m	4.30m	4.70m
幅	0.635m	1.37m	1.63m	1.74m	1.68m
帆面積	7.40m²	5.7m²	19.08m²	22.50m²	26.62m²
乗員	１名	１名	２名	２名	２名

カヌー

カヌーは，数千年前から人々の移動・輸送の手段として，あるいは狩猟の道具として，海洋，湖沼，潟，河川など水に浮かべる小さな乗り物が起源となっている。スポーツとしての近代カヌーは，19世紀中頃スコットランドの冒険家ジョン・マクレガーとその著書により普及・発展したといわれている。

写真はカヌースラローム（C-1）

1. カヌーの型と操作方法

カヌーの型にはカヤックとカナディアンカヌーの2種類があり，それぞれ操作方法が違う。

❶ **カヤック**　漕者は艇の進行方向に向き，カヤック用パドル（両端にブレード）で，左右交互に水をかきながら艇を進める。

❷ **カナディアンカヌー**　漕者は艇の進行方向に向き，カナディアンカヌー用パドルで，片方の水をかきながら艇を進める。

●カヌーの名称

[カヌースプリント]

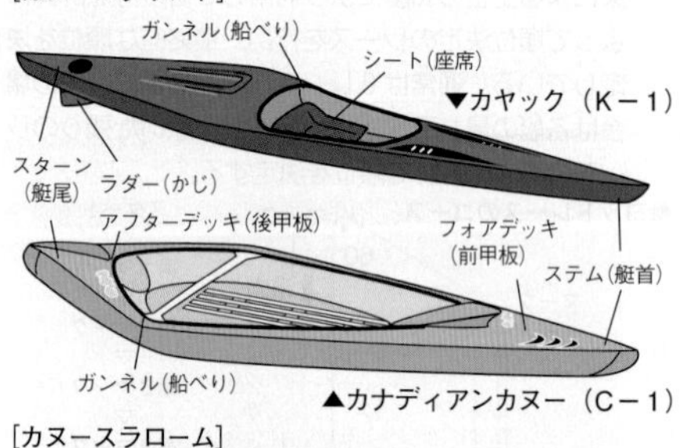

[カヌースラローム]

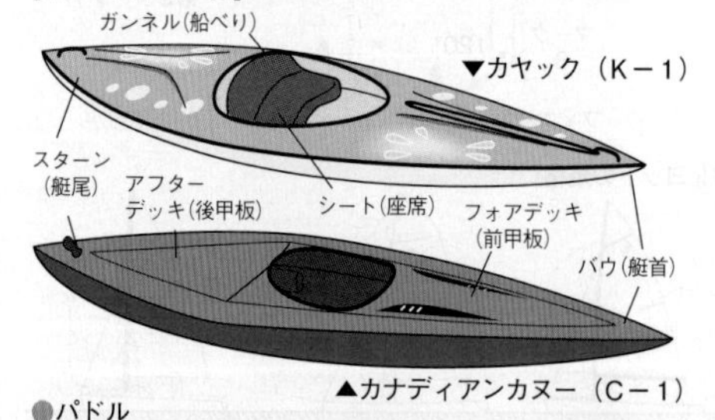

●パドル

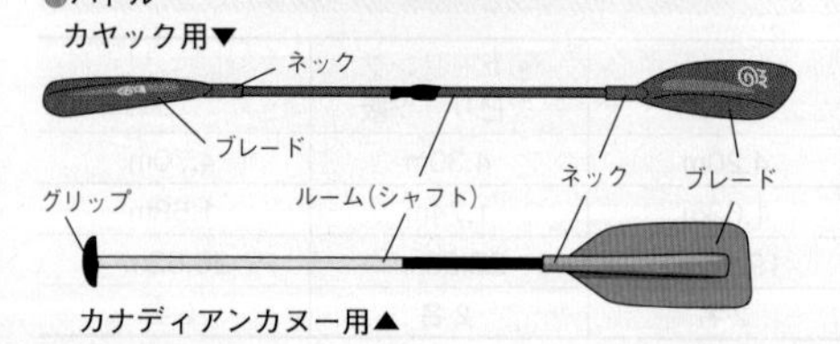

2. 競技の種類と進行

❶ **カヌースプリント**　流れのない河やダム，湖，港等を利用し，一定の距離を競漕する競技。オリンピックの公式種目に加えられている。スタートは，艇を完全に静止させて艇首を発艇線に揃え，発艇員の発声またはピストルの発砲によって行われる。順位は，艇首が決勝線（フィニッシュライン）を通過したときの到着順で決まる。2艇以上が同時に決勝線に入った場合，これらを同着として次位を欠番とする。

❷ **カヌースラローム**　変化に富んだ激流の自然または人工コースで距離150～400m間に15～25ゲート（アップストリームは6～8ゲートである）をセットし，ゲートの正しい通過とタイムの速さを競う競技。

❸ **カヌーワイルドウォーター**　流れの激しい急流を一気に下り，その速さを競う競技。所要タイムで順位を決定する。

❹ **カヌーポロ**　水泳プール等で行われる球技。

その他，カヌーマラソン，スタンドアップパドル，ドラゴンカヌー，カヌーフリースタイル等がある。

●競技種目

カヌースプリントの種目

カヤック	1人乗り(K-1)男子・女子　200m，500m，1,000m，5,000m 2人乗り(K-2)男子・女子　200m，500m，1,000m，5,000m 4人乗り(K-4)男子・女子　200m，500m，1,000m，5,000m
カナディアンカヌー	1人乗り(C-1)男子・女子　200m，500m，1,000m，5,000m 2人乗り(C-2)男子・女子　200m，500m，1,000m，5,000m 4人乗り(C-4)男子・女子　200m，500m，1,000m

カヌースラロームの種目

カヤック	1人乗り(K-1)男子・女子
カナディアンカヌー	1人乗り(C-1)男子・女子 2人乗り(C-2)男子 (C-2Mix)男女混合

サーフィン

サーフィンは，サーフボードに乗ってバランスをとりながら水面を進み，波を利用して様々な演技を行い，その出来映えを競う水上スポーツ。波に乗る行為がいつからあったかは定かではないが，古代ポリネシアの人々が西暦400年頃には波に乗ることを楽しんでいたようである。

1. ボードの種類と操作方法

サーフィンでは波に乗るためにサーフボードを用いるが，長さや形状が異なるボードが多様にある。大別すると次の３つに分けられる。

❶ **ショートボード** 長さ５フィート後半から６フィート後半（約１m 60cm～１m 90cm）のボードで，スピードが出て鋭いターンが可能。中級者から上級者向き。

❷ **ファンボード** 長さ約６フィートから８フィート後半（約１m 80cm～２m 40cm）のボードで，操作しやすく，安定して波に乗りやすい。初心者や筋力の少ない女性にも扱いやすく人気がある。

❸ **ロングボード** 長さ約９フィート以上（約２m 70cm以上）のボードで，小さい波から大きな波まで乗ることが可能。

波に乗るための操作技術は大別すると次の３つになる。

❶ **パドリング** 波に乗るため，沖に出るため，波が崩れるブレイクポイントに移動するために推進力を得るために用いられる。サーフボードにうつ伏せに乗り，前方を見ながら左右の手の平で水を前から後ろに交互にかき進む。

❷ **ゲッティングアウト** 崩れる波を越えたり，くぐり抜けたりして沖に出るために用いられる。越える技術にはボードを波に押し付けるプッシングスルー，ボードにまたがって乗り越えるシッティングスルーなどがあり，くぐり抜ける技術にはボードを沈めて波の下を抜けるドルフィンスルー，ボードを裏返しして波の下を抜けるローリングスルーなどがある。

❸ **テイクオフ** 波の上に立ち上がる技術である。沖合からのうねりに合わせてパドリングを始め，うねりとボードのスピードが合うとボードが前方に押される感覚になる。その時にボードの左右端（デッキ）に手をつき，ボードの上に一気に立ち上がる。その後は，バランスを崩さないようにコントロールして波に乗る（ライディングする）。

2. 競技の種類と進行

❶ **競技の種類** 競技会のクラスは，年齢と技術レベルで分けられる。例えば，全日本サーフィン選手権は年齢別で競技が行われる大会であり，全日本級別サーフィン選手権は技術レベル別の大会である。オリンピックでは，男女別にショートボードを用いた２種目が実施されている。

❷ **実施方法** 大会では選手はゼッケンを着用し，限られた時間内（通常30分程度）に波に乗って演技をする。１ヒート（試合，大会組み合わせ）には４～５名が参加し，上位２名の勝ち抜き戦で行われる。

❸ **審査方法** 選手が披露した演技（ライディング）はヘッドジャッジ１名とジャッジ４～５名が10点満点（0.1～10.0点）で採点し，そのうち最も高い得点と低い得点をカットした残りのジャッジの点数を平均したものが，その試技の得点となる。何本か試技を行ったうちで得点の高い２本の合計点でそのヒートの順位が決まる。なお，２本の合計点が並んだ場合は，上位２本の中でより高い方の点数を得た選手が勝ちとなる。それでも優劣がつかない場合は３番目に高い点数を比較し，優劣をつける。高得点のライディングは「よりよい波で，最も難易度が高く，そしてコントロールされたマニューバー（技の構成）を実行」したものである。

❹ **妨害禁止のルール** 優先権を持つ選手のライディングを妨げた場合は，妨害と判定される。プライオリティルールでは妨害した選手の２番目に高い得点がカットされ最高得点１本のみに，ノンプライオリティルールでは２番目に高得点の得点を1/2に減点される。

●テイクオフ

ソフトバレーボール

軽く，大きく，柔らかいボールを使って，誰もが手軽にできるように日本バレーボール協会が考案した，4対4で行う簡易バレーボール。

1. チームの編成

❶ 1チームは選手8名以内で，うち4名が出場して，他は交代要員となる。他に監督1名を置くことができ，選手を兼ねることができる。

❷ 年齢別による「トリムの部」（フリー・クラス，ブロンズ・クラス，スポレク・クラス，シルバー・クラス，ゴールド・クラス）やレディースの部（コート内18歳以上2名，40歳以上2名）がある。

2. 競技の進行

❶ 競技開始時にトスによってサービス権かコートを決め，両チームがラインアップシートを提出。

❷ 競技は3セットマッチで行い，第1セットは先にサービス権をとった側のサービスで開始する。

❸ ラリーに勝つか，相手側の反則があると，サービス権の有無にかかわらず得点となる。

❹ 15点先取した側がそのセットの勝ちとなる。14対14の場合は2点差がつくまで行い，17点で打ち切る。

❺ 第2セットはコートを交替し，第1セットのサービスを行わなかった側のサービスによって開始する。

❻ 2セットをとったチームが，その試合の勝ちとなる。

❼ 1対1となり最終セットを行う場合は，キャプテンのトスにより，サービス権かコートを選択する。

❽ 競技の進行と判定は主審，副審，記録員，線審，点示員で行う。

❾ 1セットに，選手交代は4回，タイムアウトは2回までとれる。

3. プレーのルール

❶ 選手は前衛，後衛各2名ずつのポジションとし，後衛右の者がサーバーとなる。サービス権をとるごとに右まわりにローテーションを行う。

❷ サービスはサービスゾーンから行い，1回とする。

❸ ボールを相手側に返すまでに，味方が3回まではプレーできる（ブロッカーのワンタッチは除く）。

❹ サーブが打たれた後は前衛，後衛の区別はなく，どの選手もアタック，ブロックができる。

❺ ボールがネットの上を越え，左右のアンテナの間（想像延長線内）を通過し，相手のコート内に返し合う。

❻ 主な反則はホールディング，ドリブル，タッチネット，オーバーネット，パッシング・ザ・センターライン，オーバータイムなど。

※ホールディングやドリブルなどのボールハンドリングの基準は，試合レベルに応じて緩和されることが望ましい。

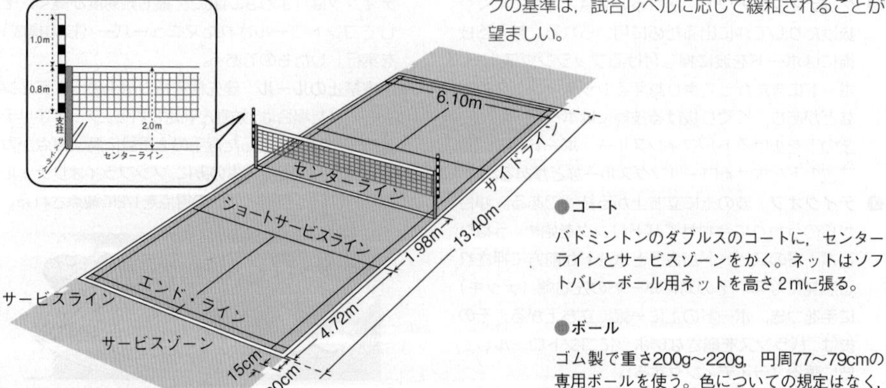

●コート

バドミントンのダブルスのコートに，センターラインとサービスゾーンをかく。ネットはソフトバレーボール用ネットを高さ2mに張る。

●ボール

ゴム製で重さ200g～220g，円周77～79cmの専用ボールを使う。色についての規定はなく，どの色でもよい。

自転車競技

自転車に乗車した競技者がさまざまな競技形態で勝敗を競うスポーツ。18世紀末頃に自転車が発明され，第１回近代五輪ではすでに正式種目に採用されている。ここで紹介する種目以外に，「シクロ・クロス」「マウンテンバイク」「BMX」などがある。

1. 自転車の種類と特徴

❶ **ロード・レーサー**　通行を制限した一般公道あるいは専用のサーキットコースで競技をするロード・レースに使用する。走路の勾配やスピードに応じて最適なギアを選べる変速機と，減速と制動のためのブレーキを備えている。

❷ **トラック・レーサー**　自転車競技場や，競輪場で競技をするトラック・レースに使用する。高速走行できるように，必要最小限の部品で構成されており，急減速や変速はできない。

2. 競技の進行と勝敗の決定

●ロード・レース

❶ **個人ロード・レース**　高校総体男子では100km程度の距離で競技が実施され，フィニッシュ時の着順を競う。競技中に飲食物・衣類などを受け取ることができるが，十分に注意して投棄しなければならない。他の競技者の進路を妨害したり，助力になるように押してはいけない。

❷ **ステージ・レース**　2日以上にわたって行い，それぞれのレース（ステージ）の走行時間を合計した総合順位を競う。

❸ **その他のレース**　個人タイム・トライアル・レース，ワンデイ・ロード・レース，クリテリウム等がある。

●トラック・レース

❶ **スプリント**　200mの助走つきタイム・トライアル予選により選出された競技者によって決勝トーナメントを行う。2〜4名の競技者で競技場2〜3周の距離において先着を競い，故意に相手の競技者の走行を妨害する行為は禁じられている。

❷ **ケイリン**　原則6名の競技者が1.5kmに近い距離で競技する。フィニッシュ前750mに近い距離の中央線で，先頭を誘導する動力付ペーサーが走路を離脱したあと，集団で先着を競う。

❸ **タイム・トライアル**　男子は１km，女子は500mの距離で競技する。個人の走行タイムを競う。

❹ **個人追抜競走**　2〜4kmの距離で，予選では個人の走行タイムを競う。順位決定戦では競技場の相対する中央線から2競技者が同時にスタートし，距離内で相手に追いつくか，両者が完走した場合には，先着した競技者が勝者となる。

❺ **ポイント・レース**　高校総体男子では予選16km，決勝24kmの距離で実施される。スプリントポイントとして，２kmごとに１回，１着から４着の選手に対してそれぞれ５点・３点・２点・１点が与えられ，最終フィニッシュラインではその得点が２倍になる。最終成績はスプリントポイントの合計と，周回獲得による得点（20点）を合計した総得点で順位を競う。

❻ **チーム・スプリント**　１チームは３名で構成。競技場の相対する中央線から２チームが同時にスタートし各競技者が１周ずつ先頭を走りトラックを３周してフィニッシュ時のタイムを競う。

❼ **その他の種目**　個人種目としては速度競走，スクラッチ，オムニアムなどがあり，チーム種目としてはマディソン，タンデム（二人乗り），団体追抜競走などがある。

●自転車競技場（トラック）

ホームとバックの２つの直線部分と，それぞれを結ぶ２つの曲線部分で構成されている。曲線部分にはハイスピードで曲がるための勾配（カント）がつけられている。日本国内では周長は250m・333.33m・400m・500mの４種類がある。競輪場を公認競技大会で使用する場合，周長補正をして使用できる。

●ロード・レーサー

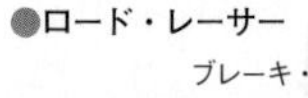

●トラック・レーサー

サドル
ハンドル
ペダル
バトン・ホイール
ディスク・ホイール

トランポリン

古くはサーカスの出し物から始まったと言われ，2000年シドニー五輪から正式種目になった。「より高く！ より美しく！ より力強く！」演技する姿は観る者を魅了して止まない。また，幼少年期におけるバランス能力・調整力のトレーニングという面からも評価されている。

1. 競技種目

個人（1名），シンクロナイズド（2名），団体（3または4名）の3つに分けることができる。

2. 競技の進行

❶ 個人　予備跳躍のあと，10種類の異なった技を連続して行い，その出来映えを演技審判員が採点する（1種目ごとの中間点を合計して演技得点を算出するミディアム・スコア方式)。第1演技と第2演技があり，第1，第2演技ともにさらに難度と跳躍時間の加点および水平移動に対する減点がある。

❷ シンクロナイズド　平行に置かれた2台のトランポリンを使い，2名が同時に演技を行う。演技得点に加え，同時性の加点（20点満点）がある。

❸ 団体　個人戦出場者4名(3名でも可)で組み，第1演技，第2演技とも各上位3名の得点を合計する。

3. 勝敗の決定

❶ 個人・シンクロナイズド　第1演技，第2演技のどちらか高得点の上位8名（8組）が決勝に進み，演技を行い順位を決定する。大会によっては予選順位，上位24名による準決勝を行う場合もある。

❷ 団体　予選上位5チームの各3名が第2演技を行い，合計点で順位を決定する。

4. テクニカル・ポイント

ジャンピングゾーンと呼ばれる赤い枠の中で高さのある，安定した演技を行うこと。第2演技ではより回転数，ひねり数の多い技を行うことにより加点が増す。

●トランポリン

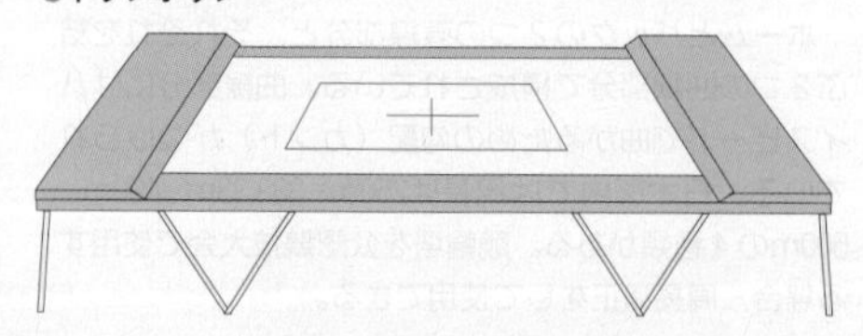

5. 安全の留意点

必ず指導員資格を持った指導者のもとで，自分の能力を過信せず，基礎から練習することが大切である。

●演技

「腹落ち」

「後方宙返り」

トライアスロン

スイム・バイク・ランを組み合わせた競技で，1974年，米国サンディエゴで生まれた。1978年にはハワイでアイアンマン大会が始まり，80年代にはさまざまな距離のトライアスロンが世界中に広まった。そして2000年シドニー五輪から正式競技となった。

1. 競技種目

競技距離に応じて次の通りに区分される。

	スイム	バイク	ラ ン
ジュニア（小・中学生）	0.1～0.2	5～10	1～3
スーパースプリント	0.375	10	2.5
スプリント	0.75	20	5
スタンダード（オリンピック）	1.5	40	10
ロングディスタンス	2～4	80～180	20～42.2

（単位：km）

関連複合競技（マルチスポーツ）として，バイクとランを組み合わせた「デュアスロン」，スイムとランの「アクアスロン」，ランとマウンテンバイクとクロスカントリースキーを組み合わせた「ウィンタートライアスロン」などがあり，それぞれ世界選手権も開催されている。

●主な基礎用語

・**スイム・バイク・ラン**：トライアスロン競技における水泳・自転車・長距離走の呼称。

・**ウェットスーツ**：発泡ゴム製（厚さ5mm以内）の全身スーツの着用が競技距離と水温に応じて許可される。

・**トランジション**：次の競技に移行するための着替え，競技用具の変更を指す。スイムとバイク，バイクとランの間に行い，これらは総合記録に含まれる。トランジションを行うスペースをトランジションエリアと呼び，そこに各選手の自転車や競技用具が並べられる。

・**ドラフティング**：バイク競技中，他選手の真後ろについて空気抵抗の軽減を図る行為を指す。オリンピックなどのエリート部門の大会を除き禁止されている。

・**エリート**：トップ選手の呼称。一般選手のレースとは別に開催されることも多い。

・**エイジグループ**：年齢別（5歳ごと）に競技を行い，表彰するためのグループ分けを示す。エリートの対句として，一般選手をエイジグループと呼ぶこともある。

2. 競技の進行

❶ 海浜・湖沼・河川あるいはプール等を使用し，スイムから競技を行う。カテゴリー別に参加者を数グループに区分して時間差スタート（ウェーブスタート）を行う。十分な広さがあるときは全員一斉でスタートすることもある。

❷ スイムを終えた選手は，トランジションエリアでバイク競技に移る。トランジションエリア出口にあるマウントラインからバイクコースにつながり，そこから乗車できる。

❸ バイク競技終点で再びトランジションエリアに入り，ラン競技に移行する。

❹ ラン競技の終点を総合フィニッシュ地点とし，スイムスタートからの総合時間により順位を決める。

・**エイドステーション**：コース途上に設営される水分・果物等の供給設備。マラソンなどとは異なり，スタッフから手渡されることが一般的である。

ビーチバレーボール

アメリカの海辺で行われていた遊びのバレーボールがプロサーキットに発展し，1996年アトランタから五輪種目となる。砂のコート上で，６人制とほぼ同じバレーボールを，２名で行うハードなスポーツである。

1. チーム編成

公式な大会は，２名でチームを構成する。コーチも交代選手もいない。年齢やレベルに応じて，３名または４名で行う大会もある。

2. ゲームの進行

❶ 試合は3セットマッチで，2セット先取したチームが勝者となる。
❷ 第1および第2セットは，2点をリードして21点先取したチームがそのセットの勝者となる。
❸ セット・カウントが1−1となった場合は，第３セットは，2点リードして15点先取したチームが勝者となる。
❹ 試合開始前にトスを行い，サービスを打つか，受けるか，または，コートのサイドを選択する。
❺ トスによって決まった，サービスチームによってサービスが打たれ，試合は始まる。
❻ 得点は，ラリーごとに，勝ったチームが得点を得る（ラリー・ポイント・システム）。
❼ 両チームの得点合計が7の倍数（7，14，21点のように）に達したら，コートのサイドを替える。第3セットは得点合計が5の倍数になったらサイドを交替する。
❽ 各セット間は1分，各セット中に，各チームは30秒間のタイムアウトを1回とれる。
❾ 両チームの得点合計が21点に達したとき，自動的に30秒間のテクニカル・タイムアウトとなる。
❿ 試合中，選手が痙攣や負傷などでプレーができない場合，5分間のタイムアウトが認められる。それでも回復しない場合，試合は没収される。このタイムアウトは，試合中１名につき1回だけ認められる。

3. プレーのルール

❶ サービスは，試合前に申し出た順序に従う。サービスを打ったチームが得点したときは，同じ選手が続けて打つ。相手にサービスが移り，サービス権を取り返したときには交代する。
❷ サービスボールがネットに触れて相手コートに入った場合，プレーは続けられる。
❸ 手のひらを開いて行われるタッチ・プレーは反則となる。
❹ オーバーハンドパスで返球する場合，肩の線に直角の方向以外は反則となる。
❺ 相手コートに返球するまで3回の接触が許される。ブロックの接触もその回数に含まれる。
❻ 強打されたボールをオーバーハンドでレシーブする場合，手のなかに止まったり，手で運ぶようなプレーは反則となる。また，6人制と異なり，サービスや強打でないボールをオーバーハンドでレシーブする場合，ドリブルは反則となる。

●施設と用具

①コートの規格
現行は16m×８m。
ただし，4人制などではさまざまな規格で楽しまれている。
センターライン，アタックラインはない。

②ネットの高さ
６人制と同じで，男子は2.43m，女子は2.24m。
年齢，レベルに合わせて低くすることもある。

③ボールの規格
6人制と同じ。
内気圧は0.175〜0.225kg／cm²。６人制のボールより30%ほど低く，スピードがつきにくい。

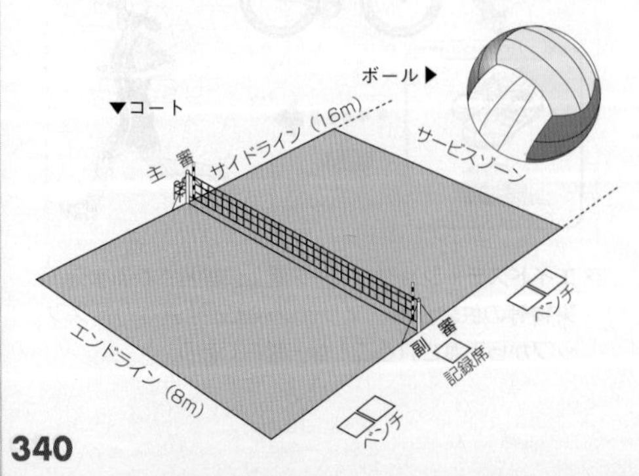

ライフセービング

人命救助を目的とした社会的活動であり，一般的には水辺の事故防止のための実践活動としてオーストラリアやハワイなどで発展してきた。競技は，活動に関わるライフセーバーの技術・体力の向上を目的として始められ，ワールドゲームズの正式種目でもある。

1. 種目の種類

競技は，水の事故による犠牲者をひとりでも少なくするための救助技術や体力の向上を基本理念に，そして実際の救助活動で要求される要素をベースに考案されている。そのため競技結果で一喜一憂するのではなく，勝利を超えた「命を救う」目的が尊ばれるスポーツである。

❶ **サーフレース**　170m沖合に設置したスイミングブイを回りゴールする。
❷ **オーシャンマン／ウーマン**　沖合のブイをスイム，パドルボード，サーフスキーで周回する。
❸ **サーフスキーレース**　サーフスキーで300m沖のブイを回る。
❹ **ボードレース**　パドルボードで250m沖のブイを回る。
❺ **オーシャンマン／ウーマンリレー**　オーシャンマン／ウーマンと同じコースをスイム，パドルボード，サーフスキー，ビーチランでリレー。
❻ **ビーチフラッグス**　砂浜で後ろ向きにうつ伏せになり，20m先のバトンを取り合う。
❼ **ビーチラン 2km**　砂浜で500mのコースを2往復する。
❽ **ビーチスプリント**　足場の悪い砂浜での90m走。
❾ **ビーチリレー**　砂浜の90mの直走路を4人でリレー。トラック競技とは異なり，バトンは行き違い時に渡す。
❿ **ボードレスキュー**　溺者役が120m沖のブイまでスイム。着いたら，救助者役がパドルボードで向い，救助して一緒に海岸まで戻る。
⓫ **レスキューチューブレスキュー**　溺者役が120m沖のブイまでスイム。着いたら救助者役がレスキューチューブとフィンを使い泳いで救助する。

●用具
・レスキューチューブ
・レスキューボード（パドルボードは同型で競技向き）
・サーフスキー

2. 主な競技の進行と勝敗の決定

●レスキューチューブレスキュー

溺者を発見し，泳いで救助し，安全な砂浜まで溺者を引き上げるという救助の基本動作を競技にしている。

❶ 溺者役の選手が，120m先の指定されたブイまで泳ぎ到着の合図をする。
❷ 救助者役は溺者役の合図を受けたらスタートし，指定されたブイを左から右に回って（時計回り）泳ぐ。
❸ 溺者役の脇にレスキューチューブをつけフィニッシュラインに向けて泳ぐ。波打ち際で待つアシスタントに溺者役を引き継ぐ。
❹ フィニッシュラインを通過すればゴール。着順を競う。

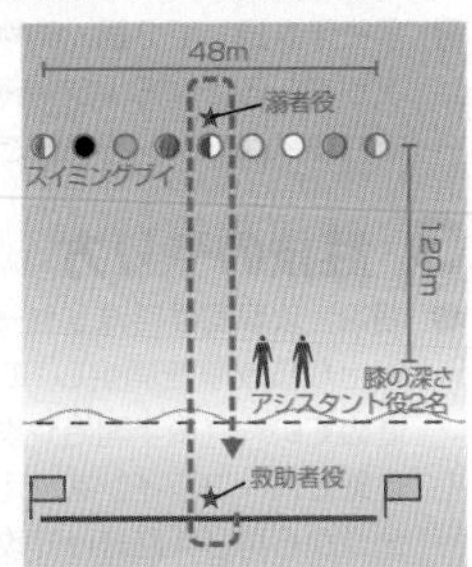

●ビーチフラッグス

テレビ番組等で一般にもお馴染みとなった種目である。救助現場までいかに早くたどり着けるかを足場の悪い砂浜で競う。

❶ 選手は後ろ向きにうつ伏せになり，スタートラインに足を合わせる。
❷「ヘッズ・ダウン・（ホイッスル）」の合図とともに，20m先のバトンを取り合う。
❸ バトンの数は，参加者より少なく置かれるため，勝ち残りで人数を少なくしていき，最後は1対1で1本のバトンを争い，勝者を決める。

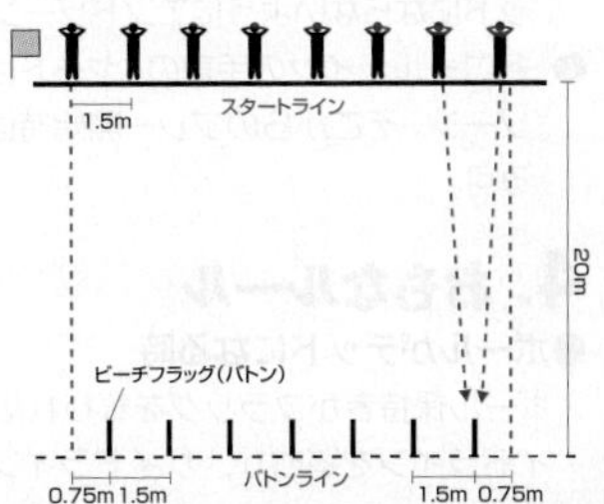

フラッグフットボール

アメリカンフットボールをもとに考案されたスポーツ。攻守に分かれ，楕円形のボールをパスや持って走ることで相手チームの陣地に攻め込む。タックルの代わりに，腰から下げたフラッグを取ることでプレーを止める。攻守ともに，戦術や作戦を考えることが要求される。

1. メンバーの編成

❶ フィールド上の競技者は1チーム5名（1チーム最低4名はフィールド上にいなければならない）。

❷ プレーの合間であれば自由に何人でも交代できる。

2. 競技時間

❶ 20分ハーフ（ランニングタイム）で，ハーフタイム（2分間）をとり両チームのエンドを入れ替える。

❷ 前後半を通じて2回，60秒のタイムアウトをとることができる。なお，フィールドにいる選手ならば誰でもタイムアウトを申告できる。

3. 競技のやり方

❶ **開始**　攻撃側は自陣5ヤードラインのセンターライン上から攻撃を開始し，エンドゾーンまでボールを進めていく（後半開始や攻守交代時も同様）。4回の攻撃でハーフラインを越えれば，プレーが終了した地点から再び4回続けて攻撃することができる。相手のエンドゾーンにボールを持ち込むと得点になる（1回のプレーでボールを持ち込むこともできる）。

❷ プレーは，スタートラインに置かれたボールを攻撃側の選手が股の下を通して，クォーターバック（QB）へスナップすることで開始される。

❸ 攻撃側は，1回のプレー中に1度だけスクリメージライン（プレー開始ライン）の後方から前方へパスを投げることができる。ランプレーかパスプレーを選択し，守備側にフラッグを奪われたりボールがデッドにならないようにエンドゾーンを目指す。

❹ 各ゴールラインの手前の5ヤードはノーランニングゾーン。そこからのプレー開始時はパスでの攻撃のみ可。

4. おもなルール

●ボールがデッドになる時

・ボール保持者がフラッグを奪われた時や取れた時，サイドラインを踏むか，サイドラインから出た時（アウトオブバウンズ），ボールを落とした時　→その地点に最も近いセンターライン上から次の攻撃を開始

・パスが失敗した時　→その攻撃が開始された地点に戻って次の攻撃を開始

●攻守交代になる時

・攻撃側がタッチダウンによって得点した時

・攻撃側が4回の攻撃でハーフラインを越えられなかった時，またハーフラインを越えた後の4回の攻撃でタッチダウンできなかった時

・ボールをインターセプトされた時（守備側がボールをキャッチした瞬間に攻守交代となり，そのまま相手のエンドゾーンに向かってボールを運ぶことができる）

5. 勝敗の決定

❶ **得点**　タッチダウン（TD）：6点。／エキストラポイント：TD後，ゴール前5ヤードからのプレー（パスのみ）でTD：1点，ゴール前12ヤードからのプレー（ラン，パスともに可）でTD：2点が追加される。／セーフティ：攻撃側が自陣のエンドゾーン内でフラッグを奪われた場合，守備側に2点が入る。

❷ **勝敗の決定**　競技時間内に多く得点した方が勝ち。

❸ **同点で試合時間終了の場合**　引き分けのまま終了するか，サドンデス方式かタイブレイク方式か，タッチダウンをしたプレーヤーの数で勝敗を決定。

●競技場（フィールド）

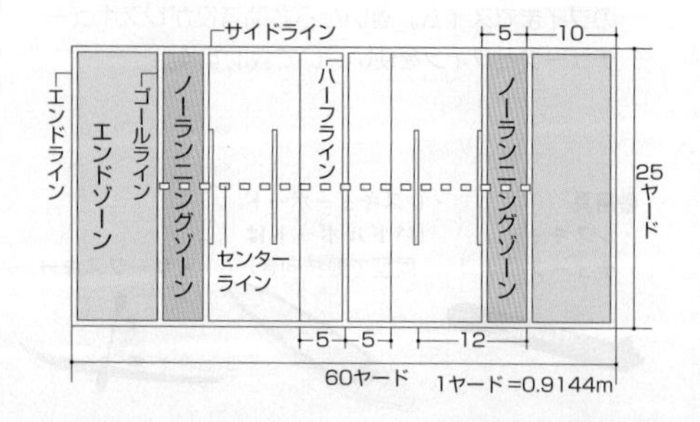

オリンピックの開催地

夏季オリンピック

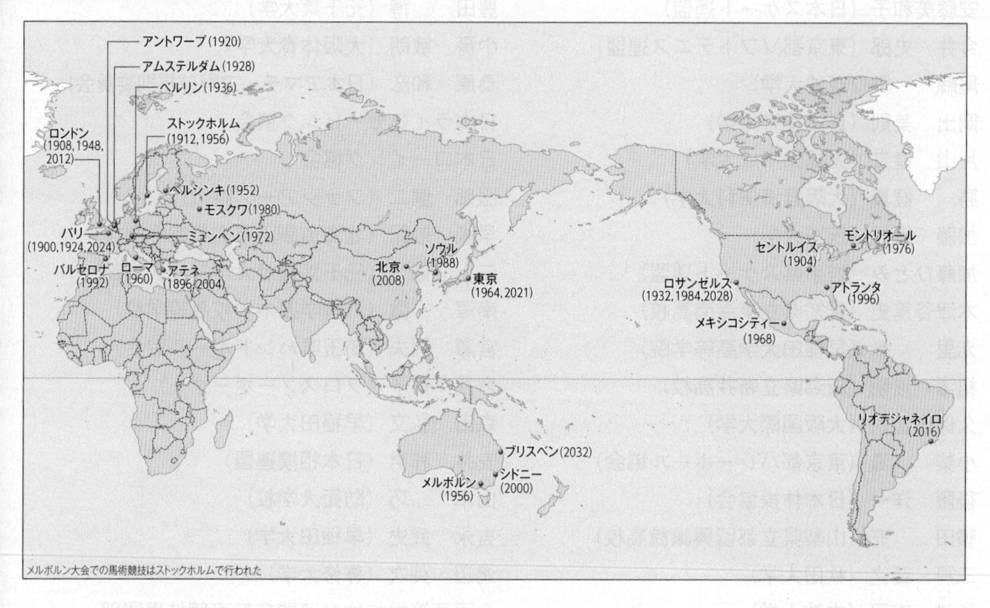

メルボルン大会での馬術競技はストックホルムで行われた

冬季オリンピック

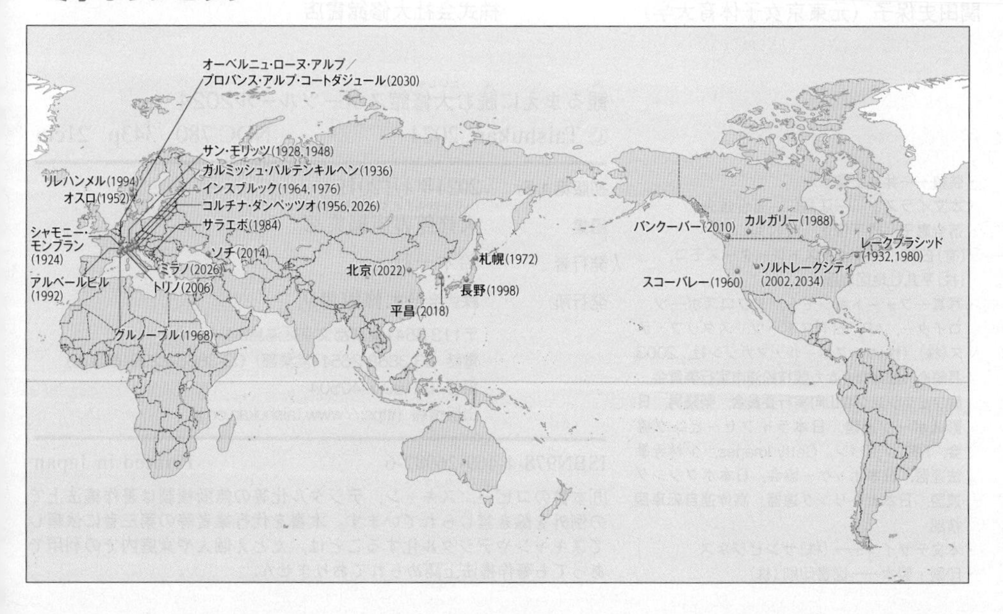

■執筆者一覧

阿部　哲也（神奈川県立松陽高校）
有賀　誠司（東海大学）
安藤美和子（日本スケート連盟）
今井　史郎（東京都ソフトテニス連盟）
尾縣　　貢（筑波大学）
岡出　美則（日本体育大学）
片山　健二（元福山平成大学）
勝　　健真（大阪経済法科大学）
加藤　敏弘（茨城大学）
加藤ひとみ（岩手県スケート連盟）
木津谷篤史（愛知県立東海南高校）
九里　　孝（早稲田大学高等学院）
椙澤　俊明（新潟県立新井高校）
久保田豊司（大阪国際大学）
小柴　　滋（東京都バレーボール協会）
後藤　洋一（日本体操協会）
猿田　　充（山梨県立都留興譲館高校）
三戸　範之（秋田大学）
杉浦　克己（立教大学）
関田史保子（元東京女子体育大学）
武知　実波（日本サーフィン連盟）
谷　　聡士（少林寺拳法連盟）
豊田　　博（元千葉大学）
中房　敏朗（大阪体育大学）
桑原　和彦（日本アマチュア野球規則委員会）
日本ライフセービング協会
日本ローイング協会
服部　健二（ファジアーノ岡山）
早坂　敬記（北海道釧路市立景雲中学校）
三上　修二（元千葉経済大学短期大学部）
南澤　　徹（八雲学園中学校高等学校）
宮澤　則夫（埼玉県ハンドボール協会）
宮武　祥子（プロスノーボーダー）
森田　弘文（早稲田大学）
安井　和男（日本相撲連盟）
山本　　巧（防衛大学校）
吉永　武史（早稲田大学）
渡辺　英次（専修大学）
全国高等学校体育連盟自転車競技専門部
株式会社大修館書店

・装幀――井之上聖子
・本文イラスト――江島仁，落合恒夫，落合恵子，松下佳正，寺村秀二，(有)ERC，(有)イラストレーターズモコ，(株)平凡社地図出版
・写真―フォートキシモト，アフロスポーツ，ロイター，AP，日刊スポーツ，スタッフ・テス(株)，(株)ベースボール・マガジン社，2003長崎ゆめ総体なぎなた競技松浦市実行委員会，同フェンシング森山町実行委員会，榮隆男，日影スポーツ通信，日本ライフセービング協会，NFLジャパン，Getty Images，少林寺拳法連盟，日本ホッケー協会，日本ボクシング連盟，日本セーリング連盟，高体連自転車競技部
・本文デザイン――(株)サンビジネス
・印刷・製本――図書印刷(株)

観るまえに読む大修館スポーツルール2024
© Taishukan, 2024　NDC 780　343p　21cm

初版第１刷　2024年4月20日
編集　大修館書店編集部
発行者　鈴木一行
発行所　株式会社大修館書店
〒113-8541東京都文京区湯島2-1-1
電話　03-3868-2651(営業部)　03-3868-2299(編集部)
振替　00190-7-40504
出版情報　https://www.taishukan.co.jp

ISBN978-4-469-26982-6　Printed in Japan